FANM KA JANBE TOUT MÒN

25 RÈG POU FANM KI NAN DOMÈN ANTREPRENARYA

Dtè. Solanges Vivens

Copyright © Dtè. Solanges Vivens

Tab Matyè

Yon Mesaj Otè A 8

PREMYE CHAPIT
Rankont Sanzatann 11

DEZYÈM CHAPIT
Fèt Ak Kwaf 24

CHAPIT TWA
Pati 39

CHAPIT KAT
Antre Nan Mendèv La 51

CHAPIT SENK
Lekòl Syans Enfimyè 71

CHAPIT SIS
Dous-Anmè 87

CHAPIT SÈT
Klòch Maryaj, Kè Sere 113

CHAPIT UIT
Ekspedisyon Koupe-Tèt 153

CHAPIT NÈF
Grenpe Mòn Yon Dinasti 173

CHAPIT DIS
Yon Nouvo Reyalite 193

CHAPIT ONZ
Kijan N Te Fè? 211

CHAPIT DOUZ:
Lavi Ak Pèt 222

CHAPIT TRÈZ
Tout Kòmansman Gen Finisman 235

CHAPIT KATÒZ
Lè Lapli Tonbe, Li Devide 252

CHAPIT KENZ
Rale Kò W Sot Sou Wout Mwen 268

CHAPIT SÈZ
Sa Ki Bon, Sa Ki Move, Sa Ki Lèd 282

RÈG POU VIV BYEN

1. Kwè nan chans
2. Aji ak bonkè
3. Rete fèmalaganach ak tenas malgre difikilte
4. Rann omaj a rasin ou
5. Montre inisyativ epi depase atant/limit yo
6. Kontwole santiman w
7. Rete konsantre
8. Ou dwe dispoze fè sakrifis
9. Bay travay di ak edikasyon valè
10. Vale fyète w
11. Pran risk kalkile
12. Sonje dèyè mòn gen mòn
13. Aksepte chanjman
14. Prezève relasyon
15. Fè atansyon ak lit envizib yo
16. Bliye laperèz ou epi goumen pou sa ki byen
17. Sovgade repitasyon w
18. Jwe wòl detektiv
19. Jere sa ou pa ka kontwole
20. Jwenn mwayen pou mezire siksè
21. Pran pasyans epi rete senp
22. Chwazi priyorite w
23. Toujou rekonèt opòtinite ki genyen
24. Panse pou kounye a oubyen reyisi alontèm
25. Jwenn tan pou w bay lavi w sans

SOLANGE

Non:

1. Tout moun konnen se moun ki pi enteresan pami tout moun ki genyen. Yon moun ki gen talan san parèy.

2. Yon kretyen vivan siperyè ki se rezilta evolisyon lèzòm.

Sinonim:

Enpresyonan, mànyifik, nanpwen mo, etonan, sansasyonèl, admirab, wololoy, enpozan, entelijan, frapan, chaman, rafine, deliks, se pa pale, janti, pyout, entelektyèl, sensè, adorab, senpatik, tape nan sòs, atachan, ak fou.

Yon Mesaj Otè A

Istwa m nan kòmanse nan peyi Dayiti, kote yon rankont pa chans sou yon wout fènwa izole, ant yon misye klas ouvriye a ak yon gran fanm ki te gen yon kawoutchou plat, mennen yon relasyon ki vin touche lespwa fanmi m pou l vin gen lavi miyò. Apre m vin Ozetazini nan laj jènfi, mwen travay jiskaske m rive alatèt nan domèn mwen te chwazi yo, sòti tou piti kòm ouvriyè nan faktori pou vin yon jeyan nan antreprenarya ak yon desidè nan endistri medikal la: nan jesyon mezon retrèt, edikasyon enfimye, ak swen medikal adomisil. Gras a volonte ak kouraj mwen devan lamizè, baryè lang, rasis, difikilte imigrasyon, ak mank respè poutèt mwen se fanm, m arive vin gen yon fanmi k ap viv nan kè kontan, ak yon kokennchenn biznis nan klima politize Washington, D.C. an.

Kèk nan leson m aprann sou chimen mwen, yo sòti nan men moun ak konseye plen sajès, alòske gen lòt ki se rezilta travay di mwen, malgre advèsite, pou m te jwenn laviktwa. Mwen devlope senten prensip ak konpetans ki pèmèt mwen reyisi epi simonte dekourajman. Se avèk plezi m ap pataje "Règ pou Viv Byen" sa yo nan kòmansman chak chapit nan liv sa a. Pita, nan fen chapit la, m ap kite w ak yon refleksyon, kèk meditasyon oswa egzèsis—yo tout jwenn enspirasyon nan tòti a, yon senbòl ansyen sajès ak fòs fanm.

M espere sajès tòti a pral ede w plonje pi fon nan pwòp pwogrè pa w, epi ede w gen plis lafwa nan pwòp potansyèl pa w pou reyisit ak kè kontan.

Mèsi,
Solanges Vivens

RÈG POU VIV BYEN

Sa ap ede w pi byen konprann ki wòl twa premye règ yo jwe nan lavi a si w pran yon ti moman pou reflechi sou yo anvan w plonje nan istwa mwen an. Kenbe yo nan tèt ou pandan w ap li kijan pakou mwen an sou chimen reyisit te kòmanse nan yon ti vil peyi Dayiti, osen yon fanmi ki te gen anpil timoun—plen lanmou men san lajan—ak kijan pakou sa a te chanje nèt gras a yon jantiyès.

Règ #1: Kwè nan chans

Menm anvan m te fèt, chans te jwe yon wòl santral nan sans lavi mwen ta pral pran. Yon rankont pa chans sou yon wout fènwa ant papa m ak yon gran fanm vin chanje sò m nèt; fanm nan, Lucienne, koute lide li epi chèche papa m pou remèt li jantiyès li, sa ki chanje nèt sou ki pant lavi m te ye. W ap wè pita nan liv la, nan anpil sikonstans, keseswa nan lavi pwofesyonèl mwen, keseswa nan relasyon pèsonèl mwen, lè m pa t gen kontwòl rezilta a, mwen te kite sa nan men Bondye—oswa nan men moun Li yo—pou yo mete m sou bon chimen.

Règ #2: Aji ak bonkè

Jantiyès papa m tè fè Lucienne nan vin miltipliye pa mil lè dam nan remèt li l; dam nan chèche papa m epi ede l jwenn yon pi bon djòb. Lucienne jwenn avantaj pa l tou: li vin gen yon fiyèl, yon bagay li te toujou swete, epi lanmou l lan pou mwen fè li simaye abondans sou rès fanmi an. Pandan tout vi m, mwen jwenn benediksyon, keseskwa nan bay, keseswa nan resevwa jantiyès. W ap wè kijan lè m te ede yon moun ki te nan bezwen osen pwofesyon m, sa fè m vin rankontre mari m. Menm jantiyès la te ede m vin endepandan tou (gade chapit sis, "Dous-anmè," pou istwa lisans chofè a). Nou dwe gen bonkè poutèt li fè n santi n byen, pa poutèt n ap tann rekonpans.

Règ #3: Rete fèmalaganach ak tenas malgre difikilte

Lucienne te fèmalaganach nan jwenn papa m kote lòt moun t ap degoute devan katye nou an. Pandan tout lavi m, kalite tenasite sa a se yon bagay mwen toujou fè efò pou m genyen, keseswa nan al lekòl malgre yon maladi afeblisan (gade chapit de, "Fèt ak kwaf") oswa nan bati yon karyè nan yon domèn kote pa gen anpil imigran ayisyen nwa, si menm genyen (gade chapit uit, "Ekspedisyon koupe-tèt").

Pou m te emigre Ozetazini, epi entegre sosyete a, sa te egzije yon nivo kouraj mwen pa t konnen m te genyen, ke se nan aprann pale angle, oswa nan travay nan yon faktori santi (gade chapit kat, "Antre nan mendèv la"). Mwen te konnen mwen te sou bon chimen, sa ki fè m pa t detounen lè bagay yo vin difisil. Mwen te toujou chèche kalite sètitid ak konsantrasyon sa a kay moun mwen admire plis yo, tankou mari m ki te lage de gidon nan kò m lè li t ap file m (gade chapit sis, "Dous-anmè").

Mwen di rete konsantre, antoure tèt ou ap chanpyon tenas, epi pa janm bay vag.

PREMYE CHAPIT

Rankont Sanzatann

Pòtoprens, 1945. Minui te pase lontan, epi Lucienne te poukont li sou yon wout fènwa kote menm yon chat pa t genyen. Krikèt yo t ap fè bwi, e jèn fanm nan t ap tranble akòz laperèz ak van frèt ki te genyen. Li te kapab tande ibou ki t ap fè woutwout, kòmkwa se kriye yo t ap kriye poutèt Lucienne pa t konn kijan pou l chanje yon kawoutchou ki vin plat sanzatann. Men Lucienne te gen dife nan san l. San l pa okipe vwa bèt lannuit yo, li mete fanm sou li pou chanje kawoutchou a poukont li. Li te konnen se pa t yon travay difisil depi w konn sa w ap fè a. Li t ap siman jwenn sa pou l fè a, malgre se te premye fwa li te janm nan yon sitiyasyon ki te mande pou l sèvi ak men l. Se te anplwaye senatè a ki te abityèlman okipe ti travay sa yo.

Segonn yo vin tounen minit, epi minit yo vin transfòme an èdtan, san l pa reyisi chanje kawotchou an. Fatige ak nève, Lucienne joure tèt li poutèt li te pran desizyon rete deyò pi ta pase lè nòmal pou l antre a. Li pa t konn si se te poutèt jan li te ta a, oswa poutèt machin nan pa t fin sou wout la menm, men detwa machin ki t ap pase sou wout la kontinye ak tout boulin, san youn pa rete pou vin ede l. Pandan l ap bese ankò sou kote kawoutchou Citroën nan, li wè limyè yon kamyon k ap pwoche ak tout vitès; kamyon an vire rapidman nan koub la.

Li pral frape m, Lucienne di tèt li.

Li vole kanpe byen vit epi kole kò l sou machin nan.

Kamyon baskil la pase l raz.

Ambroise, ki te chita dèyè volan kamyon an, remake yon mouvman sanzatann nan retwovizè li epi li rete sèk. Li kase koub tounen nan pwochen kafou a epi li retounen bò kot Citroën ki te rete sou kote wout la. Pandan l ap desann kamyon an, li wè laperèz nan je fanm nan. Li konprann dam nan santi l an danje. Apre tou, li te yon nèg nwa, e dam nan te milat. Li te pòv, alòske dam nan te gen rad fen sou li. Li t ap kondui yon kamyon ki te pote dechè moun pou al jete, alòske dam nan te pitit fi yon senatè—li t ap vin konn sa pita. Li pa t janm panse li t ap jwenn yon fanm nivo sosyal sa a ak yon machin an pàn sou bò yon wout. Ki kalite devenn kòde sa t ap ye si l te frape l ak kamyon li an lè li t ap pran koub la!

"Ou pa bezwen pè," li di. "Ou bezwen m ede w?"

Fanm nan reponn avèk yon vwa dous k ap tranble, "Mwen pa kapab chanje kawotchou an poukont mwen!"

Li te gen yon bèl wòb ak flè ki fèt sou mezi, avèk yon jip laj damase, yon chanday koulè klè ak manch rive sou koud, taye byen delika, ak pi bèl soulye Ambroise janm wè nan pye yon fanm. Li te parèt pèdi nèt sou wout sa a poukont li.

Ambroise te wè kè dam nan sou biskèt toujou, donk pou ekate laperèz li byen rapid, li mande dam nan chita tann li nan Citroën nan. Lè dam nan fin chita an sekirite nan machin nan, kote pou malè pa rive l, misye kòmanse chanje kawoutchou a.

Apre detwa minit, nèg la te gen tan ranplase kawoutchou plat la, mete l nan kòf Citroën nan; li leve gwo dwèt li pou Lucienne. Anvan Ambroise vire pou ale, dam nan woule vit machin nan desann a mwatye, ak yon ti laperèz toujou. Ak yon vwa k ap tranble, li di, "Misye, fò mwen peye w."

"Madam, ou te mèt ale," chofè kamyon an reponn dousman. Li te gen yon souri dou.

"Machin mwen te an pàn, se ou k sove m," Lucienne di. "Gen yon bann moun ki pase anvan w, pa gen yon grenn ki rete." Li t anvi kriye. "Mwen vle fè yon bagay pou remèsye w!"

"Ale lakay ou kounye a, epi pran repo," Ambroise reponn. "Ou parèt fatige ak akable. Gen plizyè èdtan ki rete anvan l fè jou."

Dam nan priye l pou l kite l remèt li jantiyès la, men, yon fwa ankò, Ambroise refize.

"Omwen èske w kapab di m kijan w rele ak ki kote w rete?" Lucienne mande pandan misye t ap mache ale.

Li vire tèt li. "Ambroise … Ambroise Vivens."

"Men ki kote w rete?"

Lè sa a, misye te gen tan nan kamyon an, ap prese poutèt livrezon li an te an reta. "Avni Magloire Ambroise," li reponn.

Li kondui ale.

"Ambroise Vivens. Avni Magloire Ambroise."

Lucienne repete non an ak adrès la san rete, jiskaske l rive lakay li, pou li pa bliye yo. Poutèt non misye te nan non ri kote li te rete a, sa te fè l yon jan pi fasil. Kou li antre andedan kay la, sennesòf, Lucienne kouri nan chanm li pou pran kaye li sou biwo l. Li grifonnen enfòmasyon yo pou l pa bliye misye ki te pote l sekou a.

Si se pa t pou Ambroise, ki kote l t ap ye kounye a?

Lucienne leve douvanjou epi al jwenn fanmi l pou dejene. Se te abitid senatè a, madanm li, ak piti yo pou yo manje ansanm nan maten epi pale de jounen k ap tann yo. Kou l chita nan sal dejene a, Lucienne bay lòt yo detay dramatik sou lavèy oswa—jan li te santi l pè, ak jan anpil machin te pase l san yo pa prete l sekou.

"Yo te siman panse w se *lougawou*," manman l di, "yon bèt lannuit ki pran fòm moun. Ambroise te siman pè w menm jan w te pè l la."

Kou l tande non Ambroise, je Lucienne vin plen dlo, epi li sere ti kolye pèl li te gen nan kou l la. Li eksplike jan li te rekonesan Ambroise te vin ede l. Papa l, senatè a, tèlman touche, li menm tou dakò fò yo ta jwenn misye sa a epi remèsye l kòmsadwa pou bonkè l ak galantri li. Lè w gade byen, yo te kapab kidnape pitit fi li an—si se pa t pi mal. Yo te kapab touye l sou wout la. Ansanm ak fanmi l li lapriyè an silans, pou di Bondye mèsi dèske Li pwoteje Lucienne.

***

Lucienne te bay tèt li misyon pou l jwenn Ambroise, sovtè li an. San pran souf, li kondui monte desann Avni Magloire Ambroise, kote anpil nan kay yo pa t gen nimewo. Li pale ak kèk nan mesye yo ki t ap jwe kat oswa domino. Li pale ak medam yo ki t ap vann machandiz sou kote wout la. Li pale ak timoun yo ki t ap jwe nan lakou devan lakay yo. Lè pèsonn pa t kapab lonje dwèt sou bon kote a epi di l kote l ap jwenn Ambroise, li deside kontinye chèche apye, ap mache nan ti koridò ki te separe kay yo. Se te premye fwa li t ap mache nan yon katye kote kay yo te kole konsa youn ak lòt, separe sèlman, sou toude bò, ak ti rigòl ki t ap bwote dlo santi sòti nan chak kay. Li pa t ka kwè sa l t ap wè a, e li t ap eseye konprann serenite li te wè sou figi moun zòn nan ki te sanble kontan, malgre sikonstans difisil lavi toulejou yo.

Pou jan l t ap eseye evite pou yo wè l, tout moun te remake Lucienne. Moun yo t ap gade l avèk kiryozite, siman ap mande tèt yo sa jèn fanm "blan" sa a t ap fè nan katye nwa sa a.

Finalman, li wè Ambroise.

Li te chita bò yon tab, ap jwe dam sou yon *damye* bwa, anfas yon advèsè ki te parèt makawon ak plizyè lòt asistan ki te kanpe dèyè yo, ap gade match la.

Damye—jan yo rele l Ayiti—se yon jwèt konsantrasyon, donk mesye ayisyen yo pa renmen pou yo deranje yo pandan y ap jwe. Lucienne te konnen pou l pa rele non Ambroise pou atire atansyon l. Li eseye kanpe anplas, men li pa t ka tann pou li pale avè l, kounye a ke li te resi jwenn li. Li pwoche pazapa, jiskaske misye leve tèt li ap ri byen fò, pou selebre yon koutdemèt. Je yo kwaze, epi Ambroise friz.

Atansyon vire sou Lucienne, ki te konnen tout moun t ap mande tèt yo sa l ap fè la a. Sa l te vle nan men Ambroise?

Ambroise te marye avèk kat pitit ak yon senkyèm nan vant manman. Li pa t pè pou repitasyon pa l, tout moun te konnen l kòm vakabon—yon *kòk* ki pa t kapab korije. Non. Li te santi, yon fwa ankò, li te oblije pwoteje *fi sa a*. Sa k pase nan tèt li se sekirite fi a, ki te yon etranje kote sa a. Èske fò mwen ta montre mwen rekonèt li? li mande tèt li. Èske fò mwen ta fini match la, oubyen pito m annik leve al lakay mwen? Ambroise kontinye ap jwe, ap fè kòmsi li pa remake l. Anvan lontan, sepandan, gen yon ti gason ki pwoche chèz li an epi ki soufle nan zòrèy li, "Madmwazèl Lucienne ta renmen pale avè w."

Finalman, Ambroise depoze pyon yo ak de kè, paske li te renmen damye anpil, e se li ki te nan tèt nan jwèt sa a. Se te pastan li ak mwayen li pou rilaks lè li pa t ap travay. Li pale fò pou tout moun tande. "Ey, ou se dam mwen te ede avèk kawoutchou plat la yèswa." Li leve al rankontre li. "Sa w ap fè la a? Sa w bezwen?" li mande, dewoute.

Lucienne souri. "Mèsi dèske w sove lavi m."

Foul la te gen tan gwosi, tout moun ap lonje zòrèy yo. *Ambroise, ewo? Ambroise, sovtè yon fanm blanch?*

"Mwen bezwen pale avè w," Lucienne kontinye san ezite. "Nou kapab fè sa an prive?"

"M ap mennen w kot madanm mwen," Ambroise di.

Li mande padon epi li ale avèk Lucienne, nan direksyon lakay li, ki te plizyè koridò pi lwen. Medam yo t ap kuit manje sou dife chabon sou galri devan lakay yo; kèk nan kay sa yo te gen chapant detache an bwa ak twati an tòl. Yo t ap sèvi ak kiyè bwa pou brase sa yo te genyen nan bonm annajil, epi sant manje yo te fè dlo koule nan bouch. Timoun piti yo t ap kouri toutouni, ap ri pandan y ap jwe nan tè a. Chen yo t ap dòmi nan rigòl yo, ap eseye pran frechè sou zil twopikal sa a kote tanperati an te kapab monte kite 38°C lwen dèyè.

Te gen sis ti mach eskalye devan ti kay Ambroise la, epi pewon an te bay dirèkteman sou salon an.

Ambroise prezante Lucienne bay madanm li Francesca. "Se dam sa a mwen te pale w de li a yèswa. Sa ki te gen kawoutchou plat la."

Janm ak chevi Francesca te anfle, epi vant li te byen rèd: non sèlman li te ansent yon tifi, li te fèk manje yon bougon mayi. Lannuit (li t ap di sa pita), li te dòmi apiye sou yon pil zòrye. Lucienne panse jan se te regretab pou se lannuit Ambroise ap travay, kòm chofè kamyon fatra, avèk madanm li ki te pre pou akouche ak kat timoun lakay.

"Mwen pa vle kwè li jwenn ou," Francesca di. "Bonjou, Lucienne. Mwen kontan fè konesans ou." Jan se te abitid la nan peyi Dayiti, pou akeyi l lakay li, Francesca ajoute, "W ap pran yon ti kafe?"

Lucienne vin byen vit tonbe damou avèk misye ak madanm sa a, ansanm ak yon ti gason ak twa tifi yo te genyen; se te de moun senp ki te apèn ap siviv difikilte yon fanmi klas popilè. Vizit la dire plis pase inèdtan, kote yo vin konn youn lòt byen avèk konvèsasyon ki touche anpil diferan sijè. Lucienne pale yo de papa l, senatè a, de frè li an, epi li menm esplike yo jan li te swete marye yon jou pou li fè pitit pa li. Li te renmen wè pitit Vivens yo ap jwe, epi pou y ap kominike avèk manman ak papa yo; sa te raple l bèl souvni lè li menm te timoun.

Kòm li te kòmanse ta, Lucienne mande yo si li te mèt vin wè yo ankò.

* * *

Pandan soupe avèk fanmi li nan aswè sa a, Lucienne pa t kapab sispann pale de Ambroise ak madanm li. Li te byen renmen yo epi, avèk kat timoun plis yon lòt nan vant, sa pa t sanble fasil pou yo te degaje yo. Li te vle chanje sa. Senatè a fonse sousi li, poutèt li pa t vle pou yo wè sèl pitit fi li an nan katye sa a; li pa t vle pou l retounen souvan nan Avni Magloire Ambroise.

Malgre konsèy papa l, sepandan, Lucienne kontinye al wè Francesca, ki te vin yon zanmi toutbon. Pandan vizit li yo, li pote manje pou fanmi an epi pafwa, li ba yo lajan tou. Nan anpil apremidi wikenn, pandan Ambroise t ap jwe dam avèk zanmi li yo, Lucienne te konn kondui avèk vitès ak konsantrasyon; li te konn al toudwat kay Vivens yo, kòm kounye a li te konn wout li nan koridò kote l te konn santi l pèdi anvan sa yo.

Yon jou, Lucienne di jan li te tris poutèt pèsonn pa janm mande l batize pitit yo. Ayiti te ofisyèlman yon peyi katolik, e yo te konsidere sa yon gwo lonè pou pote yon tibebe devan lotèl pou batèm li epi pou sèmante pwoteje l ak leve l si malè ta rive paran ki te ba l lavi yo. Nan aswè, Francesca diskite avèk Ambroise sou lide mande Lucienne pou l se marenn tibebe nan vant yo a. Yo toude te pè pou l pa dakò: yo te tèlman pòv Lucienne te gen dwa refize òf la, menm si l te di li ta renmen marenn yon timoun. Yo deside pa mande l toutotan tibebe a poko fèt.

Lucienne konvenk papa l pou l vin konn fanmi an. Senatè a dakò avèk yon kondisyon—pou se yo ki vin kote l. Donk, Lucienne fè aranjman pou Ambroise ak Francesca vin wè senatè a yon dimanch maten, sou pwopriyete li an ki te chita nan yon zòn boujwa nan Pòtoprens, nan yon katye yo te rele Lalue.

Pwopriyete a te enpozan, avèk plizyè etaj ak yon galri ki antoure l, ak bèl kwen pou moun chita ap fè konvèsasyon. Mi yo te pentire wòz, ble ak blan—koulè nòmal pou kay ayisyen—men menm si koulè yo te montre ou te sou yon zil twopikal, achitekti a te klèman ewopeyen. Tout mèb yo te estil pwovens franse epi te sibi anpil enfliyans kolon ane 1700 yo ki te vle rekreye palè peyi kote yo te fèt la. Te gen bèl tablo sou mi yo, e tablo moun te remake pi fasil se te pòtre senatè a ki te kenbe yon chapo ak yon baton nan men l. Se te pi gwo tablo Francesca ak Ambroise te janm wè. An verite, Francesca ak Ambroise te bouch be devan tout bagay ki te genyen nan bèl chato a. Yo pa t janm imajine yo t ap gen privilèj antre la kòm envite senatè a. *Se yon aranjman Bondye,* Ambroise panse, *ki fè de fanmi diferan konsa reyini gras a yon senp jès bonkè epi vin zanmi pou tout lavi.*

"Papa m pral desann talè," Lucienne anonse.

Lucienne, Francesca, ak Ambroise chita pou pran kafe sou galri devan kay la, ap fè konvèsasyon rilaks sou maryaj ak timoun.

Yo pale de djòb lannuit Ambroise la tou, epi Lucienne di, "Senatè a ap chèche yon chofè. Mwen te kapab konvenk li pou l pale avè w, Ambroise, anvan l anboche yon lòt moun. Èske w enterese travay lajounen olye pou w ap travay menm lè ak lougawou?"

"Ou vle di pou Ambroise vin chofè senatè a?" Francesca mande, bouch be devan posibilite yon nouvo pòs pou mari li.

Lucienne ri devan eksitasyon Francesca. Li imajine kisa sa t ap vle di pou jèn manman ak papa sa a pou yo ta jwenn yon djòb moun respekte anpil konsa sou zil la. Si tout bagay ta pase byen, Ambroise pa t ap nan transpòte dechè moun lannuit ankò. Li t ap kapab lakay li nan aswè ak fanmi li, ap ede jèn timoun li yo ak devwa yo, epi ap dòmi nan kabann madanm li chak swa. Lucienne te kontan ede mesyedam jèn, emab sa yo; anplis de sa, li te espere vin marenn nouvo tibebe a—yon bagay li te swete anpil anpil.

"Wi," li di, avèk yon gran souri sou figi l. "Se sa m vle di."

Yon ti kriye sot nan bouch Francesca epi, avèk men l sou gwo vant li, li pa menm bay Ambroise chans gen tan reponn. "Wi, wi!"

Ambroise leve al bò balistrad la. Li te bezwen kontwole nè li epi, pou fè sa, li te bezwen poukont li. Kote li te kanpe a, li te kapab wè lakou senatè a. Pa twò lwen yon latrin, depandans sèvitè yo—youn pou bòn yo ak youn pou sèvitè gason yo—te kouvri avèk tòl epi te pentire ak yon koulè sab. Nan yon kizin deyò, ki te klotire, kizinyè yo t ap prepare manje koupe dwèt. Jaden an te enpekab, epi sant flè yo te ranpli lè a.

Li toujou pa t ka konprann kijan yon senp jès bonkè (li t ap fè l pou kèlkeswa moun nan) te fè pote kalite chans sa a. Apre kèk minit, Ambroise retounen antre nan konvèsasyon de medam yo, ki pa t gen anyen pou wè ak òf travay la ankò.

Ambroise pa t yon moun ki pale anpil epi li te akable anba yon santiman chòk ak rekonesans. L annik di, "M ap aksepte."

"Se vre?" Figi Francesca klere ak lajwa. "W ap aksepte òf senatè a?"

"Wi," li reponn, kraponnen ak eksite alafwa. Li vire pou bay Lucienne fas epi li di, "Mèsi."

Senatè a parèt yon sèl kou, pase pa pòt salon an. Pandan l ap salye yo, Francesca ak Ambroise kanpe epi lonje men yo bay Senatè a. Francesca gade mari l avèk je vif pandan l ap reponn kesyon senatè a.

Entèvyou a byen pase, epi Ambroise jwenn djòb chofè senatè a.

Deplasman nan taptap la pou yo retounen lakay yo te anime. Francesca pale de tout sen li te priye legliz ak kantite balenn li te limen depi jou l te vin konnen l ansent. Ambroise pale de tout sa li ta pral kapab fè pou fanmi li avèk pòs sa a ki te prestijye epi ki te peye pi byen. Malgre sa, li t ap trakase poutèt djòb la te egzije pou l mete soulye nwa, chosèt nwa, pantalon nwa, ak chemiz blan. Kòm chofè kamyon lannuit, li p at janm gen pou suiv kòd abiman; li te gen yon sèl kostim dimanch epi li pa t gen lajan disponib pou l achte ankenn bagay nèf. Erezman, Ambroise te kapab jwenn lajan nan men papa l epi li prete nan men detwa zanmi pou l jwenn ase pou yon teni. Li t ap degaje l ak yon sèl jiskaske li touche.

Se vre: Ayisyen se moun pòv. Men nou gen fyète.

Ambroise te parèt enpekab premye jou l nan travay lan, e tout jou apre sa. Chak swa, Francesca lave ak anmidonnen sèl chemiz blan mari li an; chak jou, li leve douvanjou pou pase inifòm li. Li fè sa pandan tout mwa a nèt, jiskaske yo vin sere ase lajan pou achte plis chemiz blan ak yon dezyèm pantalon.

Detanzantan, Ambroise wè Lucienne pandan li t ap vin chèche oswa depoze senatè a nan kay la epi, nan chak rankont, Lucienne pran nouvèl Francesca. Yon jou, Ambroise anonse avèk fyète nesans yon tifi. Lucienne fè l konpliman epi, kòm li pa t gen machin li, li mande Ambroise mennen l wè manman an ak tibebe a touswit. Pandan yo sou wout pou kay Ambroise, Lucienne ensiste pou yo rete detwa fwa, pou l te kapab achte tout sa li kapab pou vizit la.

Se te yon bèl sipriz pou Francesca, lè Ambroise antre avèk Lucienne k ap pote sache plen kado non sèlman pou Francesca, men pou tibebe a tou.

Finalman, apre kafe ak ti pale, Francesca mande, "Ou vle wè tibebe a?"

Lucienne sekwe tèt li pou di wi epi li suiv Francesca nan chanm kote tibebe a te an silans, men je klè. Avèk otorizasyon Francesca, li lonje men li epi leve tibebe a avèk prekosyon; li kenbe tifi a kòm si se te pa l li te ye. Li gade bèl figi tibebe a epi li bo fwon li ak bò figi li, pandan l ap karese men tibebe a ak gwo dwèt li.

Devan tout afeksyon sa a, Francesca mande, "Èske w ta renmen batize li?"

"Wi, mwen ta renmen sa anpil," Lucienne reponn ak kè kontan, san ezite. "Mèsi."

Pandan tout lavi li, Lucienne pa t ap janm marye ni gen pitit pa li. Kòm marenn, li te resevwa privilèj nonmen timoun nan ansanm ak manman ak papa ki te ba l lavi yo.

Yo chwazi rele l Solange.

Sol, an franse, se rakousisman mo *soleil* la ki vle di solèy—cho, tann, akeyan. *Ange* vle di zanj. Donk, "Solange" vle di "zanj solèy."

FÈ SA MACHE POU OU!

Règ #1: Kwè nan chans

Refleksyon: Suiv kouran an

Yon tòti lanmè fè vwayaj ekstrawòdinè. Li kapab fè jiska 10,000 mil avèk apèn plis pase yon glann nan tèt li k ap gide l nan direksyon kote l bezwen rive a. Gen tout kalite obstak sou wout li, sòti nan predatè lanmè, pase pa tanpèt lanmè, rive nan mare k ap rale li, ki ta kapab detounen li. Men natirèlman, li gen konfyans l ap rive nan finisman vwayaj lan egzakteman nan jan li sipoze a, menm si se pa kote sa a li te gen lentansyon ale a lè li t ap kòmanse. Se yon bèl leson nou dwe aprann, pou n kite tèt nou ale nan direksyon lavi mennen nou an, menm si nou pa konprann li nan moman an.

- Reflechi sou sa ki t ap pase nan lemond ak nan fanmi pwòch ou lè w te fèt. Ki efè fòs ki pa sou kontwòl ou te genyen sou moun ou ye jodi a? Kijan sa kapab fè w vin yon pi bon moun pi devan?

- Ki lè chans chanje wout ou? Èske w janm rate yon chans poutèt ou te doute? Kijan w kapab envite bòn chans nan avni w?

Règ #2: Aji ak bonkè

Refleksyon: Se nan menm lanmè a nou tout ye

Ti tòti yo antre nan lemond avèk yon travay lou k ap tann yo. Menm moman tòti kite ze yo, predatè sou tè fèm ap veye pou rape epi devore yo. Lè tòti yo nan mitan lanmè, predatè yo antoure yo. Li pi fasil pou siviv nan sikonstans terib lè gen lòt tòti ki entèvni ak bonkè, keseswa tòti granmoun k al chèche yon ti tòti ki pèdi, oswa pwason ki netwayaje karapas tòti ki an migrasyon, pou retire depo zèb lanmè an kite sou karapas sa yo. Se nan menm lanmè a nou tout ye. Li enpòtan pou gen bonkè.

- Èske gen yon moun ou konnen ki te fè yon diferans gras a bonkè li, keseswa nan lavi pa w oswa nan lavi yon lòt moun? Ki chanjman bonkè sa a te pote?

- Ou pa bezwen pè ede yon etranje. Keseswa pou bay yon moun ki pèdi ki wout pou l fè oswa pou pote remèt bay mèt li yon pòtfèy ki tonbe atè. Ti jès bonkè se benediksyon. Pwochen fwa ou fè yon bagay janti, fè atansyon ak jan w santi kò w. Se yon bon sansasyon, pa vre?

Règ #3: Rete fèmalaganach ak tenas malgre difikilte

Refleksyon: Si w tonbe nan twou, fouye pou w sòti

Menm moman yon ti tòti kòmanse vwayaj li pou al nan lanmè a, li pwoche rivaj la tèktègèdèk, san li pa okipe obstak ki prezante ant li menm ak bò lanmè a. Tòti yo vanse sou rivaj la ak konsantrasyon. Yo pa bay vag. Si yo tonbe nan twou, yo fouye pou sòti. Si yo wete yon ti tòti sou yon plaj pou mete l nan bwat, li pa annik rete chita la, li grenpe pou sòti epi pou l kapab kontinye vwayaj li an.

- Èske w janm santi gen yon bagay ou pa kapab akonpli, poutèt baryè yo parèt enposib pou simonte men, lè w konsantre sou travay la, ou vin wè sa te fasil pou pèsevere? Jwenn yon slogan pou tèt ou—youn ou kapab repete lè bagay yo sanble twòp pou ou. Depi w rive nan pwen w anvi bay vag, respire fon epi di slogan w lan avivwa.

- Ki baryè ou genyen kounye a nan lavi an? Fè yon lis. Pandan w ap li liv sa a, fè yon dezyèm lis metòd ki te mache pou mwen lè m te kontre baryè. Èske genyen nan yo ki kapab ede w atenn objektif ou yo?

RÈG POU VIV BYEN

Ayiti fè pati de mwen. Nan chapit de, m ap fè yon ti rakonte w listwa fanmi m ak peyi m, paske, jiska yon sèten pwen, nou tout sibi enfliyans listwa ki te pase anvan nou. Pwochen règ sa yo te mande pou w poze yon premye fondasyon pou jan mwen wè lavi an. Li enpòtan pou w konnen kote w sòti pou w pa kite jan lòt moun wè w—oswa wè rasin ou—limite kote w ap ateri an.

Règ #4: Rann omaj a rasin ou

Ou pral li sa nan liv lan: mwen sòti nan yon zil ki gen yon listwa konplèks. Mwen gen Ayiti nan san m; se yon eleman esansyèl nan idantite m. Konpreyansyon m genyen sou Ayiti pi rich lontan pase jan lemond abityèlman wè li, ki sanble souvan limite a sitiyasyon ekonomik peyi an, katastwòf natirèl ki touche li yo, ak bann ane derapaj politik li yo. Apa ti ekstrè nou tande nan nouvèl leswa, gen yon lòt Ayiti—yon Ayiti ki bati sou volontè fèm pou kase chenn kolonizasyon ak esklavaj. Ayiti m nan gen yon lang rich ki sòti nan rasin afriken nou yo, epi se eritaj mwen ki alasous desizyon mwen pran. Se kilti mwen ki anseye m leson ki trè enpòtan nan listwa, epi lè mwen montre kilti sa a sa kenbe m konekte ak sa ki enpòtan.

Nan fanmi m, nou pran swen youn lòt. Se sè m ki te ede m antre Ozetazini (gade chapit twa, "Pati"), epi, kou m te kapab, mwen te ede lòt moun nan fanmi m atenn pwòp bi pa yo (gade chapit senk, "Lekòl syans enfimyè"). Lè m te timoun, pa t gen ankenn mezon retrèt ann Ayiti, poutèt se fanmi ki okipe ti granmoun. Mwen te sonje enpòtans ki genyen nan pran swen granmoun aje yo lè m t ap konstwi karyè mwen, epi m te eseye trete rezidan mwen yo kòm si yo te fè pati fanmi m. M te sonje lè manman m te konn ap okipe manman pa l, lè grann mwen t ap fin granmoun, ki fè lè manman pa m vin aje, mwen fè aranjman pou l gen tout sa l bezwen. Nan sèten kilti, okipe fanmi, ale wè etranje, se pa yon abitid; men lyen ki egziste ant paran ak pitit nan peyi m, se yon bagay sere.

Règ #5: Montre inisyativ epi depase atant/limit yo

M aprann bonè pou m debouya epi pou m fè piti bay anpil. Lè pa t gen kouchèt dispozab disponib pou chanje ti sè m, te gen twal ak zepeng (gade chapit de, "Fèt ak kwaf"). M aprann pran inisyativ tou: si grann mwen te okipe epi tibebe yo t ap kriye, mwen te konn vin ede. Pandan tout lavi m, moun mwen admire yo se te degajan (tankou papa m ki te kòmanse tou piti), e mwen toujou eseye suiv egzanp yo.

Menm jan ak tòti an, ou pa bezwen pè pran risk. Fè bagay yo lè w wè yo bezwen fèt, epi depase tout atant oswa limit lòt moun mete sou ou. Lekòl, mwen te aprann timoun ki chita sou ban dèyè a te rete dèyè; pa t gen gwo atant sou pwogrè yo, donk yo pa t fè efò akonpli anpil (gade chapit de, "Fèt ak kwaf"). Mwen te toujou eseye mete tèt mwen nan ban devan an, menm lè mwen te santi se pa t plas mwen.

Ap toujou gen moun ki pa renmen w oswa ki senpleman pa konn kapasite w. Yo refize ban m plas nan restoran senpleman poutèt koulè po m (gade chapit twa, "Pati"), yo pa pran m oserye poutèt aksan mwen (gade chapit senk, "Lekòl syans enfimyè"), epi mwen senpleman refize pou m aksepte limit lòt moun mete sou mwen gen ankenn merit. Ou dwe aprann kwè nan tèt ou, paske lòt moun p ap toujou kwè nan ou. Ou kapab santi w poukont ou lè w se sèl moun ki konnen sa w kapab fè, men, alafen, lòt moun yo ap wè sa tou.

Kontinye gen gwo rèv. Wè sa ki posib avèk je lespri w, epi kwè ladan.

DEZYÈM CHAPIT

Fèt Ak Kwaf

Chita nan Lanmè Karayib la, Ayiti gen yon fwontyè komen ak Repiblik Dominikèn; ansanm, yo fòme zil twopikal yo rele Hispaniola a, Kristòf Kolon te swadizan "dekouvri" an 1492. Toudabò sou dominasyon Espanyòl yo, Hispaniola te apre sa vin sou dominasyon Langletè, Lafrans, ak Lespay (ankò) poutèt mòn vèt li yo ak yon abondans kakawo, koton, kann, kafe, ak lòt resous natirèl—sèten ki te ra—yo te pwodui pou bon mache sou tèt travay gratis esklav afriken yo te pote sou zil la. Disi mitan 17yèm syèk la, Ayiti te fin kolonize nèt anba Franse yo, epi, disi 1780, Ayiti te youn nan koloni ki te pi rich nan mond oksidantal la.

Men te gen yon gè ki t ap prepare. Anvan lontan esklav yo t ap revòlte kont kolon franse ki t ap fè abi sou yo. Sa te sèvi kòm akseleratè prensipal revolisyon ayisyen an. Gen lòt faktè ki te mennen lit pou libète a, sa gen ladan chòk ki te genyen ant rit katolik Franse yo t ap pratike ak relijyon vodou esklav afriken yo t ap pratike. Gen yon mank kominikasyon tou ki t ap ankouraje rankè: Franse yo te pale franse alòske Afriken yo te pale kreyòl, e Franse yo pa t konprann dyalèk sa a. Pandan gè a, chak gwoup te sèvi ak pwòp lang pa li pou planifye estrateji ak kominike an sekrè.

Estrikti klas ki te devlope pandan tan lakoloni yo te rete Ayiti apre endepandans li an 1804. An 1945, minorite milat po klè a— ki te Ayisyen katolik, ki pale franse, tankou fanmi Lucienne—pa t antann li avèk majorite a ki te gen po nwa, t ap pratike vodou epi te pale kreyòl, menm jan ak fanmi Francesca. Nan mitan te gen fanmi Ambroise, ki te gen kòm zansèt pitit yon Franse ak yon fanm kreyòl afriken. Teknikman Ambroise te yon milat, menm jan ak Lucienne, men koulè po fonse fanmi li te travay kont tout posibilite privilèj klas.

An 1815, touswit apre revolisyon franse a, youn nan twa frè ki te sòti Bordeaux, Lafrans, te rive Ayiti pou ede rebati peyi an. Se te yon enjennyè, e Haiti te bezwen ekspètiz li anpil pou konstwi wout ak pon. Blan franse sa a fè plizyè pitit nan inyon li avèk yon fanm kreyòl nwa, e pitit sa yo se te zansèt Ambroise.

Orijin Francesca remonte a yon vilaj nan yon pwovens andeyò ann Ayiti yo rele Leyogàn. Li te gen de sè, e yo tout te rive nan premye sik lekòl segondè. Papa li te mouri bonè, e se manman tifi yo ki te leve yo. Li te yon lesivyè pwofesyonèl ki te lave rad kliyan li yo alamen epi li te pase rad avèk yon fè chabon cho pou detwa goud. Nan epòk sa a, dapre mache a, yon dola ameriken te vo dis goud ayisyen.

Francesca ak Ambroise te rankontre pandan selebrasyon yon premye kominyon, dezyèm sakreman nan relijyon katolik la. Jan koutim nan te mande li, yon gwoup jèn granmoun te rasanble nan yon kay pou benyen timoun beni an ak chante legliz epi pou patisipe nan resepsyon an. Ambroise te remake yon jèn fanm mens, po mawon, avèk cheve long swa, yon souri chaman ak yon bèl vwa ki konn chante. Ambroise te dewoute pou jan fanm nan te mache nan san l. Aksyonè a suiv dam nan lakay li, kote li mande manman an otorizasyon pou li file pitit fi li. Anvan lontan, Misye te chèf kay la. Manman Francesca te vin gen pitit gason li potko janm genyen an, e sè Francesca yo te jwenn yon frè. Yo tout bwote ansanm ak Ambroise al nan yon pi gwo kay epi de ti zwezo yo, Ambroise ak Francesca, fonde yon fanmi. Se yon fanm saj ki akouche tout pitit yo lakay— yon fanm saj Ambroise t al chèche sou yon bisiklèt li te genyen alepòk, ki te sèl mwayen transpò li.

Ambroise te gen 16 an anplis Francesca e deja li te papa de pitit fi. Kòm matcho katye li an, li te rive mete de sè ki te rete nan menm kay la ansent an menm tan. De pitit fi li yo te gen kèk mwa sèlman ki te separe yo. Yo te grandi ak manman yo nan menm kay la epi finalman yo te vin pwòch anpil ak pitit Ambroise ak Francesca yo.

Ayiti, ki te libere depi lontan anba opresyon franse a, te sou okipasyon Etazini kounye a, avèk Antoine Louis Leocardie Elie Lescot kòm prezidan ant 1941 ak 1946. Sou Lescot, zil la te toujou gen dezòd; Ayiti te soufri pi move ekonomi li, epi zil la te prèske fè fayit. Yon manm elit po klè peyi an, Lescot te dirije gras a kaponnay, epi, ak gwo ponyèt, li te sèvi ak klima politik Dezyèm Gè Mondyal la pou alimante pouvwa li ak relasyon li yo ak Etazini, ki te gen gwo enfliyans sou zafè zil la. Li te kreye pwòp lame separe pa li, ki te rele "chèf seksyon," prensipalman yon gwoup chèf polis kanpay.

Nan kòmansman 1946, yon manifestasyon etidyan cho te pete bò Palè Nasyonal la. Yon bann gwo foul te rasanble nan lari Pòtoprens pou piye kay otorite gouvènman yo. Yon gè sivil te pete pandan plizyè jou ant gouvènman ki te sitou milat la ak gad militè nwa yo poutèt move tretman milat yo te ba yo. Gaz lakrimojèn te antre nan kay sivil yo, epi sitwayen inosan yo te kache dèyè pòt fèmen; yo te pè pou yo pa mouri, epi yo t ap lapriyè pou pwoteksyon kont vyolans nan lari a.

Pandan youn nan jou efreyan sa yo nan mwa me (fò m di nou jou sa a te byen bèl), Francesca kase lèzo. Ambroise mete lavi li an danje, brave yon foul dechennen sou bekàn li, pou al chèche fanm saj la. Deyò a, gaz lakrimojèn te anvayi lè an pou eseye toufe foul moun ki te nan lari an; andedan kay la, Francesca te gen tranche.

Tibebe sa a pa ta pral tann lari yo vin san danje.

Lavèy nan aswè, Ambroise te obsève lalin te won kou boul, plen pwomès, epi te gen yon zetwal li pa t abitye wè ki t ap briye nan syèl lannuit la. Se te bon siy. Li te sèten pitit sa a pa t ap menm jan ak lòt yo: li t ap pote chalè ak lajwa pou lòt moun. Li t ap ba l chans.

Alafen, jèn manman an akouche yon tifi uit liv an sante. E pita, pandan batèm li, tifi sa a yo ba l non Solange.

Li vin zanj solèy la.

Non sèlman mwen pote lajwa bay fanmi an, men mwen pote rekonfò tou pandan yon peryòd twoub sivil ak gwo laperèz pami yon popilasyon sou zil sa a ki te sanble egziste nan vant soufrans.

Kounye a Lucienne te gen fiyèl li t ap tann nan; li te fyè batize yon tibebe li te kapab wè, santi, e kenbe nan bra l. Vizit li yo kay Vivens yo kontinye, ansanm ak ankadreman finansye li te vle bay pou okipe mwen. Papa m ak manman m, Ambroise ak Francesca, kiltive relasyon yo te genyen avèk Lucienne. Lanmitye yo a te bon, non sèlman pou tibebe a, men pou tout fanmi an, poutèt Lucienne te vin wè yo ak sache pen, fwonmaj, lèt, kafe, sik, ak tout lòt bagay li konnen fanmi an te bezwen. Li te ranmase rad nan men zanmi l ak fanmi li, epi manman m, ki te koutiryè, te sèvi ak twal rad li te resevwa yo pou fè bèl wòb pou kat pitit fi li yo.

Senatè a, papa Lucienne, te aksepte lefètke mwen, Solange, yon sèten fason, mwen te yon sòt de pitit pou Lucienne, epi li te byen akeyi bèl tibebe koulè chokola sa a kòm yon manm fanmi an.

A laj senkan, mwen te kòmanse jadendanfan nan yon ti lekòl a yon distans nou te ka fè apye bò lakay manman m ak papa m. Byen vit, mwen vin ti cheri Madan Emmanuel, mèt jadendanfan an. Menm jan ak Lucienne, Madam—se konsa nou te rele l—tonbe damou mwen epi benyen m avèk bèl rad ak riban ak barèt pou cheve m. Yo te chwazi m pou tout pyès teyat nan lekòl la. Yo te renmen m, men sa ki etonan, yo pa t gate m. Manman m ak papa m te kwè mwen te yon zanj toutbon: pitit yo a ki fèt a kwaf la, kado yo te resevwa nan men Bondye. Papa te souvan rele m flè chans li, poutèt lavi sosyo-ekonomik yo te amelyore avèk nesans mwen.

Mwen te gen yon souri atrapan, bon jan, epi mwen te pale san rete depi moman mwen te aprann di pawòl. Se te konsa mwen te kontwole, dirije mond mwen an, pran li nan men mwen, depi lè mwen te timoun.

Yo te chwazi m pou simen flè nan tout maryaj.

Manman m ak papa m, ki te plase ansanm depi anpil lane, vin marye nan yon seremoni sofistike. Fanmi ak zanmi sòti toupatou nan zil la vin asiste maryaj. Lucienne ak senatè a pa t vini, sepandan, poutèt sa pa t nan pwotokòl la pou l vini nan zòn sa yo nan vil la. Yo te pratike separasyon baze sou klas la anpil ann Ayiti. Te gen moun rich yo, klas mwayèn nan, moun pòv yo, epi moun ki te pòv anpil yo. Se poutèt separasyon klas sa a ki fè senatè a ak Lucienne pa t kapab montre sipò yo an piblik; prezans yo nan maryaj la t ap fè tansyon ant klas yo vin pi mal toujou.

Malgre Lucienne pa t kapab vin nan maryaj la, li te pwofite okazyon an pou abiye fiyèl li, youn nan tifi ki t ap simen flè yo, tankou yon ti lamarye. Wòb mwen an, blan ak long, te kouvri bèl ti chosèt dantèl mwen yo, e ou te kapab wè yo sèlman lè m te leve wòb la pou m mache san m pa tonbe. Yo te depoze yon bèl ti chapo pay sou cheve nwa boukle mwen yo ki te long, rive jous sou zepòl. Mwen te gen gan dantèl ak zanno lò pou konplete teni m nan.

Sa pa t deranje manman m menm pou dènye pitit fi li an vòlè plas vedèt la. Li te fyè ak kontan pou kire pawas la beni relasyon li an ak Ambroise epi pou legliz aksepte inyon yo an. Kè li te plen lanmou pou dènye pitit fi li an. Figi l te klere ak lajwa pou jan mwen te pyout jou sa a. Papa m ak manman m te kwè mwen te gen pouvwa espesyal—yo te kwè mwen te fèt ak tout kwaf.

Ana, grann mwen sou bò manman, te kwè sa tou, epi li te pran plezi ap rakonte istwa sou mwen. "Ti fi sa a," li te konn di moun, "ap rive lwen. O, Sènyè! L ap rive lwen nan lavi an!"

Li te rakonte moun lè papa m te mennen m sou bekàn nan yon match foutbòl nan Estad Nasyonal la. Mwen te gen sizan, epi foutbòl se te—se sa jiskaprezan— espò nimewo en nan peyi Dayiti. Pwogram nan pandan mitan an se te yon gwo raf ki te sèvi ak nimewo biyè admisyon yo pou tiraj la. Avèk sezisman, papa m tande yo anonse nimewo pa l la nan opalè estad la. Li pa t vle kwè se biyè pa l la ki te genyen! Li t al nan match nan estad sa a kòm timoun ak kòm granmoun epi li pa t janm genyen ankenn prim. Li di toutmoun—epi li te kwè sa tou li menm—sèl sa k fè l genyen se poutèt li te mennen m, Solange, nan match la. "Se li ki genyen, se pa mwen," Ambroise te di. "Se li ki fèt ak kwaf la."

Nan landmen, li te pi sezi toujou lè yo te vin livre prim lan nan kay la: yon fonograf, pou w te vire alamen pou jwe disk ki te gwosè yon gwo pidza. Aparèy sa a te enpresyone tout moun nan kay la. Nan epòk sa a, lè w te gen fonograf lakay ou, sitou nan zòn kote nou te rete a, te vle di ou te "rive" finansyèman. Ambroise, ki te deja gen yon konplèks Napoleon ak wotè senk pye li an, t ap mache nan katye a tankou yon "chèf seksyon" kounye a, yon chèf nan kominote a.

Pou moun ki te antoure li yo, se te yon nèg entelijan. Youn pami sis pitit—twa frè ak twa sè—Ambroise t ale nan lekòl segondè epi yo te konsidere l nan epòk sa a, sitou nan anviwònman kote l t ap viv la, kòm yon misye ki te gen edikasyon. Epi, pou di laverite, li te entelijan vre. Malgre li te sibi anpil difikilte nan lavi a, Ambroise te arive okipe lakay li ki te gen deplizanplis moun ladan. Nou tout te toujou rete nan menm kay la: Ambroise ak Francesca, senk pitit yo, grann mwen, ak de sè manman m yo. Papa m te oblije jwenn, poukont li, yon jan pou amelyore lavi fanmi nou an.

Lè grann mwen, Ana, te vin vann yon teren li te genyen nan Leyogàn, ti vil kote li te fèt la, li te fè Francesca kado lajan an. Ambroise, ki te resevwa kòm eritaj yon ti lajan tou apre lanmò papa li, te sèvi ak de lajan yo pou bati yon pi gwo kay pou fanmi li nan yon seksyon nan Pòtoprens kote moun te gen plis mwayen. Li bwote nan nouvo kay la avèk madanm li ak pitit li yo, kite ansyen kay la pou bèlmè li ak de pitit fi li yo.

* * *

Depi lè yo te fèk plase ansanm nan, papa m ak manman m te fè yon timoun chak dezan. Nan epòk sa a, pa t gen planin familyal. Fè lanmou se te yon bèl fòm relaksasyon ak detant ki te mennen gwosès. Se te chans ki te fè yon fanm oswa ansent oswa pa ansent apre sèks.

Premye pitit papa m ak manman m se te yon ti gason (Gerald) epi apre l te vin gen yon ti fi chak dezan. Tout moun te abitye wè Francesca ansent chak dezan, donk yo te bouch be lè te vin gen yon entèval twa, kat, epi apre sa senk ane. Gwo eka sa a se te yon rate pou yo.

Se te pandan senkyèm ane sa a Francesca te finalman vin ansent ankò.

Fanmi an ak zanmi yo t ap poze tèt yo kesyon sou Manman Lanati: èske l t ap jwe avèk yo, oswa èske se timoun mistè sa a, Solange, ki t ap jwe sou anviwònman li epi te kontwole l depi nan vant manman l?

Toutmoun te panse mwen—pitit chans yo a, benediksyon yo an—ta pral dènye pitit papa m ak manman m, donk imajine sezisman toutmoun lè, senk lane apre nesans mwen, Francesca te ansent ankò. Li potko fin jwi Ambroise, donk li kontinye jwe wòl pa li nan peple latè, nan akouche non sèlman sizyèm pitit yo a (Mirlene) men epitou setyèm (Antonine), uityèm (Jean Claude), ak nevyèm yo (Ambroise Jr.).

Mete ansanm, yo te gen twa pitit gason ak sis pitit fi, anplis yon pitit gason deyò Ambroise ki te vin rete avèk yo. Epoutan, sitiyasyon sosyo-ekonomik yo te kontinye ap amelyore, epi Francesca te kapab anboche yon bòn pou ede l jere kay la, gwo lakou a, ak bann timoun yo. Li te anboche de *restavèk* tou, de jènfi ki t ale lekòl lannuit epi ki te travay kòm bòn pandan lajounen; nou te bay yo kabann ak manje. Kòm li te rankontre mari li pandan li te jèn, Francesca pa t janm travay andeyò lakay li. Li te devwe nan wòl li kòm madanm ak manman. Se te yon chèf pafè nan sa ki gen pou wè ak jere lakay li.

Yo te konn di mwen se yon pitit mitan toutbon, senkyèm nan pami nèf pitit Francesca ak Ambroise fè, avèk kat frè ak sè pi gran pase m, epi kat ki pi piti—mwen te potomitan ki te kenbe fanmi sa a. Mwen te toujou an konpetisyon avèk Edith, sè ki te vin touswit anvan m nan, epi m te gen anpil anpil afeksyon—mwen ta menm di yon kalite lanmou manman—pou Mirlene, sè ki te vin touswit apre mwen an.

Nan ane 1940 yo, pa t gen Pampers. Tibebe yo te mete kouchèt an twal epè ki te tache ak gwo zepeng koulè ajan. Mwen te konn gade manman m k ap chanje kouchèt Mirlene, donk, yon jou mwen te poukont mwen ak ti sè mwen, m deside pran sa an men, epi m chanje kouchèt la poukont mwen. Yo te kite grann mwen nan kay la ap veye nou; li te deyò a ap lave rad, epi mwen te pare pou m fè sa m te wè manman m te konn ap fè lè tibebe a t ap kriye.

Mwen grenpe sou yon chèz epi, apre sa, m kite chèz la pou monte sou tab la; konsa m te ka gen kont wotè pou rale yon kouchèt nan pil byen pliye ki te sou etajè a. Apre sa, m redesann pou al okipe ti sè m nan ki t ap kriye. Nan epòk sa a, yo p at mete tibebe dòmi nan kabann, men sou yon matla espesyal an fèy bannann yo te mete atè a. Yo te ouvè yon twal epè pou konfò, epi tibebe a te kouvri ak yon dra. Aranjman sa a te alapòte mwen.

Lè mwen pote kouchèt mouye a deyò bay grann mwen pou li lave l, granmoun nan vole sòti dèyè basen galvanize plen dlo savon an, epi li kouri andedan, panse li pral jwenn tibebe a ap rele pou doulè, menm ap senyen poutèt li pike ak zepeng kouchèt. Byen sezi, li jwenn tibebe a pezib ak kouchèt la byen mete.

Yo vin konnen m kòm yon gadò tibebe ekstrawòdinè, epi grann mwen pa janm sispann rakonte istwa sa a. "Kwè m," li te konn di, "pitit sa a ap rive lwen. Pou janm l renmen kòmande, li gen dwa pa janm kapab ni kenbe yon nonm ni marye. Men, o, mezanmi, l ap rive lwen!"

Mwen te alafwa kirye ak fèm lè m te timoun piti epi sa vin pi mal amezi m ap grandi—yon karakteristik ki vin itil anpil pou mwen antanke dirijan pita nan lavi mwen. Kòm mwen t ap chèche konesans pwofon, mwen te renmen lekòl epi mwen te kwè edikasyon se kle reyisit.

Sistèm lekòl la nan peyi Dayiti te sèvi ak mwayèn apeprè douz kou pou montre pozisyon yon elèv nan klas la. Elèv yo te chita nan saldeklas la dapre mwayèn yo.

Yo te konsidere elèv ki gen pi gwo mwayèn nan kòm nimewo en epi li te chita sou ban devan an, nan premye ranje a, sou kote dezyèm pi wo mwayèn nan, apre sa twazyèm ak katriyèm nan, elatriye, rive jiska elèv ki te gen mwayèn pi ba yo sou dènye ban an. Chak ban te pran kat-senk elèv, avèk timoun pi entelijan yo devan epi rès la an liy dèyè yo. Aranjman plas la te pèmèt timoun pi entelijan yo kontinye fè gwo nòt, pandan "eskoubin" yo te rete dèyè. Depi byen bonè, mwen te aprann, nan lavi, nou kontwole sa nou kapab epi travay ak sa nou genyen. Bi mwen se te chita sou de premye ban yo—pou toutan. Mwen te etidye avèk kèk nan kanmarad klas mwen yo epi m te etidye poukont mwen tou pou m te metrize matyè a.

Mwen te konpetitif anpil, epi elèv parèy mwen yo te respekte m. Yo tou, ansanm ak pwofesè a, te byen renmen m. Mwen pa t janm rate lekòl, poutèt mwen te pè pou kanmarad mwen yo pa aprann yon bagay mwen pa aprann. Mwen te an konpetisyon non sèlman ak kanmarad klas mwen yo men ak tèt mwen tou. Menm depi lè sa a, pou mwen nan tèt se te sa ki te toujou nan lespri m. Mwen te yon bravedanje ki pa t pè pran risk kèlkeswa sitiyasyon an. Men, menm jan ak yon tòti, mwen te fè tout efò pou pran risk kalkile sèlman.

Mwen pa t janm di manman m sa lè mwen pa t santi m byen, pou l pa anpeche m al lekòl pou jounen an. Se jis lè dòmi pran m nan mitan jounen an oswa lè se pa mwen ki leve an premye pou al lekòl li vin reyalize mwen malad.

Lekòl primè mwen an, École Sainte-Bernadette, te chita anfas lanmè kote pechè yo te konn ap vann pwason yo te pran nan jounen an. Chak vandredi, mwen te travèse lari a, avèk anpil prekosyon pou machin oswa taptap pa frape m nan lari plen aktivite yo nan Kafou. Mwen t achte pwason fre pou grann mwen sou bò manman, Ana, mwen te bay ti non "Grann Ana," epi apre sa mwen te mache al lakay li pou pote sa l te ban m lajan pou achte a. Nou te manje pwason an ansanm lè li te fin kuit li, epi nou te bwè kafe nwa jiskaske papa m vin chèche m pandan l ap antre lakay sòti nan travay.

Nan Karayib la, nan epòk sa a, pa t gen mezon retrèt. Pitit te sipoze okipe granmoun yo, donk grann mwen te rete avèk youn nan pitit fi li yo e li te rete yon manm aktif nan fanmi an jiskaske li mouri a laj 92 an. Mwen gen bon souvni moman mwen pase avèk Grann Ana. Li te jwe yon wòl enpòtan nan ede m vin moun mwen ye kounye a.

Mwen te renmen pase tan ak marenn mwen tou. Lè mwen te vin gran ase pou deplase lavil poukont mwen, mwen t al wè marenn mwen prèske chak dimanch kay senatè a kote li menm ak frè li (frè an te marye kounye a) te rete ak fanmi yo. Mwen te grandi nan yon relasyon plen lanmou ak Lucienne. Mwen te renmen mete bèl rad li te achte pou mwen yo, manje bon manje, epi li liv enteresan.

Frè Lucienne nan te vin gen yon pitit yon ti tan apre nesans mwen. Se te fiyèl lucienne tou; yo te rele nou toude avèk afeksyon "pitit fi Lucienne yo."

Marenn mwen te kondui mennen m lakay apre vizit mwen an epi, sou wout, li te rete nan magazen pou achte chiklèt ak sirèt, fwonmaj ak gato, ak yon asòtiman lòt bon bagay pou mwen pote lakay mwen. Pafwa, li te menm ban m lajan. Frè ak sè m yo epi menm manman m te tann mwen retounen avèk pasyans, poutèt yo te konnen trè byen mwen pa t ap antre ak men vid. Nan kòmansman, rityèl sa a te pafwa yon nesesite, sitou anvan Ambroise te kòmanse pwòp biznis pa li. Depi lè m te trè jèn, mwen te pran wòl serye okipe fanmi m sou zepòl mwen.

Menm si Ambroise pa t gwo gason, li te entelijan anpil. Li te fini pa vin yon ti wa kote li te rete a. Papa m ak manman m te vin rive jwenn siksè, poutèt yo te toujou jwenn sa ki pozitif nan tout bagay negatif ki te pase mi lakay yo. Yo te reyisi mete nan tout pitit yo yon vizyon pozitif san fay, kèlkeswa sikonstans yo, kòm si chak jou se te yon nouvo chans ki pote pwòp defi pa li ak pwòp viktwa pa li.

Papa m te yon moun ki te wè tout bagay sou bon bò, li pa t janm wè move bò a. Li t ap grenpe echèl reyisit la depi mwen te fèt, dapre sa l di zanmi l. Avèk lide l fikse sou monte nan sosyete a, li te devlope yon biznis taptap. Li te kòmanse pa achte yon sèl taptap li te konn lwe bay chofè pandan li t ap travay tout jounen kòm chofè senatè a. Lè senatè a vin pèdi plas li nan Sena a nan Jou Eleksyon an, Ambroise vin antre nan biznis aplentan: l achte yon dezyèm taptap epi li kòmanse ap pran pasaje li menm nan lari a, pou depoze yo yon sèten kote. Anvan lontan li te kapab anplwaye plizyè chofè. L achte yon machin dezyèm men pou tèt li, yon "Picard," epi li bay bekàn li an vag. Li vin kreye yon fanmi klas mwayèn apati de yon fanmi klas ba, epi li vin yon gwo pwason nan ti ma dlo katye li a.

Manman m te yon koutiryè ki te fyè abiye pitit fi li yo. Li te montre n pou n toujou kenbe tèt nou wo ak pou nou fyè tèt nou. "Moun pale sèlman de moun enpòtan," li te konn di nou. "Si y ap pale de ou, se paske ou enpòtan."

Poutèt li te arive chanje mwayen transpò li—sòti nan mache apye pase pa gen bekàn pou rive nan gen machin—epi poutèt li te gen yon ti lajan nan pòch li, bann fanm ki te antoure papa m yo vin ap kouri dèyè li, malgre yo te konnen li te marye avèk plizyè pitit. Li vin yon Don Juan ayisyen ki kontinye ap peple zil la avèk pitit, non sèlman andedan men andeyò maryaj li tou.

Ambroise ak Francesca te chita sou galri devan lakay yo yon jou, lè yon fanm vin fè mari an konnen manman "pitit gason li an" te kite tibebe a san siveyans depi plizyè èdtan; vwazen te kapab tande tibebe a k ap kriye andedan kay la.

Lè sa a, Francesca te ansent ak vant li byen gwo ak twazyèm pitit li. "Ki pitit gason w ap pale la a?" li mande, sezi. Francesca te toujou konnen mari li te plase avèk li an te vakabon, men lè w gen yon timoun ki antre nan relasyon sa a se yon lòt afè.

Ambroise pa reponn kesyon li an. Li te okouran timoun nan, donk li leve pou l ale. Francesca suiv mari l nan yon lòt kay.

Lè y antre nan chanm nan, yo jwenn yon bèl tibebe gason k ap kriye sou yon nat. Li pa t gen plis pase de mwa. Francesca suiv ensten manman li epi pran tibebe a atè a. Li kenbe l sou pwatrin li, poutèt li te konprann timoun nan te bezwen rapwòchman ak afeksyon. Li kenbe tibebe a lakay li jiskaske yo jwenn manman an, e se lè sa a sèlman Ambroise reponn tout kesyon li yo. Li chanje kouchèt tibebe a, ba li manje.

Manman an pa janm vin chèche ti gason an, Reginald. Francesca te yon sent. Non sèlman li padone mari l pou move konpòtman l men li sove pitit gason li an tou, leve li kòm si se te pa l.

Kòm si Ambroise pa t fè ase pou fè maryaj li ak madanm li ditò, li jwenn mwayen ansent youn nan bòn Francesca yo tou ki te rete lakay yo a. Li te vakabon toutbon: depi li te kouche ak yon fanm, li te tou ansent li. Mete ansanm, Ambroise te gen trèz pitit li te konnen. Rimè yo toupatou sou zil la sou vakabonday li yo te tèlman fè laraj, sepandan, menm Ambroise pa t konnen konbyen pitit li te fè toutbon.

Poutèt konpòtman li ak jan li te sèvi ak lajan li ak relasyon li ak fanm, li te vin jalou pou pitit fi li yo anpil. Manman m, ki te 16 an pi jèn pase l, te kapab pase pou setyèm pitit fi li nan kay yo a. Li te fèm, tèt kaderik, epi li te kenbe kontwòl sou tout mouvman manman m, menm jan ak pou pitit fi li yo, te fè. Nou tout grandi pè li men nou te respekte l. Li te yon bon papa an jeneral, li te byen okipe nou, men li te pwoteje nou twòp. Sou chimen lekòl—ak nan okazyon ra kote nou te gen otorizasyon al nan teyat oswa nan sinema—fòk nou te deplase an gwoup, malgre nou te gen laj diferan e nou chak te gen pwòp zanmi pa nou. Jèn gason yo sou katye a te konn ap iwonize nou, rele nou "Kadè" epi, chak fwa nou kite kay la, nou te konn tande yon gwoup ti gason ki kanpe nan yon kwen lari rele, "Kadè yo deyò!" byen fò—pou moke nou.

Nou pa t janm gen dwa ni dòmi kay zanmi ni al nan klas pwonmnad sou plaj. Pafwa, papa m te konn dakò pou n ale epi li chanje lide nan landmen, lè nou te fin fè tout plan. Se te yon desepsyon apre lòt. Men, alafen, "Kadè yo" ret pwòch anpil youn de lòt, menm lè nou fin granmoun aje nèt.

FÈ SA MACHE POU OU!

Règ #4: Rann omaj a rasin ou

Refleksyon: Rasin ou pouse fon

Tòti yo sonje kote ze yo te kale. Syantifik yo kwè, andedan tòti lanmè femèl yo, gen yon bousòl entèn ki make ak kote yo te fèt la. Lè moman an rive pou yo ponn, pifò nan yo naje plizyè milye kilomèt retounen sou egzakteman menm plaj ze yo te kale a pou yo fè nich yo epi ponn pwochen jenerasyon ze a.

- Fè yon lis kèk karakteristik, kit se pozitif, kit se negatif, nan kilti, fanmi oswa kominote ou grandi ladan an. Kijan bagay sa yo modle w? Kijan yo limite w? Chwazi sa ou vle kenbe nan tèt ou sou chimen reyisit ou a, epi pa ezite elimine sa ki limite w yo.

- Kisa w ta renmen kite bay pwochen jenerasyon k ap suiv ou a? Ke w gen lentansyon, ke w pa gen lentansyon fè pitit, ki kalite kontribisyon ou ta renmen kite pou lavni?

Règ #5: Montre inisyativ epi depase atant/limit yo

Refleksyon: Sivivan se moun ki pa bay vag!

Fosil ki la depi 210 milyon ane montre tòti lanmè yo te arive kontinye viv apre dinozò yo. Migrasyon yo te kontinye malgre predatè, destriksyon lèzòm pote kote yo fè nich yo, polisyon, famin, ak lòt faktè tankou chanjman klimatik. Yo konsantre sou yon direksyon epi yo kontinye vanse malgre yo pase sa ki pi mal lemond gen pou ofri, e sa mache pou yo depi plizyè milyon ane. Yo te vin nan pozisyon difisil epi fè fas ak danje pou yo disparèt nèt, men tòti djanm yo arive sòti tèt yo nan sitiyasyon an pou siviv.

- Panse a yon lè ou te fè yon kichòy pozitif ou pa t atann san pèsonn pa pouse w. Ki reyaksyon ou te rankontre? Kijan sa te chanje jan w wè potansyèl ou?

- Ki limitasyon ou konfwonte sou chimen reyisit la? Konbyen w genyen ki baze sou prejije lòt moun genyen oswa sou nòm kiltirèl? Fè yon lis bagay ou panse ki gen dwa ap anpeche w vanse. Apre sa, reli tout lis la epi bare tout sa ki se poutèt jan lòt moun wè sa w kapab akonpli. Bagay sa yo se an gran pati ilizyon.

RÈG POU VIV BYEN

Nan chapit sa a, ou pral li sou kèk gwo chanjman mwen pase, pandan mwen te jènfi, lè mwen vin nan Etazini sòti Ayiti. Mwen viv anpil nan yon ti peryòd, men leson m aprann yo te kèk nan sa ki te pi enpòtan yo nan pakou mwen. Lè w kenbe sanfwa ak konsantrasyon, sa ap kenbe w sou bon chimen. Ou dwe dispoze fè sakrifis sou wout la.

Règ #6: Kontwole santiman w

Ou te mèt kriye. Pafwa li nesesè pou w eksprime sa w santi pou w kapab konsantre sou travay k ap tann ou an. Lè w kriye, sa pèmèt ou prije santiman ak dout k ap akable w, pou w kapab vanse. Lè mwen te fèk rive nan Etazini epi m pa t kapab konprann lang nan, mwen te konn kriye souvan tank mwen te nève (gade chapit twa, "Pati"). Lè m te fin kriye, se te kòm si mwen te gen yon tablo tou pwòp, donk mwen te kapab konsantre sou aprann pale angle, oswa sou kèlkeswa lòt baryè mwen te gen devan m lè sa a. Pita, lè mwen te vin aprann mwen t ap oblije pran yon djòb bòn timoun pou m jwenn viza, mwen kriye poutèt desepsyon, men, lè m fini, mwen jwenn kouraj aksepte yon djòb mwen te santi ki te twò ba pou mwen (gade chapit kat, "Antre nan mendèv la"). Kriye se yon fason natirèl pou vide rezèvwa santiman w, pou w kapab replen l ak onn pozitif.

Men fè atansyon ak sitiyasyon ki kapab vide w epi lakòz ou reyaji yon jan ki pa ni konstriktif ni sen. Si w wè ou gen pwoblèm kontwole santiman w poukont ou, li enpòtan pou w chèche èd nan men yon pwofesyonèl, men gen metòd senp ki gen dwa ede w rete kè kal nan dife tou. Te gen yon epòk kote yon pwoblèm medikal te fè m pran mari m ak grap (gade chapit onz, "Kijan n te fè?"). Li rete poze nan reyaksyon li, epi li ede m wè kriz kòlè m t ap fè yo te gen yon kòz pi pwofon pase sa m te kwè lè sa a. Si w wè ou pa kapab sispann kriye poutèt menm pwoblèm yo oswa w ap reyaji sou kòlè, li lè pou chèche konnen sa ki p ap mache pou ou a; sispann kriye ak pran moun ak grap epi jwenn sanfwa w.

Sè mwen an, Edith, avè m, nou pase plizyè ane ap devore youn lòt, ap goumen ak kriye anvan mwen vin konprann goumen an pa t bon pou ankenn nan nou (gade chapit de, "Fèt ak kwaf"). Pa kite moun vòlè kè kontan w. Mwen pa janm kite lòt moun gen enfliyans ni sou jan mwen santi m ni sou jan m aji. Lè w pa kontwole santiman w, ou bay lòt moun plis pouvwa sou ou; wete pouvwa sa a nan men yo. W ap wè pi lwen nan istwa m nan kijan, anpil fwa ankò, mwen santi kòlè men mwen chwazi montre yon konfyans poze. Ou jwenn yon sèten satisfaksyon nan wè reyaksyon lòt moun lè w pa reyaji devan pwovokasyon yo. Se pa eksitasyon lòt moun ki pou dikte reyaksyon w. Aprann rete fèm devan advèsite se sa ki kapab fè diferans la ant reyisit ak echèk.

Règ #7: Rete konsantre

Mwen t aprann bonè li enpòtan pou w rete konsantre. Nan chapit twa, ou pral li sou epòk kote mwen te lekòl ann Ayiti. Lè mwen te vin malad grav anpil, mwen te rete konsantre sou etid mwen kanmenm, poutèt mwen te konnen edikasyon se te kle reyisit.

Pa kite difikilte detounen w. Pita nan liv la, w ap li sou difikilte mwen yo avèk imigrasyon, tankou kokennchenn pil fòmilè jiridik mwen te gen pou ranpli yo, malgre mwen pa t fò nan lang nan. M arive fè tou sa poutèt mwen rete konsantre, menm nan kontrekou yon agresyon seksyèl ki te devaste mwen. Ensidan vyolan an te twomatize mwen, men mwen pa t gen lòt chwa apa mete eskperyans la sou kote pou atenn bi mwen ki te pou m fè sè m an antre Ozetazini. Se pa t yon sitiyasyon fasil, men mwen pase l.

Gen anpil distraksyon nan lavi—genyen nan yo ki terib—e se ou ki pou chwazi pran desizyon konsyan pou w pa wete je w sou objektif ou genyen. Gen yon bann moun ki la pou kore w pandan pakou w la, men kenbe je w sou rekonpans la kèlkeswa sa li koute w.

Règ #8: Ou dwe dispoze fè sakrifis

Mwen te gen dwa pa rive lwen konsa nan lavi an si se pa t pou sakrifis lòt moun te fè pou mwen. Papa m ak manman m, paregzanp, te konnen voye m Ozetazini te nan enterè m poutèt sitiyasyon politik la nan peyi Dayiti. Mwen te jèn, e yo te vle kenbe m anba zèl yo pou sèten mwen te jwenn swen kòmsadwa e mwen te gen tout sa m bezwen. Men yo te konnen tou sitiyasyon an ann Ayiti te tèlman pa bon, lavi m te an danje; mwen t ap pi an sekirite si mwen te pati. Gras a sakrifis sa a, mwen te kapab bati yon karyè reyisi epi, nan tou pa mwen, ede fanmi m amelyore kalite lavi l.

Bon paran ap fè nenpòt ki bagay pou pitit yo. Lè mwen te malad, papa m te jwenn jan pou l geri maladi m nan, poutèt li te dezespere jwenn yon jan pou mwen pa soufri. Sa depase parantaj: depi gen yon bagay ki anje, nou jwenn kouraj sakrifye sa nou bezwen pou nou rezoud pwoblèm nan. Ou pral li pita sou kèk nan sakrifis mwen te oblije fè pou karyè m kapab vanse, sa gen ladan pase mwens bon moman avèk fanmi m epi chwazi espesyalize nan yon domèn ki te andeyò sa m te toujou planifye pou tèt mwen. Sa pa janm fasil pou fè sakrifis, men avantaj yo lè w fè sa peze plis pase dezavantaj yo.

CHAPIT TWA

Pati

Pa gen jan pou m di ankò jan sa te difisil pou fanmi m leve nèf timoun nan peyi Dayiti, sitou pandan ane adolesans senk premye pitit yo. Eka senk ane ki te genyen ant mwen menm ak kat lòt ki te vin apre m yo, te kreye yon gwo pwoblèm pou Francesca ak Ambroise, ki t oblije ap jere konpòtman adolesan ak kriz kòlè tibebe.

Nou menm ki te pi gran pami timoun yo, nou te gen pwòp pwoblèm pa nou, ki te rivalite ak konpetisyon pou atansyon, ak yon gwo anvi endepandans. Batay fizik yo, sitou ant mwen ak sè m nan Edith, te vin deplizanpli vyolan. Edith te panse manman ak papa nou te renmen m plis pase l, epi jalouzi sa a te manifeste plizyè fason. Edith te pwovoke plizyè nan batay yo, men li te vle pou paran nou pran pou li lè n te nan kont. Li te soufri egzema, opresyon, ak lòt maladi, tankou anksyete, ki te gen pou kòz pwòp mank konfyans pa l nan tèt li. Lè nou toude vin granmoun, mwen vin rann mwen kont move pozisyon kote sè m nan Edith te ye a, epi mwen fè tout sa mwen kapab pou ranje relasyon an. Malerezman, kèlkeswa sa m fè, li pa t ap janm ase pou soulaje santiman li te gen nan kè l yo depi plizyè dizèn ane. Mwen fè efò pou antann mwen ak tout moun nan fanmi an, sa gen ladan sè m Edith, epi mwen fè tout posib mwen pou m pa kite ni pèsonn ni anyen gate kè kontan mwen jwenn lè m ak fanmi m, sitou sè m yo.

Pandan m te jènfi, mwen te vin malad avèk gwo lafyèv ki t ap ale-vini, malgòj, ak yon malèz jeneral ki te pwogrese pou vin ban m jwenti rèd. Pafwa, mwen te vin tèlman rèd mwen pa t kapab chita; olye de sa, mwen te kouche sou chèz dèyè machin nan sou wout pou al nan dispansè piblik la, kote yo te ban m piki pou doulè a ak yon krèm pou soulaje redè a. Ale m t ale nan dispansè a, sa te ban m yon soulajman pwovizwa, men lafyèv yo ak redè a te retounen kou efè medikaman an te pase. Pye m ak men m te anfle. Mwen te malad souvan ant laj trèz ak kenz an. Mwen te twò mèg ak twò fèb. Maladi an te ralanti kwasans mwen tou nan mitan ane adolesans mwen. Sa ki te pi terib la, mwen te souvan oblije rate anpil jou lekòl. Mwen pa bezwen di, ti vi sosyal Ambroise te otorize m genyen an te vin pi piti toujou poutèt maladi an.

Pandan twa lane, papa m ak manman m jere yon timoun malad, men pa t gen yon sèl doktè ki te kapab jwenn yon dyagnostik; lè yo wè yo pa ka fè anyen, pwofesyonèl medikal sa yo te enkyè poutèt sante m ak byennèt mwen, e yo te eseye jwenn yon jan pou pote soulajman pou jènfi sa a ki te sispann devlope poutèt maladi. Ambroise te kwè vwazen yo t ap pratike vodou pou eseye vòlè chans pitit fi li an, poutèt li te konnen jan li te pwoklame se te mwen ki te chans li.

Papa m te tèlman dezespere, li kuit yon bonm mayi moulen avèk yon bann sèl lanmè, li plen yon chosèt avèk melanj sa a epi vlope l toutotou chevi mwen pou redui edèm ki t ap devlope ladan yo. Ambroise pa t resevwa edikasyon doktè fòmèl, men li te yon doktè fèy ekselan. Se jouk lè mwen vin ap etidye syans enfimyè mwen vin rann mwen kont, pandan yon kou anatomi ak fizyoloji, jan papa m te entelijan. Nan yon devwa nan klas la, mwen vin kontre ak mo "osmoz" la epi m aprann dlo ale kote gen sèl. Mwen sispann li pou repete san rete: "Dlo ale kote gen sèl." *Ambroise,* ki vin nan tèt mwen, epi kite m bouch be. *O, mezanmi! Men sa w t ap fè a wi, lè w t ap mete mayi moulen sale cho a sou pye m,* lè m te malad la. Ou t ap wete dlo a nan chevi mwen. Kijan l te fè konnen mayi moulen sale a t ap redui edèm nan? Mwen te konn repons kesyon sa a: menm si gen Ayisyen ki pa gen nivo edikasyon ki nesesè a pou konn osmoz, yo gen yon te, yon lwil, oswa yon tretman fèy pou tout maladi. Ambroise pa t fè eksepsyon, e li t ap fè nenpòt ki bagay pou sove pitit li a.

Parenn Francesca, Doktè a, te yon jeneralis sou zil la. Li menm tou te okipe m, e li te dewoute devan maladi dwòl sa a. M ap mande tèt mwen kounye a si menm Doktè a te konn kwakseswa sou osmoz. Kòm teknoloji telefòn la potko fè chimen li nan peyi Dayiti, nouvèl te abityèlman simaye apye. Yon jou, parenn manman m, Doktè a, voye yon moun lakay nou, pou mande Francesca mennen m pou li egzaminen m. Manman m ansanm ak papa m mennen m nan randevou a. Byen sezi, yo prezante yo bay yon blan, yon doktè ki te zanmi Doktè a, ki t ap fè yon ti vizit kout sou zil la sou wout li pou Lafrans. Li egzaminen mwen e, pou premye fwa, yo idantifye pwoblèm nan; yo resi fè dyagnostik, epi mete sou pye yon plan tretman. Poutèt gravte dyagnostik la, ti tan tou piti doktè sa a t ap fè sou zil sa, ak dezi li pou fè operasyon an li menm, pa t gen yon moman pou pèdi. A nevè pil nan landmen, yo prepare m pou operasyon, epi yo wete amigdal mwen.

Yo mete m sou rejim likid pandan vennkat èdtan, epi apre sa sou yon rejim manje mou jiskaske mwen vin kapab tolere yon rejim nòmal. Kòm si doulè operasyon an pa t ase soufrans, doktè franse a preskri ven piki penisilin, yon piki pa jou pandan ven jou. Gen yon enfimyè ki vin lakay la chak swa pou bay piki yo epi, malgre yo te banm yo kote diferan chak jou, mwen te konn kache kou m te tande vwa enfimè a k ap salye papa m ak manman m. Finalman, mwen vin fini ak seri piki a, mwen kòmanse pran pwa, epi sentòm yo disparèt.

Poutèt maladi a te parèt nan kòmansman ane jènfi mwen, mwen fè kwasans mwen an reta. Mwen vin gen règ mwen pou premye fwa a laj disetan epi mwen vin finalman gen tete nan kòmansman laj granmoun. Ankò se jouk pandan etid syans enfimyè mwen yo mwen vin rann mwen kont mwen te soufri rimatis atritis timoun, sa ki te eksplike malèz jeneral la ak doulè nan jwenti yo. Mwen finalman vin konprann poukisa mwen te bezwen yo wete amigdal mwen. Amigdal yo te kenbe yon bakteri ki rele estreptokòk beta emolitik ki t ap enfekte san mwen, sa ki eksplike lafyèv kwonik yo.

Dispansè a t ap ban m piki penisilin; sepandan, dòz la ak kantite fwa a pa t ase pou touye bakteri yo ki te retounen simaye andedan m kou m te fini yon seri antibyotik. Medikaman an te soulaje sentòm yo men li pa t elimine pwoblèm nan nèt. Mwen te soufri enfeksyon repete ki te gen menm sentòm yo chak fwa. Maladi m nan te yon mistè non sèlman pou papa m ak manman m ki te gen edikasyon mwayen, men pou doktè ayisyen ki te egzaminen m yo tou. Finalman, mwen fin refè nèt epi kontinye briye nan etid mwen.

Lè l fini ak lekòl Ayiti, pi gran sè m nan Ritza fè demann admisyon nan pwogram syans enfimyè a nan Misericordia Hospital nan peyi Kanada. Lè y aksepte li, se te yon pòt sou rès mond lan ki te ouvè yon sèl kou pou fanmi m. Ambroise vann tout sa l kapab, menm kawoutchou machin li, pou kouvri depans yo pou voye pi gran pitit fi li menm ak Francesca a Kanada. Anvan kat lane pase, Ritza te gen tan yon enfimyè otorize ki t ap travay aletranje e ki te kapab voye lajan lakay pou ede nan depans leve gran fanmi sa a.

Lè Ritza fini avèk etid li Kanada, li bwote al Etazini pou travay nan Misericordia Hospital nan Bronx, New York. Poutèt mwen te pwòch anpil ak Ritza, nou ekri youn lòt plizyè santèn lèt pandan kat lane li t ap etidye lòtbòdlo yo, epi pita li mande m vin jwenn li Ozetazini. Yon fwa ankò, zetwal yo te parèt ap aliyen pou pitit Ambroise ki te fèt ak kwaf la, zanj solèy li an. Sepandan, èske se chans ki te pouse sè m nan sote twa frè ak sè ki pi gran pou mande *mwen* vin jwenn li nan Etazini, oubyen èske se te pèsonalite chaman mwen an? Èske lè w fèt ak tout kwaf sa vle di ou fèt ak yon tanperaman ki fè moun renmen w? Sa ta eksplike sa ki te atire Lucienne, Madam Emmanuel, ak Grann Ana pou yo fou pou mwen pandan m t ap grandi, epi ki fè kounye a pi gran sè m nan te chwazi m pami tout lòt yo. Men e Lucienne ak pou jan mwen te bay papa m ak manman m chans? Kisa timoun mistè sa a te genyen? Èske te gen yon zanj espesyal toutbon nan lavi mwen, oswa yon solèy espesyal ki te klere sou mwen? Èske fò n ta kwè toutbon zetwal ki te klere byen bèl e byen klè nan syèl la, lavèy jou mwen te fèt la, te gen rapò ak chimen lavi m te pran an?

San m pa t konnen, se papa m ak manman m ki te mande gran sè m nan pou l fè m kite Ayiti leplis vit posib. Sa te vin yon obsesyon pou yo toude. An verite, mwen kite Ayiti kèk semèn apre gradyasyon m nan lekòl segondè. Nan dènye ane m kòm adolesan, nan mitan ane 60 yo, mwen rive Ozetazini sou yon viza vizitè pou al nan Ekspozisyon Inivèsèl la.

Poukisa manman m ak papa m pa t ka tann pou yo pouse ti zanj solèy yo a kite Ayiti konsa? Èske m te vin transfòme an yon ti dyab nan dènye ane adolesans mwen yo? Èske paran m te vin gen pwoblèm avèk konpòtman m lè maladi m nan vin pa febli m ankò? Non. Mwen pa t chanje—se zil karibeyen nou an ki te chanje.

Te gen deblozay politik ankò nan peyi Dayiti. Prezidan ayisyen an, François "Papa Doc" Duvalier te kreye pwòp lame li menm jan ak "chèf seksyon" ki te genyen yo sou Prezidan Élie Lescot. Sou rejim Duvalier a, "Tonton Makout" yo, yon fòs paramilitè ayisyen, te pran Pòtoprens pou yo. Pifò nan yo te nèg san edikasyon ak zam, ki te sèvi ak pouvwa yo ak kaponnay pou sedui ak menm fè kadejak sou jènfi; sa ki te atire yo se te bèl jèn tifi ki te gen cheve long, bèl figi, ak kò fèm, fòm boutèy Coca-Cola. Poutèt mwen te gen tout karakteristik sa yo, mwen te vin yon mango sou lateras pou "Tonton Makout" yo. Ambroise ak Francesca te pè pou yo pa touye m, sitou poutèt tanperaman pa-nan-jwèt mwen an: Mwen te yon timoun radi, kare, ki pa t renmen gouvènman anplas la, e ki pa t pè eksprime santiman polemik sa yo, menm si diktati a te egzije silans ak obeyisans.

Legzil se te sèl chwa pou sove lavi m. Kou Ambroise te kapab jwenn viza a, sè m nan voye yon biyè davyon, e menm lè a mwen kite zil la, nan wout pou al viv nan Vil New York. Mwen pa t wè sè m depi lontan; kounye a, li te marye epi te gen de pitit. Fwa sa a, Ambroise pa t oblije fè ankenn gwo sakrifis pou fè depans pou vwayaj la. Sè m nan, enfimyè diplome a, te kouvri yo trè byen, sa ki te pote anpil fyète nan fanmi an lakay.

Mwen te yon adolesant k ap monte avyon poukont li, pou al nan yon destinasyon li pa t konnen. Menm si mwen te vle kite Ayiti, e menm si mwen pa t ka tann pou m al jwenn sè m nan, bòfrè m nan ak de jèn nyès mwen yo, te gen kanmenm tristès kite papa m ak manman m, lòt frè ak sè m yo ak tout zanmi m yo. Pandan mwen t ap mache sou platfòm trafik la, mwen rete apre chak pa, ap vire pou sekwe men m pou tout moun ki te akonpaye m nan ayewopò a. Dlo t ap koule nan je mwen, e mwen te konnen kè papa m ak manman m tou t ap chire pandan yo t ap gade m k ap mache kite yo. Yo pa t gen chwa: yo te vle sove lavi m—rezon prensipal ki te fè yo voye m lòtbòdlo—men yo te pè tou pou maladi m nan pa retounen nan tan frèt New York la. Èske se nan lanmò yo t ap voye m malgre tout bagay?

M antre Ozetazini sou yon viza vizitè, kòm se te jan ki pi rapid pou fè m kite Ayiti. Vòl Pòtoprens-Ayewopò John F. Kennedy a pa t pran plis pase katrèdtan, men pou mwen, se te letènite. Mwen te kite men m sou bra chèz yo, avèk santi sekirite m tache pandan tout dire vwayaj la, poutèt mwen te pè pou m pa tonbe si mwen te detache l. Erezman, avyon an ateri san pwoblèm, e mwen vin wè tèt mwen nan yon liy byen long, ap tann pou m fè fas ak yon ajan imigrasyon ki ta pral verifye mwen te respekte tout kondisyon yo pou paspò mwen. Mwen pa t konnen anyen sou sa pwochen mouvman m te dwe ye, donk mwen suiv foul ki t ap sòti nan zòn imigrasyon an. Koridò yo te long, epi ti malèt mwen an te lou anpil; epoutan, m arive rete avèk lòt pasaje yo pou m pa pèdi nan gwo kote mwen pa t konnen sa a.

Nan gran zòn ouvè plen malèt la, mwen rekonèt epi mwen pran malèt mwen te tcheke a byen fasil, poutèt sè m nan te mande m mare yon riban sou manch malèt la pou fasilite idantifikasyon li. Yon fwa ankò, mwen suiv foul la nan Ladwàn. Mwen pa t atann etap sa a nan pwosesis la. Youn pa youn, yo ouvè malèt yo, epi ajan ladwàn yo wete bagay: mango ak fig-bannann, kann, ak tout kalite fèy pou te, pa t gen dwa antre Ozetazini epi ofisye ladwàn yo voye yo jete. Ak kè m sou biskèt, mwen ret tann tou pa mwen jiskaske yo mande m bay ajan an fòmilè ladwàn mwen an. Li kite m pase san l pa mande pou yo fouye malèt mwen. Menm si mwen pa t pote ankenn nan bagay entèdi yo, mwen te panse se chans mwen ki frape ankò. Oswa èske se te figi egare ak inosan m nan ofisye a te fè konfyans?

Sibitman, yon pòt vitre ouvè devan m, tankou maji, san pèsonn pa manyen l. Te gen yon mas moun ki t ap tann sou lòt bò gwo vit sa a, ap akeyi pwòch yo amezi yo t ap parèt. Se lè sa a sèlman foul enpasyan an te konnen si fanmi yo te rive nan avyon sa a, kòm pa t gen telefòn selilè nan epòk sa a, epi kominikasyon te pran lontan pou vwayaje. Byen vit je m poze sou sè m nan Ritza ak bòfrè m nan Peter ki te sòti nan foul la kou yo te wè m. Te gen anpil anbrasad ak bo jiskaske bòfrè m nan pran malèt mwen yo epi mennen m nan machin yo an.

Mwen plenyen m grangou, poutèt mwen pa t pran manje yo te bay nan avyon an. Donk, lè yo fin byen ranje malèt mwen yo nan kòf machin bòfrè m nan, nou retounen nan ayewopò a pou al chèche yon restoran. Pandan Peter t ap kòmande nan lang angle, mwen panse, *Men mwen, nan yon laj frajil, fèk sot Ayiti, nan yon nouvo fanmi, epi m sipoze pale yon lòt lang. Kijan m ta pral fè san zanmi? Kijan m ta pral adapte m ak nouvo lavi sa a?* Tèt mwen t ap vire ak kesyon ak anksyete. Mwen te konnen bòfrè m nan Ayiti, men m pa t janm rete nan menm kay avè l. Mwen t ap mande tèt mwen, *kijan l pral aksepte m? Èske mwen pral yon twazyèm pitit k ap goumen pou endepandans mwen kòm jèn granmoun?*

Restoran an te plen ak vwayajè ki t ap manje anvan y al monte avyon yo, oswa lòt, ki tankou m, te sot pase yon jounen byen long anvan yo finalman rive. Sèvez yo t ap pote gwo plato manje sou tab yo, yo tout kouvri ak asyèt plen gwo pil manje cho. Mwen mande tèt mwen kijan m ta pral fè chwazi sa m ap manje a. Tout bagay te parèt gou. Sant restoran an t ap fè bouch mwen fè dlo. Mwen pa t ka tann premye repa ameriken mwen. Men, lè sa a, mèt dotèl la di yon bagay sou yon ton sèk, sekwe tèt li, epi sekwe men l bay Peter pou fè l ale. Peter parèt sezi epi reponn yon bagay nan menm ton sèk la. Li sekwe tèt li bay mèt dotèl la epi li vire fè nou fas.

"Ann ale," li di nou. "Fò n al chèche yon lòt kote pou manje."

"Poukisa?" Mwen te vle konnen.

"Li di gen yon kòd abiman. Nou pa kapab mete abako nan restoran sa a. Men mwen pa panse se sa pwoblèm nan ye toutbon. Mwen panse se poutèt nou nwa."

Lè m gade kliyan yo, anpil nan yo te gen abako sou yo tou. Yo pa t abiye pi byen pase nou. Mwen wè sa touswit, Peter te gen rezon. Yo te refize ban n sèvis poutèt koulè po nou. Lè m gade moun ki chita bò tab yo, ap manje ak ri avèk fanmi ak zanmi yo, mwen remake yon bagay: tout figi nan restoran sa a se te moun blan. Pa t gen yon sèl fanmi koulè oswa nwa nan sal la.

Nou vin jwenn yon lòt restoran nan ayewopò a touswit apre sa, men m te gen difikilte vale manje m nan. Premye rankont mwen ak Etazini pa t ede kalme enkyetid mwen te genyen: m te pè pou m pa adapte m a nouvo anviwònman mwen an. Se pa t lang nan sèlman ki ta pral difisil nan nouvo peyi sa a. Lang nan, m te konn sa, mwen te kapab aprann li si m te etidye epi pratike pwononsyasyon an pou amadwe lang mwen epi fè l metrize son dwòl ki genyen nan angle. Men pa t gen anyen mwen te ka fè pou chanje koulè po m. Si se te konsa Etazini te akeyi m, kisa ki t ap tann mwen? Èske m te menm gen yon avni isit la?

Pou premye fwa nan vi m, nan apatman sè m nan, mwen te gen pwòp chanm pa mwen. Li te tou piti, apeprè gwosè yon gwo pandri, men se te pa m, pa m pou mwen poukont mwen. Menm si mwen te pè sa m pa t konnen, mwen te gen panse pozitif tou: mwen pa t ap gen pou obeyi règ di, tiranik Ambroise yo ankò. Mwen pa t gen devwa lekòl—dimwens, pa tousuit; sèl okipasyon mwen, se te de tibebe pou m jwe, e sa te fè m kontan anpil. Bòfrè m nan te mete m sou pewòl gadò timoun, epi sè m nan te benyen m ak soulye ak rad, tèlman li te kontan m la, ap ede l avèk de pitit fi li yo Lynda ak Ingrid, ki te vin fiyèl mwen.

Lavi te bon, men, kòm dabitid, anvan lontan mwen te vle plis.

Kòm mwen te pran angle nan lekòl segondè kòm matyè ochwa, mwen te panse m te ka pale lang nan. Mwen vin rann mwen kont byen vit mwen pa t konprann angle, epi vokabilè angle mwen te adopte Ayiti a pa t menm ak angle yo te pale nan lari Vil New York. Nan plas yon mo senp tankou *perhaps*, mwen te aprann lekòl, yo te sèvi nan New York avèk *maybe yes* oswa *maybe no*. Nouvo fason pou pale sa a te fè m pi nève toujou epi te ajoute yon sèten nivo izòlman nan peryòd adaptasyon mwen an. Pandan tout vi m jiskaprezan mwen te yon bwat pawòl; lè m pa t kapab eksprime tèt mwen ak konprann sa yo t ap di nan televizyon, sa te yon esperyans ki te fè m mal ak nève m anpil.

Menm si kè m te kontan an jeneral lè m te ak sè m nan ak de nyès mwen yo, mwen te sonje lakay anpil epi mwen te gen kriz kriye lè m te poukont mwen nan chanm mwen. San m pa t konnen, sè m nan te tande m ap kriye lannuit men li te chwazi pa diskite sou sa, ap espere sa t ap pase. Fon nan kè l, sepandan, li te kapab santi yon jou mwen t ap mande pou m retounen Ayiti. Lè sa rive, li te gen yon repons tou pare: poutèt mwen pa t retounen Ayiti anvan ekspirasyon viza vizitè m nan, kounye a mwen te yon etranje ilegal. Si m te retounen lakay, li eksplike m, yo pa t ap janm kite m antre Ozetazini ankò.

"Ou pa vle kole Ayiti, pa vre?"

Ak de kè, mwen sekwe tèt mwen non. Li pwomèt li t ap pran yon avoka pou ede l parennen demann viza rezidans pèmanan m nan, pou m kapab viv legalman nan peyi a.

Kèk mwa apre mwen rive, mwen vin gen ventan, epi sè m nan òganize yon gwo selebrasyon. Kòm mwen pa t gen zanmi nan peyi an, sepandan, tout envite yo se te zanmi sè m ak bòfrè m.

Mwen te gade nyès mwen yo, e pou sa bòfrè m nan te peye m $20 pa semèn. Kounye a ke m te gen ventan, mwen te vle jwenn yon djòb toutbon—sòti nan kay la al travay. Volonte m pou jwenn travay, se pa t poutèt lajan; mwen te senpleman vle fè plis bagay, mwen te kòmanse malkontan ak toumante. Menm si mwen pa t pale lang nan epi sitiyasyon "ilegal" mwen nan peyi an te fè sa pi difisil toujou pou m ouvè zèl mwen, mwen potko pare pou m bay vag.

Sè m nan te arive jwenn yon pòs tanporè pou mwen, men nou toude te konnen trè byen sa l te jwenn nan pa t ap kalme m pandan lontan. Annatandan, responsabilite okipe timoun yo te separe ant twa granmoun yo nan kay la pou ale avèk orè nou chak: Sè m nan Ritza te travay kòm enfimyè nan woulman bonè maten an; mwen te travay woulman apremidi an; epi bòfrè m nan te travay lannuit.

FÈ SA MACHE POU OU!

Règ #6: Kontwole santiman w

Refleksyon: Foure l anndan!

Tòti yo vin ak tout sistèm defans yo ki te evolye sa fè plis pase 200 milyon ane de sa, lè karapas yo te devlope apati de kòt yo, zepòl yo, ak zo do yo. Lè yo santi yo menase oswa akable, pifò tòti yo kapab foure pat devan yo, pat dèyè yo, ak tèt yo andedan karapas yo epi tann danje a pase.

- Lè yo pwovoke w oswa ou santi w anvi kriye poutèt yon bagay yon moun di w, respire fon plizyè fwa epi nonmen santiman w lan nan tèt ou (paregzanp, "Mwen fache" oswa "Sa fè m mal"). Pran tout tan w bezwen pou jwenn kontwòl santiman w anvan w reyaji. Konte jiska dis, epi souri. Ou pa oblije di anyen si w pa gen anyen pozitif pou w di, e, nan sèten ka, pi bon repons la se pa di anyen ditou.

- Eseye kenbe yon jounal pou ede w suiv eta santiman w ak tout gwo boulvèsman w ap viv. Apre youn, de semèn, gade sa w te ekri nan jounal la pou wè si w remake yon chema. Èske gen moun ki sanble ap pwovoke w toutan? Si w jwenn yon moun k ap drennen tout fòs emosyonèl ou, ou dwe chèche konnen si li vo tan w. Si li pa pote kè kontan nan lavi w, li gen dwa lè pou w debarase ak li. Men, si l enpòtan pou ou, li petèt nesesè pou nou pale de pwoblèm kominikasyon nou genyen yo. Yon bagay ki te toujou mache byen nan fanmi m se te jwenn yon kote piblik tankou restoran pou diskisyon serye. Ou gen mwens chans pèdi kalm ou si gen lòt moun ki antoure w.

Règ #7: Rete konsantre

Refleksyon: Vire epi kontinye!

Si yon tòti detounen de direksyon li ta prale a, l antre nan karapas li, li vire, epi li kontinye sou bon chimen an. Li pa chankre sòti nan direksyon li vle a. Sa gen dwa pran tan pafwa, men menm si se tou dousman, pwogrè konstan se pwogrè kanmenm.

- Fè yon lis bi ou bezwen akonpli yo. Kòmanse ak yon lis 10. Apre sa, regade lis la, epi bay chak bagay yon priyorite. Jwenn twa premye bi ou bezwen akonpli touswit yo epi travay sou yo jiskaske w atenn yo. Apre sa, travay sou twa pwochen bi yo. Pafwa li pi bon pou travay sou bi ki pi fasil la. Sa ap ba ou yon sans akonplisman antan w ap atake bi ki pi di yo sou lis ou a. Lè w akonpli yon bi, bay tèt ou yon ti rekonpans.

- Kreye yon tablo pou ede w vizyalize entansyon w yo. Jwenn kèk imaj ki gen pou wè ak bi w yo epi kreye yon kolaj sou bristòl pou ede w sonje sa w ap travay sou li an. Kwoke tablo a yon kote w ap wè l chak maten, paregzanp anlè kafetyè w la, oswa sou yon mi nan chanm ou. Si w wè ou distrè, pase yon ti tan ap gade tablo a pou sonje kote w vle konsantre enèji w.

Règ #8: Ou dwe dispoze fè sakrifis

Endyen Iwokwa yo gen yon istwa sou yon tòti ki te sakrifye pwòp konfò pa l pou bati lemond. Nan kont Kreyasyon iwokwa a, Fanm Syèl la tonbe sou Latè epi li wè pa gen tè anba pye l: lemond te yon gran oseyan toupatou. San tè, li ta pral mouri. Pa t ap gen kilti pou bay moun li yo manje. Gras a èd lòt zannimo tankou krapo, Fanm Syèl la ranmase labou nan fon lanmè a epi pase li toupatou sou do yon tòti. Sou do a, li plante pyebwa ak kilti manje, epi Latè vin ap pwospere. Donk, se konsa, tòti an pote pwa lemond sou do li pou lòt kreyati yo kapab siviv, epi pèp iwokwa a rele Latè "Zil Tòti" a.

- Lè w fin fè lis bi w yo dapre règ #7, gade twa premye priyorite w yo. Èske gen baryè k ap anpeche w atenn bi sa yo? Si genyen, èske gen yon bagay w ap bezwen abandone pou w atenn yo? Pafwa, ti sakrifis fè gwo diferans. Paregzanp, si w vle achte yon machin, lè w kuit plis manje lakay ou olye pou w manje deyò, sa ap ede w sere lajan.

- Gade moun ki antoure w yo. Si w wè yon moun bezwen w ede l, ofri l asistans. Pafwa, ti granmoun ki se vwazen w lan ki bezwen w ede l antre pwovizyon li yo lakay li ap yon sous sajès, epi lè w sakrifye detwa minit nan tan w sa ap fè nou toude pi kontan.

RÈG POU VIV BYEN

Nan chapit sa a, mwen vin konnen lavi Ozetazini ta pral difisil pou mwen, omwen pandan mwen t ap adapte ak yon nouvo lang ak yon nouvo kilti. Pafwa, sèl sa m te vle se te kite sa epi retounen lakay mwen al jwenn papa m ak manman m Ayiti. Sa pa t fasil, men mwen reziyen m, poutèt mwen te konnen travay di ak edikasyon se fondasyon enpòtan pou reyisit. M aprann vale fyète m tou.

Règ #9: Bay travay di ak edikasyon valè

Mwen sòti nan yon fanmi kote yo travay di: travay di se yon bagay ki antre nan zo mwen. Jan w te li l pi bonè nan dezyèm chapit la, edikasyon se te priyorite m menm lè m te malad anpil; menm lè sa te mal nèt, mwen te travay pou m fè lemye posib. Nan chapit twa, sè m nan ak mari li te travay di pou bay fanmi yo yon bon vi, epi, lè m vin rete avèk yo, mwen kontribye pou ede okipe timoun yo. Mwen menm pran djòb mizè mwen te rayi epi ki pa t peye ase (gade chapit kat). Se pa t sa mwen te vle fè lè sa a, men kanmenm m arive aprann anpil pandan mwen t ap tann pou m atenn bi mwen ki te resevwa edikasyon fòmèl. Mwen te konnen si m te reziyen m, mwen t ap arive al nan kolèj, epi bagay yo t ap vin pi fasil lè mwen t ap gen diplòm mwen.

Nou pa janm sispann aprann nan lavi an. Menm lè m fin resevwa diplòm mwen yo epi mwen fin tabli yon karyè reyisi, mwen kontinye edike tèt mwen sou dènye tandans yo ak chanjman yo nan domèn mwen an. Li enpòtan pou w alimante lespri w avèk nouvo konesans, epi toujou gen yon nouvo bagay pou aprann.

Règ #10: Vale fyète w

Li enpòtan pou w konn travay ak lòt moun. Nan chapit kat, ou pral wè: menm si mwen pa t renmen travay mwen te genyen nan faktori an, mwen pa t plenyen. Sa te pi fasil pou m pase jounen an lè mwen te vin pi ouvè epi fè zanmi.

Ou pral wè tou mwen te rayi lide pou m vin yon bòn timoun. Dènye bagay mwen te vle se te kite travay mwen nan lopital la, kite kay sè m nan, epi al rete ak yon lòt fanmi, ap okipe pitit yon lòt moun. Men m pa janm kite patwon mwen, Madan Silverman, konnen sa m te panse. Mwen vin fè pati fanmi Silverman nan poutèt mwen aksepte reyalite sitiyasyon an. Mwen montre bonkè mwen epi mwen pale ak Madan Silverman de sa rèv mwen te ye pou lavni. Men mwen travay di pou sèten pitit li yo te jwenn bonjan swen, epi, alafen, non sèlman mwen te gen yon patwon, mwen te gen yon dezyèm fanmi tou ki ede m atenn bi mwen yo.

CHAPIT KAT

Antre Nan Mendèv La

Premye travay mwen Ozetazini se te nan yon faktori rad, ki te egzije pou m chita dèyè yon machin pandan uitèdtan chak jou ap koud de mòso twal ansanm pou fè jip. Yo te peye m senk santim pa jip. Mwen te pote yon ti kousen wòz pou m chita, men dèyè m te fè m mal anpil anvan fen jounen an. Mwen te antoure ak lòt imigran ilegal ki pa t gen chwa apa konsakre èdtan apre èdtan a ti degajan ki pa t peye sa a. Kòm estati rezidans yo te twoub, yo pa t gen lòt opsyon. Mwen te sèten plas mwen pa t avèk yo. Kontrèman ak kòlèg mwen yo, ki anpil nan yo pa t ka retounen nan peyi yo te sòti a, mwen te gen lechwa: Mwen te kapab retounen Ayiti. Mwen te gen yon peyi ki te vle m. Nan Pòtoprens, moun yo te konprann lè m pale, epi sa k pi enpòtan an, mwen te gen papye. Mwen te gen anpil moun ki renmen m la. Ozetazini, mwen te toujou gen pwoblèm ak lang nan, epi m te gen sèlman yon ti gwoup moun pou m fè konvèsasyon. Menm lè m te fin tande eksplikasyon sè m nan te ban mwen yo—*Ou p ap janm kapab retounen Ozetazini*—mwen toujou pa t ka konprann poukisa m t oblije pèsevere nan yon anviwònman monotòn ak pete fyèl konsa alòske m te kapab retounen lakay mwen byen fasil.

Apre trant jou nan faktori an, mwen fè sè m nan konprann klè mwen pa t ap retounen travay la. Yon fwa ankò, mwen reprann travay gade timoun mwen an pou ven dola pa semèn. Men byen vit, mwen vin san pozisyon ankò, ak pa ka tann nan kay la ak nyès mwen yo. M ekri marenn mwen, Lucienne, pou eksprime jan mwen te nève ak vle retounen lakay mwen. Li menm tou konseye m pa kite Etazini, poutèt klima politik la Ayiti te "twò danjre." Ritza jwenn yon lòt djòb nan faktori pou mwen, kote, fwa sa a, machinakoud la te dwat; mwen te kanpe tout jounen avèk pye dwat mwen sou pedal la, ap koud zip sou malèt. Olye de doulè nan dèyè mwen vin gen doulè nan janm. Nan faktori an, men m vin fatige rapid ap ranje zip la anba zegui an. Mwen t ap pase sa kochon Lagonav pa t pase, epi tout bagay te fè m fè kòlè.

Kòm yo te travay tout jounen, genyen nan travayè yo nan faktori an ki te swe anpil. Genyen ki te rete nan twalèt la nan finisman woulman travay yo ap lave figi yo epi mete anpil makiyaj ak fa byen wouj anvan y al lakay yo. Se move sant lan ki te pi mal—yon melanj fò transpirasyon ak pafen bon mache. Odè a te ban m kè plen. Mwen te pran douch kou m te rive lakay poutèt mwen te pè pou mwen tou, mwen pa kòmanse gen odè twalèt faktori an sou mwen. Sant sa a rete nan yon pòsyon sèvo m pandan plizyè ane lè m fin kite faktori zip la. Mwen fè de mwa la—sèlman poutèt mwen te rankontre yon lòt travayè ayisyen ki te nan menm sitiyasyon avè m. Malgre papa l te doktè Ozetazini, li pa t kapab ede l jwenn rezidans, poutèt li pa t sitwayen ameriken. Jan yo di a, mizè renmen konpayi. Fofo avè m vin bon zanmi epi nou kreye yon sistèm sipò youn pou lòt. Menm si lavi an mennen nou sou chimen diferan pita, nou rete zanmi jiskaprezan: nou pale nan telefòn, konekte sou medya sosyal, epi menm vwayaje pou al wè youn lòt an pèsonn, kòm kounye a estati legal nou chanje e nou kapab fè depans vwayaj yo.

Mwen rete san papye pi lontan pase sa m te swete a. Nan zòn finisman dezyèm mwa mwen an nan faktori malèt la, yon avoka sè m te anboche te reyisi jwenn yon pèmi travay tanporè pou mwen, sa ki te yon gwo viktwa. Nan menm epòk la, te vin gen yon pòs èd swayan disponib nan Misericordia Hospital nan Bronx, kote Ritza t ap travay la nan Depatman Matènite a. Poutèt nou te ka mache apye al nan lopital la, sè m nan ak mari li, Peter, ankouraje m fè demann travay la. Mwen te deja konn wout lopital la, poutèt, anpil fwa, mwen t al rankontre sè m nan ak timoun yo pandan lè manje midi li.

"Ap gen mwens danje la," Peter di.

"Travay la ap mwen fatigan," Ritza di. "W ap pi kontan." Li te enkyè anpil poutèt difikilte mwen te genyen yo pou m adapte ak nouvo lavi m nan.

M te renmen lide pou m pa t oblije reziyen m pran yon lòt djòb nan faktori. Sa te ban m espwa, kidonk lè Ritza fè aranjman pou yon entèvyou nan lopital la, mwen lapriyè avèk lafwa pou sa mache.

CHAPIT KAT: ANTRE NAN MENDÈV LA

M abiye byen bonè pou randevou a, pou m parèt elegan ak travayan nan yon jip dwat ble maren, yon kòsaj blan avèk bwodri fleri ak yon chapo ki ale avèk li, ak yon vès ble maren manch long. Mwen mache plen konfyans nan tèt mwen, pare pou premye entèvyou toutbon mwen ak premye travay toutbon mwen. Se jouk lè anplwaye lopital la akonpaye m nan sal datant la mwen kòmanse santi m sou tansyon; sibitman, men m tonbe swe, epi lespri m vin ap vwayaje ant odè twalèt faktori an ak sa lopital la—yo chak yon sant diferan ki te pote pwa lespwa ak desepsyon.

Yon misye blan trè wo ak trè gwo nan yon kostim a ba gri envite m nan biwo li. Li chita nan yon chèz boure dèyè yon bèl biwo bwa kajou, epi mwen rale youn nan de chèz ki te devan biwo li an pou chita anfas li. Mwen reponn tout kesyon li yo lemye mwen te kapab epi mwen kite entèvyou a ase fyè de tèt mwen.

"Sa pase trè byen," mwen di Peter lè m rive lakay. "Mwen pa ka tann pou m kòmanse travay kòm èd swayan nan matènite gwo bèl lopital sa a."

Pita nan jounen an, mwen resevwa yon koutfil sè m nan. Li te nan travay toujou, e mwen konprann li t ap rele m pou fè m konpliman.

"Sol," li di, ap rele m *petit nom d'amour* mwen—ti non atachan li te ban m souvan an. "Ou pa jwenn djòb la."

Nouvèl la tèlman desevwa m, mwen rele. "Poukisa?" Mwen pa t konprann.

"Direktè a mande w fèmen pòt la dèyè w lè w antre nan biwo l," li eksplike. "Olye pou w fè sa, ou chita. Li panse, menm si w pa pral pale ak tibebe yo nan matènite a, fò ou pale ase angle pou w kapab fè konvèsasyon ak manman yo nan sèvis apre akouchman an."

Se te yon koutpwen. Sanble mwen te gen de chwa sèlman: oswa retounen nan faktori an oswa retounen Ayiti.

Mwen pase èdtan ap kriye. Mwen sispann. Mwen fè yon ti kriye ankò. Dòmi pran m, tèlman mwen te fatige, epi m leve ak dlo nan je m ankò. Sèn kriye a dire plizyè jou—jiskaske mwen jwenn, fon andedan mwen, kouraj pou mwen pran desizyon fèm ki t ap chanje rès lavi m pou toutan: Mwen deside mwen t ap reyisi tout sa m antreprann, kèlkeswa nivo difikilte a. Wi, mwen te reyalize se te yon gwo mòn pou grenpe. Wi, mwen te pare pou defi an. Mwen te konnen pa t gen anyen ki t ap vin fasil, men mwen pwomèt tèt mwen pou mwen kenbe pwòp vi pa m nan men m. Fòk mwen te grandi vit. Pa t gen afè rete chita ap kriye ankò. Mwen te gen bagay pou m akonpli.

Premye plan aksyon mwen se te aprann kont angle pou m pase pwochen entèvyou m nan.

"N ap kontinye ankadre w jiskaske ou jwenn kichòy," Ritza di m nan yon anbrasad. "Ou se toujou gadò nou pi pito pou pitit nou yo. Aranjman ven dola pa semèn nou an valab toujou."

Pandan de pwochen mwa yo, mwen rete lakay pou okipe nyès mwen yo. Fwa sa a, te gen yon bagay ki te diferan: Mwen te konsantre aktivman sou aprann angle pandan mwen t ap gade pwogram pou timoun nan televizyon; epitou, olye pou m pale franse oswa kreyòl, mwen te fè yon efò konsyan pou m pale angle lè m t ap pale ak de nyès mwen yo, sè m nan, ak bòfrè m nan, epi m etidye lajounen kou lannuit. Lè vin gen yon lòt pòs èd swayan disponib, mwen te metrize lang angle a ase pou reyisi pase dezyèm entèvyou m avèk menm direktè ki te pase sou mwen anvan an.

Y akeyi m nan matènite tibebe ki fèt twò bonè yo nan Misericordia—se te mwen ki te pi jèn pami anplwaye ki t ap travay lannuit yo epi, anvan lontan, mwen te vin ti cheri lòt travayè yo.

Responsabilite prensipal mwen se te netwaye tibebe yo ak ba yo manje epi pote yo bay manman yo nan sèvis apre akouchman, nan lè vizit la. Anpil nan jèn manman sa yo, ki t ap chèche non pou pitit fi yo, te kaptive ak non *Solange* la, ki dapre yo te san parèy ak orijinal. Menm si yo pratikman pa t janm tande non sa a nan Etazini, li te komen anpil Ayiti—tèlman popilè, an verite, an mwayèn te ka gen ant twa ak kat Solange nan yon pyès alafwa. Lè mwen te timoun nan Pòtoprens, mwen te rayi non m, epi mwen te plenyen souvan devan manman m: "Li tèlman komen. Poukisa se li Lucienne te chwazi?" Te gen omwen de lòt ti fi ak non sa a nan klas mwen. Li te tèlman komen, lè mwen t ap fè demann paspò pou vwayaje Ozetazini, mwen te ajoute yon "s" nan finisman li, pou distenge tèt mwen de tout lòt ti fi ki te rele *Solange* tou. Se jis lè mwen kòmanse travay nan lopital la mwen vin renmen non mwen. Dayè, lèt anplis la te met yon ti piman ladan.

Mwen te renmen travay nan lopital la anpil. Mwen te tonbe damou tibebe yo epi mwen te renmen abiye nan inifòm èd swayan blan m nan. Lakay, mwen te souvan mete chapo enfimyè sè m nan devan miwa a pou m reve vin yon enfimyè diplome yon jou. Oswa menm yon doktè. Menm si reyalite rèv sa a te parèt lwen anpil, mwen te sèten, menm jan ak yon tòti, fòk mwen te sòti tèt mwen nan karapas mwen pou m te kapab vanse. Dousman ak trankilman, mwen te konsantre sou mo *siksè* a. O, tèlman konsantre!

Gen yon moun ki t ap rele non mwen—ap kraze silans matènite tibebe ki fèt twò bonè yo.

Li te inè nan maten, e dòmi te pran m nèt nan salon enfimyè yo pandan tan repo m nan.

Youn nan enfimyè de sèvis yo pandan lannuit la debake andedan an. Li jwenn mwen egare, je m plen kras dòmi.

"Men ou," li di. Sa fè lontan li t ap chèche m. "Vini vit!"

Mwen vole sou pye m, mwatye ap dòmi toujou. "Sa k genyen?"

"Vini, vini!" enfimyè a ensiste pandan l ap mennen m bò yon fenèt vitre nan matènite a. E se la mwen wè li.

Mwen wè lanèj pou premye fwa.

Lari yo, pyebwa yo, machin yo, bilding yo … yo tout te kouvri ak lanèj blan. Se te premye fwa mwen te wè yon bagay konsa. Se te maji. Tout bagay te parèt dou ap briye ap limen-etenn anba limyè lari yo ki t ap refrakte nan flokon nèj ki t ap tonbe yo.

Pèsonèl la ri pou jan mwen te bouch be. Mwen te panse li te bèl anpil men an menm tan akablan. Mwen te alafwa eksite ak yon ti jan pè lè m wè peyizaj ivè mèveye tou blan sa a. Kijan m ta pral antre lakay mwen? Mwen pa t imajine tèt mwen k ap mache nan lanèj. Erezman, sè m nan vin sove m. Li rive nan travay pi bonè pase dabitid, e nan finisman woulman travay mwen an, nou rankontre pou dejene nan ba lopital la. Li te pote yon pè bòt pou mwen.

Li konvenk mwen pou m al lakay apye. "Se nan lanèj mwen sot mache la a," li di.

Donk, mwen fè l. Mwen mache al lakay epi mwen jwe nan nèj la sou tout wout la, ap reflechi sou jan kè m te pi kontan depi m t ap travay nan lopital la pase lè m te nan anviwònman brital faktori an. Salè m kounye a te ekselan konpare ak sa djòb nan faktori yo, epi m te resevwa asirans maladi ak lòt avantaj nan lopital la. Konpetans mwen nan angle te amelyore anpil, menm si m te toujou gen yon aksan ayisyen fò ki te fè sa yon ti jan difisil pou lòt moun konprann mwen.

Mwen t ap aprann jwenn chimen mwen nan eprèv ak tribilasyon. Lavi an t ap vin pi bon.

Yon gwo pati nan chèk salè mwen t al jwenn sè m nan pou avoka li an te kapab finalman jwenn yon viza rezidans pèmanan pou mwen. Avoka a, Misye Rozensky, yon gwo blan ki te tèt koupe ak Buddha, te entimide mwen anpil. An verite, sou biwo l la te gen yon estati Buddha epi, lè m te chita anfas li, je m te souvan sòti sou figi l pou al sou estati an. *Sa dwòl,* mwen te panse. Misye a t ap gade m pandan tout tan li t ap pale ak sè m nan.

Pandan youn nan vizit mwen yo, avèk yon vwa dous ki pa t ale ak gwosè kò li, Misye Rozensky di, "Mwen gen move nouvèl."

Nou friz. Ritza te depoze petisyon pou parennen m devan biwo Imigrasyon ak Natiralizasyon an epi, depi lè sa a, mwen te pafwa santi egzistans mwen kòm moun te vin yon pil obstak ak difikilte pou simonte.

Avoka a pale dirèkteman ak sè m nan—men li kontinye gade m. Li di, "Imigrasyon refize petisyon w lan poutèt ou pa yon sitwayen ameriken."

"Kisa?" sè m nan di, dekouraje. "Èske sa vle di Solanges ap oblije retounen Ayiti?"

Yon gout dlo sòti nan je m pou woule sou bò figi m.

"Wi," Misye Rozensky di, "sòf si … " Li respire fon. Nan moman sa a, mwen te deja ap kriye. Li kontinye, "Sòf si li aksepte sa m pral pwopoze a."

Ritza fonse sousi l. "Kisa pou l aksepte a?"

"Kite sa nan men m," gwo avoka a reponn. "M ap ede li."

"Kijan?" sè m nan ensiste.

"L ap oblije travay ap fè menaj pou yon fanmi ameriken. Y ap fè petisyon pou viza l lan." Gwo avoka a te parèt sensè nan volonte li pou ede, lè l te wè jan nou te desi ak nouvèl petisyon Ritza kòm parenn nan ki pa t pase. "M ap travay sou sa, epi m ap rele w," li di.

Nou kite biwo l la nan yon eta chòk epi nou pran metwo pou al lakay nou. Poutèt nou pa t pale, vwayaj la te parèt pi long lontan pase jan li te janm ye anvan. Mwen pa t vle kite tibebe m yo nan matènite a, epi lide al travay kòm menajè a te ban m palpitasyon. Yon tit konsa, mwen te kwè, t ap fè m pèdi idantite m: Mwen t ap abandone fyète m pou netwaye twalèt sal yon etranje, rale cheve ki kole nan tiyo douch la, epi lave kilòt tache. Poutèt mwen te grandi antoure ak menajè ak *restavèk* kay papa m ak manman m, mwen te konprann estrikti pouvwa. Ambroise te mete ansent youn nan bòn manman m yo ki te rete nan kay la. Ti dam nan siman pa t kapab refize; misye te gen pouvwa nan lyezon sa a. Kijan w kapab di non lè w pa gen chwa? Djòb sa a te terifyan … epi li te twò ba pou mwen.

Restavèk yo te jis anba nan chenn alimantè a, e mwen pa t vle vin youn. Lè mwen te nan lekòl segondè, te gen yon jèn bòn ki te rele Ti Carmen ki te konn pote manje midi mwen nan lekòl la chak jou, pou m pa t gen pou mache al lakay nan mitan jounen an, pou retounen nan lekòl la ankò pou kou aprèmidi yo. *Ti* te vle di piti, san enpòtans—envizib. Ti Carmen avè m te gen apeprè menm laj, men nou te fè pati de mond diferan. Li te siman gen rèv; li pa t janm rakonte m yo. Menm si li te vle yon lavi miyò pou tèt pa li, tout rèv li te genyen yo t ap toufe anba bann bezwen lòt moun, avèk pa m ladan tou. Pou tout rès vi li. Mwen te abitye reflechi sou sa pandan *restavèk* la t ap depliye yon nap blan sou biwo pwofesè a pou mete asyèt ak kouvè pou mwen; apre sa li te ouvè yon kantin fèblan, ki te gen kat konpatiman, pou li te sèvi m manje a. Pafwa, mwen te bay pi bon zanmi m nan Claudette nan manje m nan. Claudette te rete nan lekòl la tou pou manje midi, men fanmi pa l te twò pòv pou voye manje aprèmidi pou li, ale wè pou li ta jwenn sèvis yon *restavèk*. Pandan Claudette avè m t ap manje, Ti Carmen t ap gade an silans, epi mwen rann mwen kont kounye a mwen pa t janm ofri l manje. Lè nou te fin manje, *restavèk* la te netwaye epi mache retounen lakay avèk pànye manje vid la.

Petèt mwen t ap peye pou peche papa m ak manman m, pou peche peyi m—pou abi yon sistèm ki te egzije sèvitid pou tout lavi nan men anpil moun.

"Ou pa nan lekòl segondè ankò," Ritza fè m sonje lè nou rive lakay. "Ou se yon jèn fanm, e fò ou pran responsabilite lavi w. Si se kay moun pou w netwaye pou w jwenn kat rezidans ou, annik fè l."

Travay kòm *restavèk*, sèvant, bòn? *Non*, mwen panse. *Sa pa kapab pou mwen. Pa pou fi sa a.* Retounen Ayiti pa t janm atiran konsa.

M al tou dwat nan kabann mwen, kòm mwen te travay lannuit e m te bezwen repo anvan m retounen nan lopital la. Nan chanm mwen, mwen priye nan fon kè m devan Imakile Konsepsyon, manman Jezi, ki te ede m nan tout difikilte mwen te gen anvan sa yo. Dòmi pran m nan lapriyè ak dlo nan je m.

Tann koutfil avoka a te angwasan anpil.

Nou pa tande Misye Rozensky pandan yon bann jou, apre sa pandan plizyè semèn, epi apre sa pandan de mwa.

Finalman, yon jou, sè m nan pran nouvèl "gwo avoka a" (se konsa nou te rele l). "Li vle pou n vin nan biwo li. Li gen yon fanmi ki vle rankontre nou semèn k ap vini an."

Nan dimanch anvan randevou a, sè m nan avè m al legliz ansanm, poutèt Ayisyen kwè lapriyè ede yo simonte tout obstak. Apre Lamès, nou rete manje nan yon restoran pou diskite sou "rezoud pwoblèm imigrasyon m nan." Dilèm nan te aji sou mwen. Fò mwen te pran yon desizyon final: Èske mwen t ap aksepte vin bòn ki rete kay etranje—yon sòt de Ti Carmen?

Nan pwen sa a, mwen te depase depi lontan etap refiz la. Mwen t ap flote nan mitan kòlè ak machanday. Pou pi rèd, mwen di, "Mwen pa gen ankenn *pwoblèm imigrasyon*. M ap retounen Ayiti. Mwen pran desizyon m—e fò w ede m retounen." Vwa m te yon jan sèk. Mwen te gen difikilte kontwole santiman kontradiktwa m yo. Mwen te twouble, mwen te santi m pèdi.

Sè m nan pa t kapab sipòte lide pou m retounen Ayiti an, kote yo t ap fè kadejak sou jèn fanm, epi voye lòt nan prizon poutèt yo te di sa yo panse. Ambroise ak Francesca te fèm: Solanges yo a pa t dwe retounen lakay. Marenn mwen ak sè m nan te dakò ak papa m ak manman m.

"Tout moun ap eseye jwenn yon jan pou sòti la," Ritza di. "Ou pa dwe engra."

Mwen t oblije admèt panse retounen Ayiti an te fè m mal tou. Mwen te pouse rasin nan lopital la, ap fè yon djòb mwen renmen: okipe tibebe yo. Mwen t ap sonje zanmi m nan Fofo nan faktori an, de nyès mwen yo, ak Ritza ak Peter. Retounen te vle di kite yo tout dèyè.

"Misye Rozensky di fanmi an janti," Ritza di, "e yo dispoze parennen viza w lan."

Pandan Ritza t ap tann repons mwen an, silans lan nan mitan nou vin asoudisan. Mwen kontinye ap pran gòje kafe san m pa gade sè m lan nan je.

"Donk, kisa w panse?" Li pale dousman. "W ap di yo wi?"

San m pa leve tèt mwen, mwen mande, "Ki lè?" M imajine tèt mwen a kat pat, ap foubi mwezi, ak kras po ak pwal devan yon lòt moun nan yon benywa.

"Demen," sè m nan reponn.

"Kisa? Demen? Sa w vle di, demen? Deja?" Sè m nan pa t janm tande m pale fò konsa devan moun. Mwen te tèlman pran nan moman an, mwen te bliye nou te antoure ak moun ki t ap eseye pran manje dimanch yo nan lapè.

Avèk yon vwa dous anpil, ap fè anpil atansyon ak sa l ap di, sè m nan eseye kalme anksyete mwen. "Ou pa pral travay demen. Ou pral rankontre ak fanmi an nan biwo avoka a."

Nou vin an silans ankò, poutèt mwen te bezwen dijere sa m t ap tande a.

"Nou kapab antre lakay kounye a?" mwen mande. M pa t vle pale ankò. Mwen leve tèt mwen pou gade l nan je. "Mwen fin manje."

"Fò mwen peye," Ritza reponn ak yon vwa sevè.

Li te konprann ezitasyon m, epi m t ap vin konnen pita li menm tou, te gen difikilte avèk lide pou ti sè l lan al fè sèvant kay etranje. Menm jan avè m, li te imajine yon travay pete fyèl, e li te pè pou yo pa manke m respè. Li t ap fè anpil efò pou kache santiman sa yo, sepandan, pou l te fè sitiyasyon sa a mwen di pou ti sè li.

Wout la pou al lakay sòti nan restoran an te fèt an silans tou. Pa t gen diskisyon sou rankont la ankò. Lè nou rive lakay, mwen jwe ak nyès mwen yo, epi apre sa mwen retounen nan chanm nan kote m ekri yon lèt pou papa m ak manman m, ap eksplike doulè m ak tristès mwen.

Anvan m al kouche, m al pale ak Ritza ki te deja antre nan chanm li, ap pare pou fini jounen l.

"Se a ki lè rankont la?" mwen mande. Vwa m te vin frèt ankò.

"A inè."

"A inè? Ou pa gen travay demen?" mwen mande ak kòlè.

"Mwen pran jou konje a pou m kapab mennen w nan rankont la."

Je m, mwen te konn sa, t ap voye dife. "Donk, se toutbon ou vle debarase avè m, pa vre? Ou vle m ba w kay ou. Se sa? Se sa w vle? Ou vle pou m vin yon bòn?" Mwen t ap kriye avèk chagren yon moun ki pèdi yon paran. Se te nan pwen sa a doulè a te ye.

Poutèt li te enfimyè, sè m nan te konprann mwen te bezwen lamante ak pase kòlè mwen. Li kite m fè kriz kòlè mwen an, epi apre sa li sere m sou pwatrin li. Lè mwen finalman vin kalme, nou chita sou kabann li an pou diskite sou ki lè nou t ap sòti ak ki rad mwen ta dwe mete. Nou mete nou dakò pou m pa aksepte djòb la si nenpòt nan nou pa santi n alèz pandan entèvyou an ak fanmi an.

Nan sal datant avoka a, pou m kalme nè mwen, mwen koute sè m nan k ap fè ti pale ak yon jèn bèl dam cheve jòn ak je ble, ki te ekstrèmeman bèl. Li te abiye ak yon pantalon gwo mak ak soulye talon wo, ki te raple m anpil marenn mwen Lucienne. Resepsyonis la akonpaye l anvan, epi Ritza avè m kontinye ap tann tou pa nou. Byen sezi, lè n antre nan biwo Misye Rozensky an, dam ak je ble a t ap tann nou. Yo prezante nou ofisyèlman. Non dam nan se te Madan Silverman, e fanmi l te bezwen m ede yo.

Ritza, avoka a, ak Madan Silverman fè tout pale a, pandan mwen te chita la, ipnotize devan bote madanm nan ak klas li, ap mande tèt mwen si li te janti jan li te parèt la toutbon—menm janti tankou marenn mwen. Mwen t ap gade li fiks, e mwen te kapab wè li te vle pale avèk mwen, men mwen te wont poutèt gwo aksan ayisyen m nan epi m te pè pou m pa di yon move bagay. Poutèt angle mwen te limite toujou, gen yon pati nan konvèsasyon an mwen pa t fin konprann. Sa ki te klè pou mwen, sepandan, se sè m nan te alèz, non sèlman ak dam nan li menm men epitou ak aranjman ki t ap fèt yo. Nan plizyè okazyon, Ritza te vire nan direksyon m pou sekwe tèt li oswa pou eksplike kèk detay an kreyòl. Li te vle sèten mwen te dakò ak kèk nan desizyon kolektif yo.

Nan finisman rankont la, nou mete nou dakò pou m vizite kay dam nan epi fè konesans ak timoun yo anvan m aksepte pòs la. Poutèt orè egzijan sè m lan nan lopital la, vizit la ta pral fèt nan plizyè jou, lè Ritza t ap gen jounen l lib. Nou ta prale ansanm, kòm mwen pa t konn wout mwen nan New York epi m te gen difikilte jwenn chimen m nan sistèm transpò piblik vil la. Antouka, sè m nan ki te renmen pwoteje m pa t ap janm kite m ale poukont mwen.

Vwayaj nan tren pou antre lakay la te gen plis kè kontan pase sa anvan yo. Mwen te aprann se pa bòn mwen ta pral ye anfennkont. Dapre jijman pa nou, fanmi sa a te ekstrèmeman rich (*"Trè, trè* rich," Ritza te di,) epi te gen yon dam ki rele Pearl ki te deja anchaje netwayaj kay la. Te gen yon lòt anplwaye ki te vini pou fè lesiv. Sanble lapriyè m yo te jwenn gras: Pa t gen koze *restavèk* ankò—pawòl sa a ki te ofiskan pou yon jèn granmoun plen anbisyon, ki te gen objektif. Mwen te konsidere tèt mwen kòm yon vizyonè ak yon moun ki gen rèv. Djòb mwen se t ap siveye de timoun yo nan fanmi an: yon pitit fi ki te gen prèske twazan, ak yon pitit gason ki te gen prèske dezan. Mwen ta pral "nanny" yo, yon nouvo mo nan vokabilè m. Zanj solèy la ta pral pote anpil chalè pou de timoun piti.

Fwa sa a, Ritza avè m nou toude te eksite pandan sè m nan t ap fè rezime, an franse ak kreyòl, sa mwen te rate nan konvèsasyon an. Li repete tout sa yo te di nan biwo avoka a pou eseye konble twou yo. Nou pale san rete pandan tout wout la sòti nan Manhattan pou al nan Bronx, kote nou te rete a. Fwa sa a, vwayaj la parèt fini byen vit. Sè m nan te gen lajwa nan vwa li. Li te gen yon souri laj, e m te konnen li te santi l soulaje, poutèt estati "ilegal" mwen nan peyi an te yon gwo fado. Mesye ak Madan Silverman te dispoze—ak kapab—satisfè tout kondisyon yo, pou m te kapab vin yon rezidan pèmanan nan Etazini Damerik. Pa t gen koze sou "pwoblèm imigrasyon" mwen an ankò. Depi twò lontan, mwen t ap viv nan laperèz pou Sèvis Imigrasyon ak Natiralizasyon yo pa depòte m—yon laperèz ki te reyèl anpil nan tèt mwen. Pandan anpil nuit mwen te imajine ajan an inifòm k ap debake nan apatman an avèk baton ak menòt, pare pou depòte m, pou fòse m retounen Ayiti avèk menas "Tonton Makout" Prezidan Duvalier yo.

Mwen t ap souri, bouch mwen rive sou de zòrèy mwen.

Yon dimanch maten, sè m nan avè m pran de tren youn dèyè lòt pou rive 34th Street nan Manhattan, epi apre sa n al nan arè otobis Greyhound nan. Nou pa t janm fè vwayaj sa a anvan: nou te nan wout pou East Orange, nan New Jersey, pou rankontre ak rès fanmi Silverman nan. Se te yon bèl jounen klere, nan yon kokennchenn otobis. Te gen plis pase senkant pasaje, ak twalèt, yon lòt bagay mwen te wè pou premye fwa. Mwen pa t janm imajine yon otobis ta kapab ekipe ak twalèt. Mwen pa t konprann jan sa mache: Ki kote matyè fekal yo t ale? Mwen te panse sa te dwòl e m te gen difikilte konprann pwosesis la.

Vwayaj nan otobis la te sanble p ap janm fini. Mwen pa t ka tann pou nou rive. Lè nou kite otowout la epi kòmanse fè kèk arè, anviwònman an chanje. Malgre otobis la t ap sikile sou wout prensipal la, mwen pa t ka anpeche m remake ak apresye lari sou kote yo avèk bwachenn plen majeste ak bèl kay yo avèk jaden magnolya ak tilip. Lè chofè a anonse, "Ardmore Road," mwen verifye adrès la sou mòso papye mwen te gen nan sakamen m nan. Se te tou pa nou pou n desann otobis la. Nou te rive.

Mwen te sou tansyon lè nou pran Ardmore Road. Se te sezon prentan, e gazon an te vèt, pelouz yo te byen koupe, epi vyolèt yo te fleri nèt. Tout bagay sa yo te yon ti jan twòp pou Ritza avè m. Kokennchenn kay yo te separe ak bwòdè, avèk garaj pou de machin. Mwen panse a bilding wo yo nan Bronx—asfalt sèch la, mank pyebwa ak flè a. Epi, zanmi-o, anpil bwi! Otobis yo. Tren yo. Bwi moun ki pa janm fin pale yo. An konparezon, Ardmore Road te tankou yon dezè, eksepte pou detwa machin ki t ap pase an silans kote nou detanzantan. Yon lòt mond nèt. Tèt mwen t ap vire. Mwen panse a kay grann mwen an sou Ri Magloire Ambroise, a kay papa m ak manman m sou Boulva Jean-Jacques Dessalines, a "chato" Lucienne nan sou Lalue, ak apatman Ritza a nan New York. Yo pa t anyen konpare ak East Orange, New Jersey. Nou kanpe bouch be nan lari an devan yon bèl kay estil kolonyal olandè ki te make nimewo 12. Li te antoure ak plant vivas ak *bluestars*. Mwen t ap mande tèt mwen si se te kay la sa toutbon.

Mwen potko fin rasanble kouraj mwen pou m monte mach eskalye yo pou al sonnen, lè pòt la ouvè. Avèk yon eksitasyon ki t ap manje wawa l, metrès kay la te chita bò kot gran fenèt ki te nan kizin nan, ap siveye nou, "sè yo." Madan Silverman te pare timoun yo pou lè n te rive, e yo te eksite menm jan an. Te gen yon santiman chalè nan antre a. Silverman yo te parèt kontan wè nou anpil. Gran pyès la te byen klere e li te gen planche an bwa ak yon chemine sipèb an wòch. Li te byen meble avèk yon gwo kanape, yon gran televizyon, plizyè chèz, yon tab ba, ak de ti tab ki te gen sou yo lanp ak dekorasyon konplèks ak foto de timoun yo—Jodi and Jeffrey—nan bèl ankadreman.

Lè manman an fin prezante nou bay timoun yo, li fè n vizite kay la, yon melanj pafè ansyen ak modèn. Se pa nan barak mwen t a pral rete menm jan ak anplwaye senatè a Ayiti; olye de sa, lojman mwen ta pral andedan kay prensipal la, ki te gen tèlman klas, li te fè m sonje kay marenn mwen. Pandan m ap gade tout kote, mwen vin ap reve ak je ouvè. M imajine mwen gen yon gwo kay menm jan ak sa a, oswa menm jan ak sa marenn mwen. *Yon jou*, mwen panse. *Mwen gen tan. Mwen gen apèn 20 an.* Annatandan, mwen te bouch be pou jan m te gen chans menm rete ak travay nan yon bèl kay konsa. Mwen ta pral sèvi ak eksperyans mwen te pran nan okipe nyès mwen yo pou siveye timoun Silverman yo. Fanmi an, mwen te konn sa, ta pral fou pou mwen. Mwen te gen anpil chans jwenn djòb sa a. Mwen te bliye jan m te pè pou travay pou Silverman yo pa transfòme m an *restavèk*. Se prensès mwen ta pral ye. De fwa pa semèn, nan aswè, chofè a ta pral mennen m lekòl pou m pran kou angle. Silverman yo te dispoze peye pou m al aprann kondui tou. Tout bagay t ap ranje pou ti zanj solèy sa a.

"Byennantandi, lojman w ak manje w ap gratis," Madan Silverman eksplike.

Donk, mwen prèske pa t ap gen depans. *Se yon bèl afè,* mwen panse. Yo t ap peye m $50 pa semèn, sa ki te fè m kontan, poutèt mwen te vle kontribye nan lajan sè m nan te konn ap voye lakay la pou ede fanmi nou Ayiti. Ritza avè m te diskite sou posibilite ede kèk nan frè ak sè nou yo imigre Ozetazini tou. Konsantrasyon an kounye a, byennantandi, se te sou estati pa mwen, men Mesye Rozensky te konvenk nou aranjman sa a avèk fanmi Silverman nan se te pi bon jan pou m jwenn kat rezidans mwen. Mwen te finalman santi m rilaks, ak prèske lakay mwen.

Timoun Silverman yo te janti avè m, malgre m te etranje. Ti gason an, Jeffrey, ak kouchèt sèlman sou li, te twò jèn lontan pou l konprann kiyès mwen te ye oswa pou l patisipe nan konvèsasyon an. Ti fi a, Jodi, te rete kole ak manman l epi, pafwa, kòm li te sou manman l ak bra l pase nan kou l, li te chichote nan zòrèy jèn manman an. Apre youn nan chichotman long sa yo, manman an di tifi an,

"Ou kapab di *Solanges*?" Jodi sekwe tèt li adwat, agòch. Non. Sa te klè pou nou tout non sa a te twò difisil.

Alòs Madan Silverman di, "Ebyen, kijan n ap rele l? L ap vin rete avèk nou wi."

"Kiki," tifi an di. Li te bèl anpil avèk cheve jòn boukle li yo.

E depi lè sa a tout moun nan East Orange t ap konn non nouvo gadò timoun yo se "Kiki."

Menm si mwen te pè pou, avèk non Kiki an, zanj solèy la pa pèdi yon pati nan idantite l, mwen t ap savoure sans akseptasyon youn pou lòt la nan East Orange, ki te fè m santi sa te siman pral mache. Ti fi a te vle pou Kiki li an rete jwe avèk li jou sa a, sa ki te fè manman l kontan anpil. Lè Madan Silverman gade m, je ble li te plen espwa. "Kiki ap retounen byento," li di.

An verite, mwen t ap retounen. Te gen anpil papye pou ranpli ak travay sou yo, men m te pran desizyon m. Mwen pa t kapab tou rete jou sa a. Anvan pou m vin rete nan New Jersey pou travay kòm gadò timoun, fòk mwen te ofisyèlman bay demisyon m nan Misericordia Hospital.

Pearl, menajè a, te vini chak madi ak jedi. Anplis netwaye kay la, li te pafwa kuit manje, selon aktivite fanmi Silverman nan te byen planifye. Epi, te gen Sarah, ki te vin fè lesiv; li te trè òganize epi te ranje rad pwòp yo avèk anpil swen nan gwo pandri yo ak tiwa yo. Paul, chofè a, te raple m istwa papa m te souvan ap rakonte m, sou epòk li te chofè senatè a. Abiye enpekab nan yon inifòm nwa ak yon chapo nwa, Paul te chita dèyè volan yon machin deliks nwa, pare pou mennen nou sòti. Silverman yo avè m te souvan al manje nan gwo restoran; mwen rankontre anpil aktè ak aktris selèb nan klèb lwazi an, kote lè w te manm sa te vle di w te gen lajan, e m arive menm pran foto ak kèk nan yo, malgre m te gen inifòm gadò blan mwen sou mwen. Mwen te la, mele ak tout sèvitè yo nan klèb la, men m t ap gade moun tou. Mwen pa t fèt rich men, nan djòb sa a, m aprann sou kijan moun rich viv ak sou gwo koneksyon yo. Paul te mennen nou nan ayewopò tou, poutèt fanmi an te vwayaje nan anpil bèl estasyon touristik epi desann nan otèl senk etwal. Pandan vwayaj sa yo, gadò ki te sot Ayiti a, ki potko fin aprann angle a, "Kiki," te antre nèt nan fanmi an. Yo te mennen m tout kote yo te vwayaje ak timoun yo. Timoun yo te tèlman renmen Kiki yo a yo pa t kriye ankò lè Mesye ak Madan Silverman te sòti pou jounen an. Olye de sa, yo te fè orevwa ak men yo byen kontan epi te voye bo babay pou papa ak manman yo.

Mesye Silverman te enteresan menm jan ak timoun yo. Li te renmen jwe epi l te patisipe nan jwèt nou yo lè li pa t nan travay. Pandan youn nan vwayaj yo nan Diplomat Hotel nan Miami, l achte revòlvè dlo pou nou tout. Lè nou fin retounen nan otèl la sòti sou plaj, yon gè revòlvè dlo pete, ak tout moun k ap tire youn sou lòt epi ap kouri toupatou nan suit la. Papa timoun yo kenbe m prizònye sou balkon suit otèl la, ap tranpe m ak dlo. Revòlvè pa m nan vin vid, mwen te san defans. Plis mwen rele, ap mande l sispann, plis li ri san kontwòl epi kontinye ap tire m an jwèt. Lè dlo revòlvè li an finalman fini, mwen kouri pase sou kote l ale, dwat nan saldeben mwen an, frape pòt la fèmen epi kòmanse kriye. Mwen pa t konnen ki kote kòlè ak tristès mwen te sòti, men m te blèm.

Lè timoun yo vin rann yo kont Kiki yo a t ap kriye, yo rele manman yo, ki vin dèyè pòt bloke a. "Kiki, Kiki, sòti non. Mwen gen revòlvè mwen toujou. Ann al dèyè li."

Men mwen refize. Mwen pa t abitye gen reyaksyon sa a. Mwen te bon jwè nan jwèt dezòd yo. Mwen sipoze mwen te sonje Bronx. Mwen te sonje fanmi m Ayiti. Mwen te sonje marenn mwen. Se te tout sa.

Kounye a Madan Silverman t ap rele sou mari li. "Sa w fè l? Sa w fè?"

Papa a, mwen sipoze, te nan eta chòk, bouch be devan reyaksyon enprevi m nan. Li te dwe wont tou poutèt li panse li te fè m mal yon sèten fason.

Lè m fin pran douch mwen epi mete rad kay mwen, mwen finalman sòti pou manje nan suit la avèk timoun yo, pandan paran yo t ap pare pou sòti an amoure. Byen sezi, mwen wè anvan y ale, Mesye Silverman lonje yon pake ban mwen. Li te desann al nan magazen kado a pandan m t ap pare. Vlope nan bwat la te gen yon bèl chenn lò ak fo dyaman, ak zanno ki ale avè l. Li mande m padon dèske li fè m fache. Li admèt li te tèlman ap amize l li pa t rann li kont mwen pa t ap jwe ankò. Silverman yo te nan trantèn, mwen te nan kòmansman ventèn mwen. Verite a se, nan kay sa a, nou tout te gen kè timoun—oswa laj timoun—ap amize nou. Yo te souvan jwe mizik fò epi nou toulèsenk te konn ap kouri nan tout kay la, ap chase youn lòt epi ap danse sou bit la.

Yon jou, pandan dejene, m aprann te gen yon twazyèm pitit nan vant.

"Se poutèt ou se gadò nou, Solanges," Madan Silverman di. "Ou kreye yon atmosfè ki tèlman bon nan kay la sa ankouraje nou fè yon lòt pitit."

Yon ane te gen tan pase. Yon dezyèm te prèske ap fini. Finalizasyon papye rezidans mwen yo t ap pran plis tan pase sa m te atann, e lide m pa t rezidan nan peyi an te kontinye ap trakase mwen.

"Mwen renmen okipe timoun yo," mwen di Madan Silverman. "Men m espere w konprann, menm si mwen kontan isit la, mwen pa wè tèt mwen kòm gadò timoun pou tout lavi m."

"Byennantandi," li di. "Pale m de sa w vle."

Lè m te jènfi, mwen te gen plizyè bi ak aspirasyon. A yon sèten moman, mwen te vle otès de lè. Mwen pa t konn anyen sou kisa travay la te mande, men m te konnen otès de lè yo te jwenn respè Ayiti. Mwen te renmen inifòm yo, sitou chapo a ak gan yo, epi m te vle vole al toupatou nan lemond. "Pòs sa a pa pi bon pase senp bòn," marenn mwen te di, pou dekouraje m. "W entelijan. Objektif ou dwe yon karyè toutbon." E kounye a, lè m te fin pase tan nan lopital la kòm èd swayan nan matènite tibebe ki fèt twò bonè yo ak enfimyè otorize yo, mwen te panse syans enfimyè ta kapab yon karyè ki fèt pou mwen. Mwen t ap mande tèt mwen: èske enfimyè pa t plis pase senp bòn tou? Èske yon gadò timoun pa t plis pase yon senp bòn? Kòm yon jèn fanm ki t ap gade avni mwen, mwen te gen anpil kesyon.

Kèlkeswa sa m te chwazi kòm karyè, mwen te konnen konsantrasyon prensipal mwen se t ap kontinye ede fanmi m Ayiti. Yo te vin responsabilite m depi lè m te nan vant manman m, lè papa m te rankontre Lucienne ki t ap vin marenn mwen ak yon sipò enpòtan pou jèn koup plen timoun sa a. Kou m te kòmanse travay, mwen t ap kontinye okipe sè ak frè yo ki te toujou rete Ayiti. Sè m nan Ritza te ede m; kounye a mwen pa t ka tann pou m ede dezyèm pi gran sè m nan, Paulette. Li te marye e te gen pitit, e li te espere kite Ayiti yon jou pou vin Ozetazini chèche lavi miyò.

Madan Silverman koute tout sa, ap sekwe tèt li pandan m fè sa klè: rezidans legal la t ap ban m posibilite al lekòl epi pran chimen atenn bi mwen yo, vin yon enfimyè diplome. Annatandan, mwen te kontan lavi m nan East Orange avèk Silverman yo. Nan pwen sa a nan relasyon an, mwen te plis fanmi pase anplwaye, e Madan Silverman pwomèt li t ap kondui m li menm nan egzamen dantre a lè moman an te vini pou m fè demann admisyon nan lekòl syans enfimyè a.

E li kenbe pwomès li.

Dezyèm ane mwen an kòm gadò timoun yo vin fini epi, nan kòmansman twazyèm ane a, tout papye mwen yo te pare. Mwen jwenn rezidans, yon bagay mwen t ap tann depi m te rive Ozetazini. Se te yon moman glwa! Ak kat rezidans mwen nan men m, mwen te kapab viv san m pa pè depòtasyon. Mwen te lib al wè fanmi m ak zanmi m Ayiti, e mwen te finalman kapab al nan lekòl syans enfimyè.

FÈ SA MACHE POU OU!

Règ #9: Bay travay di ak edikasyon valè

Refleksyon: Leson difisil devlope mis ou

Lè tibebe tòti yo fèk sòti nan ze yo, yo twò fèb pou yo naje. *Y ap oblije* travèse sab danjre a pou al sou plaj la pou devlope mis y ap bezwen yo pou siviv nan mitan oseyan an. Fòk yo lite kont vag k ap frape rivaj la pou ale fon nan dlo epi kòmanse migrasyon yo. Sinon, menm oseyan sa a y ap fè efò pou rive ladan an, se li menm k ap touye yo. Tòti yo *oblije* pase pa difikilte pou yo vin djanm ase pou yo siviv.

- Mete l nan jounal ou: fè yon lis akonplisman ki ba w plis fyète yo. Chwazi sa ki pa t fasil yo. Kisa ki t anpeche w akonpli yo? Sou kote chak nan akonplisman sa yo, ekri kèk nan konpetans ou vin genyen. Ki pwen fò ou vin genyen gras a leson w aprann yo?

- Jwenn yon nouvo konpetans ou ta renmen aprann epi enskri pou yon kou nan kominote w la. Li pa oblije gen rapò ak bi ou gen pou karyè w. Petèt ou te toujou anvi aprann potri oswa penti. Eseye yon nouvo bagay, tankou aprann fè resisitasyon kè oswa danse salsa. Objektif la se montre tèt ou, lè w fè efò ak nouvo konpetans la, li vin fasil avèk pratik.

Règ #10: Vale fyète w

Refleksyon: Suiv kouran an!

Karapas yon tòti pwoteje pati frajil li yo. Pa deyò, yon tòti ki antre nan karapas li sanble yon bèl wòch pentire lè yon predatè ap gade l, men, andedan karapas la, tòti a gen dwa pè nèt. Tou sa kache nan yon karapas fèmen. Tòti yo kite kouran dlo a mennen yo tou olye pou y ap depanse enèji presye ap lite kont li. Suiv dlo ki chofe w la, epi pa pè kite flo a bwote w!

- Pwochen fwa yo envite w yon kote (se gen dwa yon fèt ak moun ou pa konnen) epi w gen dout sou si ou ta dwe ale, respire fon epi epi fè dout yo sòti. Sekwe bra w ak janm ou epi imajine tout anksyete a k ap kite kò w. Fè tèt ou sonje ou kapab toujou rantre lakay ou si bagay yo vin yon jan danjre. Men, fè tèt ou sonje tou ou pa janm konnen kiyès ou ta ka rankontre si w ale. W antoure ak chans.

- Mete l nan joual ou: panse a yon okazyon kote w te pran risk epi rezilta a pa t mal jan w te imajine li t ap ye a. Se gen dwa kichòy tankou pran pou yon moun yo t ap kaponnen lekòl, oswa simonte laperèz sa te ba ou pou w plonje sòti sou plonjwa yon pisin. Pa ezite ekri sou eksperyans la. Kijan w te santi laperèz la nan kò w nan kòmansman? Ki santiman akonplisman sa a te ba ou lè w fè l malgre laperèz la? Kisa eksperyans la aprann ou?

RÈG POU VIV BYEN

Nan chapit senk, ou pral li sou yon agresyon mwen sibi nan men yon gason mwen te panse mwen te kapab fè konfyans; li te gen gwo pouvwa epi li sèvi ak sa kont mwen. Mwen kite sa dèyè, poutèt mwen te atenn objektif al nan lekòl syans enfimyè mwen an, epi m pa te pral kite anyen rete m lè m rive la. M aprann pwoteje tèt mwen, men m aprann tou pou m vin pi ouvè, fè nouvo zanmi, epi pran risk kalkile pou pwòp sante ak byennèt pa mwen.

Règ #11: Pran risk kalkile

Si sa p ap fè ankenn lòt moun mal, epi anje yo wo, li pafwa saj pou w pa respekte règ yo. Ou pral li nan chapit senk kijan mwen te vyole youn nan règ yo nan Manhattan State Hospital School of Nursing. Mwen te kapab mete tèt mwen nan anpil pwoblèm si yo te kenbe m ap kuit manje nan dòtwa a, men sante m te anje, donk mwen te konnen mwen t oblije vyole règ yo nan ka sa a. Pandan tout vi mwen, mwen te gen pou pran risk kalkile. Li toujou entelijan pou w peze risk yo epi aji an konsekans. Ou pral li pita nan liv la sou kijan zanmi m nan, Ana, rele m sanzatann pandan l te nan ayewopò yon swa, ap mande m si m enterese vin pwopriyetè yon pati nan yon lopital ki te prèske an fayit (gade chapit kenz, "Rale kò w sot sou wout mwen"). Gen anpil moun ki t ap ri l epi rakwoche telefòn nan. Se pa sa m fè. Mwen koute sa l te gen pou di a, mwen pran konsèy nan men moun mwen te fè konfyans, epi m suiv sa lide m di m. M achte yon pati nan lopital la, epi, apre kèk ane, nou fè yon bon ti lajan lè lopital la vann ak pwofi. Se te yon risk ki vin rapòte.

CHAPIT SENK

Lekòl Syans Enfimyè

Gras a èd Silverman yo, mwen te jwenn yon fanmi ki te dispoze ranpli papye imigrasyon ki t ap fè sa posib pou sè m nan Paulette ak mari li Emanuel antre Ozetazini legalman. Pou okipe demann rezidans Paulette la, mwen t anboche menm gwo avoka ki te jwe yon wòl esansyèl nan fè m jwenn kat rezidans pa m nan. Mwen deplase plizyè fwa al nan biwo Misye Rozensky an nan Manhattan pou diskite sou estati sè m nan epi pou pote oswa al chèche fòmilè petisyon fanmi an te gen pou siyen. Pandan youn nan vizit sa yo, mwen te chita nan sal datant la pandan plis pase inèdtan, poutèt, dapre sekretè li an, Misye Rozensky te okipe anpil. Mwatye jounen an te gen tan pase lè li finalman sòti nan biwo li epi eskize l dèske li fè m tann lontan konsa.

Li di, "Fò m al manje. Vin avè m. Ann al manje ansanm."

Mwen suiv li nan asansè a, epi apre sa nan lari an. Te gen anpil restoran toupre biwo a, men avoka a pa t parèt enterese nan ankenn nan yo. Li t ap mache fèm nan yon direksyon mwen pa t konprann lè sa a. Pandan n ap pale de fanmi m Ayiti, de Paulette, ak de Silverman yo, nou mache detwa blòk, epi apre sa nou vire nan kèk nan ri sou kote yo. Nou rive nan yon katye semi-rezidansyèl, epi, lè sa a, mwen pa t konn ki kote nou te ye pa rapò ak biwo li an. N antre nan yon bilding, e se jis lè l ouvè pòt apatman li an nan redchose a mwen vin rann mwen kont nou te lakay li. Sanble, ale nan restoran pa t janm nan lentansyon li. Sa vin klè pou mwen li te prevwa vin nan apatman l pandan lè manje midi an, e li te prevwa gen konpayi. Nan frijidè l lan te gen sandwich tou pare; li mete yo byen vit sou tab salamanje li avèk de kanèt koka ak de vè. Lè m ap repanse a sa kounye a, mwen kapab wè jan l te ranje bagay yo pou sa k rive apremidi sa a; men nan moman an, sa l te pare pou mwen an pa t janm travèse lespri m.

Li gade m fiks, menm jan li te konn fè lè m te konn rankontre l an prezans sè m nan, lè m potko ka menm konprann konvèsasyon yo. Misye Rozensky te toujou entimide m—li te kenbe desten m nan men l—men mwen te gen admirasyon pou li. Mwen pa t ap janm devine li ta sèvi ak pouvwa li kont mwen. Li te aji tankou pwotektè mwen anvan sa; li te jwenn yon kote akeyan pou m travay. Pou mwen, li te toujou "gwo avoka" a ki te ede m avèk "pwoblèm imigrasyon" mwen an, sovè mwen, yon moun mwen te respekte. Jan mwen te wè l la, li te gen aparans yon Buddha. Li te prèske tèt koupe ak estati pezib li te gen sou biwo w la. Vwa li te toujou dous, yon jan ki pa t ale ak jan li te gwo fizikman. Li te okipe pwoblèm jiridik mwen yo epi te mete m kay Silverman yo, ki te pran m nan fanmi yo epi te jwe yon wòl esansyèl nan ede m konstwi yon lavi miyò Ozetazini. Mwen pa t gen rezon pou m pa fè l konfyans. Mwen pa t konn sa pou m fè apa suiv enstriksyon li yo. Mwen te kapab ale touswit, men m pa t menm konnen kijan pou m retounen nan biwo l la. Dayè, nou te gen pou n diskite sou avni Paulette. Li te manman twa jèn timoun e te ozabwa tèlman li te vle kite Ayiti.

Donk, mwen aksepte pran manje midi avèk li e, lè moman an rive pou nou retounen nan biwo li, olye de sa, li fòse m antre nan yon chanm epi fè kadejak sou mwen sou yon kabann dlo. Tout bagay parèt chanje byen vit. Yon minit, nou t ap manje. Yon lòt minit, mwen te kole anba l sou kabann nan. Pandan tout tan sa a, li plede ap di, "Ou tèlman jèn. Ou tèlman bèl. Ou tèlman fèm." Mwen fèmen je m, epi m santi chak vyolasyon nan nanm mwen, jiskaske li fini epi li pe bouch li. Apre ensidan sa a, m santi m ap rele pa andedan.

Mwen potko ka fin konprann sa k te fèk rive a lè mwen tande zing zip pantalon misye fè a lè l remonte l. Li avèti m pou m pa pale pawòl la ak pèsonn moun. Li te gen anpil pouvwa, li fè m sonje, epi desten sè m nan Paulette ak fanmi li te nan men li. E mwen te kwè l. Apre sa l te sot fè mwen an, kiyès ki te konnen sa l te kapab fè ankò? Kòm mwen te kapab kouvri fasilman kote mwen te gen mak yo, mwen suiv li ankò nan lari an, jiskaske mwen vin rekonèt kote mwen te ye. Non sèlman mwen te jèn, mwen te egare anpil: mwen pa t ap janm imajine misye sa a te kapab janm fè m mal. Mwen p ap janm konprann poukisa l te fè m sa.

Mwen pa janm di pèsonn. Fanm sibi kadejak nan men gason ki gen pouvwa epi oblije soumèt yo pou anpil rezon. Nan ka pa mwen an, mwen pa di anyen poutèt mwen te pè pou yo pa depòte m, kòm papye m yo potko finalize lè ensidan an te pase. Mwen pa di anyen, poutèt mwen te bezwen pou l fini ak papye Paulette yo.

Mwen pa di anyen, poutèt mwen te konprann iwoni sitiyasyon m nan: Mwen te vini Ozetazini pou chape danje "Tonton Makout" deprave yo, tout moun te konnen pou krim seksyèl yo, pou vin tonbe nan men Misye Rozensky, ki te gen menm konpòtman brital la. Li te konn sitiyasyon mwen, e li te pwofite. Avoka a vin ap ante kochma mwen epi, nan dòmi lafyèv mwen an, mwen reviv sa ki pase a yon bann fwa. Nan maten, souvni an fè lestonmak mwen vire, e m vin retwouve tèt mwen ap vomi nan twalèt la. Se yon sèl jan mwen te ka dekri soufrans mantal la: yon doulè ki te tèlman vid, mwen te anvi eksploze, ki te tèlman plen li te vle vale m tou antye.

Lè m wè ak Misye Rozensky ankò sou koze Paulette la, n aji kòm si anyen pa t janm rive. Li te trè pwofesyonèl, e mwen te deside pa kite sa k te pase a janm jwe yon wòl negatif nan lavi mwen. Mwen deside bloke l deyò epi kontinye. Bi mwen se te ede sè m nan antre Ozetazini legalman, e Misye Rozensky reyisi ede l jwenn rezidans pèmanan li. Se te sa sèlman ki te enpòtan, e mwen te kontan. Misyon an te akonpli: sè m nan Paulette ak mari li rive nan New Jersey an 1967, e mwen te pre fanmi m yon fwa ankò. Mwen pa t santi m sèl. Malerezman, mwen te peye chè anpil pou tranzaksyon sa a. Eksperyans la kite yon mak entèn pwofon, e mwen pa t janm di pèsonn sekrè sa a—jouk jounen jodi a.

Sèjousi, sa rive pi souvan pou fanm yo pale de abi yo sibi; se pa poutèt sa vin fasil, men nou fè anpil pwogrè depi mwen te sibi kadejak la. Jodi a, a 73 an, mwen kapab finalman santi m jwenn vanjans mwen gras a fanm brav yo ki di laverite sou abi yo soufri anba men gason ki gen pouvwa. Mwen gade jan laprès kouvri mouvman #MeToo a, epi souvan mwen santi vwa sa yo se vwa pa mwen, k ap pale—k ap gwonde!—sòti nan silans ak endiyasyon devan enjistis ki genyen lè yo fè w santi w bra mare ak pyeje nan laperèz. Mwen konn sitiyasyon difisil fanm ki sibi kadejak. Mwen konn soufrans mantal ki genyen nan imigrasyon. Omwen, Ozetazini, gen espwa: nou p ap toufe nan yon kilti ki pa gen lentansyon chanje. Nou kontinye, pafwa, lè pa gen lòt chwa, e mwen pa t gen posibilite chanje sa k te rive m nan, men mwen pa t gen lentansyon kite l kenbe m prizònye. Mwen sòti tèt mwen nan karapas mwen, dousman tankou yon tòti, yon pa alafwa, e mwen kite sa dèyè. Men mwen pa janm bliye.

Desten m te vle pou tout bagay vire anfavè mwen ankò, e mwen jwenn lò.

Pandan mwen te nan yon otobis pou al wè Ritza nan Bronx, mwen te chita bò kot yon jèn dam ki te parèt dorijin karibeyen. Li te enterese konnen poukisa mwen te gen pran pòz djanm ak siperyè sa a. Pandan vwayaj inèdtan an pou al nan Vil New York la, nou rakonte istwa lavi nou epi nou pran angajman vin zanmi, kòm nou toulède te gadò timoun k ap travay toupre youn de lòt. Lè nou vin zanmi, Erith avè m pran angajman pou n al nan lekòl syans enfimyè ansanm, e nou travay di anpil nan bi sa a. Alafen, nou fè demann admisyon nan menm enstitisyon an e y aksepte nou pou yon pwogram diplòm an twazan nan Manhattan State Hospital School of Nursing nan Manhattan, New York. Mwen te pare pou kòmanse ak pwochen chapit la nan lavi m: sa yon etidyan nan syans enfimyè.

Yon dimanch maten klè, Silverman yo kondui mennen m Manhattan. Se te yon jounen glwa, ke mwen t ap tann depi lontan: Finalman, mwen ta pral rete nan dòtwa lekòl syans enfimyè a. Te gen yon santiman cho nan kè m ki t ap vide sòti nan pò mwen, tankou vapè k ap chape nan chemine. Rèv mwen an pou m vin enfimyè te pral kòmanse, epi Misye ak Madan Silverman te an grap ak gwo emosyon, kòm si yo t ap mennen premye pitit yo nan kolèj. Se te yon moman eksitan, men ki te tente ak yon ti tristès tou. Jodi ak Jeffrey te tris anpil tou poutèt Kiki yo a t ap kite yo. Mwen pwomèt pou m vin wè yo depi m pa t lekòl, menm jan yo pwomèt pou yo kite suit mwen an nan kay la disponib.

Fòk mwen admèt sa, nan mitan tout kè kontan sa a, mwen te yon jan sou tansyon ak pè, poutèt mwen pa t konnen sa pou m te atann ni sa lavni te sere pou mwen. Pandan tranzisyon sa a, mwen souvan reflechi sou jan m te gen chans jwenn yon fanmi janti ak laj tankou Silverman yo lè m te nan bezwen. Yo di ou rekòlte sa ou simen: Mwen rekonesan pou jan papa m te yon nèg janti konsa ak yon etranje nan lannuit. Jès jantiyès li an vin mennen yon relasyon sen, pozitif ak ankourajan ant fanmi Ambroise ak Lucienne yo, e li vi gen tout efè domino sa a ki vin tonbe sou lavi mwen epi modle direksyon pozitif li t ap pran an.

Te gen machin pake tout kote: elèv, paran yo, mari oswa madanm yo, ak zanmi yo t ap debake lekòl la. Sa te yon jan dezòganize, yon toubiyon paran ak elèv k ap pase ak tout vitès, ap eseye jwenn kote pou yo ale. Sa te twòp pou ti Ayisyèn ti kò sa a; mwen vin jwenn tèt mwen ap deplase tou dousman nan sal dantre a, nan mitan tout dezòd ki te antoure m nan, pou al jwenn siveyant la, yon dam aje yon ti jan gra, avèk cheve kout ki te kòmanse blan, po klè, ak yon figi sevè anpil. Siveyant la te kanpe nan antre a, ap montre elèv yo chanm yo. Pandan m ap mache nan koulwa a, lè m fin resevwa nimewo chanm mwen (202), mwen wè Erith, zanmi m nan New Jersey a. Sa fè m plezi wè yon figi mwen konnen. Li te nan liy toujou pou konn nan ki chanm li ye, e mwen sekwe men m ba li byen fò.

"Kote w ye?" mwen mande Erith menm minit li sòti nan liy nan.

"Dezyèm etaj," li reponn. Apre sa, li anonse nimewo chanm li: 202 tou.

Nou lage sak nou yo atè a, kouri youn sou lòt, anbrase, epi sote monte desann, ap rele tèlman fò n atire atansyon lòt etidyan yo. Yo gade nou ak anvi; yo te bay Erith avè m menm etaj ak menm chanm, san ankenn nan nou pa t mande sa. Yon fwa ankò, lachans te frape avèk presizyon. Mwen ta pral gen yon bon zanmi toupre m pou kenbe m konpayi epi ede m aprann kijan pou m kontinye travay lou sa a ki te adapte m ak nouvo anviwònman sa a. Nou te gen menm pòt dantre. Dèyè pòt la, suit la te separe an de chanm endividyèl—pa m nan adwat, ak pa Erith la agòch—avèk yon saldeben pou nou de nan mitan yon koulwa kout. Nou defèt sak nou yo byen vit pou n al nan yon reyinyon, jan yo te mande nou nan moman anrejistreman an.

Lekòl la te chita nan santrevil Manhattan andedan yon lopital sikyatrik. Se te yon lekòl syans enfimyè leta ki pa t gen frè ekolaj. An verite, etidyan yo te resevwa yon alokasyon kenz dola pa mwa, sa ki, nan finisman ane 60 yo, te anpil lajan pou yon moun ki pa gen lòt lajan k ap antre e ki pa gen gwo depans. Vil New York te menm peye pou liv yo.

Te gen anpil eksitasyon nan oditoryòm nan pandan etidyan yo t ap fè nouvo konesans ak nouvo zanmi. Se siveyant la ki t ap anime oryantasyon rapid sa a. Enstriksyon ki te pi enpòtan yo se te kote kantin nan te ye, a ki lè manje te pare, ak kote yo ta pral fè kou yo nan landmen maten. Erith avè m te kole ansanm kou lakòl. Antan nou t ap gade lòt etidyan ki te parèt pèdi ak sèl ak tris, nou te santi nou gen privilèj poutèt nou te gen youn lòt. Chimen ki t ap tann nou an pa t fasil. Ale nan lekòl syans enfimyè te vle di pase twazan aprantisaj entansif epi, apre sa, lè l te fin gradye, yon kandida pou lisans te gen pou pase yon egzamen nasyonal pou jwenn lisans pou pratike kòm enfimyè diplome nan Eta New York.

Mwen te pè pou difikilte m te genyen yo avèk angle a pa t kontinye ban m pwoblèm. Apre m te viv Ozetazini pandan apeprè katran, m te konprann lang nan klè e mwen te kwè mwen te gen ase konpetans pou konprann anseyan yo epi li matyè yo t ap ban mwen yo. Mwen te konfyan mwen te kapab pale byen tou. Sepandan, aksan ayisyen lou m nan te yon baryè ki te fè lòt moun sipoze mwen gen difikilte ak lang angle a, poutèt yo pa t ka konprann lè m t ap pale. Pou m kenbe mwayèn mwen, mwen etidye de fwa plis pase zanmi m Erith ki te sòti nan yon zil karibeyen kote yo pale angle. Mwen leve a katrè pil chak maten pou etidye anvan m pare pou kou uitè di maten m nan. Mwen te toujou gen mantalite m te genyen lè m te lekòl Ayiti a, kidonk mwen te pèsyade fò mwen te fè gwo mwayèn pou m chita devan klas la, menm si estrikti rijid mwen te fin abitye avè l Ayiti an te diferan anpil de sa Lèzetazini an. Li te mwen konpetitif lontan. Sa pa t fè anyen. Sa te enpòtan anpil pou m te nan tèt klas la, e mwen fè sa k te gen pou te fè pou sa.

Kòm si fè fas ak yon baryè lang ak yon orè egzijan pa di ase, adapte a manje kantin nan te yon lòt pikan nan talon m. Pandan twazan, mwen te jwenn bon manje kay Silverman yo epi, an konparezon, manje kantin nan pa t fèt pou moun. Lepli souvan, dine a se te yon kiyè salad pòmdetè sèvi tou frèt, tranch fwonmaj ameriken ak moutadèl, ak yon louch fwonmaj lèt, ak de bonbon sèl. Panse a manje sa a te fè lestonmak mwen vire. Asyèt blan yo te pwòp men tache anpil; yo te parèt kòm si yo te lave yo yon milyon fwa. Lepli souvan, mwen te senpleman pran de pake bonbon sèl yo pou dine epi retounen nan chanm dòtwa m nan.

Poutèt mank manje ak mank somèy, mwen pèdi anpil pwa epi byento mwen vin ap soufri malnitrisyon ak dezitratasyon. Mwen te about. Anvan lontan, mwen vin yon pasyan nan Manhattan State Hospital, menm lopital kote m t ap etidye a. Eksperyans sa a fè m pè ase pou fè m rann mwen kont fò mwen te chanje estil vi mwen si mwen te gen lentansyon fini pwogram nan epi reyisi rive nan gradyasyon. Donk, mwen kòmanse fè manje nan chanm mwen an, nan yon bonm elektrik ta lèswa lè siveyant la pa t nan zòn nan. Se te yon gwo vyolasyon règleman lekòl la ki te kapab fè yo mete m deyò. Se te, sepandan, yon risk mwen te dispoze pran tèlman m te pè pou m pa ospitalize ankò. Mwen sezi tout chans mwen te genyen pou al wè Silverman yo nan New Jersey kote mwen te gen garanti jwenn plizyè repa nourisan byen kuit pandan sejou m nan. Madan Silverman te mennen m nan makèt tou anvan l lage m nan arè otobis la; li te vle sèten mwen gen yon gwo sache plen manje pou m pote tounen nan dòtwa m nan pou konplete kèlkeswa sa mwen te jwenn nan kantin lekòl la. Nan wikenn, mwen te pafwa al wè sè m yo ak zanmi yo pou jwenn bon manje. Mwen fè sa m te gen pou fè pou monte nan yerachi Maslow a, kòm bon sante te gen yon enpòtans vital, si m te vle atenn bi m nan ki te vin enfimyè.

Non sèlman lavi sou kanpis la te vin sipòtab, li te agreyab ak enteresan tou. Mwen te gen yon bèl kominote zanmi ki te fè lavi m vin pi ranpli ak mwen sèl. Nan sware inisyasyon mwen an, yo ban m yon gran sè ki te rele Phillis, yon etidyan ane tèminal ki t ap pare pou li gradye. Phillis te gen yo ti sè ki te rele Sue ki te nan premye ane nan klas mwen e, kòm nou te gen menm gran sè a, Sue avè m vin bon zanmi. Sue te wo ak mens anpil avèk je ble frapan ak yon koup kare. Mwen te ka jwenn Sue fasil, poutèt li te toujou mete yon chanday ak kapichon pou kenbe l cho ak alèz menm lè tanperati an te twò cho pou sa. Se te yon jèn fanm ak vwa dous ak yon pèsonalite karismatik ak yon bèl souri. Yon moun janti toutbon.

Mwen te vin zanmi tou ak Stella, ki te pi gran pase nou tout nan premye ane a, e poutèt sa li te panse se te devwa li pou l bay "jèn yo" leson sou lavi an. Se te yon fanm afwo-ameriken mens, bravedanje e ki te yon jan renmen kòmande; li te mete pèmanant, e li te boukle cheve li ak woulo eponj wòz anvan l al dòmi. Pandan tan lib nou, plizyè nan lòt etidyan yo avè m te rasanble nan chanm Stella pou tande l ap pale de pachat seksyèl li yo.

Epi, te gen Peggy ak cheve mawon long li yo. Li te sòti nan yon fanmi rich ki te rete nan nò New York. Te gen moun ki t ap mande tèt yo sa l t ap fè nan yon lekòl ki te fèt pou klas ouvriyè a kote fanmi yo pa t kapab peye ekolaj inivèsite. Amezi tan pase, Peggy avè m vin bon zanmi anpil. Se premye moun ki vwayaje Ayiti al an vakans avè m. Epoutan, mwen toujou pa konnen poukisa li te chwazi lekòl sa a.

Finalman, te gen Carlos, Perez, Colon, Terrance, Elizabeth ak detwa lòt ki, ansanm, nou te rele avèk afeksyon "Dyaspora Panyòl la." Nou te toujou amize n avèk yo. Gwoup sa a te selebre lè yo te pase yon egzamen e yo te selebre pi mal toujou lè yo te echwe. Yo te pran tout pretèks pou fè fèt. Se te yon gwoup manfouben ki te bwè anpil alkòl epi te fimen anpil sigarèt ak tout lòt bagay ki te kapab kenbe kè yo kontan. Menm si mwen te konn flannen ak gwoup yo an epi yo te konsidere m kòm zanmi yo, mwen te fè atansyon pa patisipe nan bwè ak fimen an epi m te retounen nan chanm dòtwa m nan byen lontan anvan kouvrefe.

Se te ane 60 yo, yon peryòd ki te gen kòm karakteristik kwafi afwo, pantalon pat elefan, ipi, mizik fò, fèt ta lannuit, ak yon sèten libètinay. Bagay yo te pi andyable pase sa m te abitye. Mwen pa t ti fi egare ki sòti Ayiti an ankò. Lè sa a, mwen te gen tan yon fanm ki fin devlope, ki te antoure ak anpil lòt moun ki te gen konpòtman an kontras avèk prensip ak mannyè marenn mwen ak Madan Silverman te montre m yo. Yo te leve m pou vin yon dam byennelve. Kanmarad klas mwen yo te panse sa dwòl pou m mete yon sèvyèt tab sou jenou m nan okazyon ra kote mwen te chita pou manje nan kantin nan. Mwen te aprann bonjan etikèt manje kay Lucienne epi apre sa ankò, kòm gadò timoun Silverman yo. Etidyan parèy mwen yo te panse mwen te twò fòmèl. Mwen pa t janm sèvi ak mo kat lèt (ki se yon betiz an angle), sa ki te fè Stella, kanmarad pi aje a, te voye rele m nan chanm li yon jou pou ban m yon leson rapid sou mo kat lèt. Anplis de sa, m aprann nouvo pawòl jagon tankou "bay pwent," "kreve," ak "fè yon kou rapid." M aprann tout kalite bagay nan lekòl syans enfimyè a—kèk nan leson yo te pi pratik pase lòt.

Pwofesè klas premye ane a, Mis Viskovish, te yon dam wo avèk cheve wouj dwat, ki te mete linèt li sou pwent nen pwenti li an. Yon matwòn, li pa t janm marye ni li pa t fè pitit, epi bwi t ap kouri sou kanpis la li t ap mouri tou vyèj. Li te yon sòt de Florence Nightingale e li te toujou fè nou sonje, kòm enfimyè, li te vle pou n toujou janti men fèm—yon leson mwen pratike kòm enfimyè diplome epi, pita, kòm dirijan nan sistèm medikal la ak yon fanm dafè pwofesyonèl.

Madan Sullivan, dwayen lekòl syans enfimyè a nan Manhattan State Hospital, pa t kwè anpil nan kapasite m pou fini pwogram nan, poutèt li te panse nivo angle mwen pa t bon ase. Aksan ayisyen m nan te fò e, malgre m te vin pale pi byen, moun te toujou konprann mwen pa pale angle. Nan pwen sa a nan vi mwen, sepandan, apre m te fin rete avèk yon fanmi ameriken blan epi pale angle sèlman ak timoun piti pandan twazan, mwen te konnen mwen te konn kont angle pou siviv pwogram nan. Mwen kontinye aplike tèt mwen epi etidye pi di toujou. Madan Sullivan sezi lè m fini premye ane mwen an avèk yon mwayèn nan 98yèm santil la. Li deside voye nòt mwen Albany, New York, ansanm ak sa detwa lòt etidyan, ap mande pou yo ban nou yon lisans enfimyè oksilyè ki t ap pèmèt nou pratike syans enfimyè san nou pa bezwen pase egzamen nasyonal la.

Enfimyè oksilyè a te sèlman yon lisans nivo debitan pou pratike syans enfimyè Ozetazini, sepandan. Fòk mwen te rete lekòl de lòt ane ankò pou m vin yon enfimyè diplome.

Lavi m te plen ri ak bonè, depi m te fini premye ane pwogram syans enfimyè mwen an avèk, alafen, yon seremoni pou resevwa yon chapo enfimyè. Mwen te vin genyen chapo enfimyè mwen t ap reve de li an depi lè mwen t ap travay kòm èd swayan nan lopital la—e li te fè m byen anpil. Plas mwen se te la. Ritza ak Paulette te vin nan seremoni an, ansanm ak mari yo, plizyè lòt fanmi, ak zanmi. Silverman yo te la tou, ak toulètwa timoun yo, ki te fyè wè Kiki yo a vin enfimyè. Mwen rete yon manm toutbon nan fanmi Silverman nan, e yo te tèlman renmen Kiki yo a, pa t gen anyen ki t ap anpeche yo vin nan seremoni chapo a.

Konpay chanm mwen an Erith te vwayaje al nan peyi li, zil Antig, pou marye ak menaj li te genyen depi nan lekòl segondè. Lè l retounen, li kite dòtwa a pou al rete nan yon apatman avèk mari li ki te vin jwenn li Ozetazini. Mwen rete bon zanmi ak Erith, toujou kontan wè l chak maten, nan klas. Sue vin nouvo konpay chanm mwen e nou menm tou, rete zanmi pandan tou vi nou.

Kòm enfimyè oksilyè nan Columbus Hospital, nan Manhattan, mwen te travay aswè epi m t al nan kou syans enfimyè mwen yo pandan lajounen. Yon aswè apre travay, yo t envite m al nan yon selebrasyon maryaj pou Erith ak mari li an. Erith t ap prezante mari li bay fanmi li te gen genyen yo Ozetazini ak fanmi ak kanmarad klas pwòch li yo. Lè woulman travay mwen an fini, m ekri rapò mwen rapidman, pliye inifòm enfimyè blan m nan, epi mete sou mwen yon mayo kout blan avèk bwodri wouj, pantalon twa-ka, ak soulye ak talon ki kite zòtèy deyò pou al nan fèt la. Mezanmi, se te yon eksperyans! Li te apèn minui lè m rive nan apatman Erith la. Santi m byen pyout nan teni fèt mwen an, mwen te sou wout pou al amize m, epi m bliye mwen te sot pase uitèdtan sou de pye m. M annik bwè yon vè ponch epi m leve nan landmen nan kabann mwen nan dòtwa a, avèk yon mal makak epi pa menm sonje mwen te nan fèt la.

Sa k pase se pa t yon ponch nòmal, se te yon ponch ak wonm karibeyen; ou te sipoze bwè l dousman an ti kantite, de preferans sou lestonmak plen. San m pa t rann mwen kont jan konpoze a te fò, mwen te bwè yon gwo vè ponch pou apeze swaf mwen. Se te premye (ak dènye) fwa mwen fè eksperyans sou—yon leson m aprann sou pouvwa alkòl ak mank tolerans mwen pou bagay sa a. Depi lè a, mwen toujou pran yon ti alkòl tou piti, si m menm pran. Mwen pa renmen sansasyon san defans ak mank kontwòl la.

Kòm etidyan dezyèm ane, fòk mwen t ale nan Montefiore Hospital nan Bronx pou pratik klinik anplis pou m al nan kou didaktik mwen yo. Nan lopital la, mwen rankontre ak yon doktè ayisyen e mwen tonbe damou. Luc te deja gen kabinè prive li ak yon bèl kay nan Scarsdale, New York. Li potko janm marye e li pa t gen pitit. Relasyon damou nou an dire dezan, e li vin devlope nan pwen tout moun—zanmi ak fanmi—te konn di, "De sa yo pral marye kou Solanges fin gradye." Tout bagay se sanble ap pwente nan direksyon sa a tou. Mwen te kontan, fou damou yon nèg eksepsyonèl ki, sanble, te renmen m tou. Men, pafwa, bagay yo ale nan yon direksyon ki diferan nèt de sa w ap atann nan.

Mwen te kontinye gen yon relasyon pwòch anpil ak fanmi New Jersey mwen an. Yon dimanch apremidi, m al nan yon fèt paten a glas pou dènye pitit fi yo a, Wendy. Pandan mwen t ap monte paten, mwen tonbe epi m pran chòk nan bra dwat mwen. Yo kouri avè m lopital. Misye Silverman suiv anbilans la pou l te kapab avè m nan sal dijans la pandan Madan Silverman te rete sou pis paten a glas la avèk pitit li ki t ap fete ak ti zanmi li yo. Nan lopital la, radyografi an montre ponyèt dwat mwen te kase epi yo mete bra dwat mwen nan plat. Sa k vin pase, Luc, menaj mwen an ki te doktè, te òtopedis nan pratik prive; li vin doktè swen prime a pou ponyèt kase mwen an.

Mwen te vagman byen ak asistan biwo a nan kabinè Luc la, e relasyon nou an vin pi solid amezi vizit mwen yo vin ap fèt pi souvan pandan tan Luc t ap okipe ponyèt kase mwen an. Lè m vin pou dènye randevou ofisyèl mwen jou mwen ta pral retire plat la, kè m te kontan anpil, mwen te prèske ozanj poutèt mwen ta pral libere anba plat la. Mwen te gen anpil difikilte refè anba bra kase sa a, poutèt mwen dwatyè. Sa te ban m anpil pwoblèm pou reyisi mennen aktivite lavi toulèjou mwen.

Lè m fin salye sekretè a, nou kòmanse fè ti pale. Li mande byen vag, "Ou pral nan maryaj Dòk la demen?"

Kisa? Luc ap marye? Ak kiyès? Li poko mande m marye. Mwen pa bezwen di, nouvèl sa a te yon chòk. Mwen otomatikman pase nan mòd otodefans epi m pa montre ankenn emosyon. San m pa bat je, mwen bay yon manti odasye. "Mwen p ap ka la. Mwen se dam donè nan maryaj yon zanmi m." Menm jan ak yon vre sòlda, mwen kenbe sanfwa m, malgre m te gen anpil kesyon k ap kouri nan tèt mwen.

Kijan l te fè pral marye ak yon lòt fi pandan jiskaprezan li t ap aji kòm si li te damou m? Li te nan apatman m nan yè swa… Kijan l te fè pa gen kouraj di m relasyon nou an te fini? Sa k te pran li la a? Èske li te gen lentansyon gen yon madanm ansanm ak yon menaj?

Mwen kite biwo sekretè a pou al chita nan sal datant la jiskaske li vin lè pou m wè doktè a. An verite, mwen te nan yon eta chòk. Kè m t ap bat vit, e men m t ap tranble. Men m pa t vle pou sekretè a konnen li te fèk ban m nouvèl menaj mwen pral marye.

Mwen te twouble, blese, ak an kòlè alafwa. Sepandan, mwen deside pa kite misye konnen touswit mwen te konn sekrè li an. Pandan l ap wete plat la, nou pale byen rilaks, e m pa janm kite l konnen mwen te konn pwojè maryaj li yo. Ni li pa bay ankenn enfòmasyon sou sa.

Anvan m ouvri pòt la pou sòti nan kabinè li an, mwen vire, mwen gade l, epi mwen di, "O, antrot, mwen swete w amize w nan maryaj ou a demen." Mwen te blese ak imilye.

Avèk je l ouvè byen laj, li lonje men l epi rale m tounen nan kabinè li an. "Mwen pral eksplike w. Tanpri, koute m. Mwen pral eksplike w."

Li te pale menm jan ak pèsonaj w abitye wè yo nan move fim damou yo e, nan moman sa a, tout dout mwen ale. Li pa t moun mwen te panse li te ye a. Yon fwa ankò mwen jwenn tèt mwen ap fè fas ak gwo desepsyon—yon diferan kalite defi pa rapò ak sa mwen te rankontre jiskaprezan.

"Se sekretè m nan ki di w sa, pa vre?" Kounye a li te kòmanse ap fè wont sèvi kòlè lè l panse se sekretè li an ki te devwale sekrè li te byen kenbe a. Li t ap fini pa di m sa, li di. Li te regrèt jan mwen te vin konn sa, e l te mande anraje poutèt dam nan te ban m nouvèl la. Kòm si se te onètete sekretè a ki te pwoblèm lan nan sitiyasyon an, e pa lefèt li ta pral marye ak yon lòt moun.

Deja, mwen te gen yon sèl objektif: sòti nan kabinè sa a lepli vit posib.

"Mwen mete yon lòt moun ansent epi, poutèt fanmi li, mwen pa gen lòt chwa apa marye avè l."

"Trè enteresan," mwen reponn. "Mwen pa t konnen ou te gen yon lòt fanm." Ton mwen te iwonik.

Mwen rete nan kabinè li pandan yon bon moman. Li te parèt gen remò pandan l ap eseye eksplike yo te mete l pa fòs nan sitiyasyon sa a. Se te istwa pitwayab yon nèg ki te pran nan pyèj poutèt yon move desizyon epi ki te fòse marye ak yon fi poutèt li te ansent. Yon fi li pa t renmen—antouka, dapre li.

Pandan m t ap koute l ak atansyon, mwen te santi m dezole pou li, men lestonmak mwen vire. Mwen t anvi vomi. Mwen senpleman pa t ka konprann kijan l te kapab planifye pou l marye ak yon fi ki ansent pou li epi, an menm tan, ap di m jan l renmen m. Fòk mwen te sòti la. Mwen gade l nan je, swete l bòn chans, epi kite kabinè a.

Mwen kriye sou tout wout lakay la nan tren an. Nan landmen se te maryaj Luc e, mwen pa bezwen di, yon jou ki te tris anpil pou mwen. Aswè sa a, Morris, yon zanmi nou toulède, ki t al nan maryaj esplandid la, rele m pou di m Luc te kite resepsyon pwòp maryaj li pou di l, plen remò, li te sot fè pi gwo erè nan vi l. "Mwen marye ak move fi an," li rapòte m Luc di.

Mwen t ap vin konnen pita fi an se te yon ansyen kanmarad klas mwen nan lekòl segondè Ayiti. Maryaj yo a dire kèk mwa sèlman, men, lè m ap repanse a sa, kite li te pi bon bagay mwen te kapab fè. Menm si mwen te renmen l anpil lè sa a, epi m te imajine yon bèl lavi avè l nan bèl kay li an nan Scarsdale, Luc pa t bon pou mwen e, gras a konpòtman li, li te libere m anba yon avni san lanmou. Menm nan moman pi mal la nan lavi m, zanj solèy la t ap klere limyè pwoteksyon li an fò sou mwen. Mwen te kapab rate lavi mwen vin jwi avèk nèg mwen vin marye avè l la, si Luc pa t aji an malonèt. Chak eksperyans nan lavi an gen yon leson pou aprann nou.

Mwen fini pwogram enfimyè m nan, mwen gradye, m al rete nan pwòp apatman pa mwen, e mwen jwenn yon pòs enfimyè diplome nan Mount Sinai Hospital nan Vil New York. Mwen te fèk ap kòmanse lavi mwen, ap touche yon trè bon salè, ki te pèmèt mwen voye plis lajan toujou pou ede fanmi m Ayiti, kote ekonomi an toujou pa t ase pou satisfè bezwen yo nan domèn travay ak sekirite.

Amezi kalite lavi pèsonèl pa m t ap amelyore, li te enpòtan pou m ede fanmi ki te leve m nan, pou kalite lavi yo te ka amelyore tou.

Yo te gen tèlman admirasyon pou mwen ak konfyans nan mwen kòm enfimyè responsab lannuit nan Mt. Sinai, yo te vin transfere m byento pou m vin enfimyè responsab woulman travay maten an. Anvan lontan, Lucille, enfimyè anchèf la, ban m pwomosyon pou mete m nan pòs enfimyè anchèf adjwen. Li te panse mwen te yon jèn enfimyè ekselan avèk anpil potansyèl pou dirije. Kòm manm ekip dirijan an, mwen pa t abiye an inifòm enfimyè ankò. Nouvo pòs la te egzije pou m mete teni biznis sou mwen. Mwen te mete trè bèl tayè gwo mak, sitou, tayè ak pantalon avèk soulye ak talon wo. Al nan lekòl mànken te fè pati plan m te genyen depi plizyè ane de sa.

Pandan m ap travay kòm enfimyè, m al nan Barbizon School of Modeling epi mwen kòmanse travay endepandan kòm mànken nan Vil New York. Mwen vin alamòd toutbon, epi mwen rete bwòdè pandan tout ane m yo kòm granmoun. Zanmi m yo ak anplwaye yo te konn ap tann chak jou pou yo wè sa m mete epi, menm nan inifòm enfimyè mwen, mwen te sanble mànken avèk cheve mwen penyen yon fason enpekab ak makiyaj mwen pafè. Mwen te konn di se gras a marenn mwen m konn abiye, poutèt se te yon fyète pou li met rad sou mwen lè m te tibebe jiskaske mwen rive nan laj jènfi. Madam Emanuel ak manman m te toujou mete m prezantab tou.

Nan lekòl mànken an, mwen t aprann yo gwo leson: moun wè w anvan, apre sa yo tande w; kidonk, bon enpresyon kòmanse ak aparans ou. Menm jan Maya Angelou te di l, mwen te mache kòm si mwen te gen dyaman nan mitan janm mwen. Mwen te toujou ap souri kòm si mwen pa t janm gen anyen k ap trakase m. Mwen te fè fas ak tèlman difikilte kòm jèn granmoun mwen te konsidere nouvo vi m nan kòm kado Bondye. Chak jou se yon jou Bondye mete, e m ap toujou rejwi m ak kontan viv li.

FÈ SA MACHE POU OU!

Règ #11: Pran risk kalkile

Refleksyon: Konnen kilè pou w mete tèt ou deyò!

Lè yon tòti santi danje, li fè sa l gen pou fè pou pwoteje tèt li. Li rale tèt li ak pat li antre nan karapas li epi l tann jiskaske li panse pa gen danje ankò. Anvan l remete tèt li deyò, tòti an ap evalye anviwònman l. Si l pezib, gen bon chans pou danjen a pase. Gen chans tou pou gen yon predatè ki kouche ap tann tòti an sòti nan karapas li. Men tòti an pa kapab rete nan karapas li pou toutan. Si li rete kache pou toutan, li p ap janm vanse.

- Kòmanse tou piti. Pwochen fwa ou wè yon moun ou ta renmen tabli relasyon avè l men w pè pou li pa vare w, pran yon moman pou egzaminen laperèz ou a. Souvan, nou rate chans tabli yon relasyon poutèt nou pa kwè nan tèt nou. Ou dwe aksyonè. Ou dwe kwè ou se yon moun ki gen valè. Mache sou moun nan, kanpe dwat, epi prezante tèt ou. Ou ta kapab fè konesans yon moun k ap chanje vi w. Ou dwe alèz sòti nan zòn konfò w.

- Si w jwenn yon chans ki gen kèk risk ladan, pran tan w pou konnen si risk la vo rekonpans la. Fè yon lis sa ki pozitif ak negatif. Mande moun ou fè konfyans pou yo ba w konsèy. Dòmi sou sa. E lè w pare, koute sa lide w di w.

RÈG POU VIV BYEN

Nan chapit sis, mwen kòmanse pran vitès nan pakou m nan pou rive nan yon karyè reyisi. Mwen vin gen lisans enfimyè mwen epi m ap travay nan yon djòb mwen renmen. Men, apre sa, bagay yo vin pi cho lontan. Mwen rankontre moun mwen t ap vin pi renmen nan tout lavi mwen an, Keith, e li pouse m ale pi lwen pase sa m te kapab imajine, ap pousuiv yon karyè reyisi ak yon vi plen bonè. Nou vin gen dezakò, e sa pa t toujou fasil, men li kenbe avè m lè m te bezwen sipò epi li gide m lè m pa t fin sèten ki direksyon pou m pran. M aprann fè ekilib ant bon ak move.

Règ #12: Sonje dèyè mòn gen mòn

Sanble chak fwa yon bagay dous te antre nan lavi m, yon bagay anmè te suiv li. Yo t aksepte m nan lekòl syans enfimyè a men m te oblije kite Silverman yo dèyè. Mwen rankontre lanmou m pou lavi, men li pa t vle marye. Nan lavi a, dèyè mòn gen mòn, e, pandan n ap pwogrese, nou dwe fè dèy sa n kite dèyè tou. Youn nan bagay ki te pi di yo pou aprann se te aksepte egzistans la gen de bò tankou yon pyès lajan. Lè fènwa anvayi, se lè sa a n ap aprann apresye limyè. N apresye sa ki bon plis lè n aksepte difikilte yo tou epi nou pèsevere. Gen yon ekilib nan lavi an ki se yon mistè epi ki fè nou pran plis gou nan ri poutèt nou siviv tribilasyon.

Règ #13: Aksepte chanjman

Lavi an pa kite w fin alèz twòp anvan yon lòt bagay parèt pou sekwe w, epi, si w gen lentansyon gen yon bon lavi, w ap oblije suiv kouran an pou siviv sipriz li sere pou ou yo, poutèt y ap rive san mank, ke w atann ou, ke w pa atann ou. Nou tout gen tandans akwoche nou ak sa ki san danje ak sa nou konnen, men lè w akwoche w a kèlkeswa bagay la twò lontan sa fè w rete kole yon sèl kote, pandye, e se pa konsa w avanse. Aprann lage epi gen konfyans kèlkeswa chanjman lavi an pote ba ou, yo te fèt pou rive. Ke se te kite tè kote m te fèt la pou aprann viv nan yon peyi kote yo pale yon lòt lang, oswa adapte m a yon nouvo vil, oswa suiv nouvo abitid epi asepte chanjman nan règleman pwofesyon m nan (gade chapit sis, "Dous-anmè"), m aprann aksepte chanjman e jwenn yon bagay pozitif nan boulvèsman li pafwa pote nan lavi m.

Règ #14: Prezève relasyon

Prezèvasyon relasyon avèk moun mwen bay valè epi ki ban m valè tou anrichi lavi m. Lè m te fin imigre kite Ayiti, mwen te kenbe kontak avèk fanmi m ak marenn mwen epi an menm tan tabli nouvo relasyon pwofesyonèl ak fè nouvo zanmi. Li enpòtan pou fòme yon varyete relasyon epi pou gen lespri ouvè nan sa ki gen pou wè ak kiyès ou fòme lyen yo. Lavi pi enteresan lè w rankontre plizyè diferan kalite moun. Lè m te kòmanse kolèj, mwen te vin fè pati yon gwoup etidyan divès. Mwen te fè atansyon pa gen prejije kont yo baze sou orijin yo, sa ki pa t yon koutwazi yo te toujou fè mwen (gade chapit senk, "Lekòl syans enfimyè"). Anpil nan lanmitye mwen fè yo pandan m te nan kolèj dire anpil ane e kontinye ap fè lavi m pi rich. Kenbe relasyon a distans kapab difisil, men li posib. Keith avè m pase kèk moman difisil lè nou te rete nan kay diferan, men nou aprann kijan pou n kenbe relasyon nou an malgre distans la. Li te pi fasil lontan pou kenbe relasyon nou an sen lè nou te wè youn lòt chak jou.

Nou kapab elaji fason panse sa a pi lwen pase relasyon womantik pou ajoute ladan tout relasyon nou fòme nan lavi, keseswa onivo pèsonèl oswa pwofesyonèl. Genyen k ap bezwen plis atansyon pase lòt. Nan biznis, se yon bon abitid pou aprann sa w bezwen pou fè tout relasyon pwofesyonèl ou yo fleri. Nan yon epòk kote travay a distans ap vin deplizanpli komen, se yon defi anplis. Sèjousi, gen moun ki gen dwa travay nan djòb kote yo pa janm rankontre kòlèg yo an pèsonn. Li posib pou w al nan kolèj sou entènèt epi pou w pa janm rankontre kanmarad klas ou yo. Relasyon yo nan sikonstans sa yo bezwen pou w kiltive yo kanmenm. Yon pati nan wòl yon dirijan osen yon biznis se aprann favorize relasyon travay yo genyen ak lòt moun, menm avèk moun ou gen dwa pa janm wè an pèsonn.

Pandan mwen t ap devlope karyè mwen, mwen vin wè kite yon djòb pou yon lòt se yon bagay difisil, men mwen kenbe relasyon m yo ak ansyen kòlèg mwen yo (gade chapit sis, "Dous-anmè"). Ansyen kòlèg mwen an, Myrtle, te jwe yon wòl esansyèl nan ede m jwenn yon nouvo antrepriz biznis, menm si nou pa t travay youn ak lòt depi plizyè ane. Epi, lè sa pa t mache jan nou te prevwa li an, Myrtle te janti, an pati, poutèt nou te rete an kontak (gade chapit uit, "Ekspedisyon koupe tèt la"). Li enpòtan pou w jwenn bon kolaboratè nan afè pwofesyonèl ou. Mwen gen difikilte avèk aspè sa a nan biznis (gade chapit nèf, "Grenpe mòn yon dinasti"). Yon fason ekselan pou prezève relasyon w se aksepte moun nan, ak tout limit li, jan li ye kounye a; pa jan ou ta renmen pou l ye. Keith avè m se yon bon egzanp. Nou te renmen anpil men nou te gen dezakò. Mwen te vle marye. Li pa t kwè nou te bezwen marye e li te pè pou maryaj pa chanje jan nou te ye a youn ak lòt (gade chapit sis, "Dous-anmè"). Men, alafen, sa mache. Nou toujou kominike youn ak lòt sou sa n bezwen, n aksepte youn lòt jan nou te ye a nan moman sa a, epi nou fè konpwomi sou kesyon maryaj la. Nou arive antann nou alafen.

CHAPIT SIS

Dous-Anmè

Lè mwen te vin enfimyè anchèf adjwen nan Housman II, mwen te sijere pou sèvis lopital mwen an sèvi pou fòmasyon ak oryantasyon. Mwen te tabli yon relasyon solid avèk pèsonèl Fòmasyon Kontini an, epitou avèk kòlèg pwofesyonèl mwen ke yo te fèk anboche, e, poutèt mwen te yon manm yo te apresye anpil nan Depatman Pèfeksyònman Pèsonèl la, yo te mete m pwofesè kèk nan nouvo enfimye yo. Mwen te patisipe ak kè kontan nan komite Pratik ak Metòd, Asirans Kalite, ak Kontwòl Enfeksyon lopital la. Mwen te vle elaji konesans mwen, e m aprann avantaj tabli relasyon ak devlope yon rezo.

Mwen te vin deplizanpli popilè nan lopital la. Nwèl sa a, yo te envite m nan prèske tout fèt ki t ap fèt nan Mount Sinai, e m t ale nan tout sa orè travay mwen te pèmèt mwen. Lopital la te gen plizyè bilding ak yon kantite divizyon, e chak depatman ak chak sèvis te sanble planifye selebrasyon pou fèt fendane pa yo. An verite, te gen tèlman resepsyon, enfimyè anchèf la nan Housman III, Dorette, te deside ranvwaye selebrasyon nan sèvis li an jiska mwa mas, poutèt sa pa t posib pou jwenn yon bon jou ak yon bon lè pandan ivè a.

Mwen deside pa al nan fèt la, poutèt mwen te aksepte kouvri yon woulman travay 3zè-11zè samdi swa sa a an patikilye, pou youn nan nouvo anplwaye yo te kapab al nan rankont la. Tout moun te vle ale, sitou Lucille, enfimyè anchèf mwen an, poutèt Gregory, nèg li te renmen an, ta pral la. Kòm li pa t vle al poukont li, li sipliye m vin avè l lè woulman travay mwen an fini.

"Menm si li fin ta nèt," li di.

"Mwen pral reflechi sou sa," mwen reponn.

Mwen konsidere ale, men, menm si mwen pa t vle desevwa patwon m ak pi bon zanmi m, lè m te fin travay yon peryòd ki te long anpil poutèt youn nan manm ekip mwen an pa t vini, mwen te twò fatige. Pandan m t ap bay anplwaye lannuit lan rapò mwen, sèl sa m te vle se te al kouche pou yon bon nuit somèy. M antre lakay mwen, about. Erezman distans la pa t long. Mount Sinai Health System te gen plizyè bilding pou lwe, e yo te rezève yo pou doktè ak enfimyè. Lucille avè m nou te toulède lokatè nan Sinai e nou te rete nan menm bilding apatman an.

Lucille t ap tann mwen nan antre a tou abiye pou fèt la. "Sa k fè w an reta konsa?" li mande.

"Ma chè, nou te manke anplwaye: Gen yon enfimyè ki rele pou di l malad ak yo lòt ki te gen pou ale bonè."

"Mwen t ap tann ou. Monte al chanje w vit. Fò n al nan fèt la."

Mwen soupire. "Mwen p ap ka ale nan fèt la, Lucille. Mwen gen twòp dòmi nan je m."

Malerezman, Lucille pa t vle tande. Li pa t gen lentansyon rate randevou sa a ak Gregory, ki te gen posibilite pou vin renmen avè l, e li ensiste pou m akonpaye l. Mwen bay legen, malgre mwen pa t enterese *ditou* nan fèt la. Malgre tou, plis pase sipèvizè m, Lucille te yon bon zanmi m. M aksepte pou sèl rezon mwen te renmen l anpil. Anvan yon demiyè pase, nou te gen tan ap monte nan yon taksi.

Nou rive nan fèt la a minui pase. Sal la te plen jèn pwofesyonèl ki te deja ap bwè ak danse anba limyè k ap limen-etenn, yo tout t ap amize yo. Anvan lontan, mwen te sou pis dans la, pare pou bliye jan m te travay di ak jan m te fatige. Toujou alamòd, mwen te mete yon wòb ak ba miltikolò, yon melanj pafè seksi ak konsèvatè, ak soulye talon wo. Cheve afwo m nan te byen penyen. Mwen te bèl—e m te konn sa. Yon gason apre lòt mande m danse, chak nan yo ap tann tou pa l ak pasyans. Mwen repran enèji, e mwen vin sou fèt la! Tèlman, lè Gregory envite Lucille avè m nan yon lòt fèt kay zanmi li, mwen te dakò.

Nou monte machin li pou n al nan lòt pwogram nan, kote nou danse jouk solèy leve.

Kiyès ki te kapab prevwa, lè m te kite yo trennen m nan fèt sa yo, sa t ap chanje lavi m tout jan sa yo?

Pandan epòk mwen t ap gade pitit yo, Silverman yo te peye pou m al aprann kondui, poutèt se te yon bagay mwen te vle anpil, konn kondui ak jwenn lisans mwen. Eksperyans la pa t pase byen: malgre leson regilye, mwen te echwe tès sou wout la plizyè fwa alòske l te tèlman fasil pou lòt moun. Chak fwa, moun ki t ap fè egzamen konduit la te entimide m. Chak fwa, mwen te echwe. Chak fwa kè m vin pi sou biskèt—e mwen echwe ankò. Pou soulaje tristès mwen, Silverman yo te peye pou plis leson ak lòt tantativ nan tès sou wout la. Anven, mwen te antre lakay ap kriye. Apre senkyèm tantativ mwen, Silverman yo sispann peye pou leson yo e m sispann eseye.

A 26 an, mwen te fini pwogram syans enfimyè m nan, mwen t ap travay epi touche byen, men m potko gen lisans chofè nan New York. Mwen te vle anpil pou m gen yon machin. Mwen te fèk pran yon kou kondui rapèl ak leson pratik nan New York pou pare pou yon lòt tès sou wout. Mwen te gen randevou nan lendi apre samdi swa nou te pase ap karakole a.

Kè m te sou biskèt pandan m ta p tann nan liy nan pou tou pa m vini pou m demontre konpetans mwen kòm chofè. Yo rele non m, e men m tranble pandan m ap ouvè pòt machin nan. Mwen chita, respire fon, epi gade moun ki t ap fè m pase egzamen an. Sipriz! Sou chèz pasaje a kiyès ki chita? Youn nan "kavalye" mwen yo, youn nan mesye ki te danse avè m nan fèt zanmi Gregory an. Li rekonèt mwen, e nou toude tonbe ri. Anksyete mwen an vole ale—konsa!—e m ale avèk yon lisans chofè nan men m.

Èske se te chans, kowensidans, oswa zanj solèy mwen an ki yon fwa ankò t ap aji nan bon moman? Èske zanj gadyen sa a t ap janm parèt an pèsonn? Kisa fòs enkwayab ak plen mistè sa a mwen te genyen nan lavi m nan te ye toutbon, e poukisa zetwal sa a te klere sou *mwen*?

Sèl rezon ki te fè m al nan fèt la, se te poutèt mwen te vle janti ak Lucille—e mwen te pase yon lòt etap enpòtan. Mwe pa t konn sa pou m te bay pou jwenn lisans chofè mwen; e tout sa m te bezwen fè se te pou m janti avèk yon zanmi.

Lè m te rive nan DMV an nan Manhattan mwen te yon boul nè; rezilta tès konduit mwen an t ap diferan nèt si evalyatè a pa t yon moun mwen te konnen.

Lè m ap repanse a sa, fèt sa yo te pote plis pou mwen pase pou Lucille. Relasyon l lan avèk Gregory pa janm rive pi lwen pase zanmi. Pakont, mwen jwenn yon lisans chofè nan afè a—ak koutfil san rete nan men Dorette.

Le m antre lakay mwen sòti nan DMV an, mwen resevwa yon premye koutfil Dorette, enfimyè anchèf la nan Housman III, ki te òganize fèt mwa mas la pou sèvis li an. Li t ap mande m otorizasyon m pou l bay yon sèten misye nimewo telefòn mwen.

"Li rankontre w nan fèt Housman nan," li eksplike m. "Li vle pale avè w."

Mwen refize kategorikman. "Mwen pa sonje pèsonn an patikilye," mwen di. "M al nan de fèt nan menm aswè a. Mèsi."

Men jènòm sa a pèsiste nan rele Dorette ki, li menm, pèsekite m pou m ba l otorizasyon bay nimewo telefòn mwen.

"Mwen bezwen l sispann rele m," li di, "pou l rele w dirèkteman pito." Li soupire. "Li pa etranje nèt, Solanges."

Li te zanmi ak menaj Dorette la, Eddy, e sa te kòmanse klè Dorette te bouke kanpe lanmitan. Koutfil nèg sa a pa t janm ka sispann, e Dorette te blame mwen pou deranjman an. Sa kontinye pandan de semèn jiskaske, finalman, mwen bay legen epi m bay otorizasyon m pou bay Keith nimewo telefòn mwen.

Mwen te enskri a tan pasyèl nan Hunter College, ap etidye pou yon diplòm lisans nan pwogram pratik swen enfimye a epi an menm tan mwen t ap travay a plentan kòm enfimyè diplome. Anplis de sa, mwen te souvan ap fè mànken nan defile mòd. Otremandi: Mwen t okipe. Si Keith te ensiste pou l jwenn nimewo m, l ensiste plis toujou nan rele mwen. Chak swa, li rele—jiskaske m aksepte sòti al nan restoran avè l. Nou te deja gen yon bagay an komen: Keith avè m pa t vle al nan fèt Housman III a, nou t ale pou fè yon zanmi plezi. Keith t ale nan ti fèt la pou Eddy pa t al poukont li. Eddy, yon nèg marye ki te gen yon pitit gason, te renmen ak Dorette sou kote. Li te konnen Dorette t ap vle pou l rete pandan tout nuit la, e si l te gen pou mennen Keith lakay li sa t ap pretèks pafè pou l demake lè fèt la fini.

Lè m finalman aksepte sòti ak Keith, m abiye nan yon bèl tayè ble maren ak soulye talon wo. Kè m pa t anplas pou "randevou avèg" sa a, yon konsèp mwen te tande nan bouch anpil zanmi, men se te yon nouvo eksperyans pou mwen. Mwen te konnen nèg sa a te nan fèt lopital la, paske Dorette te konnen l; lè nou te pale nan telefòn, li te dekri m tou sa li te mete sou li nuit sa a. Men, malgre m te danse ak Keith, mwen pa t sonje l menm. Mwen pa t kapab sonje figi l, donk se te toutafè yon randevou avèg.

Plan an se te rankontre l nan antre bilding apatman m nan lè pòtye a te fin anonse l. Byen sezi, mwen tande pòt mwen k ap sonnen. Li te la, kanpe nan koulwa a devan pòt mwen, e m panike, pa konn sa pou m fè. Èske fò m ta ouvè pòt la? *Sa k rive pòtye a?* mwen mande tèt mwen. *Kijan l te fè pase antre?* Keith, mwen t ap aprann apre sa, te alafwa pèsistan ak konvenkan—de trè tanperaman ki te fè anyen pa janm rete l. Mwen te panse sa atiran, men li te kapab twoublan tou.

Pòt la sonnen ankò—epi de lòt fwa ankò. Nan ti twou pou gade a, mwen te kapab wè figi l.

"Ban m yon minit," mwen di. Lè m fin pran sakamen mwen, m ouvri pòt la epi m fèmen l dèyè m rapidman, pou fè sa klè mwen pa t ap envite l antre nan apatman m nan.

Li te mens, yon wotè sis pye kat pous, nwa ak bèl gason. Li te mete yon pantalon koulè bèj, ak yon vès kwaze ble maren ak yon chemiz blan ak kravat, e li te byen raze avèk yon koup ba. Li te sòti zil Lababad e li te pale angle fen avèk yon aksan Langletè. Mwen te renmen son bariton vwa li pandan nou t ap pran direksyon Playboy Club nan Manhattan, kote se te manm sèlman ki te gen dwa ale, kote tab yo te kouvri ak nap nwa e blan, epi ba a te an bèl bwa kajou. Mwen dekouvri aswè sa a Keith te yon jenòm byennelve ki ouvè pòt pou mwen, rale chèz pou dam, epi ki kòmande bwason nan men youn nan sèvez yo ki te mete teni lapen nwa e blan. Vyolonis yo t ap jwe serenad pou kliyan yo. Mwen te enpresyone: nèg sa a te gen anpil klas, kalite klas mwen te abitye wè a lè mwen t ap sòti ak Silverman yo.

An verite, ankenn nan lòt mesye ki te mennen m sòti yo pa t janm trete m konsa. M aksepte pou nou rete zanmi, si l te aksepte sispann rele m souvan konsa.

"Mwen bezwen tan pou m etidye," mwen di.

Li inyore demann mwen an epi kontinye rele m chak jou. Li kòmanse vin wè m pi souvan tou pase sa m te swete. Li fè sa klè li pa t gen ankenn entansyon rete lwen. "Solanges, pito w aprann etidye pandan m la, paske mwen gen lentansyon la pandan trè lontan."

Li te dizan pi gran pase m, e mwen te "pwojè pèsonèl" li, poutèt, dapre sa l di, li te wè potansyèl mwen e li te vle m atenn tout bi mwen yo pou monte echèl sosyal la. Li vin touen gid mwen, konseye m, ak piston m, tout sa alafwa. Li montre m ekri premye chèk pèsonèl mwen; li ede m ak devwa m; li chèche djòb ak lòt opòtinite avansman karyè pou mwen nan magazin syans enfimyè m yo; li kuit manje e menm lave inifòm mwen, netwaye soulye enfimyè m yo, e, wi, li menm montre m kijan pou m bwè alkòl.

Li te renmen m ak tout kè l, li di m. Mwen te prensès li epi, jou je l te poze sou mwen, li te wè yon bagay li pa t menm konnen li te genyen.

Se zanj solèy mwen an ki te voye l gide m. Poutèt akontrekè mwen te jwe wòl chapwon pou fè yon zanmi plezi, mwen te genyen non sèlman lisans chofè mwen, men mwen te jwenn tou yon mari posib. Èske se te yon ka kote w nan bon kote a nan bon moman? Oswa èske se te zanj gadyen mwen ki t ap veye byennèt mwen?

Keith ensiste pou m aprann jwe tenis pou nou te ka jwe ansanm nan wikenn; li te yon gwo fanatik tenis e li pa t vle pou m vin yon "vèv tenis." Non sèlman li te renmen jwe espò a, li te renmen gade l tou. Si mwen te gen lentansyon pase tan ansanm ak nèg sa a, mwen pa t gen lechwa apa aprann tout bagay sou tenis—ak lòt espò tankou foutbòl ameriken, baskètbòl, krikèt, ak gòlf, tou. Malerezman, mwen te gen menm difikilte aprann tenis mwen te genyen pou m aprann kondui. Li depanse yon bann lajan nan leson tenis avèk pi bon pwofesè tenis ki te genyen, menm jan Silverman yo te envesti nan leson konduit mwen yo. L achte pi bèl teni tenis yo pou mwen, e m te santi m tankou yon timoun ankò: li te fè m sonje marenn mwen, Lucienne, ki te konn abiye m lè m te piti. Mwen fini pa vin konn jwe yon fason akseptab men m pa janm vin bon ase pou fè yon bon patnè: mwen te twò pè gate jwèt li.

Mwen transfere sòti nan Hunter College pou al nan Long Island University pou fini ak diplòm lisans mwen an nan syans enfimyè epi mwen remèt ti apatman m nan pou Keith avè m te kapab rete ansanm nan yon pi gwo apatman nan menm bilding lan, nan Mount Sinai. Tout bagay t ap pase byen nan lopital la, kote mwen te kontinye ap eksele, jiskaske yo vin refize m pou yon pòs enfimyè anchèf nan yon lòt sèvis. Te gen bwi ki t ap kouri sou rasis enstitisyonèl nan lopital la, men m te refize kwè yo jiskaske yon enfimyè blan, ki te mwen kalifye lontan pase m e ki te gen sètènman mwens eksperyans, vin jwenn djòb mwen te merite a. Keith te fache anpil poutèt desizyon lopital la pou l refize ban m pwomosyon an epi li konvenk mwen kite Mount Sinai se te sèl jan mwen t ap kapab grenpe echèl la nan pwofesyon enfimyè a; avèk devouman ak konfyans li tounen yon sòtde "konseye sou karyè" e li jwenn yon reklam pou yon pòs plen posibilite nan yon sant reyadaptasyon nan White Plains, New York.

"Avansman pafè pou karyè ou," li di. Li te bon pou mwen vre: depi m te resevwa diplòm mwen nan lekòl syans enfimyè a, mwen te travay nan Iwoloji, yon branch medsin ki te espesyalman okipe aparèy jenital ak irinè a.

Men menm si mwen te pran desepsyon nan men Sinai, mwen potko pare emosyonèlman pou m kite. Mwen te vin soufri angwas separasyon poutèt pakou pèsonèl mwen. Mwen te kite fanmi m ak zanmi m Ayiti pou m vin Ozetazini, kote, pandan lontan, mwen te fè fas ak menas depòtasyon; mwen te vin renmen Silverman yo, epi oblije di yo orevwa. Mwen te sonje kanmarad klas mwen yo nan kolèj. Mwen pa t vle kite zanmi m yo nan lopital la menm.

Sou ensistans Keith, sepandan, mwen fè entèvyou pou pòs enfimye klinisyen an nan Sant Reyadaptasyon Burk epi y ofri m djòb la menm lè a. "Tanpri ban m kèk jou pou yon repons final," mwen di.

Chak grenn jou Bondye mete, Keith, Misye Ti Lendeng, lage de gidon nan kò m, ap mande m ki desizyon m pran. "Se chans ou pou grenpe echèl pwofesyonèl la," li fè m sonje.

"Poukisa w pa pran pòs klinisyen an pou tèt pa w?" mwen reponn, malgre m te konnen trè byen li pa t yon enfimye diplome, ni li pa t gen lentansyon chanje travay.

Li di se tèt di mwen t ap fè.

Mwen fache. "Ou pa rann ou kont sa w ap mande m nan? Ede m konprann: ou vle pou m kite zanmi m yo nan yon travay estab nan Sinai, epi al pran yon apatman nan White Plains, New York. Se sa w vle m fè? Mwen pa gen machin: kijan m pral travay? Nan Manhattan, mwen ka mache… O, Jezi! Non, mwen pa vle demenaje." Mwen te santi m ap toufe, e yon pati nan mwen te konnen fòk mwen te ralanti. Men mwen te akable ak emosyon, menm jan ak lè mwen te fè kriz kòlè mwen an, sa te fè plizyè ane, lè sè m nan Ritza te sijere pou m aksepte yon djòb menajè. "Kounye a ou vle pou m demenaje? Kisa w ap chèche egzakteman? W ap rete nan Manhattan epi voye m ale?" Ensekirite m nan ak laperèz mwen te genyen fas a separasyon t ap anpeche m libere tèt mwen pou lavni.

Lè mwen finalman sispann pale pou m respire byen fon, li pale ak yon vwa dous. "N ap demenaje ansanm." Li ouvè valiz li pou rale yon blòk papye kouvri ak nòt; li te prevwa konvèsasyon sa a. Li rasire m tout bagay ta pral byen pase. Nou ta pral pran yon apatman toupre Sant Reyadaptasyon an. "Gade," li di, pandan l ap pwoche m. "Nou kapab al rete nan Scarsdale, Yonkers, Mount Vernon, oswa White Plains." Kòm yon moun ki regle tout detay, li te gen tan fè rechèch sou pakou otobis yo. "Mount Vernon gen dwa pi bon. Li pi vre vil la, e mwen ka pran tren pou m al Manhattan."

"Waw, ou reflechi sou tout bagay, pa vre?" mwen di.

"Mwen panse sa t ap pi bon pou nou toulède," li reponn, "L ap amelyore estil vi w, epi, onivo pwofesyonèl, djòb sa a ap mete w sou yon pi bon trajektwa pou w atenn bi w genyen yo pou karyè w."

Malgre kèk nan enkyetid mwen te genyen yo, mwen te toujou ap chèche amelyore sitiyasyon m—e Keith te konn sa. Mwen pa t sitiran: Mwen te toujou eseye pran yon longè davans, e Keith t ap travay aktivman sou modle trè sa yo plis toujou. Li te konnen sa k te pi bon.

Mwen te gen pou pran de otobis pou m rive nan sant reyadaptasyon an nan White Plains, New York, kote m aksepte pòs enfimyè klinisyen an nan depatman iwoloji an. Byento, mwen kòmanse pran woulib ak yon nouvo zanmi, yon anplwaye nan Burk ki te rete toupre apatman nou an nan Mount Vernon. Men, anvan lontan, mwen vin vle pwòp machin pa mwen.

"Mwen pa ka wè zanmi m ak fanmi m," mwen di Keith, "mwen pa kapab al nan fèt poutèt mwen pè pou m pa rate dènye otobis la oswa dènye tren an."

Keith pa t janm gen machin; li pa t menm gen lisans chofè. Malgre li te yon nèg ki te kwè nan tèt li, li te renmen gen kontwòl total tou sou anviwònman l. Mwen te konnen li pa t alèz avèk lide machin nan, poutèt li t ap pote yon gwo chanjman nan relasyon nou. Li pa t vle admèt sa, men li te vle toujou konn kote m ye, e, si m te pran volan, li t ap pèdi kontwòl. Dabitid kontwòl pasif sa a pa t deranje m paske Keith te gen plis eksperyans pase m, e li te vle sa ki te pi bon pou mwen—men m te pare pou montre otorite pa m fwa sa a. N antre nan yon diskisyon cho jiskaske li admèt li menm tou, te santi l sèl. "Nou rete lwen zanmi nou yo," li admèt, "e deplase se yon pwoblèm."

Li finalman vin dakò nou te bezwen achte yon machin. An verite, fidèl a tanperaman li, Keith pran devan nan zafè chwazi machin nan. Li fè tout rechèch yo e jwe yon wòl esansyèl nan fè nou jwenn bon pri. Erezman, konpare ak santrevil Manhattan, rete nan Mount Vernon te gen bon kote: Mwen te gen pakin gratis nan bilding mwen an ak pakin gratis nan travay mwen.

Mwen pa t janm kondui depi m te jwenn lisans mwen an, donk pandan premye mwa a, mwen mande kòlèg travay mwen an pou l pran woulib avè m jiskaske mwen vin alèz ase pou m brave wout la poukont mwen. Pafwa Keith te jwe wòl kopilòt mwen nan chèz pasaje a. Premye fwa n al Manhattan, janm mwen t ap tranble lè m pwoche Pon Triborough a, kote kyòs peyaj la te non sèlman jis, li te egzije tou pou m vize pafètman pou lage pyès vennsenk santim lan nan pànye a. Mwen te tèlman sou tansyon, mwen voye pyès vennsenk santim nan sou pave a. Keith byen ri, poutèt li te prevwa sa. Apre sa, li rakonte istwa sa a bay tout moun depi sijè kondui oswa peye dwa pasaj la soulve.

Mwen vin epànwi toutbon nan pòs mwen an kòm enfimyè klinisyen nan Sant Reyadaptasyon Burk la. Mwen te travay poukont mwen lepli souvan, eksepte nan jou klinik yo kote mwen t ap ede iwològ la okipe pasyan ki te paralize nan janm oswa nan toulekat manm yo poutèt donmaj nan chenn do yo. Anpil nan pasyan sa yo te bezwen yon tib drenaj ki te transpòte pipi an dirèkteman sòti nan ren an pou al nan yon katetè ekstèn. Sa te difisil pou byen tache tib fen sa a nan yon katetè pi gwo. Lè m wè m ap travay ak tout pasyan sa yo ki te fè estomi nan ren yo e ki te an danje fè enfeksyon, mwen eseye sèvi ak yon kontgout. Avèk yon gwo zegui, mwen fè yon twou nan pwent kawoutchou yon kontgout. Apre sa, mwen foure katetè tiyo ren an nan pwent kawoutchou kontgout la; konsa mwen te kreye yon koneksyon sere ki pa t kite likid pase. Sa te fasil pou tache lòt bout kontgout la nan sistèm ranmasaj la. Teknik mwen an te mache, nan ofri yon sistèm pipi fèmen ki te diminye posibilite kontaminasyon ak enfeksyon. Mwen prezante envansyon sistèm drenaj fèmen mwen an nan konvansyon nasyonal American Urological Association nan New York, e yo pibliye l nan jounal *Urology*. Malerezman, mwen pa t gen savwafè ni lajan pou komèsyalize envansyon m nan. Apre sa, sistèm fèmen an vin rapòte anpil Ozetazini ak lòtbòdlo. Menm si mwen pa t resevwa peman pou kreyativite mwen, yo vin konnen m kòm yon jèn lidè nan domèn medikal la.

Yon jounal ayisyen vin ekri sou istwa a e, jan Grann Ana mwen an te predi li, tifi sa a te rive lwen. Te gen yon bèl atik nan *Le Nouvelliste* ki te site non mwen, epi foto m te parèt anba tit, *Une Société américaine reçoit une haïtienne* ("Yon asosyasyon ameriken rekonèt yon ayisyèn"). Pou dyaspora ayisyen an nan ane 70 yo, se te yon gwo zafè: Yo te fèk aksepte yon enfimyè diplome ayisyèn kòm manm nan Asosyasyon Ameriken Iwoloji an. Byento, yo t ap mande m pale nan seminè ak bay konsiltasyon sou kesyon syans enfimyè ki te gen pou wè ak sistèm irinè a ak jesyon li.

Men alòske vi pwofesyonèl mwen te vin trè satisfezan, mwen t ap soufri anpil nan vi pèsonèl mwen. Keith avè m te fou damou youn pou lòt; li te fyè kwasans pwofesyonèl mwen, e mwen te rekonesan genyen l nan vi mwen. Nou te rete ansanm depi plizyè ane, men mwen te tèlman bezwen marye ak fè pitit mwen te santi m enkonplè. Malerezman, Keith pa t kwè nan maryaj. Mwen te nan yon eta desepsyon konstan. Pou mwen, yon timoun san maryaj se te yon bagay ki pa t akseptab ditou. Pou Keith, maryaj pa t ladan menm. Bondye te beni m jiskaprezan, e mwen te byen konnen Bondye pa t janm bay yon grenn moun tout bagay, men mwen pa t ka konprann poukisa Li pa t vle ban m yon pitit lè mwen te vle youn ak tout kè m. Mwen pa t kapab jwenn yon moman nan vi m kote mwen te kontan nèt—pa menm pou yon jounen. Depi lè m te fèt, bonè mwen te toujou mele ak yon dòz doulè oswa tristès. *Dous-anmè*. Mwen te avèk pi bon gason ki genyen, men li te refize ni marye ni fè pitit. Menm jan ak anpil jèn fanm nan fen ventèn yo, mwen t ap reve mache legliz avèk yon wòb lamarye blan long, sofistike, figi m kouvri ak yon vwal dantèl, ap rale yon long trèn dèyè mwen. Byennantandi, pou m te jwenn bonè, fò m te fè yon bèl tibebe tou. Se te rèv pifò jèn fanm nan ane 60 ak 70 yo.

Te gen yon bagay ki te manke nan lavi m. Mwen te akonpli tèlman malgre fanmi m pa t gen lajan, epoutan mwen pa t kapab konvenk Keith pou l marye avè m. Mwen te santi m malere.

"Poukisa w pa vle marye avè m si m espesyal pou ou konsa?" mwen mande l pandan youn nan diskisyon cho nou yo.

"Ou konnen m renmen w. Mwen renmen w jan w ye a, e m pè pou maryaj pa chanje w."

Menm si sa pa t fè ankenn sans, li te pè pèdi m. Maryaj, dapre sa l te kwè, t ap fè relasyon nou an vin tèlman reyèl mwen ta pral kòmanse gen dout sou li. Te gen yon diferans dizan ant nou, e jenès mwen te fè l manke konfyans nan tèt li.

Mwen kòmanse kriye, ap pwomèt li maryaj pa t kapab chanje m. Li refize marye avè m pi rèd.

Se te sèl pwen dezakò nan relasyon nou an, e nou te fè kont poutèt sa souvan.

Men kisa ki te mal pase konsa nan ansyen relasyon l yo ak fanm—oswa nan relasyon l ak manman l—ki te fè l pa vle marye ni fè pitit konsa? mwen t ap mande tèt mwen.

"Mwen renmen jan relasyon nou an ye a. Poukisa w pa kapab senpleman aksepte l tou?" li mande.

Mwen pa t wè bagay yo menm jan avè l. Pandan tout pwoblèm sa yo, mwen pa t janm reflechi sou lide kite l. Li te ewo m ak chanpyon m, konpayon m, gid mwen ak konseye m, wa mwen. Li te vin yon pati tèlman enpòtan nan mwen, mwen pa t ka imajine lavi san li. Se te menaj mwen, epitou, yon sèten fason, li te ranplase papa m poutèt Ambroise te lwen jis Ayiti. Li te yon modèl gason enpozan mwen te renmen anpil. Mwen pa t nan kite l menm, e mwen pa janm konsidere opsyon sa a.

Lafwa ak relijyon te toujou jwe yon wòl enpòtan nan vi m. Mwen te leve nan al legliz chak dimanch e, jouk jodi a, mwen selebre fèt katolik yo. Mwen kwè nan entèsesyon Lavyèj Mari, manman Jezi, e mwen lapriyè l pou tout bagay ki egzije entèvansyon Bondye.

Lè m te jènfi, chak jou pandan mwen te sou wout lekòl, mwen te konn rete nan ti legliz katye a pou al vizite jaden prive a epi fè jenifleksyon devan gwòt ki te gen bèl estati Manman Mari an. Dèyè estati an te gen yon orizon avèk mòn k ap monte desann ak kaskad; devan Lavyèj la te gen yon ti estati Sent Bènadèt ki ajenou ap lapriyè. Se te yon reprezantasyon aparisyon Imakile Konsepsyon an devan Bènadèt nan Lourdes, nan peyi Lafrans. Jaden an te san bwi ak pezib. Menm jan ak Bènadèt, mwen te konn mete m ajenou pou lapriyè, plen serenite ak espwa. Lè m grandi, mwen kontinye lapriyè Manman Mari chak jou. Nan maten fèt trant an mwen, m te ajenou devan yon estati Manman Mari. Gwòt la nan Bronx te sanble sa ki Ayiti an, e m lapriyè pou maryaj ak matènite.

Mwen te nan mitan priyè a lè m vin rann mwen kont règ mwen pa t vini mwa pase a e m te deja an reta mwa sa a. Mwen rete yon minit, friz devan lide mwen te kapab ansent. *Se pa posib*, mwen panse, anvayi ak lajwa. Alòs, mwen kòmanse konte jou yo. "Mwen konnen m pran pilil planin mwen chak jou," mwen di tèt mwen pou eseye sekwe lide ansent la sòti nan lespri mwen. Mwen pa t kapab konsantre sou lapriyè m nan ankò.

Nan aswè, mwen pa di Keith sa m sispèk la. Lè m rive lakay apre yon jounen ap travay di, mwen jwenn yon dine ak chandèl limen k ap tann mwen; de douzèn bèl wòz te dekore tab la, sou kote yon kat bòn fèt plen lanmou avèk mo egzak tout fanm laj mwen vle tande. Petèt jou sa a li t ap finalman tande rezon! *Li pral fè lademann aswè a*, mwen panse.

Nou fè konvèsasyon pandan yon ti moman bò tab la, devan dine mayifik li te prepare a, jiskaske li gade m sibitman avèk yon rega taken. "Mwen gen kichòy pou ou, e m gen kichòy pou m di w."

Eksite, mwen mande, "Sa l ye?"

Pou takinen mwen yon ti jan plis, li di, "Sa w vle anvan?"

"Sa w panse de toude ansanm?"

Li souri. "Oke, kado fèt mwen an anvan."

Nou t ap fè flè, menm jan ak premye fwa nou te sòti ansanm nan.

CHAPIT SIS: DOUS-ANMÈ

Lè li lonje men l sou tab la, li te kenbe yon ti bwat. Kè m tonbe bat vit, epi, pandan segonn sa a, mwen te fi ki pi kontan sou latè. Menm panse ansent ki te anvayi m nan gwòt la pa t ka bat santiman mwen te genyen kounye an. Mwen t ap reve maryaj depi tèlman lontan—mwen te tann li, kriye pou li. E Finalman Keith ta pral fè lademann. Mwen pran bwat la nan men l avèk yon gwo souri epi m remèsye l anpil anvan m menm ouvè kado a—sa m te panse ki te kapab sèlman yon bag fiyansay. Mwen ta pral marye.

Mwen debale bwat la avèk swen.

Se pa t ti bag ajan oswa lò avèk dyaman mwen t ap tann nan. Nan plas li, mwen jwenn yon bag laj annò, avèk sis ribi ak yon gwo opal nan mitan. Se pa t yon bag fiyansay.

Wi, bay la te mayifik e, mwen te kapab wè sa, chè anpil. Sepandan, nan moman an, se te yon bag lanmò: avèk bag sa a, Keith te fèk touye lajwa m ak lespwa m. Se te yon jan pou l di m, *Mwen angaje nèt avè w pou toutan, men mwen p ap marye*. Li te eksprime l anpil fwa; kounye a, se demonstrasyon li t ap fè m ak bag la. Pou di laverite, li te yon pi bon konpayon pase mari anpil nan zanmi m yo, men, malgre sa, se te yon kou di. Kè m t ap senyen, men m souri, mwen remèsye l pou kado a, epi m mete bag la nan dwèt mwen pou rès sware a.

"Èske w pare pou tande sa m gen pou di w la?" Misye San Santiman te finalman parèt eksite poutèt gwo anons li an.

Yon fwa ankò, mwen repran espwa, ap panse, *Li gen yon bagay pou di m. Èske li senpleman pa vle suiv mòd dyaman an menm jan ak zanmi nou, men l pral fè lademann kanmenm?* Mwen leve figi m ki te bese sou asyèt desè a. "Di m non."

"Mwen resevwa yon lèt nan men OEA," li di.

"Kisa?" Mwen te twouble. "Sa k OEA a?"

"Òganizasyon Eta Ameriken," li presize. "Syèj sosyal li nan Washington, D.C. Mwen te fè yon demann pou travay avèk yo pandan nou te rete Manhattan, epi resous imen an fèk reponn mwen. Y ofri m yon pòs analis sistèm. Se yon bon opòtinite pou nou toude."

"Ou parèt byen kontan," mwen di byen frèt. "Ekselan! Donk, ou fòse m kite Manhattan pou Mount Vernon, lwen zanmi m ak fanmi m, e kounye a ou gen lentansyon al rete Washington, D.C.? Se sa nèt!"

E konsa, mwen kite tab la ak fraka pou al nan kizin nan epi kòmanse netwaye. Li te fè ase pou sware a. Mwen te tonbe sòti nan kè kontan total pou tonbe nan tristès, pou retounen nan gran kontantman, pou retonbe ankò nan tristès— tèlman fwa nan yon sèl jounen mwen te santi m yon ti jan debòde. Pandan mwen t ap ale tounen, ap pran asyèt sal nan salamanje a pou al anpile yo nan evye a, Keith rete prèske san bouje apre reyaksyon m devan òf li an. Li pa t konn sa pou l di ni sa pou l fè, pou mwen pa eksploze. Sa l pa t konnen, byennantandi, se mwen te gen kichòy pou m di l tou, men m te pè abòde yon lòt sijè delika nan sware deja eksplozif sa a.

Pandan ane 70 yo, manm dyaspora a t ap fè tout sa yo te kapab pou amelyore sitiyasyon finansye yo. Yo te mande travay nan pòs ki te gen posibilite pwomosyon nan eta kote yo te rete a ak lòt kote tou, menm si yo te konnen se raman yo te ofri moun koulè djòb sa yo. Keith te soutni m, li te menm agresif pafwa, nan pouse karyè m devan, donk, alafen, mwen pa t gen lòt chwa apa fè menm bagay la pou li, menm si yon separasyon nan pwen sa a nan relasyon nou an se te dènye sa m te bezwen nan lavi m. Lè m fin kalme, nou diskite sou avantaj ak dezavantaj pòs la. Li te eksite anpil; mwen pa t vle desevwa l ni dekouraje l aksepte opòtinite sa a. Mwen pa t gen kè bare aspirasyon li yo, donk mwen deside pa pale de posibilite gwosès la, e mwen pa dekouraje l aksepte pòs la epi al rete nan Washington, D.C.

Li te prèske minui, e nou toude te gen pou leve bonè pou al travay nan landmen. Nou te pwomèt pou n pa janm al kouche fache youn ak lòt, kèlkeswa sikonstans yo; nou te toujou bo pou di bòn nwit e nou te kouche nan menm kabann, e nou pa fè eksepsyon aswè sa a. Kòm dabitid, nou kouche nan bra youn lòt. Mwen kenbe sekrè m nan, poutèt mwen pa t gen ni kouraj, ni enèji, pou m pale de sa m te sispèk la. Te gen tèlman bagay pou reflechi. Se te sèlman dezyèm ane m nan Sant Reyadaptasyon an, ap fè non m nan yon pòs mwen te renmen e m pa t gen ankenn entansyon bay demisyon m. Mwen te renmen nouvo kote nou te rete a, yon gran apatman de chanm a kouche nan yon katye akeyan ki te gen magazen familyal ekselan, restoran pou chita deyò, ak yon ti boulanjri kote mwen te kapab achte bon ti kwasan ak chokola cho pou dejene. Menm si mwen te renmen lavi nou te bati ansanm nan epi mwen te vle kontinye l, mwen pa t ka vle pou l abandone pwòp rèv pa li yo ak avansman karyè li. Andedan m t ap chire.

Keith se te konfidan mwen men, pou premye fwa depi lontan, mwen te poukont mwen nan panse m ak ajisman m. Toutbon, mwen pa t konn ki lè ni kijan pou m di l. Pandan kèk pwochen jou yo, li vin difisil pou mwen konsantre sou travay mwen, epi pi difisil toujou pou mwen konsantre sou wout lakay mwen. Mwen te santi m boulvèse depi jou fèt mwen, poutèt djòb OEA a ak demenajman Keith. Mwen deside rete nan legliz la pou pale ak Manman Mari pou mande l konsèy. Apre soupe aswè sa a, m abòde sijè OEA a. Mwen te vle plis detay sou òf la ak Washington, D.C., e mwen mande li lèt la.

Kòm dabitid, Keith te deja fè rechèch li. Li prezante enfòmasyon sou sistèm transpò an metwo a, otobis yo ak avyon yo pou ale-tounen Washington, D.C. Yon zanmi li Edward, yon Konsil Jeneral nan OEA, t ap fè aranjman pou rankontre l nan premye vwayaj li an pou ede l jwenn lojman annatandan li jwenn yon apatman. Keith garanti m li ta pral travay Washington, D.C., epi pran avyon vin lakay chak vandredi swa pou pase wikenn avè m. Lè l vin lwe apatman, mwen t ap vin jwenn li sèten wikenn jiskaske nou jwenn yon solisyon pèmanan. Nou diskite sou depans aranjman sa yo t ap mande ak sou fado finansye ak emosyonèl sa t ap mete sou relasyon nou an. Sa te klè li te deja deside aksepte pòs la, poutèt li te jije se te yon bèl mouvman pou karyè li. Li potko menm ale, men pale de sa sèlman te gen tan fè m sonje li.

Yon maten sezon prentan fre, mwen kondui Keith nan ayewopò LaGuardia pou l al kòmanse vi li lwen mwen nan Washington, D.C. Mwen kriye sou tout wout lakay la. Mwen te kontan ak fyè li te jwenn gwo opòtinite sa a, men an menm tan, mwen te tris poutèt mwen pa t ap kapab bo l an pèsonn epi santi kò cho li an kole sou mwen lannuit. Mwen te soulaje mwen pa t oblije fè fas ak li chak jou avèk sekrè m nan, men sa te fè m lapèn pou m pa kapab pataje lajwa m nan avèk li, men si gwosès la potko konfime.

Pandan lajounen, mwen te trè byen nan travay, okipe epi ap pale ak lòt moun. Mwen te manje nan travay la, pou elimine nesesite fè manje pou yon sèl moun. Keith avè m te pale nan telefòn byen ta chak swa jiskaske youn nan nou kòmanse ap bay kout tèt pandan konvèsasyon an; se lè sa a sèlman nou te rakwoche.

Men al kouche te toujou difisil. Poutèt nou pa t marye legalman, mwen pa t kapab anpeche m mande tèt mwen si relasyon long distans sa a ta pral dire. Èske distans la ta pral kraze lanmou nou an?

Mwen te nan Ayewopò LaGuardia, chita dèyè volan AMC Pacer vèt mwen an, ap tann avèk pasyans pou vòl li an ateri. Li te an reta poutèt yon loray nan Washington, D.C. E mwen rete ap panse, *Fò mwen di l sa*. Bagay sa a te fatige mwen e mwen te repete pi bon jan pou di l li ta pral papa malgre li pa t swete sa. Gwosès mwen an te kòmanse parèt. Mwen t ap oblije anonse Keith nouvèl la wikenn sa a, anvan l dekouvri sa poukont li.

Lè li resi ateri, li te fatige ak dezole, donk mwen deside tann, malgre sipenns lan te fè m santi m mizerab. Nan aswè, mwen te gen pwoblèm dòmi. Mwen vire, chanje pozisyon, epi apre sa leve, pran yon ti te, e retounen kouche. Jou leve. Mwen kouche toupre li epi eseye leve l anvan l pare pou nouvo jounen an. Mwen bo l, e nou fè lanmou avèk pasyon, kontan dèske nou ansanm fizikman.

Epi, nouvèl la tonbe, li sòti nan bouch mwen san ankenn nan nou pa atann. "M ansent."

Byen poze, san ankenn reyaksyon, li mande, "Kijan w fè konnen?"

"Mwen fè tès la," mwen reponn.

"Donk, kounye a, ou se doktè?"

"*Non*! M al nan famasi Walgreen's ki nan kwen an, m achte yon twous tès gwosès, mwen fè tès la, e m ansent."

Li pe pandan yon ti moman. "Donk, w ansent. Sa w pral fè avè l?"

"Sa w vle di la a? M ap kenbe l," mwen di avèk konviksyon.

Li gade m, epi avèk yon grimas anjwèt sou figi l, li di, "Oke. Mwen konnen jan w te vle sa." Li ri. "M ap kite sa pase fwa sa a, ak yon kondisyon: pa janm kite sa rive ankò."

Avèk anpil emosyon, mwen di, "Mwen pral manman, e ou pral papa."

CHAPIT SIS: DOUS-ANMÈ

Nou bo epi nou sere youn lòt byen fò nan bra nou, e nou kòmanse yon nouvo faz nan relasyon nou an.

Lè m te fin lapriyè Manman Mari, pou mande l pale ak Bondye pou mwen, zanj solèy la te klere yon reyon limyè sou zantray mwen. Mwen te beni. Men kèlkeswa jan mwen kontan, toujou gen yon bagay ki pou vòlè nan bonè mwen an. Yon fwa ankò, lavi m te alafwa dous ak anmè. Mwen ta pral fè yon pitit, men mwen te toujou pa marye legalman. Mwen t eseye pa kite tan kè kontan sa a blaze poutèt absans yon dokiman jiridik. Apre tout ane sa yo ap viv plase ak Keith, mwen te panse, mwen te madanm li nan tout jan ki te enpòtan; nan kè nou ak nan nanm nou, nou te konekte pou toutan.

Figi Keith te klere ak fyète ak lajwa pandan li t ap tann nesans pitit li an. Li te renmen takinen m sou gwosè vant mwen amezi li t ap grandi, ap rele l kokoye, apre sa balon, epi, finalman, melon. Li te konn di m souvan jan m te yon bèl fi ansent ak jan m te fè kè l kontan. Mwen te rete Mount Vernon, epi Keith te kontinye ap travay Washington, D.C. Nou te pase wikenn nou yo ansanm ant Washington, D.C., ak Mount Vernon jiskaske gwosès mwen an vin twò avanse pou m vwayaje. Pandan kèk dènye mwa yo, Keith te anboche Claudia, yon gadò ki te vin rete nan kay la avè m, pou m pa t janm nan apatman an poukont mwen anvan ak apre nesans pitit nou an.

Ansent poukont mwen se te youn nan bagay pi difisil mwen te gen pou fè. Se pa ke Keith pa t yon konpayon aktif, ki envesti tèt li. Li te renmen m, e, kou l te fin aksepte te gen yon tibebe nan vant, li te ban m tout sipò li, men, pou pifò nuit yo, mwen te poukont mwen kanmenm ak yon tibebe k ap grandi nan kò m. Menm avèk Claudia nan kay la nan finisman gwosès la, lòt bò kabann mwen an te vid pandan pifò nuit yo. Te gen lè mwen te swete pou Keith lonje men l pou mase do mwen oswa pou li pase bra l toutotou vant mwen. Premye fwa tibebe a bay koutpye, mwen sezi. Mwen sonje mwen te vle pran men Keith pou poze l fèm sou vant mwen pou l te kapab santi jan pitit nou an te gen fòs epi pou l rete bèbè menm jan avè m devan mouvman ki t ap fèt nan zantray mwen yo. Premye koutpye sa a te yon moman dous-anmè. Sou yon bò, li te ban m prèv tibebe m nan t ap grandi ak fòs andedan m, men, sou lòt bò a, mwen pa t gen moun pou pase moman sa a avè m. Mwen te tris dèske Keith te rate moman an, pou li menm jan ak pou tèt pa m.

Erezman, tibebe nou an te bat kò l anpil, kifè pita, pandan vizit li yo lakay, Keith vin santi jan ti janm tibebe a te puisan epi li gade vant mwen k ap woule pandan timoun nan ap kilbite andedan l. Sepandan, mwen pa t gen chans viv premye fwa a avè l, sa ki vin bay enpresyon yon evènman ki pèdi enpòtans li. Lè pitit nou an te bay premye siyal pou fè konnen li te la, e anvan lontan li t ap nan bra nou, Keith te rate moman sa a.

Mwen te gen pou kontinye travay pandan gwosès mwen an—ak tout chevi anfle, maladi gwosès, maldo, randevou kay doktè, ak chanjman òmonal. Keith pa t la avè m nan kou pou m te pran sou akouchman. Lepli souvan, mwen te santi m tankou yon manman selibatè, malgre timoun nan potko sòti nan zantray mwen. Mwen te konprann nesesite separasyon nou an nan moman sa a, e m te konnen nou t ap fini pa retounen rete nan menm kay, men, chak fwa l t ap kite pou al Washington, D.C., apre yon semèn lakay avè m, se te kòm si l ta pral nan lòt pwent planèt la. Mwen te regrèt mwen pa t gen yon moun pou viv gwosès la avè m.

Nou te konn takinen youn lòt sou non tibebe a jiskaske nou deside pa chwazi non alavans. Nou mete nou dakò sou yon estrateji: si tibebe a te yon ti fi, se mwen ki t ap chwazi non an; si se te yon ti gason, se li ki t ap nonmem timoun nan. Kòm mwen pa t konn egzakteman ki lè mwen te vin ansent la, li te difisil pou konn dat akouchman an egzakteman. Doktè a te enkyè pou akouchman m nan pa an reta. Li mande m fè yon analiz pipi 24 èdtan nan laboratwa. Se te fason syantifik la pou kalkile gwosès nan ane 70 yo; yo te fè tès sou pipi an pou mezire nivo detrès yon tibebe ki poko fèt. Vant mwen te tèlman gwo antrenè Lamaze mwen an, ki te doktè m tou, te takinen m ap di m se marasa m ap pote, menm si nou toude te konnen se pa t sa. Mwen te pran 50 liv, poutèt tibebe a sèlman. Aswè sa a, lè mwen rele Keith, menm jan doktè m nan te fè pou mwen an, mwen anonse l nou ta pral gen marasa.

San l pa ezite, li reponn, "O, se vre? E byen, mennen youn lakay la epi kite lòt la nan lopital la."

Erezman pou mwen, se yon sèl gwo tibebe ki te nan vant mwen.

Mwen te tèlman vle akouche, mwen deside fè lamach pou ede pouse tibebe a deyò: akonpaye ak Claudia, mwen pran tren sòti nan Mount Vernon pou al Manhattan pou al fè magazen. Claudia avè m te vin gen yon relasyon trè pwòch ak sen. Nou mache tout jounen, ap monte desann eskalye woulan. Se pa t anven: a dezè nan maten, mwen te finalman gen tranche.

Yo dire plis pase sizèdtan.

Avèk fòsèp, mwen akouche natirèlman yon ti gason ki te peze sèt liv edmi e ki te fè 21 pous. Manman ak pitit gason an te an sante.

Kòm se te lasemèn, Keith rate akouchman an. Menm si l te lakay, li pa t gen lentansyon prezan nan sal tranche ak akouchman an. Li pa t fin twò renmen lopital. Li pa t ap janm rankontre m nan travay pou manje midi, menm si lavi l te depann de sa.

Anvan yo egzeyate yo nan lopital la, yo te fè manman yo ranpli yon fòmilè ki bay non tibebe a pou yo kapab pare batistè a. Mwen t oblije tann jiskaske Keith rele nan aswè pou ranpli fòmilè a, kòm nou te dakò pou se li ki nonmen ti gason an.

"Ou gen plim ak papye?" li mande. "Mwen pa vle pou non l mal eple menm jan ak pa w la."

"Fòmilè a nan men m," mwen reponn.

"Pa ekri l sou fòmilè a," li ensiste. "Ekri l sou bwouyon anvan, epi apre sa wa rekopye l sou fòmilè a."

Mwen potko ka konnen non pwòp pitit gason mwen. "M espere ou pa gen lentansyon rele l Keith, paske mwen pa vle pou yo rele l Junior.'"

Li bay yon ti ri. "Li rele K.E.V.I.N."

"O, Kevin," mwen di. Kevin! Se te non tibebe m nan. Se te premye fwa mwen te tande l. *Kevin.*

"Mwen pa di *Kelvin*. Mwen di, Kevin. Eple sa w ekri an pou mwen," li replike.

Mwen reponn touswit, "Ki pwoblèm ou? Dapre ou m pa ka eple Kevin?"

"Mwen vle sèlman sèten ou pa eple l ak aksan w lan," li plezante.

"Sa pyout anpil," mwen reponn.

Se te yon echanj komik, plen lanmou ant de jèn paran; yon moman mwen te reve ki te kounye a reyalite. Mwen te finalman manman.

Jiska koutfil sa a, mwen pa t konn ditou sa non pitit gason m nan te ye. Keith te kapab chwazi sa l te vle pou li, e m pa t gen ankenn lide sou sa l ta pral pwopoze. Se te "tibebe" mwen te rele tibebe nou an jiska apèl la. Men, lè m vin konn non l, mwen te eksite lè enfimyè a finalman pote l sòti nan matènite a, pou m te kapab pase tan avè l epi ba l manje. Li te gen non kounye a! Se te pa senpleman "tibebe." Yon sèten fason, sa te fè l pi reyèl epi te fè wòl mwen an kòm manman pi reyèl. Lè enfimè a lonje l ban mwen, byen vlope nan yon ti lenn, mwen kenbe l anlè epi mwen di l non l avivwa pou premye fwa, "Kevin." Kè m gonfle nan pwatrin mwen pandan m ap gade ti mirak mwen te fè ak Keith la. Se te ti gason mwen an. Kevin mwen an. Mwen te ranpli ak lajwa devan l.

Chak minit ki pase, tibebe m nan—Kevin!—kontinye ap rale ak lage souf li: yon mirak! Men li pa t pi gwo pase pyès vennsenk santim, venn li te fen menm jan ak branch cheve. Li vire kò l, li soupire. Apre sa, te gen Keith: nèg ki pa t vle pitit la e ki kounye a t ap jwi patènite menm jan mwen t ap jwi matènite a. Menm si mwen pa t yon madan marye nan je lasosyete, mwen te yon manman, e pitit mwen an te gen yon papa ki renmen li. Menm si mwen pa t marye, fanmi m t ap byen akeyi nesans Kevin. Yo te renmen m e te respekte m kòm yon pwofesyonèl akonpli. Dayè, papa m ak manman m te enkyè, poutèt mwen te dènye nan sis sè yo ki fè pitit. Tout moun ta pral renmen Kevin. Mwen gade pwatrin tibebe m nan k ap monte ak desann, tou piti. Fò mwen te rete san bouje nèt.

Mwen retounen lakay kontan nèt ak nouvo wòl manman mwen an, men byento mwen vin yon ti jan san pozisyon ak an zing de kontraryete, malgre efò Claudia yo pou aleje fado mwen. Li te renmen Kevin ak pasyon. Mwen te sonje prezans Keith ki kounye a te non sèlman mari mwen te plase avè l la men papa pitit gason m nan tou. Mwen te izole de kòlèg mwen yo e m pa t ka tann pou m retounen nan travay, men Keith te panse fèmeman fò mwen te rete lakay ak tibebe a jiskaske mwen vin jwenn li D.C. Mwen te enkyè pou finans mwen, poutèt nou te depanse anpil lajan nan bòdwo telefòn ak biyè avyon pou vwayaj ant Washington, D.C. ak New York yo. Chak vandredi, Keith te ban m yon ti lajan pou m mete nan pòch mwen pou eseye apeze anvi m pou m retounen nan travay la. "Kounye a, ou gen pwòp lajan pa w pou depanse. Ou pa bezwen retounen nan travay."

CHAPIT SIS: DOUS-ANMÈ

Yon jou, Claudia bay demisyon li sanzatann. Li refize diskite sou desizyon li an; sèl eksplikasyon li se te, "Fò m ale, fò mwen kite." Menm jou a, li fè tout pakèt li epi kite m poukont mwen ak tibebe a. Pita, mwen t ap vin aprann ti dam chaman ki te vin zanmi m nan, gadò tibebe m nan, te gen yon sekrè li pa t janm di m. Kòm jèn granmoun, li menm tou, li te fè yon pitit san l pa marye; malerezman, timoun nan te mouri pandan l te tibebe, a sèlman de mwa. Doulè Claudia a te retounen alasifas pandan li t ap okipe Kevin. Li te tèlman pa ka fè fas ak toumant enteryè li an, li kite djòb lan bridsoukou e li pa janm retounen nan lavi nou.

Yon sèl kou, lavi m chanje. Mwen te jwenn sa m te toujou vle a—matènite—men mwen t ap fè fas ak plis pase sa m te atann. *Dous-anmè*. Avèk Keith ki te Washington, D.C., ak gadò tibebe a ki t ale, mwen pa t kapab travay. Mwen te adore Kevin, men vwala, mwen te yon jèn manman avèk yon tibebe kèk mwa, poukont mwen nan Nò New York, lwen fanmi m ak fon nan depresyon. Sa te vin klè Kevin avè m t ap oblije al rete nan Washington, D.C., pi bonè toujou pase sa nou te prevwa. Anvan m ofisyèlman bay demisyon m nan sant reyadaptasyon an, sepandan, Keith te vle toudabò sèten li te an sekirite nan djòb li an; nou pa t vle fè fas ak yon sitiyasyon kote nou toulede t ap nan chomaj. Fò mwen te jwenn lisans enfimyè otorize mwen nan Washington, D.C. tou, dapre règleman yo nan Distrik Columbia. Anplis de sa, fò Keith te chèche yon pi gwo apatman: ti pyès kay kote l te rete an pa t ap ase.

Annatandan, mwen kontinye okipe Kevin poukont mwen. Yon maten, apre li te fin fè yon ti lafyèv, mwen leve pou jwenn Kevin kouvri ak yon iritasyon ki te gen tan gaye sou tout ti kò li. Li te yon ti jan cho lè m manyen l, e li te wouj kou frèz. Mwen rele Keith ki konseye m rele pedyat la touswit. M arive jwenn yon randevou dijans avèk pedyat ki te de sèvis la. Pandan mwen t ap abiye, epi apre sa ap tache tibebe malad mwen an nan chèz li nan machin nan, mwen panse se domaj pou m ap viv eksperyans sa a poukont mwen. Mwen te byento sou wout pou al wè yon doktè mwen pa t janm rankontre anvan nan yon pati nan vil la kote mwen potko janm ale, ap lapriyè Manman Mari ak Jezi avivwa epi ap mande sekou nan men tout sen ki te gen non yo ki vin nan tèt mwen. Pandan mwen t ap kondui ak lapriyè, Kevin tèlman kriye dòmi pran l. Lè mwen finalman rive nan klinik doktè a, yo dyagnostike pitit gason m nan te gen lagratèl timoun, yon iritasyon yo jwenn sèlman kay tibebe ak trè jèn timoun. Yo ban m enstriksyon pou m okipe tibebe malad mwen an.

Lè Keith pran detwa jou konje pou pwolonje wikenn li an lakay, mwen santi m soulaje poutèt mwen ta pral kapab fè konvèsasyon granmoun; mwen te sot pase yon bann jou ap pale "pawòl tibebe" ak ti Kevin, sèl konpayon mwen. Al rete Washington, D.C., vin yon ijans ak yon priyorite prensipal pou Keith ki pa t kapab sipòte pou li separe avèk nou ankò.

FÈ SA MACHE POU OU!

Règ #12: Sonje dèyè mòn gen mòn

Refleksyon: Ou dwe sèl grenn nan pami mil!

Tòti lanmè mwayen an ponn 100 ze. Se finisman yon vwayaj long pou li. Lè l fin ponn ze li yo epi l kouvri nich li, li retounen nan lanmè a pou kòmanse migrasyon li an ankò, san l pa konnen sa ki pral pase ak ze li kite dèyè yo. Syantifik yo estime, an mwayèn, se sèlman 1 ti tòti ki kale sou 1.000 ki siviv jiska laj granmoun, men grenn tòti lanmè sa a sou 1.000 la se yon kreyati mirak ki aprann siviv kont tout atant. Li travèse lemond pou retounen lakay li vin ponn ze nan yon sik espès li an ap repete depi dik dantan. Sa se yon akonplisman! Men, se yon kokennchenn pèt tou.

- Mete l nan jounal ou: panse a eksperyans ki pi di ou janm viv. Pran kèk minit pou ekri sou eksperyans la. Kijan li touche w, e kisa w fè pou pase li? Konbyen tan sa pran w pou refè? Kiyès ki te ede w sòti nan moman difisil sa a? Kounye a, sonje moman ou te santi soulajman anba chagren sa a ki pase a. Kisa ki rive ki reba w espwa? Kisa eksperyans la aprann ou?

- Li enpòtan, lè nou pran nan ti detay toulejou lavi an, pou nou pran yon ti tan pou selebre. Sa pa bezwen anyen sofistike (menm si, ou pral wè sa pita nan liv la, mwen renmen bèl fèt). Mete yon ti tan sou kote chak semèn pou fè yon bagay espesyal ki fè kè w kontan. Sòti ak zanmi. Al pwonmne sou plaj. Manje yon kòne krèm alaglas. Santi flè. Prevwa yon ti "tan pou tèt ou" nan orè w, epi fè lajwa avèk koneksyon ak bote ki genyen nan lavi an vin yon priyorite prensipal.

Règ #13: Aksepte chanjman

Refleksyon: Fè tou lemond men toujou ret lakay

Gen yon tòti ki se vwayajè epik ki fè tou lemond. Pandan migrasyon li an chak ane, li naje plis pase 10.000 mil ap chèche gratèl epi pou fini pelerinay li an kote l ap bati nich li an. Pandan vwayaj li an, tòti sa a travèse yon varyete teren, ant Japon ak Meksik, sou lòt bò Pasifik la epi li retounen ankò. Li fè anviwònman l mache pou li, keseswa nan dlo cho ki genyen bò Baja, Meksik, keseswa nan dlo frèt byen fon Pasifik la. Vwayaj li an se yon adaptasyon konstan a nouvo anviwònman, e l ap deplase ak yon vitès konfòtab.

- Panse a yon moman kote lavi an te fè w yon move kou. Kijan w te fè fas ak chòk nouvo sitiyasyon an? Èske w te akwoche w sere a ansyen sitiyasyon an oswa èske w te eksite wè sa ki pral pase a? Lè chòk la fin pase epi w aksepte chanjman ki ta pral fèt la, kèlkeswa sa w te pi pito a, kisa ki pozitif ou te kapab jwenn nan nouvo nòmal la?

- Jwenn yon ansyen foto tèt ou a yon epòk kote w te kontan. Fè yon bon gade moun ou te ye lè sa a. Kisa ki te ba w lajwa lè sa a? Kijan sa chanje? Kisa ki rete konstan nan fè w plezi? Kisa ki ba w kè kontan kounye a? Kounye a, gade nan 10 an. Èske w panse se menm plezi yo k ap rete fè pati lavi w, oswa èske w ap jwenn lòt jan pou jwenn bonè? Fè yon lis bagay ou ta renmen eseye. Apre sa, make yo youn pa youn amezi w ap elaji eksperyans ou.

Règ #14: Prezève relasyon

Refleksyon: Senbyoz vle di ou pa janm poukont ou

Lè w fèk gade, yon tòti lanmè sanble yon kreyati solitè, men, anfèt, tòti lanmè yo se ekosistèm tou piti ki patisipe nan yon kantite relasyon senbyotik. Gen pwason jòn ki netwaye karapas tòti yo, e sa bon pou toulède paske pwason sa yo manje chè mòt ak alg. Tòti yo vin byen klere gras a relasyon li genyen avèk pwason jòn yo. Gen yon varyete woulibè tankou zuit ak alg, ti kristase, ak pafwa konkonm lanmè ki kenbe kò yo byen di epi kenbe tòti an konpayi pandan vwayaj li an. Gen menm yon varyete krab yo rele krab meni (planes minutus). Krab sa yo jwenn yon plas konfòtab nan ti twou ki nan mitan ke tòti an ak karapas li, epi yo enstale yo, souvan ak konpay yo; men bon zanmi!

- Fè yon lis moun ou kapab al jwenn pou yo ba w konsèy keseswa pou zafè pèsonèl oswa pwofesyonèl. Ki dènye fwa ou te kontakte yo? Si sa fè plis pase sis mwa, reflechi sou voye yon imèl ba yo pou fè yo konnen kijan w ye e yo enpòtan pou ou. Petèt ou ta ka planifye al pran manje midi avèk kèk nan yo—pa poutèt ou bezwen kwakseswa men poutèt ou ta renmen pase tan avèk yo.

- Gade nan kalandriye kominote w pou wè si gen aktivite ki pral fèt k ap ba w chans rankontre nouvo moun epi aprann yon nouvo bagay, keseswa yon prezantasyon sou lèza oswa yon otè k ap li. Jwenn tan pou mete youn nan aktivite sa yo nan kalandriye w chak mwa. Ale san w pa atann ou a anyen, epi gade kijan sa pase.

RÈG POU VIV BYEN

Nan chapit sa a, m enstale m nan nouvo lavi m nan, nan Washington, D.C., avèk tibebe m nan ak mari mwen plase avè l la—si w kapab rele sa "enstale." Mwen pa ret chita twò lontan. Mwen te gen swen timoun pou m jere, yon karyè pou m kòmanse bati, lit pou pouvwa nan travay, ak yon gwo sipriz nan yon ti bwat Keith te voye e faktè a te livre yon jou epi ki chanje tout vi m.

Règ 15: Fè atansyon ak lit envizib yo

Mwen vin rann mwen kont chak moun an verite gen de vizaj: gen vizaj nou montre mond deyò an ak vizaj nou kache pou pwoteje tèt nou. Se yon bagay natirèl pou moun kache feblès yo. Avèk sa nan tèt ou, li enpòtan pou w sonje lòt moun gen konba y ap livre ak doulè y ap viv nan fon kè yo, san ou pa konnen. Mwen te gen de gadò timoun diferan ki te gen pwoblèm pèsonèl mwen pa t konnen ki t ap ba yo chagren. Gen youn ki te soufri eskizofreni (gade chapit sèt, "Klòch maryaj, kè sere"), e lòt la te pèdi pwòp pitit pa li (gade chapit sis, "Dousanmè"). Ou pa bezwen konnen sa k lakòz chagren yon moun. Nou tout gen pwoblèm n ap konfwonte an prive. Sa ki enpòtan, se pou nou konnen nou tout ap soufri poutèt anpil diferan rezon. Lè w pran yon apwòch sansib lè w annafè ak lòt moun se yon fason saj pou w mete w nan plas lòt moun.

Ou dwe toujou sansib a pwòp doulè pa w. Li enpòtan pou w kenbe pwoblèm pèsonèl ou separe de lavi travay ou, men, si w ap pase move moman, pran swen tèt ou nan lè pa w epi jwenn yon moun ou kapab fè konfyans pou w pale. Mwen te pase gwo pwoblèm sante pandan karyè mwen e m arive kenbe yo andeyò lye travay la. Mari m ak zanmi pwòch mwen te la pou ankadre mwen lè m te bezwen yon moun (gade chapit 11, "Kijan n te fè?"). An konklizyon, kenbe santiman w sou kontwòl nan travay ou (gade chapit 13, "Tout kòmansman gen finisman").

Men li enpòtan pou sonje ou pa yon wobo. Pran tan nan vi w pou okipe tèt ou. Bay tèt ou tan fè dèy lè w fè eksperyans pèdi.

CHAPIT SÈT

Klòch Maryaj, Kè Sere

Washington, D.C., te chaman ak pi pwòp lontan pase New York. N al rete nan yon apatman nan seksyon nòdwès Distrik Columbia kote pyebwa yo t ap kaskade sou toude bò lari an, tankou yon bèl ankadreman foto. Bilding yo te pi ba lontan pase gratsyèl yo nan Manhattan. Mwen te bèbè devan mize yo, Kennedy Center, Festival Serizye an Flè a, epi devan bèl kay detache pou yon sèl fanmi. Kay sa yo te gen gazon byen taye, e yo te raple m lè m te gadò timoun kay Silverman yo nan New Jersey. Se te yon kote agreyab anpil pou viv, epoutan, fòk mwen te jere eprèv ak tribilasyon yon nouvo manman nan yon nouvo vil san zanmi ni fanmi. Mwen te sonje sè m yo ak pitit yo, zanmi m yo nan Sinai ak nan Sant Reyadaptasyon Burk la. Mwen te vle travay, men se te toujou yon pwoblèm jwenn gadò nou te kapab fye pou pitit gason nou an.

Pandan m t ap eseye jwenn yon gadò mwen te fè konfyans, mwen te konn mennen Kevin kay yon dam ki te rele Madan Soriano pou veye l. Mwen t ap kondui yon Pacer vèt nan epòk sa a; li te sanble yon balon ak gwo fenèt toutotou l. Yon jou, lè m fin pake devan bilding Madan Soriano an, san fè ekspre mwen bloke kle m nan machin nan, avèk tibebe a chita nan chèz li andedan machin nan. Se te yon ete cho, e m pa t ka ouvè machin nan! Panike, mwen kouri monte eskalye an al jwenn Madan Soriano pou di l sa k rive a. Li pa t ka kite lòt timoun li t ap veye yo pou al jwenn Kevin, donk li veye l nan fenèt li. Mwen pran taksi, e mwen kouri al nan apatman m nan. Mwen te gen lenpresyon sa te pran yon etènite, men mwen te siman pran sèlman kèk minit pou ale ak tounen. Mwen pa t ka tann pou m retounen bò kot tibebe m nan pou wete l nan machin cho sa a.

Taksi an rete tann mwen pandan m al chèche doub kle a epi retounen pou ouvè pòt machin nan. Mwen vole sòti nan taksi an lè nou rive epi m rale Kevin sòti nan machin nan lepli vit posib. Erezman, li te trè byen.

Lè m pote Kevin bay Madan Soriano, mwen gade l epi m mande l, "Ki lè sa ap vin pi fasil? Kilè sa ap pi bon?"

Li gade m epi l reponn, "Li pa janm vi pi bon. Pwoblèm yo diferan, men difikilte yo toujou la."

Manman m ta pral di menm bagay la. Lè w gen pitit, ou pa janm sispann manman. Sikonstans matènite a ap diferan amezi y ap grandi, men pa gen zafè "li vin pi bon." Gras a Dye, Kevin pa t gen pwoblèm jou sa a. Lè w manman ou jwenn kont panik ak laperèz.

Avèk èd sè m Paulette, mwen rekrite plizyè dam pi aje nan yon legliz Vil New York e mwen fè yo vin rete nan Washington, D.C., pou rete nan apatman an avèk nou pou okipe timoun nan. Poutèt mwen te gadò mwen menm, e m te konnen tout sa mwen te pote nan djòb sa a, mwen te gen pwoblèm aksepte sèvis medyòk pou Kevin. Timoun nan potko gen dezan, mwen te deja sou twazyèm gadò m. Apre sa, mwen enskri pitit gason dezan m nan, nan yon gadri sou Connecticut Avenue. Anvan lontan, gadri a pèdi yon tifi senkan nan National Zoo pandan yon klas pwonmnad. Jou sa a, san m pa reflechi, mwen wete Kevin nan lekòl la epi mwen rete lakay pou okipe l jiskaske mwen te kapab fè lòt aranjman.

Kevin pa t fasil! Timoun sa a te gen plis enèji pase sa m te kapab sipòte pafwa. Yon lè, lè li te gen apeprè dezan, mwen te nan ayewopò avè l epi mwen vire pou m pran yon gwo malèt sou tapi woulan an. Lè m revire, li pa t la ankò! Ayewopò a te plen vwayajè, moun k ap prese nan tout sans, epi, nan foul la, mwen pa t ka jwenn Kevin ankenn kote. Nenpòt ki bagay te kapab rive l nan yon gwo foul konsa. Mwen kòmanse panike epi m rele non l, men erezman, apre yon ti moman ap chèche l, mwen jwenn li kanpe byen poze dèyè yon poto ap gade malèt yo k ap vire sou tapi woulan an.

Li te toujou ap kache pou mwen nan kote piblik, e sa te mete vijilans mwen aleprèv. Depi n te sòti al achte rad, li te kache pou mwen nan mitan rad yo nan magazen an, epi, malgre sa te fè m fache, li te rete la pandan mwen t ap chèche

CHAPIT SÈT: KLÒCH MARYAJ, KÈ SERE

nan tout pòtmanto yo jiskaske mwen jwenn li. Se te yon soulajman lè mwen te jwenn moun ede m, paske anyen pa t ka fè timoun nan sispann lepli souvan.

Avèk anpil jwa, m ede papa m ak manman m ranje yon vizit nan New York. Yo planifye yon ti vizit nan Washington, D.C., pou vin fè konesans pitit-pitit yo, epi nou bo ak anbrase ak ri lè yo rive nan jedi apre a. Kevin te parèt an zing de kontrayete, men, avèk tout eksitasyon sa a ki te antoure l la, se pa t yon sipriz.

Nan landmen, sepandan, tibebe a pa t kapab sispann kriye. Mwen pote l nan bra m, men malgre tout afeksyon, manje, owa bwason mwen ba li, anyen pa konsole l. Tanperati li pa t twò wo; sepandan, li t ap monte.

"Li gen doulè," manman m di. "Ki dènye fwa l al alasèl?"

Mwen pa t ka sonje dènye fwa a. Kounye a li t ap kòde anba doulè, donk mwen rele pedyat ki te gen klinik li an sou Connecticut Avenue, a yon distans kèk minit sèlman de apatman nou an. Lè m fin dekri kòde a, janm k ap bat yo, ak kriye san rete a, doktè a konseye pou n mennen Kevin nan lopital pou timoun nan touswit. Papa m ak manman m akonpaye m nan sal dijans la, grann Kevin nan chèz dèyè a, toujou ap eseye—anven—fè kriye a sispann. Li te malad anpil.

Enfimyè sal dijans la mete nou nan yon bòks epi, yon ti moman apre sa, doktè yo anvayi pitit gason m nan. Lè yo vin ap mennen l nan Radyoloji, li te tèlman gen doulè mwen t oblije kenbe l pou yo fè radyografi vant li.

Apre sa nou vin ap tann rezilta radyografi an.

Se te anvan telefòn selilè, e m pa t gen ankenn jan pou m kominike ak Keith. Apre travay nan vandredi, li te souvan rankontre ak zanmi pou bwè anvan l antre lakay. Omwen pandan ijans sa a, mwen pa t poukont mwen: Mwen te gen chans gen papa m ak manman m avèk mwen.

Lè doktè a retounen nan bòks la, kote nou t ap eseye kenbe Kevin lepli kalm posib, figi l te mòksis. "Radyografi an montre yon envajinasyon. Fò nou pare l pou operasyon touswit."

Chirijyen de sèvis la te gen tan nan wout.

Operasyon! Mwen pa t sonje m t etidye envajinasyon nan lekòl syans enfimyè a, ni mwen pa t sonje dyagnostik konsa nan sèvis pedyatri an nan lopital la nan epòk mwen t ap travay la. Pita, mwen t ap vin aprann envajinasyon an rive lè ti trip mele ak gwo trip, sa ki fè yo vin bouche e se sèl operasyon ki kapab soulaje sa. Nan moman sa a, sepandan, mwen te konn yon sèl bagay: si pou l te opere, sa te vle di lavi Kevin te an danje. Imajinasyon m fin debride, mwen tonbe kriye san rete; m te pè pou pitit gason m nan pa mouri, epi m te bezwen prezans Keith. Mwen te santi doulè a nan chè mwen. Papa m ak manman m, tou sou tansyon, ki pa t pale yon mo angle, te nan yon move pozisyon, men yo fè tout sa yo kapab pou ede m fè fas ak kriz sa a.

Finalman, apre sa ki te sanble yon lòt atant long, chirijyen an rive. "Rilaks," li di. "Mwen pa pral opere pitit gason w lan. Tibebe a pa fè envajinasyon." Entènis la te mal li radyografi an. "Se yon anflamasyon trip li genyen," Dtè. Mark eksplike. "Nou kapab soulaje sa ak medikaman epi, kòm enfimyè, ou ta dwe kapab okipe l lakay."

Se te yon soulajman! Lè yo fin travay sou tout papye yo, yon enfimyè bay medikaman nan sewòm, ki pote soulajman pou Kevin yon ti moman apre; doktè a bay limyè vèt pou l egzeyate. Pitit gason m nan te sèlman yon timoun piti epi li te gen tan pase de ijans efreyan. Malerezman, maladi anflamasyon trip la se yon pwoblèm kwonik ki bay kriz e ki kontinye jiska laj granmoun. Mwen pa t ka anpeche tèt mwen mande manman m, ki te fè nèf pitit, sa pou m te atann nan ane ki t ap vini yo.

Repons li an pa t rasire m. "Sa pa janm fini. Lè w manman, ou manman nèt."

Disi lè nou vin rive lakay la, medikaman an te gen tan fè tout efè li, e Kevin te gen tan rekòmanse ap fè dezòd abityèl li yo. Li te pare pou jwi prezans granparan li yo jiskaske yo retounen New York. Keith, pakont, te dezanpare. Yon fwa ankò, li pa t prezan lè pitit gason li an te gen yon ijans, men m pa t blame li. Nou te toulède konprann limitasyon nou kòm paran.

Malgre m te renmen pitit gason m nan anpil, rete lakay pa t yon opsyon ki te kapab ban m kè kontan. Mwen te santi m san pozisyon lè m te san karyè. Chak dimanch, mwen te gade san siksè pòs ki te disponib yo nan seksyon "Help Wanted" la nan *Washington Post*, ap chèche travay nan iwoloji, jiskaske mwen deside dekouvri lòt opsyon pou yon enfimyè. Finalman mwen pran randevou pou yon entèvyou pou yon pòs nan aswè kòm asistan direktè swen enfimye nan The Washington Home, yon kay retrèt toupre apatman nou an. Mwen pa t janm al nan yon kay retrèt anvan vizit sa a. Epoutan, entèvyou m nan avèk direktè swen enfimye ak resous imen yo tèlman byen pase y ofri m pòs la nan finisman entèvyou a.

Mwen pa t sèten travay nan yon kay retrèt se te direksyon m te vle pran ak karyè mwen. Mwen te toujou espere yon pòs nan lopital, de preferans nan iwoloji. Mwen pa aksepte òf la touswit, mwen mande tan pou m pran desizyon m. Mwen te toujou potko deside, lè de semèn apre sa, direktè resous imen an kontakte m pou fè m konnen administratè a te vle rankontre avè m. Mwen prèske refize rankont avèk administratè a, men Keith te ankouraje m aksepte pòs la, ki dapre li te yon avansman nan karyè mwen. Poutèt mwen te fè jijman Keith konfyans, m aksepte ale nan dezyèm entèvyou a. Administratè a, Misye Matlock, te tèlman enpresyone avèk eksperyans pwofesyonèl mwen ak tanperaman dyougan mwen an li ofri m pòs la ankò. Sèlman, fwa sa a, li ogmante salè Resous Imen te pwopoze a. M apsepte djòb la pandan dezyèm entèvyou sa a, menm si se pa t premye chwa mwen epi salè a te pi piti pase sa m t ap touche a nan New York. Mwen ta pral fè tan jiskaske mwen jwenn bon plas la nan yon lopital swen aktif.

Poutèt mwen te okipe plizyè pòs direksyon nan swen aktif, epi nan Sant Reyadaptasyon Burk la mwen te yon klinisyen endepandan nan iwoloji, mwen te konfyan mwen ta kapab fasilman aprann politik ak pwosedi, règleman, ak fonksyònman kay retrèt la. Mwen te konfyan tou mwen te gen volonte eksele nan nouvo djòb sa a. The Washington Home potko janm gen yon direktè ki te minorite, e mwen te premye asistan direktè afwo-ameriken yo te janm anboche nan listwa kay retrèt sa a ki te gen plis pase 90 lane, donk men pa t gen lòt chwa apa epànwi. Nan twazyèm mwa travay mwen, Misye Matlock resevwa yon lèt nan menm fanmi trè difisil youn nan rezidan yo, ki t ap fè l konpliman dèske li anboche m. Mwen pa bezwen di jan m te kontan.

Lavi m te kòmanse amelyore nan Washington, D.C. Mwen te kontan nou toulètwa te nan menm kay tankou yon fanmi. Mwen te fè zanmi, epi m te vin pi fò nan kondui. Mwen te menm jwenn yon estetisyèn epi m t antre nan yon klèb tenis. Jan mwen te atann, te gen jou ki te pi difisil pase lòt, antan mwen t ap fè ekilibris ant yon mari ki te plase avèk m ak yon jèn pitit gason, epi ap eseye ajoute match tenis nan orè chaje mwen an—tou sa anvan twazè nan apremidi, lè m te gen pou al travay. Mwen te toujou ap chèche yon gadò mwen te kapab fye pou Kevin. Apre eksperyans dezagreyab mwen yo avèk twa gadò ki te vin rete nan kay la, epi apre timoun ki te pèdi a nan gadri an, yo te voye m kot yon dam ki t ap okipe timoun lakay li: Mwen t al depoze Kevin anvan dezè nan apremidi epi al chèche l ta nan aswè sou wout lakay la sòti nan travay. Mwen te finalman kontan jwenn yon moun mwen te kapab fè konfyans.

Yon maten bonè, sepandan, mwen resevwa yon koutfil pitit fi gadò a ki mande m fè lòt aranjman pou Kevin. Lide pèdi yon lòt gadò te estresan. *Ankò menm?* mwen panse.

"Sa k genyen?" mwen mande.

Yo te oblije remennen manman l lopital, li eksplike. Pandan konvèsasyon an, m aprann manman an te soufri eskizofreni epi li t ap antre-sòti lopital depi anpil lane. Mwen poze tèt mwen kesyon sou gravte maladi an. Èske pitit mwen an te an danje ak yon fanm ki te gen pwoblèm mantal grav? Panse sa a sèlman te akablan. Mwen te santi m koupab tou: Mwen te enkyè pou se pa okipe timoun piti mwen an, ti gason dezan terib mwen an, ki te agrave sentòm gadò a epi voye l retounen lopital.

Yon fwa ankò, mwen t oblije fè fas a reyalite ap fè ekilib la ant travay ak Kevin. Keith avè m diskite sou estrateji, men sa pa chanje anyen nan zafè mwen pa t gen pèsonn pou okipe pitit gason nou an. Mwen te tèlman vle yon tibebe e kounye a mwen te santi m pyeje. Mwen pa t janm panse ti kreyati sa a ta pral gen tout kontwòl sa a sou lavi m: li te tèlman depann de nou pou siviv. Se lè sa a mwen kòmanse devlope yon apresyasyon ak yon konpreyansyon diferan pou matènite. Lè w se gadò sa te diferan anpil de lè w se manman, ki se yon responsabilite 24 sou 24, sèt jou sou sèt. Mwen lapriyè Manman Mari pou li konseye m. Alafen, mwen mande yon miz an disponibilite dijans nan travay la nan yon pòs mwen te okipe depi mwens pase ennan. Chans pou mwen, yo te renmen m anpil e mwen t ap bay rezilta tèlman ekselan yo akòde m demann mwen an, menm si se te sèlman pou de semèn.

Keith sijere pou nou voye Kevin bay manman l nan Lababad. Menm si sijesyon sa a te fè m mal anpil, mwen aksepte tèlman mwen te dezespere.

Pandan lasemèn, mwen te tèlman okipe ap travay ak jwe tenis mwen pa t sonje Kevin menm jan ak pandan wikenn. Mwen te konn kriye depi nan vandredi swa rive nan lendi maten, toujou ap chèche yon gadri pèmanan pou mwen te kapab mennen l retounen lakay avèk nou.

Sware m yo nan travay la te kapab difisil anpil. Mwen te souvan ap fè fas ak sitiyasyon klinik ak administratif ijan, e prèske chak swa te gen pwòp kriz pa li. Yon swa m te fin travay ta anpil, mwen resevwa yon apèl nan granm maten nan men Madan Lola, direktè Swen Enfimye mwen an, ki t ap mande pou m retounen nan travay la touswit.

"Gen yon enspektè la a," li di. "L ap poze kesyon."

"Enspektè? Poukisa?" mwen mande. Lespri m te gen tan ap chèche toupatou kòz rankont sa a ak yon enspektè. Mwen vin gen yon ansyen laperèz ki repran m—yon laperèz mwen pa t janm santi depi lontan. Mwen retounen nan jou kote mwen t ap viv anba menas depòtasyon yo. Mwen respire fon: Mwen te yon sitwayen legal Ozetazini kounye a. Mwen pa t bezwen pè.

"Mwen pa konnen," direktè a reponn. "Men fò ou vini."

Woutin toulèjou m nan te gate. Mwen sòti byen rapid pou al nan kay retrèt la. Mwen rankontre ak enspektè a ki t ap poze kesyon sou yon anplwaye gason ki te kite travay la annijans lavèy, pandan woulman mwen an. Mwen te sonje sikonstans depa li an, men sa m te sonje a pa t menm ak sa enspektè a t ap di. Dapre sa m te konnen, anplwaye an te kite poutèt pitit gason adolesan li an te sot pran bal sou yon teren baskètbòl; mwen te ofri l lapriyè mwen e m te mande l rele nou pou ban n nouvèl pitit gason li an. Dapre enspektè a, misye a te an verite yon fijitif "ame ak danjre" ki t ap sove pou lalwa. Li te yon enfimye oksilyè ak lisans yon lòt eta, ki te pote yon zam afe chaje nan bòt li, menm nan travay. Mwen te byen sonje bòt mawon fonse yo, men sa pa t janm pase nan tèt mwen pou yo ta yon etui pou zam li.

"Se siman madanm li ki fè l konnen nou t ap vini," enspektè an di.

Otorite yo te kontakte madanm nan, donk li te konnen yo t ap suiv misye nan kay retrèt la. Poutèt anplwaye sa a, ak lòt ensidan konsa nan Etazini, yo te vin pwomilge nouvo lwa federal pou anpeche kontrevenan travay nan kay retrèt ak nan pòs swen ijyèn pèsonèl nan kay prive.

Apre yon sejou twa mwa, Kevin retounen sòti kay grann li nan Lababad.

Li te enskri kounye a nan yon jadendanfan distenge ki te rele All Saints All Day Child Care. Se te sèl timoun nwa nan lekòl la jiskaske mwen vin rankontre Gloria, yon manman ki t ap gade lekòl la pou pitit gason li an, William. Nou pale nan lari an pandan kenz minit epi, nan ti peryòd sa a, mwen te kapab konvenk li lekòl la se te pi bon kote ki genyen pou pitit gason li an, dapre tout rechèch mwen ak kontak mwen avèk lòt paran ak manm nan pèsonèl la. Nan pwochen resepsyon pou paran yo, Gloria avè m nou rankontre Alice, mari li Ed, ak pitit gason yo an Blair. Nan espas kèk semèn sèlman, lekòl la te gen twa timoun nwa kounye a. Administrasyon an te kontan anpil poutèt li te kapab fè reklam pou "divèsite," e mwen te finalman kontan ak yon gadri. Twa ti gason sa yo jwi anfans yo toutbon tankou frè, epi paran yo rete zanmi pou lavi.

Gloria avè m pase anpil tan ansanm ak ti gason nou yo, non sèlman nan randevou pou jwe men an vwayaj tou. Nou mennen William ak Kevin avèk nou nan yon konvansyon kote Gloria te prale pou travay, mwen veye ti gason yo pandan li te nan reyinyon, epi nou tout jwe ansanm nan mitan. Nou vwayaje al Florida tou pou keyi zoranj, epi Awayi pou al fè vakans, epi mwen dekouvri, pandan mwen t ap fè bagay sa yo ak pitit gason mwen an, mwen t ap bay tèt mwen kalite anfans mwen te rate an Ayiti, kote amizman pa t yon priyorite. Donk lè Kevin aprann fè eski, m aprann fè eski tou. Nou toude aprann monte paten a glas ak paten a woulèt. Antan pitit gason m nan t ap grandi nan kè kontan, kèk pati nan mwen t ap grandi nan kè kontan tou, poutèt mwen te gen chans pase moman mwen te rate pandan pwòp anfans pa mwen.

Lè li te gen apeprè senkan, Kevin kòmanse vin gen lafyèv souvan. Chak fwa mwen te mennen l kay pedyat yo nan Kaiser Permanente, yon òganizasyon swen sante entegre (HMO), yo te preskri l antibyotik, seri apre seri, menm jan mwen te toujou sou antibyotik la lè mwen te adolesan. E li te fè anpil enfeksyon zòrèy! Li pa t janm sispann pran antibyotik!

Yon jou mwen te sòti nan Kaiser avèk yon lòt òdonans pou plis antibyotik, Keith eksploze. "Ban m nimewo a," Keith di. "Fò sa sispann. Fò li jwenn sa k genyen. Li pa kapab kontinye ap mete timoun nan sou antibyotik." Li rele pedyat la, fè yon konvèsasyon serye, epi, nan pwochen vizit la, Dtè. Stark ban m yon rekòmandasyon pou yon doktè zòrèy, nen ak gòj (otorinolarengolojis).

Otorinolarengolojis la ba l antibyotik men anplis li pwograme operasyon pou de semèn apre vizit nou an. Doktè a te wè kannal anndan zòrèy Kevin te gen yon koub ladan. Yo te vle mete yon tib atifisyèl nan zòrèy li pou drennen lasi ak fliyid. Lè yo t ap fin fè sa, doktè a di, pwòp tib pa li an t ap vin pi solid epi tib atifisyèl la t ap tonbe.

Doktè a te avèti m, "Ou gen dwa wè l sou zòrye li, oswa ou gen dwa pa janm w è l. Li gen dwa tonbe epi w pa janm jwenn li."

Mennen pitit senkan m nan al fè operasyon te twomatizan. Li pa t vle wè doktè yo e li te refize ale avèk yo lè moman an te vini pou prepare l pou operasyon an, donk mwen t oblije kenbe l pandan yo t ap ba li anestezi pou fè l dòmi pou entèvansyon an. Kò li te tou piti, e li te parèt mouri. Malgre mwen te yon pwofesyonèl medikal, sa te terifyan wè l konsa. Mwen pa t vle kite l. Yo pran l nan bra m pou mete l sou sivyè a pou mennen l nan sal operasyon an.

Lè yo fin pran l nan bra mwen, mwen fè yon bò, e mari m fè lòt bò a. Mwen t ap kriye. Mwen pa t konn sa Keith t al fè. Men nou te separe menm moman pitit gason nou an te antre pou al opere a. Sa te twòp pou sipòte nan moman an. Erezman, operasyon an reyisi, men li te rale anpil emosyon nan nou.

Antan li t ap gradi, Kevin te vin ap fè aktivite ekstra-eskolè—anpil aktivite—e, poutèt mwen te sèl moun nan fanmi nou ki te konn kondui, sa te vin responsabilite mwen pou mennen l nan diferan aktivite li yo. Lè Kevin te nan premye ane, direktè lekòl la te ensiste pou l fè odisyon pou yon pyès teyat. Te gen anpil elèv nan lekòl li an ki t ale, e yo chwazi l pou pyès la, *Really Rosy*, nan Studio Theater. Sa te ajoute anpil nan estrès mwen e, pafwa, te pouse mwen about, poutèt se te yon bagay mwen t oblije foure nan yon orè ki te chaje deja. Mwen te mennen Kevin nan tout repetisyon li yo, epi, apre repetisyon yo, lè yo te kòmanse jwe pyès teyat la, m t oblije mennen l nan reprezantasyon yo.

Pandan repetisyon yo, mwen te konn chita nan machin nan pou fè travay biwo mwen. Apre sa, li vin kòmanse jwe: Vandredi swa, samdi swa, ak dimanch apremidi. Kòm sèl chofè, se mwen ki pou te mennen l nan tout reprezantasyon yo, malgre chay travay pa m. Pafwa, estrès la te twòp, men li te vo tan mwen te pase ak Kevin nan, wè li kontan epi ap fè bagay li te renmen fè ak zanmi li.

Kevin te renmen lit tou. Mwen te konn mennen l nan match lit li yo. Li te pi difisil pou travay la. Imajine sèn nan, nan estad la: timoun yo ap lite, yon bann moun ap rele toutotou mwen, epi m ouvri valiz mwen pou fè travay biwo pandan tout lòt moun yo ap ri epi amize yo toupre mwen nan estann yo. Yo te konn gade m kòm si m te fou. Men mwen pa t ka pran tan depoze travay mwen pou jwi match yo, poutèt mwen te twò okipe ak obligasyon m yo. Nan epòk sa a, se te sèl jan mwen te kapab pran tan pou li, donk mwen te ba li sa m te kapab.

Lè Misye Matlock, administratè kay retrèt la, vin bay demisyon li, se Jim, asistan administratè a, ki vin ranplase l. Premye gwo jès Jim se te revoke direktris swen enfimye a, epi mete m nan plas li. Mwen reflechi sou chans mwen. Mwen te toujou nan bon kote nan bon moman. Se te kòm si chak pa ak chak mouvman mwen te fè te deja trase sou yon kat ki te fèt espesyalman pou mwen. Kounye a mwen te responsab tout depatman swen enfimye a 24 sou 24 olye de nan aswè sèlman, men m te kapab lakay mwen nan aswè avèk Keith ak Kevin, ap jwi yon vi familyal.

Fonksyon mwen an kòm direktè swen enfimye dire 10 lane, dire fonksyon direktè pi long ki janm genyen nan tout listwa kay retrèt sa a. Fonksyonè gouvènman yo ak lòt moun nan biznis swen medikal la nan Distrik Columbia fin konnen m trè byen. Sou direksyon mwen, kay retrèt la konnen plizyè ane san ankenn defisyans nan depatman swen enfimye a pandan enspeksyon ànyèl Depatman Sante a. Nouvo administratè a vin modènize prèske tout depatman yo nan kay retrèt la, e nou vin genyen konfyans ak respè tout moun. Resepsyonis la, Madmwazèl Madeline, te konn rele m souvan pou opinyon m, menm lè traka l yo pa t gen pou wè ak swen enfimye. Lè mwen te konn mande voye kesyon sa yo bay lòt direktè, li te konn reponn, "Mwen rele w, paske mwen konnen se ou ki gen repons la."

E li te gen rezon. Mwen te gen repons yo, poutèt mwen te tankou yon eponj, ap absòbe tout ti mòso enfòmasyon, e m pa t ezite pataje enfòmasyon sa yo bay lòt moun. Mwen te gen konesans. Mwen te gen pouvwa, e m t aprann sèvi avè l nan avantaj mwen pou vin yon fòs redoutab. Mwen te li tout lwa ak règleman Distrik Columbia a sou swen alontèm pou m te kapab konnen yo. Mwen te konn byen tout kòd règleman federal yo ak direktiv ki te mande entèpretasyon yo nan sa ki te gen pou wè ak Centers for Medicare and Medicaid Services (CMS). Mwen t etidye liv aplikasyon lalwa federal la pou kay retrèt, e m te kapab resite Mànyèl

CHAPIT SÈT: KLÒCH MARYAJ, KÈ SERE

Itilizasyon evalyatè yo te itilize pou Eta a. Mwen te kapab konteste tout defisyans lontan anvan CMS te kreye Rezolisyon Enfòmèl Konfli an. Mwen te egzamine ak revize tout politik ak pwosedi depatman swen enfimye a pou sèten nou respekte tout règleman yo.

Pou maksimize reyisit mwen nan sektè kay retrèt la, fò mwen te pran risk. Mwen te toujou ap chèche sa mwen te rele risk pou vanse. Yon sèten fason, mwen te mete m adispozisyon zòt poutèt m te vle plase tèt mwen nan pozisyon yon pwofesyonèl efikas, non sèlman pou kòlèg mwen yo nan kay retrèt kote mwen t ap travay la men pou lòt kòlèg tou nan biznis okipe granmoun aje a dirèkteman oswa endirèkteman. Poutèt konesans mwen, pouvwa mwen, ak konpetans mwen yo nan lidèchip, yo te envite m fè pati plizyè komite. Patisipasyon m nan kominonte sa yo ede m pwogrese nan biznis kay retrèt la. Non sèlman mwen te gen chans rankontre lòt pwofesyonèl wo nivo, men mwen te vin genyen yon repitasyon moun ki travay di. Tout moun te konnen mwen te bay rezilta lè mwen te fè pati yon gwoup. Yo te mande m antre nan ekip Konsèy pou Politik sou Zafè Sante Majistra a pou ede re-ekri règleman swen enfimye ak medikal yo, yon travay mwen t aksepte avèk plezi.

Sa te vin klè pou mwen apre kèk ane nan biznis la administratè kay retrèt yo te konn sèvi ak direktè swen enfimye yo kòm bouk emisè chak fwa yon etablisman pa t pase evalyasyon ànyèl Depatman Sante a. Anpil fwa, swen enfimye yo se pa t sèl koupab yon move evalyasyon; sepandan, yo te prèske toujou revoke direktè swen enfimye a. Sanble yo te pran mezi sa a pou montre gouvènman an ke administrasyon an t ap fè chanjman pou amelyore kalite, malgre, nan anpil ka, moun pou yo te voye ale a se te administratè a. Kòm mwen pa t kontan obsèvasyon sa a, m ekri yon lèt bay tout direktè swen enfimye yo, ap envite yo vin pran manje midi avè m nan kay retrèt mwen an. Pandan n ap manje, nou diskite sou nesesite rankontre chak mwa pou elabore yon sistèm ankadreman youn pou lòt. Nou pataje nòt, politik, ak pwosedi, epi nou diskite sou sa k ap trakase nou nan zafè jesyon ak pèsonèl. Mwen vin fondatè ak premye prezidan Komite Direktè Swen Enfimye Alontèm nan Distrik Columbia (District of Columbia Directors of Nursing Committee in Long-Term Care).

Lè sa a, Keith te chanje djòb sòti nan OEA pou al nan Intelsat (International Telecommunications Satellite Organization) kòm analis sistèm pou yon salè ki te pi wo lontan. Kevin te nan Lafayette, pi bon lekòl piblik ki te genyen nan

Distrik Columbia, lekòl elemantè ki te nan katye Ward Three nou an. Mwen te antre nan asosyasyon paran ak pwofesè pou rete pre pwogrè li nan lekòl la pandan mwen t ap atenn pwòp bi pa mwen nan pwogrè pwofesyonèl. Mwen te aktif anpil epi patisipe nan tout aktivite ak klas pwonmnad lekòl li an te òganize, depi m te kapab foure yo nan orè chaje m nan. Mwen t ap viv anfans pa m endirèkteman, gras a pitit gason m nan. Mwen fè ak Kevin sa papa m ak manman m pa t gen ni konesans, ni lajan, ni chans fè avè m lè m te timoun. Nou rekòlte joumou nan chan pandan yon klas pwonmnad. Mwen kanpe bò lari an avèk souri fyè sou figi m, ap gade l k ap fè parad avèk kanmarad klas li yo nan aktivite lekòl. Nou toude degize pou Halloween; mwen degize l an Superman, an Fat Albert, oswa an Big Bird epi m al fè pòt-a-pòt avè l pou ranmase sirèt nan men vwazen nou yo.

Di lavi an te chanje pou ti fi pòv sa a ki te sòti Ayiti se pa di ase. Menm si mwen te kontan ak fyè akonplisman m yo, mwen te kite je m ouvè pou pi bon ak pi gwo bagay nan lavi an. Menm jan ak yon tòti, mwen te kontinye rale tèt mwen sòti.

Nan sektè swen medikal la nan ane 80 yo, anplwaye nwa yo te sitou ap travay nan kizin; yo te sèvi tou kòm èd swayan, chawa, ak jeran, eksepte pou detwa enfimye otorize ki te reyisi rive nan tèt. Kòm premye afwo-ameriken nan yon pozisyon direksyon nan The Washington Home, mwen te yon fenomèn ra. Mwen te santi mwen t ap pote yon bannyè, sa ki te fè m travay pi di toujou: Fò mwen te bay prèv mwen epi briye onon travayè nwa parèy mwen yo. Kòm yon refleksyon tan sa a, kay retrèt la se te yon biznis ki pa t gen bi fè lajan ki te gen kòm jesyonnè yon gwoup manm konsèy benevòl ki te 100 pousan blan. Moun te toujou ap poze m defi e, pafwa, ap pèsekite mwen, sitou direktè parèy mwen yo. Plizyè manm konsèy la te poze Jim, administratè a, anpil kesyon, lè l te ban m pwomosyon mete m direktè swen enfimye, sitou poutèt koulè po m. Yo te souvan fè kòmantè sou mwen ki te klèman rasyal. Mwen te okouran anpil nan kòmantè sa yo, poutèt Jim avè m te travay byen an ekip; nou toulede te gen volonte ak konsantrasyon pou n rive nan bi nou yo pou kay retrèt la. Kòm mwen te konprann kilti an, mwen pa t gen chwa apa fè tout posib mwen pou m fè lemye mwen te kapab, ap simonte baryè yo pou vin yon dirijan, kolaboratè, ak manman egzanplè. Men, menm lè mwen te vin yon anplwaye enpòtan, yon moun ki t ap travay di ak konpetans pou pote rezilta enspeksyon kay retrèt san defisyans, gen kèk moun ki te toujou refize aksepte mwen.

Biwo direktè swen enfimye a te gran ak laj, avèk yon tab konferans rektang antoure ak chèz. Li te gen biwo mwen ak yon lòt biwo tou, kote te gen yon manm konsèy ki te chita; li te pote tèt li volontè pou "ede ak papye." An reyalite, yo te mande l siveye premye direktè afwo-ameriken an epi fè rapò sou èske mwen te entelijan ase pou pran djòb la an men.

"Imajine w vin travay chak jou avèk yon manm konsèy chita nan biwo w ak siveye chak mouvman w," mwen di Keith.

Men mwen te bon sòlda—mwen te toujou konsa pandan tout lavi m. Gras a lapriyè, mwen pwospere ak briye nan advèsite. Yon ane potko pase, nou vin tabli konfyans, epi yon sèl kou manm konsèy sa a pa t pran lapèn ofri tan l ankò pou ede ak papye. Yo elimine pòs la.

Bilding The Washintong Home nan te ansyen anpil. Sal lesiv li an te nan sousòl ki te jis anba a, nan yon espas san saldeben e san pànye pou sekwe lenj rezidan yo anvan yo mete kouchèt yo nan machin a lave a. Poutèt sa, pèsonèl enfimye a te gen responsabilite "pre-trete" tout kouchèt sal yo nan saldeben yon rezidan anvan l mete yo nan sak pou voye yo nan lesiv. Pwosede sa a, ki te tabli lontan anvan yo te anboche mwen, te kreye gwo friksyon ant Allan, direktè lesiv la, avè m, poutèt, nan plizyè okazyon, pèsonèl enfimye a pa t rense kouchèt yo. Pèsonèl lesiv la te souvan lave kouchèt ki pa rense yo tou plen ak matyè fekal, sa ki te kreye yon anviwònman dezagreyab anpil, e, pafwa, yo te livre lenj pwòp la nan sèvis swen enfimye yo avèk matyè fekal seche.

Mwen te konprann pwoblèm nan epi m te senpatize avèk pèsonèl lesiv la ki te oblije travay nan kondisyon malpwòp sa yo epi sipòte odè dezagreyab la. Mwen te fè plizyè seyans fòmasyon entèn sou pwosedi an, te mennen pèsonèl mwen an nan sal lesiv la pou demontre sitiyasyon an ak poukisa li te enpòtan anpil pou yo rense kouchèt yo nan saldeben rezidan yo, menm jan yo t ap fè si yo te lakay yo ap okipe yon tibebe. Nou te menm pale de sijè sa a nan tout oryantasyon nouvo anplwaye swen enfimye. Depatman swen enfimye a te fonksyone san rete, 24 sou 24, sèt jou pa semèn, ak 365 jou pa ane.

Poutèt mwen t ap jere yon pèsonèl plis pase 200 anplwaye swen enfimye, se te yon travay enposib pou kontwole konpòtman chak anplwaye epi verifye chak grenn kouchèt te rense anvan yo mete l nan sak. Ankò epi ankò, pèsonèl mwen an pa t suiv bon pwosedi an, epi Allan te kontinye ap pèsekite m. Pafwa, li te eseye fè m wont nan reyinyon direktè depatman an lè yo t ap diskite sou lesiv. Mwen te konprann nivo fristrasyon li, men li pa t apresye dilèm mwen an ak enkapasite mwen pou m idantifye anplwaye oswa sèvis enfimye ki pa t konfòme yo. Administratè a te okouran match tire kòd la men li te kontinye ap preche kolaborasyon kòm manm ekip. Solisyon an se t ap fèmen sal lesiv ki te andedan bilding nan pou sèvi ak yon konpayi sou kontra pou sèvis sa a oswa pou deplase syèj depatman lesiv la. Pran yon founisè sèvis pou lesiv te twò chè. Erezman, yo t ap bati yon nouvo etablisman, epi yo ta pral kraze ansyen bilding nan. Sa t ap pran kèk ane sèlman pou rezoud pwoblèm kouchèt sal la.

Dapre règleman an, lè administratè a pa t la, se te direktè swen enfimye yo ki te responsab etablisman an. Vin gen yon lè kote mwen t ap ranplase administratè a pandan Jim pa t la, epi direktè lesiv la ranpli yon sak avèk kouchèt sal, epi fè ekspre pou matyè fekal la badijonnen byen vizib sou plastik transparan an. Allan antre nan biwo mwen an epi lage gwo sak la nan mitan biwo mwen, sa ki petrifye manm konsèy la. Sak la tonbe tèlman fò nou tande bwi a anvan nou menm wè sak la.

Direktè a deklare byen fache, "Di pèsonèl ou a sispann voye kaka anba a." Apre sa li vire do l epi sòti.

Bazoudi, manm konsèy la gade m ak yon figi trè tris. Li di dousman, "Mwen dezole."

Mwen te wont non sèlman poutèt ajisman blan sa a, men poutèt odasite li tou pou l konpòte konsa, sitou devan manm konsèy la. San m pa di yon mo, mwen ranmase sak kouchèt sal la epi m mete l nan yon bifèt vid, epi klete li pou anpeche ni rezidan yo ni pèsonèl la jwenn li.

Lè li tande ensidan an nan aswè, Keith te blèm, ap rele ajisman Allan nan ensibòdinasyon kòm se te mwen premye otorite a nan bilding nan. Li t ap pouse m aji. Fwa sa a, se mwen ki rete kalm epi ki kenbe sanfwa m.

"Allan, direktè sal lesiv la, ap chèche kont. Mwen pa pral bese tèt mwen nan nivo li."

Lefètke li te tann absans administratè a pou eksprime kòlè li nan fason imilyan sa a, se kont li t ap chèche. Li te vle konfwontasyon. Men li te souzestime dwati ak entelijans mwen. Mwen te gen anpil kontwòl sou tèt mwen. Menm jan premyè dam Michelle Obama ta pral di l plizyè ane apre sa, "Lè yo desann, nou monte." Mank respè Allan nan pou mwen kòm fanm koulè, ak kòm administratè enterimè, te mete yon fen nan tout echanj sivil sou kouchèt sal: Abraham te di sètase.

Nan landmen, mwen prezide reyinyon maten direktè yo, e pa yon sèl fwa mwen di yon mo sou ensidan kouchèt la—ni ak Allan endividyèlman ni ak gwoup la. Li pa t konn sa m te fè ak sak la, e li te siman ap mande tèt li sa plan aksyon mwen te ye. Pandan twa jou, nou pa janm pale, e m arive pa janm kwaze avè l, eksepte nan reyinyon maten yo. Men pandan twa jou sa yo, bagay yo t ap bouyi andedan bifèt sa a kote m te kenbe sak kouchèt sal la.

Nan lendi, Jim retounen nan travay. Nou rankontre touswit apre reyinyon maten an, kòm dabitid, pou fè rezime sa k pase pandan li pa t la. Mwen bay patwon m yon rapò trè konplè men mwen kite pi bon an pou lafen. Anvan mwen pale l de ensidan kouchèt la, mwen mande l eskize m pou yon minit, m al nan bifèt ki te sèvi m kòm kachèt la, epi mwen pran gwo sak plen kouchèt sal la, ki kounye a t ap bay yon odè terib. Avèk menm jès teyat Allan nan, mwen debake nan biwo Jim nan, leve sak la pi wo pase tèt mwen, epi lage l nan mitan pyès la. Sant la eksploze, e Jim sote sòti sou chèz li kòm si se te li mwen te badijonnen ak matyè fekal la. Apre sa m eksplike sa k te rive a, ak kijan mwen te okipe ensidan an pandan absans li.

Jim te sou chòk. L annik di, "Mwen dezole, Solanges. M ap okipe sa."

Se te yon konpayi sou kontra ki te voye pèsonèl pou fè menaj ak lesiv nan kay retrèt la; se li ki te anplwaye direktè lesiv la. Mwen pa janm mande Jim kijan li pran ka sitiyasyon an. Tout sa m konnen, yo wete Allan nan etablisman an, epi alafen yo anile kontra avèk konpayi an.

Li enpòtan anpil pou yon dirijan konnen lè pou l aji. Pou chak aksyon, gen yon reyaksyon. Kapab kontwole reyaksyon w se kle a pou pwogrese kòm dirijan. Y ap toujou konteste otorite nou. Jan nou fè fas ak kontestasyon sa a, sepandan, se yon faktè enpòtan anpil nan reyisit nou. Kòm jèn pwofesyonèl, mwen t aprann pou m pa janm kite pèsonn jwenn nan men m yon reyaksyon mwen t ap regrèt pita. Mwen toujou sonje pawòl Ernest Hemingway: "Jodi a se sèl jou nan tout jou k ap janm genyen. Men sa ki pase nan tout lòt jou ki janm vini yo kapab depann de sa w fè jodi a." Li sifi pou gen yon sèl Allan nan vi w pou detwi avni w. Ensidan sa a te kapab fini yon jan konplètman diferan si m te reyisi pran nan pyèj. Si m te reyaji devan aksyon li an, se ta va menm bagay ak pran risk san m pa reflechi sou konsekans posib yo.

Keith te bay demisyon l nan pòs analis sistèm li an nan Intelsat pou kòmanse yon dispansè avèk yon asosye. Li te vin yon antreprenè toutbon. Nou te toude ap fè bonjan lajan. N achte premye kay nou toupre bilding apatman an, poutèt nou toude te renmen jan li te fasil pou pran transpò piblik la.

Kevin te ase gran kounye a pou l mache poukont li al nan lekòl elemantè a sòti lakay. Li te renmen lè zanmi l yo te vini lakay pou pase nuit e nou te fè l konfyans ase pou kite l pase nuit kay zanmi l. Lè l grandi li vin yon jenòm très janti tout moun renmen. Relasyon m nan ak Keith te kontinye ap epànwi. Nou te gen anpil zanmi, nou te resevwa anpil lakay nou, e yo te di nou souvan nou te yon koup pafè.

Menm si Keith te fè m madanm plase pafè ak manman pafè pou pitit gason nou an, mwen pa t satisfè. Kòm Katolik kwayan ki t al legliz chak dimanch epi ki te selebre ak tout kè mwen chak fèt relijye, te toujou gen yon pati nan vi m ki pa t satisfè. Pou yon Kretyen, maryaj te yon sakreman enpòtan: Mwen te kontinye ap lapriyè Manman Mari sou rèv mwen an pou yon jou Keith akonpaye m legliz pou nòs nou. A chak fwa mwen te jwenn okazyon, mwen te fè l sonje nou pa obeyi kòmannman yo ak suiv doktrin Legliz la, e m t ap viv nan peche poutèt mwen pa t marye nan Jezikri. Keith te grandi nan legliz; li te anfandkè pandan anpil ane nan legliz St. Matthias nan Lababad. Lè l te vin granmoun, sepandan, li te pran pozisyon di li peye dèt li bay legliz e li pa gen ankenn rezon pou kontinye ale. Pandan youn nan moman plenyen m yo pou maryaj, avèk yon vwa fèm li di, "Solanges mwen pa bezwen yon gason an wòb blan pou di m kijan pou m mennen vi m, oswa lakay mwen."

Depi lè m te rive nan Washington, D.C., tout moun te sipoze nou te marye. Lè moun t ap pale de mwen kòm madan Keith Archer, mwen pa t janm korije yo. Nan lekòl Kevin nan, mwen te "Madan Archer" (lè m pa t senpleman "manman Kevin") e m te reponn avèk politès lè yo te rele m konsa. Tout nyès ak neve m yo ki te fin grandi, kouzen m yo ak zanmi m yo te panse nou te marye. Antouka, kite Keith pa t janm yon opsyon mwen te gen lentansyon konsidere, menm si sa te fè m tris pou m wè m ap viv nan peche. Omwen mwen te ase entelijan pou m konnen abandone lakay mwen t ap gen efè negatif sou pitit gason m nan—ak tèt pa m. Keith te yon bon gason, ak yon papa ekselan pou Kevin. Mwen te pwomèt tèt mwen m p ap janm pale de maryaj ankò. Keith te gen dwa pou l viv ak pozisyon l sou maryaj. Menm si sa te enposib pou fè l chanje lide sou sijè a, men petèt, mwen te kapab jwenn yon jan pou fè l retounen legliz. Olye pou m lite pou sa, olye pou m lapriyè Bondye pou maryaj, mwen lapriyè pou padon.

Se te yon jou ivè ki te frèt anpil nan Washington, D.C., e mwen te gen yon move grip, ki te anpeche m al travay. Li te prèske midi lè pòt la sonnen. Nan pòt devan an te gen yon misye k ap fè livrezon, ki t ap mande siyati pou yon pake. M aksepte bwat la ki te gen non m sou li. Mwen gade adrès retou a: yon bijoutri selèb sou Fifth Avenue nan Vil New York.

"Cartier! Mwen pa kòmande anyen nan men Cartier," mwen di. Donk, mwen rele Keith. "Yo sot livre yon bwat ki sòti nan magazen Cartier a nan New York. Ou okouran?" Anvan m ba l chans reponn, mwen kontinye, "Mwen konnen mwen pa kòmande anyen nan men Cartier."

"Se mwen ki te fè kòmann nan," li di. "Ouvè l. Se pou ou."

Pandan m nan telefòn nan toujou, m eseye ouvè pake a. "Mwen pa kapab," mwen di. "Fò mwen pran yon kouto."

"M ap tann ou," Keith di. "Al chèche youn."

Poutèt grip la te fè m fèb anpil, mwen desann eskalye yo dousman pou al nan kizin nan. Lè m fin pran kouto a, ouvè bwat sa a te tankou eseye ap fè yon prizònye sove nan Fort Knox. Poutèt mwen te gen yon ti bwat ki te boule m deja, mwen te refize imajine sa k te nan bwat Cartier sa a. Mwen ta pral konnen talè. Lè m resi ouvè ti bwat mawon an, li te klè sa k te andedan li an se te yon bwat bag. San m pa ouvè l, mwen retounen nan chanm nan. "M ouvè li," mwen di nan telefòn nan.

"Ou gade l?"

"Non, mwen pa ouvè ti bwat la."

"Ouvè l non." Mwen te kapab imajine figi taken li an. Mwen te regrèt mwen pa t ka wè l. "Se pou ou!"

Se te yon bèl bag lò jòn avèk dyaman toutotou li. Yon bag maryaj toutbon.

Sèl sa mwen di se, "Li bèl anpil."

Li di, "Ou te mèt chwazi dat la."

Mwen pete kriye. "Pou nou marye?"

"Wi, pou nou marye."

Epi vwala: Apre katòz an renmen, apre nou te jwe wòl paran ki plase ansanm, epi finalman vin achte premye kay nou ansanm, nou ("koup pafè" a, selon sa zanmi nou te konn di) ta pral finalman kanpe devan lotèl.

"Ann diskite sou sa aswè a," mwen di.

Mwen te santi m rekonesan dèske Bondye te reponn priyè m yo e te fè mirak sa a pou mwen. Men, kòm mwen te toujou soule anba medikaman kont lagrip yo, mwen te vle retounen anba lenn. Mwen pa t ap janm dòmi, sepandan. Mwen pa t ka anpeche m reflechi sou sa ki te fèk rive a. Mwen te bouch be. Ki kalite nòs nou ta pral genyen? Kijan m ta pral eksplike pitit gason setan nou an Manmi ak Papa ta pral marye? Kisa anons sa a ta pral fè jèn lespri li an? "Yon nòs!" mwen rele. "Pa gen sa pyès."

Èske Keith te panse li t ap resevwa kourye a li menm, kòm dabitid li te lakay anvan m? Si m pa t lakay pou resevwa pake a, èske li ta fè lademann nan yon lòt jan? Èske tout sa te mache nan avantaj li yon jan pou l pa oblije suiv tradisyon lademann li te tèlman rayi yo? Èske se te pa chans mwen te nan kay la? Èske se te pwojè Bondye pou l fè m malad pou evènman sa a rive jan li te rive a? Poukisa desten m te fèt konsa?

"Ou te mèt chwazi dat la." Ki kalite lademann sa a te ye la a? Apre tout ane sa yo nan yon relasyon cho konsa, se pa konsa pou w mande fanm ou renmen an pou l marye avè w! Men se te konsa Keith te ye, e mwen t ap avèk li jiska lafen. Mwen te devlope yon apresyasyon pwofon pou Keith e mwen te konprann jan l panse. M te renmen nèg sa a ak tout nanm mwen, e mwen te tèlman devwe a kenbe relasyon nou an, ankenn nan ajisman li yo pa t twouble m. Gen anpil fanm ki

t ap abandone relasyon an depi lontan, men, poutèt lafwa mwen, Jezi te gide chak pa ak chak mouvman mwen te fè nan ban m kouraj kenbe la. Mwen te rete poutèt lanmou ak poutèt pitit gason mwen an, men epitou (an verite) pou pwòp kwasans pèsonèl ak pwofesyonèl pa mwen. Mwen te vin reyalize nèg entelektyèl ak rasyonèl, janti ak poze sa a, ki te gen dis lane sou mwen, te renmen m toutbon e te vle sa ki te pi bon pou mwen. Li te pran angajman ede m eksplwate tout potansyèl mwen, e se egzakteman sa li t ap fè. Lanmou ki te genyen ant Keith avè m te pi fò pase difikilte lavi yo, epi, ansanm, nou te epànwi. Mwen pa t ap janm abandone sa nou te bati ansanm nan: pwòp ti fanmi pa nou. Mwen te gen pi bon konpayon yon fanm te janm kapab reve—li te yon zanmi fantastik ak yon papa egzanplè.

Nan aswè, lafyèv mwen an ak frison m yo vin pi mal. Lè Keith rive lakay, li fè tout sa l kapab pou swenyen maladi m nan avèk Theraflu, te cho, Tylenol, yon imidifikatè, ak yon lenn cho. Dine mwen se te yon mamit soup poulè ak vèmisèl Campbell cho, epi pa Keith la se te manje rapid li te pi pito a: zonyon, twa diferan koulè piman dous sote ak yon ti asezònman, yo tout mele ansanm avèk yon ti bwat somon sou diri blan. Poutèt grip mwen an, li fè tout posib li pou evite kontak pwòch avè m pou l pa pran viris la, donk li dòmi nan chanm envite a. E se konsa, jou mwen t ap espere a, tann nan, swete a ak lapriyè pou li an vini epi ale nan yon klakman dwèt, gate poutèt maladi. *Dous-anmè*. Pandan tout vi mwen, mwen pa janm tranpe nèt nan bonè total ak konplè san pa gen yon bagay ki vòlè nan moman an.

Nou deside marye lepli vit posib. Gwo nòs pa t enpòtan pou mwen ankò jan li te ye lè m te jènfi ak pi bonè nan relasyon nou an, lè tout zanmi m yo t ap marye, donk nou deside fè yon ti nòs san tanbou ni twonpèt. Gen plizyè nan zanmi nou yo ki te fè maryaj rèv yo nan kòmansman ventèn yo e ki pa t marye ankò. Mwen, pakont, te toujou avèk Keith. Nou te finalman pral beni relasyon nou an devan Jezikri, e m te sitou enterese nan resevwa sakreman enpòtan sa a nan lafwa mwen. Yo te batize m tou tibebe; mwen te fè premye kominyon epi apre sa konfimasyon. Se sakreman maryaj la ki te vin apre pou konplete lafwa relijye mwen. Pou mwen, maryaj sa a ta pral mete fen nan yon sitiyasyon peche epi li ta pral lejitime pitit gason mwen an. Bagay sa yo te pi enpòtan pou mwen pase yon wòb blan long, yon vwal, ak yon pwosesyon envite.

Se te mwa novanm, e m te Kalifòni avèk direktè medikal kay retrèt la, ap prezante youn nan atik mwen yo bay Sosyete Amerikèn Jewontoloji (Gerontological Society of America), yon asosyasyon doktè, enfimye ak lòt pwofesyonèl nan domèn vyeyisman. Keith ak Kevin te akonpaye m nan vwayaj sa a. Pandan nou t ap mache nan yon sant komèsyal ap chèche rad gwo mak, Keith remake yon bèl teni de pyès nan yon vitrin; li te fèt an swa, bèj pal ak wouj grena. "Ann al gade pi pre," li di. Li te tèlman renmen l, li ankouraje m defile nan rad la pou li, e m te konnen touswit se li mwen ta pral mete pou nòs nou an. Nou byen amize nou nan magazen an e nou fini pa achte non sèlman wòb la ki te nan vitrin nan men epitou yon lòt wòb an swa wouj grena yon sèl pyès nou toude te renmen.

Tout frè ak sè mwen yo te marye e te gen pitit; poutèt sa, nou te gen anpil nyès ak neve. Kòm nou te tout ap fè efò—kèk nan nou plis pase lòt—pou ede fanmi nou yo, nou te deside selebre Nwèl ansanm, epi konsa transfòme festivite yo an yon sèl gwo fèt. Chak moun nan tou pa li te rale yon non sòti nan yon chapo pou fè jwèt Tonton Nwèl sekrè. Se te yon jan pou garanti tout moun t ap pase yon bon Nwèl e chak timoun t ap resevwa omwen yon kado. Chak ane se te tou pa yon frè oswa sè mwen oswa mwen menm pou nou òganize evènman an, e pa chans se te tou pa mwen pou m akeyi tout moun lakay nou. Keith avè m te deside pwofite okazyon sa a pou selebre maryaj nou.

Seremoni relijye a fèt nan chapèl Immaculate Conception nan Saint Anne Catholic Church nan apremidi lavèy Nwèl la an prezans zanmi Keith la Eddy, parenn nan, ak pi gran sè m nan Ritza, marenn nòs la. Ritza te mete wòb wouj grena Keith te achte Kalifòni an.

Manman m, papa m, ak sèm nan Paulette te nan ti chapèl sa a tou. Se te sa Keith te vle lè li te finalman bay legen epi voye bag la pou mwen, e se sa mwen te fini pa aksepte: yon seremoni senp men bèl. Nou te ekri ve nou e, kòm dabitid, Keith te ede m korije gramè m ak òtograf mwen. Mwen te travay sou pwononsyasyon m tou. Nou pwomèt renmen youn lòt devan lotèl la, devan Bondye. Keith pa t vle wòb long blan ak trèn ak pwosesyon moun, men li pa t gen anyen kont gato maryaj. Donk, mwen t achte yon gato maryaj blan yon sèl kouch, ak yon je goblè maryaj kòm souvni nòs nou. Sè m yo te prepare yon bèl repa karibeyen pou manje midi, e nou te gen gato maryaj kòm desè.

Se te yon gran jou pou mwen. Mwen te finalman marye, e sa te ranpli yon plas vid andedan m mwen t ap pote depi anpil lane. Sa te rapwoche m tou de manman m yon sèten fason. Mwen te konprann, lè m te fin pwononse ve mwen yo, jan sa te dwe difisil pou l rete avèk Ambroise tout ane sa yo nan plasaj, andeyò lagras legliz. Sanktifikasyon inyon m nan avèk Keith te lejitime relasyon nou an yon jan li pa t ye anvan. Kounye a, sa nou te genyen an te sakre. Nou te fèt pou n ansanm, e m te konnen, jou sa a, pwòp manman pa m te pase menm kalite difikilte mwen te gen pou mache rive devan lotèl la.

Nan aswè lavèy nòs la, nou te voye Kevin al dòmi kay zanmi l lan Blair pou l pa t tande bann pale fanmi an ta pral fè sou sa k t ap fèt la. Menm de pi bon zanmi m yo, Alice (manman Blair) ak Gloria (manman William), pa t janm konnen Keith avè m pa t janm marye. Apa fanmi an, mwen pa t di pèsonn mwen t ap marye, e mwen pa janm pale yo de sa. Se sèlman fanmi pwòch nou ki te konnen maryaj la te fèt pi bonè jou sa a. Nan aswè, kay la te plen avèk fanmi, jèn ak granmoun. Abdenwèl nou an te rive nan plafon, epi te gen yon kantite enkalkilab kado atè a. Timoun yo t ap kouri toupatou, ap danse mizik Nwèl, fou a te limen epi, wi, bweson t ap koule.

Egzakteman anvan minui, mwen parèt nan yon bèl wòb wouj avèk bonè Tonton Nwèl mwen pou m distribye kado bay tout envite nou yo. Pa t gen afè al nan lin de myèl pou nouvo marye yo: nou fete jouk douvanjou nan pwòp lakay nou. Li te apeprè katrè di maten lè m monte menm vye kabann nan sou kote mari m, bouke apre gwo nòs/selebrasyon Nwèl nou an. Keith te kite fèt la sa fè plizyè èdtan de sa, pou chape bwouhaha a. Li te renmen rete poukont li e te rayi gwo foul. Mwen pa t enkyè ditou lè l te disparèt de fèt la: Mwen te konnen egzakteman kote m t ap jwenn mari m—kado presye sa a nan men zanj solèy mwen an.

FÈ SA MACHE POU OU!

Règ #15: Fè atansyon ak lit envizib yo

Refleksyon: Ki kote limyè a mennen w?

Se yon bagay ki tris, men, pandan m ap ekri liv sa a, gen sis espès tòti lanmè sou sèt ki an danje, epi setyèm nan menase. Moman yon tòti gen plis chans viktim menas predatè, se lè li sòti nan kokiy ze li an epi ap kite nich la pou al nan lanmè a, epi apre sa, yon ti jan mwens, pandan l ap grandi pou vin granmoun. Lè li fin granmoun, si se pa t pou sa lèzòm ap fè anviwònman natirèl li an, sèl sa yon tòti t ap gen pou l enkyete de li toutbon se t ap atak reken. Nou panse a gwo bagay k ap fè popilasyon tòti an mal, tankou ma lwil ak polisyon, ak lachas, men menm limyè atifisyèl sou yon plaj kapab detounen yon tòti epi voye l mouri. Se yon lòt egzanp jan sa nou fè san reflechi kapab fè anpil mal. Fè atansyon. Mache dousman.

- Lè w akeyi moun nan jounen w, mande yo kijan yo ye, epi koute repons yo toutbon. Pafwa, tout sa yon moun bezwen toutbon pou klere jounen li se santi yo koute l. Koute lòt moun.

- Fè yon lis moun ou kapab kontakte si w nan sitiyasyon kriz. Rele yo epi fè yo konnen yo enpòtan pou ou, epi mande yo kijan yo ye. Oswa, ekri yo yon mesaj pou fè yo konnen jan yo enpòtan pou ou. Ou dwe prezan pou moun ki la pou ou yo lè w bezwen yo.

CHAPIT SÈT: KLÒCH MARYAJ, KÈ SERE

Nan ane 1940 ak 1950 yo, paran ayisyen pa t gen okenn kamera pòtatif pou pran foto pitit yo. An jeneral, se yon fotograf pwofesyonèl ki te konn pran premye foto timoun yo, nan yon estidyo foto alokazyon premye kominyon yo. Se te yon evènman! Tifi yo te abiye tankou ti lamarye, epi yo te konsakre lavi yo bay Kris lan.

Ambroise pa t plis pase 5 pye wotè, kifè l te gen konplèks Napoleon. Manman m, yon fanm trè wo, te gen yon wotè 5'4 lè l te kanpe sou de pye.

Manman m ak de sè li yo. Tout lè twa kontribye nan edikasyon nou.

Men tout pitit Ambroise ak Francesca yo, eksepte Gerald ki te mouri avan yo te pran foto sa a an 1979.

Gerald lè li te jèn ti gason.

Reginald lè li te tinedjè.

CHAPIT SÈT: KLÒCH MARYAJ, KÈ SERE

Mwen te retounen an Ayiti pou mwen di premye pitit papa m nan orevwa. Yo te dyagnostike l ak yon kansè nivo kat. Nan okazyon sa, yo te prezante m dènye sè mwen an, Gladys, pitit dam ki te fè netwayaj lakay manman m nan. Li te sanble avè m anpil.

Sis pitit fi Francesca yo.

Kouzin mwen te fenk jwenn lan, Josiane, ak mari l Jacques, nan vil Pari an Frans.

Lakay Silverman yo, m te santi m tankou yon prensès, malgre se mwen k te bòn ki t ap pran swen timoun yo.

CHAPIT SÈT: KLÒCH MARYAJ, KÈ SERE 139

Mwen te vwayaje ak fanmi an epi mwen te rankontre aktè ak aktris tankou Lulu nan fim To Sir, with Love ak Sidney Poitier.

An wwayaj ak fanmi Silverman yo.

Maryaj nou.

Nou te konbine nwèl ak resepsyon maryaj nou.

Jwe tenis, se aktivite plezi nou te pi renmen.

CHAPIT SÈT: KLÒCH MARYAJ, KÈ SERE

Selebrasyon Sen Valanten.

Nan kwazyè ak mari m Keith.

Lavi ak mari m Keith epi pitit gason nou Kevin.

Gloria et moi nous sommes rencontrées à l'école Gloria avè m, nan lekòl pepinyè ti gason yo. Jouk jodi a, nou toujou rete yon bèl ekip.

Lavi ak pitit gason m Kevin.

Pè East ki t ap beni nouvo kay nou an.

Pitit gason m Kevin nan gradyasyon li lekòl de dwa. "Li te fè manman l fyè."

Pitit gason m, fanmi li, avèk mwen k ap jwi lavi nou.

CHAPIT SÈT: KLÒCH MARYAJ, KÈ SERE

Nan yon konvansyon AHCA, mwen te vin premye e sèl Afro-Ameriken ki te eli vis-prezidan asosyasyon nasyonal sa a.

Mwen menm ak Ana nan premye Gala AHCA nou an.

Nan yon lòt konvansyon AHCA, komite Kowalisyon Fanm nan te devwale foto sa ak tit, "Se Fanm ki Potomitan Swen Alontèm." Epoutan, se gason ki te nan tout pòs tèt Komite an.

Mwen menm ak Veronica nan youn nan fèt mezon retrèt Washington yo te òganize pou selebre 100 sou 100 apre yon enspeksyon.

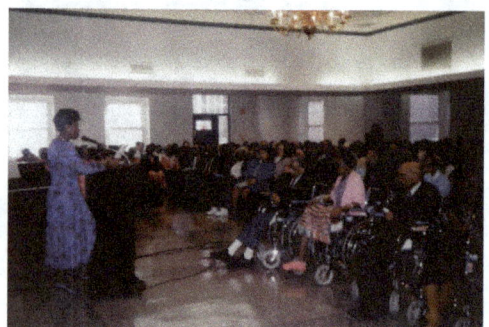

M tap pale avèk rezidan ak envite mwen yo, avan yo te vin mande m reponn yon apèl dijans.

De asosye mwen yo, Dòk ak Victor, ki te kwè nan kapasite mwen pou monte yon biznis solid.

CHAPIT SÈT: KLÒCH MARYAJ, KÈ SERE

M pran pozisyon politik pou m defann swen kalite pou rezidan mezon retrèt lan.

M te fè manifestasyon ak rezidan mwen yo nan Capitol Hill. Nou t ap batay pou mezon retrèt yo kontinye jwenn Medicare.

Prezidan ak Direktè Egzekitif DCHCA.

Sou Capitol Hill ak AHCA.

Sèl fanm ayisyèn ak pwòp biyè $300 li.

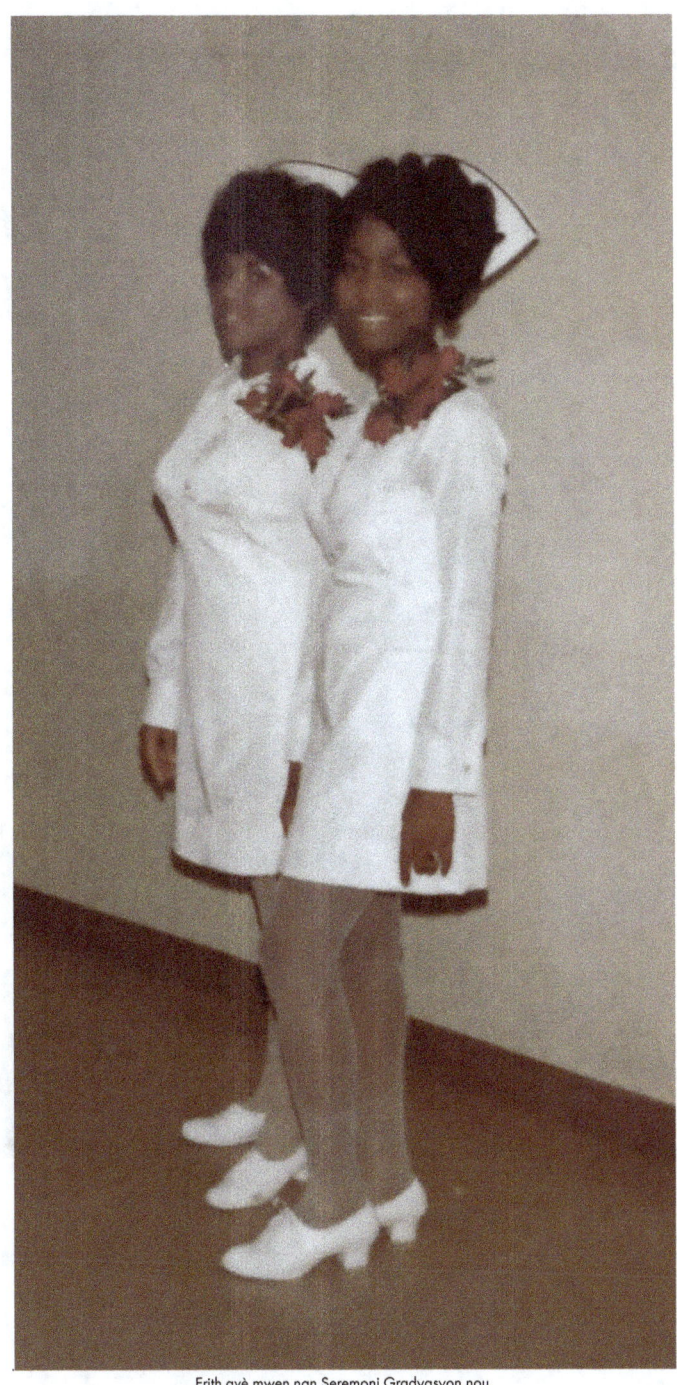

Erith avè mwen nan Seremoni Gradyasyon nou.

M pa janm sispann aprann! Mwen resevwa diplòm doktora mwen.

RÈG POU VIV BYEN

Kòm si mwen pa t gen ase nan asyèt mwen avèk karyè m ak vi lakay mwen ak fè tout bagay mache dous, mwen te pran konsèy nan men mari m, e mwen te pran yon lòt diplòm. Se te yon epòk chaje, wi. Men m te gen sipò, e m te konnen li t ap mennen m nan sa k pi bon pou tèt mwen ak fanmi m.

Se te yon peryòd nan lavi m tou kote mwen te gen pou goumen pou jistis, ni nan travay mwen, kote yon administratè te sanble vle tèt mwen sou plato, ni nan lekòl la, kote yon pwofesè te ban m siyal klè pou m rete nan plas mwen. Mwen pa t janm yon moun ki chita trankil an silans.

E se konsa mwen jwenn yon mesaj sou zòrye mwen yon swa ki t ap di m pou m bay yon moun enpòtan yon koutfil—menm si li te ta. Nan landmen, mwen ta pral nan yon reyinyon mwen pa t ap janm bliye.

Règ #16: Bliye laperèz ou epi goumen pou sa ki byen

Laperèz se yon ensten vital. L avèti nou lè n an danje, men li enpòtan tou pou konprann diferans ki genyen ant laperèz ki rezonab ak laperèz ki baze sou ensekirite k ap anpeche nou vanse. Yon bagay pou veye se moun k ap sèvi ak pouvwa yo pou kaponnen lòt moun menm jan ak administratè nan kay retrèt kote mwen t ap travay la (gade chapit uit, "Ekspedisyon koupe-tèt la"). Moun ki sèvi ak pouvwa yo pou malmennen w ap pwofite mank konfyans nan tèt ou, si w kite yo touche w. Pa kite pèsonn entimide w. Ou gen menm enpòtans ak nenpòt ki lòt moun nan lemond. Pale. Lè mwen te aprann mwen te fè pi bon nòt pase sa pwofesè m nan, Dtè. Smith, te ban mwen an, mwen te goumen pou nòt la (gade chapit uit, "Ekspedisyon koupe-tèt la"). Menm si mwen pa t genyen batay sa a, mwen te santi yon sèten satisfaksyon poutèt mwen te fè tande vwa mwen. Ou pa bezwen pè di sa w gen pou di pou kanpe pou tèt ou. Pafwa, si w pale epi w konsekan, moun w ap kominike avè l sou sa w bezwen an ap souvan ba w gwo jarèt. Depase ensekirite w yo pou gen yon atitid kapab; w ap genyen plis lontan pase si w te rete pè an silans.

Règ #17: Sovgade repitasyon w

Sonje, se pa kiyès ou konnen, se kiyès ki konnen w. Te gen anpil fwa nan karyè mwen kote repitasyon m te ede m nan advèsite epi te ouvè pòt pou mwen; pòt sa yo te kapab rete fèmen sere, si m pa t travay pou pwouve devouman m kòm dirijan ki gen etik nan sektè swen medikal la. Mwen te toujou vize yon nivo wo pou tèt mwen, men pou pèsonèl mwen an tou, e m te ensiste pou nou lonje men nou pou lòt atenn menm nivo sa a. Lè w tabli estanda wo pou tèt ou ak pou lòt moun, pawòl la gaye. Moun yo vin konnen ou se yon pwofesyonèl solid. Nan Washington, D.C., kote mwen te bati biznis mwen an, te gen karyè ki te kraze poutèt move reklam nan laprès ak poutèt lit politik entèn. Mwen te toujou fè atansyon a piblisite konpayi m te resevwa epi mwen te toujou rete andeyò politik.

Konpayi m nan te evite yon gwo eskandal ki te kapab kreye anpil pwoblèm, gras a yon travayè sosyal ki te konnen li te kapab fè m konfyans pou okipe yon sitiyasyon delika avèk youn nan rezidan m yo. Anfèt, te gen yon eksplikasyon rezonab, e nou rezoud zafè a rapidman ak san fè bwi (gade chapit uit, "Ekspedisyon koupe-tèt la").

Yon pati nan bati yon repitasyon solid se bay lòt moun tan epi pa janm kite tèt ou tonbe nan pyèj panse ou pi bon pase tout moun (gade chapit 10, "Yon nouvo reyalite"). Moun ap fè w konfyans si w pwouve ou merite konfyans sa a, e yon jan pou fè sa se fè lòt moun konnen ou respekte yo. Nan yon kad pwofesyonèl, respè se yon bagay ou genyen nan montre pi bon kote w.

Li enpòtan pou moun respekte w pou entelijans ou, men y ap gen plis konsiderasyon pou ou tou si w okipe kò w epi w fè atansyon pou w toujou byen swànye ak abiye. Mwen te aprann anpil sou jan pou m prezante tèt mwen nan epòk mwen t ap fè mànken an pandan mwen te nan kolèj nan New York (gade chapit senk, "Lekòl syans enfimyè"). Ou dwe fyè aparans ou epi pa bliye abiye kòmsadwa. Ou dwe yon egzanp pou moun w ap sipèvize yo epi montre etikèt. Lè m te kòmanse ankouraje pèsonèl mwen an nan montre l kijan pou l abiye pwofesyonèlman, moral la te amelyore nèt (gade chapit nèf, "Grenpe mòn yon dinasti").

CHAPIT UIT

Ekspedisyon Koupe-Tèt

Mwen te deja okipe anpil, men Keith t ap ankouraje m retounen lekòl. Li te renmen repete: "Si ou panse gen yon lopital ki pral anboche ou san ou pa gen yon diplòm etid siperyè, ou twonpe w."

M te deja plen responsabilite. Mwen te responsab prèske desan granmoun aje nan mezon retrèt la, ak apeprè desan anplwaye ki t ap pran swen granmoun sa yo. Men poutèt Keith te pede ensiste sou sa, m te enskri nan Inivèsite Georgetown, nan kou metriz ki te fèt lannuit pou pwogram administrasyon sèvis sante. Piske mwen te deja ap travay nan yon pòs administrasyon nan swen sante, pwogram sa a te esansyèl pou kwasans pwofesyonèl mwen. Anplis de sa, li te antre nan orè travay mwen ki trè chaje.

Mwen t ap balanse plizyè aspè nan lavi m anmenm tan, kidonk mwen t ap jere plizyè wòl, e mwen te konpatimantalize chak wòl pou kenbe lavi mwen òganize. A katrè nan apremidi, m te retire chapo m kòm direktris-enfimyè pou m tounen yon elèv. Lè m te sou wout soti lekòl pou tounen lakay mwen, m te metamòfoze pou m tounen manman Kevin ak madanm Keith. Sa te woutin mwen pou dezan, antan mwen t ap fè efò pou pran diplòm etid siperyè mwen. Men mwen pa t janm bliye, avantou, mwen te yon manman pitit ak yon madan marye, e sa se de responsablite mwen te pran seryezman; yo te menm pi enpòtan pase avansman karyè mwen. Sepandan, m te sakrifye anpil nan tan m te ka pase ak fanmi mwen pou m te akonpli objektif pou edikasyon mwen; erezman, m te konnen m te ka konte sou Keith, ki te pi gwo soutyen mwen. Li te konn tann Kevin lakay la, pou lè Kevin touken sòti nan pwogram apre lekòl, yo te ka fè devwa yo ansanm. Li te kwit manje, fè lesiv, netwaye kay la, li te menm pase rad mwen, epi poli soulye mwen. Li te menm li tout liv yo te bay nan klas la pou li te ka fè kòmantè ak kritik sou travay ak pwojè mwen yo, epi pou l te ede m fè bon nòt pou rapò yo te mande m ekri sou liv yo. Keith se te yon zanj Bondye te voye pran swen mwen. E plis mwen t ap pwogrese, se plis Keith te vin fyè de mwen.

M te ambisyèz e detèmine, m te toujou vle plis. Kèk nan oksilyè mwen yo te kondui Mèsedès ak BMW, pandan mwen t ap kondwi yon vye Pacer vèt. M te vle yon nouvo machin, e travay di se te sèl fason pou peye pou li. Chak vandredi ak samdi, de onzè diswa jiska setè di maten, m te travay nan inite swen entansif nan Lopital Inivèsite Georgetown pou m te kapab sere lajan pou yon nouvo machin. Malgre sa, m te jwenn tan pou ekri e pibliye plizyè atik sou swen granmoun aje ak administrasyon yon sèvis swen sante. Mwen te vin tounen yon konferansyè ki te gen bèl repitasyon.

Menm jan nan epòk m te lekòl Ayiti, bon nòt te gen anpil enpòtans pou mwen. Lè yo te banm yon move nòt (yon "D") nan youn nan klas mwen yo, mwen te detèmine chanje sa. Kòm non mwen se Solanges, e Solanges pa t ret a pèsonn, m te pwoteste kont move nòt sa a, jouk rive bò kot dwayen divizyon syans enfimyè Inivèsite Georgetown.

M te sèl elèv nwa nan program la e, nan de zan m te fè nan inivèsite a, mwen te gen yon sèl pwofesè koulè. M te yon elèv nivo A/B—m te plen kiryozite ak devouman. Majorite pwofesè yo te renmen m, esksepte Dtè Smith, ki te rete New York. Yon fwa pa semèn, li te monte avyon ki te fè ale-retou ant ayewopò La Guardia ak ayewopò Nasyonal la (ke yo rebatize aewopò Ronald Reagan) pou anseye yon klas Etik ak Dwa, epi menm aswè a li te pran vòl tounen New York. Li te kòn eseye pran pòz li senpatik, men figi l te toujou mare, plen deden nan klas la, e m te konnen tousuit sa pa t ap pran anpil pou enève li.

Nan premye semèn semès la, kèk nan kamarad klas mwen yo te pote kopi yon jounal enfimyè ki te pibliye atik mwen ladan, e yo te mande m òtografye atik la pou yo. Malgre kou an pa t ko kòmanse, mwen te wè de min mare nan fwon Dtè Smith. Elèv yo te rasanble bò kote m; yo te enpresyone pa atik la, e pa mwen menm tou—yon fanm nwa ki te "reyisi" kòm direktè nan swen enfimyè, e ki te jwenn mwayen ap pran kou kounye a nan Inivèsite Georgetown. M te ka santi pwofesè mwen an pa t kontan: jan l te mete kò li, jan li te vire bouch li, tout sa te montre m li te enève. Jou swa sa a, elèv yo te twò enterese nan mwen e yo pa t ka konsantre nan klas la. Lè Dtè Smith t ap prezante materyèl li te prepare a, konvèsasyon elèv yo pa t sou etik; plizyè fwa li te oblije sispann pale pou mande elèv yo konsantre sou prezantasyon li t ap fè a. Li pa t kontan antouzyasm vizavi de siksè mwen. M te santi yon kòlè nwa te kòmanse ap bouyi andedan li.

"Li jalouz," Sandy, yon ti madwazèl cheve nwa fonse, te di tou ba.

"Se sa menm," Caroline te di.

"Epi ou nwa met sou li!" Suzy te di. Li te toujou di sa ki nan lide li.

Dtè Smith pa t janm senpatize avè mwen, malgre mwen te fè tout devwa mwen ak zèl. Lè Inivèsite Georgetown te pibliye yon bwochi ki te mete mwen an vedèt nan mitan kamarad blan mwen yo, li te sèl moun ki pa t fè kòmantè sou sa. Nan kòmansman ane 1980 yo, se te yon bagay ra pou w ta wè foto yon fanm nwa nan yon bwochi Inivèsite Georgetown k ap fè piblisite yon pwogram etid siperyè—e Dtè Smith pa t ka tolere sa. M te nwa, mwen te entelijan, e mwen te gen anpil detèminasyon. Se te krim mwen yo sa.

Dtè Smith pa t gen repitasyon yon pwofesè sevè nan jan li kontabilize nòt elèv li yo, alòs lè mwen resevwa yon D pou kou an, m te konnen li t ap itilize pouvwa li pou eseye kenbe m nan plas mwen. M te twouve li ironik pou pwofesè yon kou espesyalize sou prensip ak jistis te vyole e prensip etik e politik non diskriminatwa nan fason li korije devwa m. Apre li te li travay mwen, dwayen an te dakò avè m: move nòt sa a te enjis. "Travay la pa pafè non," li di, "men dapre ribrik la, ou te sipoze gen omwen yon B-." Dapre règleman inivèsite a, sepandan, se sèl pwofesè a ki te otorize pou li chanje yon nòt, e Dtè Smith pa t dispoze vwayaje jouk Washington, D.C. pou yon fòmalite administrativ. Erezman, nòt sa a pa t ap anpeche m gradye. Donk, finalman, m te pran diplòm metriz mwen, men ensidan sa a te deranje m.

Keith te ensiste anpil pou mwen te atenn potansyèl mwen. Li te ankouraje m etidye pi rèd, pi plis pase si m te poukont mwen, e gras a dilijans nan etid mwen, mwen te pase egzamen nasyonal Washington, D.C yo avèk siksè, epi mwen te arive jwenn lisans mwen kòm administratè mezon retrèt. Nan menm peryòd sa a, Jim te bay demisyon li nan mezon retrèt la, epi yo te anboche yon nouvo administratè.

Depi nan premye reyinyon nou an, Garett, nouvo administratè an, te pale klè avè m. "Yo te di m, si mwen vle egzèse otorite m kòm administratè kòmsadwa, premye bagay pou m fè se revoke w. Yo di m ou foure nen w nan tout depatman, e ou pral mine m paske gen lè ou panse se ou menm ki administratè a."

M pa kite sa pètibe mwen paske m te abitye pran defi. Ak yon souri, m reponn, "Poukisa nou pa ta travay ansanb? Ou va evalye pèfòmans mwen, epi lè sa a, w a deside pou tèt ou si ou bezwen debarase w de mwen. Evalyasyon pèsonèl ou ta dwe limyè k ap gide ou, pa sa lòt moun rakonte w sou mwen."

Nou te travay ansanm pou yon ti tan, men apre twa mwa, rimè moun t ap fè sikile san rete nan etablisman an, ansanm ak kòmantè rasis yo t ap fè, tousa te kòmanse afekte anviwònman travay la. Mwen te vin reyalize yo te kapab vin detwi etablisman an. Konfli, kit yo te reyèl, kit yo te imajinè, gen potansyèl pou entèfere ak kalite swen mezon retrèt la bay, kifè yo kapab gen yon enpak negatif sou rezidan yo. Mwen te vle mete yon fen nan kominikasyon triyangilè ant direktè ak administratè yo, epitou nan tout move enfòmasyon ki te ka vin anpire sitiyasyon an. Mwen te vle pou tout tripotay sispann. Sa pa vle di m te fè pèson konfwontasyon. Lè direktè depatman an te òganize yon reyinyon, kote te gen chanpay ak ji zoranj pou *mimosas*, m te sigjere yon *toast* pou selebre siksè Garrett nan peryòd pwobasyon li. Mwen di, "Bwi t ap kouri ou te vle revoke m. Mwen vle direktè ak administratè yo konnen ou menm ak mwen gen yon bon relasyon travay. Pa vre, Garrett?"

Sispann rimè sa yo te yon bagay enpòtan pou mwen, menm pi enpòtan pase pòs mwen kòm direktris retrèt. Mwen te yon enfimyè otorize ki te gen yon metriz Inivèsite Georgetown ak eksperyans nan jesyon mezon retrèt ak jesyon enfimyè; mwen te gen lisans pou m pratike kòm administratè mezon retrèt. Mwen te konnen m te gen anpil pou m ofri, men m te toujou pè kite travay la, kidonk mwen te rete nan pòs direktè mwen nan mezon retrèt lan, epi m te tolere atitid Garrett. Mwen te byen konnen pifò nan rimè ki t ap kouri sou mwen yo, se administratè an li menm ki te fè yo sikile. Li pa t renmen aptitid mwen te genyen kom chèf, ni otorite li te panse m te genyen nan etablisman a. Li te fè jalouzi akòz estati mwen nan kominote a, kòm pifò nan anplwaye nou yo ak kòlèg li yo (andedan ak andeyò etablisman an) te respekte mwen e respekte opinyon mwen te genyen. Mwen te gen konesans ak pouvwa, e mwen te konnen kouman pou m sèvi ak yo pou kwasans pèsonèl ak pwofesyonèl.

Lè pòs asistan administratè an te vin disponib, mwen te sanse resevwa yon pwomosyon tousuit. M te pwouve kalifikasyon mwen pou travay sa a pandan tout ane mwen te pase ap travay di. Men malgre kalifikasyon mwen, diplòm ak lisans ki te nan men m, talan m te genyen pou fè travay mwen kòmsadwa nan mezon retrèt la, jan mwen te konn anplwaye yo ak rezidan yo byen, yo te rejte aplikasyon mwen. Antan ke fanm nwa entellijan e detèmine, m te yon menas pou Garrett, kidonk se yon kandida li te bay opòtinite an, yon dam blanch ki rele Jen, ki te mwen kalifye, ki te yon enfimyè otorize tou, men ki pa t gen lisans kòm administratè mezon retrèt nan zòn Columbia a. Malgre lisans la pa t yon obligasyon pou travay la, nan lòt sikonstans yo t ap konsidere li tankou yon avantaj ak yon faktè enpòtan nan seleksyon an. Jen te travay avèk administratè an nan yon lòt etablisman, kidonk li te "yon moun pa," ki vle di li te blanch.

Garrett t ap chèche rezon pou revoke m. Dezespere, li te vin zanmi Sarah, asistan direktè swen enfimye an, ki te anba sipèvizyon mwen. Pou jistifye plan li te genyen, Garrett te swete jwenn enfòmasyon konfidansyèl nan men Sarah, osinon kèk bagay mwen t ap kache. M te konn Sarah depi plizyè ane. Lè m te asistan direktè swen enfimye pou gwoup lannuit la, Sarah te enfimyè an chèf nan gwoup lajounen a. Lè m te vin direktè, m te bay Sarah yon pwomosyon kòm asistan direktè. Sa Garrett pa t konnen, sèke Sarah avè m se pa kòlèg sèlman nou te ye. Nou te tèlman bon zanmi Kevin te rele li Matant Sarah. Lè Sarah te achte premye kay li, se avèk tandrès li te rele balanswa nan lakou li a "balanswa Kevin" kom li pa t gen pitit. Finalman, li te fè Kevin kado balanswa a.

Nou te pwomèt pou nou pa pèmèt administratè an kraze amitye nou an. Yon alye fidèl, Sarah devwale m nenpòt bagay Garrett te di oswa te sanble ap planifye nan efò l voye m ale. Pandan sitiyasyon an t ap anpire, administratè an reyalize Sarah pa t ap janm ban m do. Alòs li te anboche Manzè Clara, yon konsiltan afwo-ameriken ki soti nan menm vil avè li nan Filadèlfi, pou evalye depatman retrèt la, paske Garrett li menm pa t yon enfimye. Li te pase de semèn nan etablisman an, kote li te revize tout règleman ak pwosedi, epi entèvyouve fanmi yo, rezidan yo ak anplwaye yo. Li te analyze ansyen rapò Depatman Sante te fè deja, e li te menm rele yon medyatè ki konfime depatman swen enfimye an pa t gen anpil defo ditou. Tout pòs enfimyè yo te plen, e pa t gen okenn ajans rekritman ekstèn ki te opere osen etablisman an. Pa t gen okenn pwosè kont etablisman an, fanmi yo pa t gen okenn plent, ki te rezon abityèl pou yo ta revoke yon direktè ki t ap travay nan swen pasyan aje.

Anvan li te kite etablisman an, manzè Clara te rankontre avè m nan kad pwosesis pou ranmase done li yo, e li te trè jantiman ba mwen yon rapò vèbal sou evalyasyon li te fè pou depatman an. Li pa t jwenn anpil pou li te repwoche m, e li te konplimante ladrès mwen kòm jesyonè. Sepandan, li pa t janm te rankontre avè m nan prezans administratè a, ni mwen pa t resevwa yon kopi rapò konsiltan an, ki ta pèmèt mwen redrese nenpòt pwoblèm yo te idantifye. Malgre rezilta pozitif konsiltan an, Garrett te jwe yon dènye kat. Li ban mwen pi move evalyasyon mwen te janm resevwa nan dizan mwen te pase nan Washington Home.

Malgre m te fache, m te konprann jwèt li t ap jwe a: tantantiv administratè a te klè pou Keith avè m depi nan kòmansman. Mwen te pote evalyasyon an lakay mwen pou montre l bay mari m ak konseye m, epi ansanm nou te mete yon plan sou pye. Garrett pa t ka konnen sitiyasyon yon moun nwa k ap evolye Ozetazini nan ane 70 ak 80 yo: nou te fè fas a diskriminasyon ak enjistis pou pifò lavi nou. Nou te abitye ak mòd defi sa yo. Nou te dè pwofesyonèl entèlijan ki te fyè de tèt yo e, san li pa konnen, nou te dokimante tout move aksyon Garrett te poze ak pawòl li te di pale, ki te ka non sèlman afekte travay mwen, men andomaje repitasyon pwofesyonèl mwen tou. Sarah te avèti m Garrett te antreprann yon "ekspedisyon koupe-tèt," alòs Keith ak mwen te pare. Nan batay sa a, m pa t poukont mwen, Keith te kanpe dèyè m. Paske li te wè tèt li kòm defandè mwen, sitiyasyon sa a se te yon afron pèsonèl. Pa t gen moun ki ta pral fè madanm li mal. Li te sanble pi afekte pa enjistis sa pase m, malgre se mwen ki te fè fas a Garrett chak jou epi ki te jere tout yon depatman malgre tansyon ki te genyen. Keith te enkyete l pou mwen. Li te rele biwo mwen souvan, e sa te montre jan pwoblèm sa a te afekte li. Li te di konsènan Garrett, "Nèg sa a gen odas pou li oze atake madanm mwen, zanj solèy mwen an, valè li ak entegrite li." Li te fache e li te detèmine pou fè l peye sa. Mwen te pwomèt tèt mwen pou m pa kite evènman sa yo afekte pèfòmans mwen, ni swen rezidan mwen yo. Sitiyasyon an te sèlman banm plis fòs ak konsantrasyon.

Nou te kontakte Dominic, yon zanmi nou, ki te yon avoka dwa sivil, pou nou pran konsèy sou jan pou nou te jere sitiyasyon an. Li te ankouraje nou pou nou te voye yon senp lèt bay manb komite egzekitif direktè yo nan mezon retrèt la.

"Youn nan manb yo, se yon kolèg mwen," Dominic di. "L ap konprann mesaj la." Li te sèvi ak enfòmasyon nou ba li pou ekri lèt la pou mwen. Li pran kèk semèn pou nou jwenn enfòmasyon nou te bezwen yo—tout te baze sou realite. "Nou pa vle parèt tankou nou gen pati pri, nou pasyèl oswa emosyonèl," li eksplike nou. Li te enpòtan tou pou lèt la te klè, pou komite direktè a te kapab pran desizyon yo baze sou evènman ki te pase vre. Li pwomèt si strateji an pa t ba nou satisfaksyon, li t ap fòmèlman ranpli yon plent kont mezon retrèt la, e kont Garrett pou asèlman.

Komite konsèy la pat janm rankontre avè m pou diskite de lèt la. Prezidan an te seleksyone yon avoka ki te fè pati konsèy la pou jere plent la. Dominic avè l te negosye yon antant. Dominic te fè plizyè rekòmandasyon: pou yo te retire evalyasyon enjis la nan dosye pesonèl mwen, e pou yo te ranplase l ak yon nouvo evalyasyon san patipri ki reprezante pèfòmans mwen avèk presizyon; pou mwen kontinye travay nan etablisman an san okenn reprezay, toutotan mwen mentni menm nivo pèfòmans lan; pou yo dedomaje m poutèt pwomosyon mwen pa t jwenn nan, paske malgre mwen te kalifye pou pòs la, yo te refize ofri m li; pou mwen resevwa yon konpansasyon sibstansyèl poutèt abi administratè an te fè m. Finalman, li rekòmande pou komite an peye frè legal li yo.

Komite a te dakò pou yo aplike tout rekòmandasyon yo. Mwen te rejwenn onè, respè, ak fyète mwen.

Pandan desizyon sa a t ap finalize, mwen te andeyò vil la; m te youn nan entèvenan nan yon konvansyon Sosyete Amerikèn Jewontoloji te òganize chak ane. Lè m te rive lakay mwen nan zòn minui, mwen te jwenn yon nòt sou zòrye mwen, ki t ap mande m rele touswit Manzè Veronica, direktè Biwo Espesyalize pou Swen Granmoun Aje, kèlkeswa lè li te ye a. Nimewo lakay li te enskri tou sou nòt la.

* * *

Nan ane 70 yo, popilasyon granmoun aje ki te bezwen swen nan vil Washington, D.C. te wo anpil. Poutèt kantite pasyan yo te depase kantite kabann ki te disponib nan mezon retrèt yo, souvan yo te transfere granmoun sa yo jouk byen lwen, nan zòn tankou Boston. Moun ki te gen anpil chans yo te rete pi pre lakay yo, nan Virginia oswa Maryland. Souvan, moun aje sa yo te anvayi lopital jeneral vil la ak plizyè lopital prive. Anpil nan pasyan sa yo te alachaj gouvènman an, e malgre yo te pare pou kite lopital la, pa t gen kote pou mete yo pou yo ta jwenn swen rezidansyèl alontèm. Sitiyasyon sa a te ralanti fonksyònman lopital yo, epitou pa t gen ase kabann pou swen entansif, sa ki te afekte sèvis ijans anbilans. Trè souvan, anbilans yo te oblije al lòt kote paske sal ijans yo pa t ka transfere pasyan swen entansif yo nan kabann lopital, pase kabann sa yo te gen ladann moun aje ki t ap tann admisyon nan yon mezon retrèt.

Majistra a te gen anpil estrès poutèt sa. Defansè dwa moun aje, ki reprezante AARP, te pede ap ekri nan jounal pou eksprime fristrasyon yo sou kesyon rarte kabann lopital la, epi tou lajounen kou lannuit yo t ap bay rapò sou sitiyasyon sa a nan nouvèl. Sa t ap detwi repitasyon endistri an. Biwo Espesyalize pou Swen Granmoun Aje te konsyan pwoblèm nan, e t ap travay anpil pou jwenn yon solisyon. Biwo a te mete sou pye yon pwogram medyatè pou jere plent fanmi moun yo te transfere sòti nan mezon retrèt Distrik Columbia e ki te abouti nan mezon retrèt lòt kote, souvan twò lwen pou pèmèt fanmi yo rann vizit regilyèman.

Epi sibitman, yon gwo opòtinite vin prezante. Yon konplèks pou mezon retrèt ki te gwo, men delabre, te vin kanpe vid nan seksyon nòdès vil la. Se te yon pwopriyete prive, e pwopriyetè yo pa t gen lajan pou repare konplèks la, kidonk yo te suiv konsèy konsiltan yo: yo te fè pakèt yo pou y al enstale yo nan yon imèb nan Maryland pito. Kidonk Imèb D.C. an te vid kounye a, e gouvènman an te panse imèb sa a se te yon benediksyon: li te ka pran omwen 250 kabann. Biwo Espesyalize pou Swen Granmoun Aje te swete pou Majistra a achte bilding lan. Poutèt rate kabann nan mezon retrèt yo te kreye yon sitiyasyon trè grav, Majistra te vin otorize akizisyon an, malgre pri a te wo poutèt imèb la te delabre. Pri imèb la sèlman te nan zòn katreven milye yo, e renovasyon yo ta pral koute plizyè milyon dola. Mezon retrèt la (solisyon vil la tap tann la) se te yon konplèks ak twa imèb konekte ansanb; yo te konstui chak imèb yon ane diferan. Konplèks la te ansyen anpil, e li te kouvri preske kat kwen blòk yon katye; li te ekipe ase pou li ta satisfè pifò, men pa tout, règleman federal ak règleman leta yo. Kwizin komèsyal la te an reparasyon; li te tèlman delabre ke kwizinyè an te oblije fè manje nan yon ti kwizin nan premye etaj la, ki te sipoze rezève pou evènman espesyal.

CHAPIT UIT: EKSPEDISYON KOUPE-TÈT

Konplèks sa a, se dezyèm mezon retrèt gouvenman an vin genyen nan Washington, D.C. Premye mezon retrèt la, ki te plen espas tou, te kanpe nan kadran sidès vil la, e li te gen anpil defisyans, sa ki te ba l move repitasyon. Très souvan, jounal ak prezantatè nouvèl nan televizyon te denonse lefètke gouvènman an pa t gen pèsonèl lisansye, ki ta gen ase konesans ak eksperyans pou byen jere mezon retrèt la. Poutèt sa, Biwo Espesyalize pou Swen Granmoun Aje te vle anboche yon kontraktyèl ki gen eksperyans nan jesyon mezon retrèt pou opere nouvo etablisman sa a. Dick, direktè a, ak Karen, kowòdonatè swen alontèm lan, te lanse yon demann pou pwopozisyon; apre sa, yo te entèvyouve e anboche yon konpayi ki chita Indianapolis pou jere mezon retrèt Sant pou Moun Aje a. Sepandan, Komisyon pou Opòtinite Komèsyal pou Minorite (oswa MBOC) nan Distrik Columbia te egzije pou kèlkeswa gwo konpayi ki pa ta sètifye kòm yon konpayi minoritè, konpayi sa a ta dwe soutrete yon pousantaj travay lan bay yon konpayi minoritè ki lisansye. Malerezman, konpayi minoritè yo pa t pare e yo te manke eksperyans pou fini travay la. Depi nan kòmansman an, mezon retrèt sa a te fè fas a plizyè vyolasyon akòz de pwoblèm striktirèl—ki te rezon prensipal ansyen pwopriyetè yo te kite edifis la.

Pwogram MBOC sa a pa t egziste depi twò lontan. Sou yon bò, li louvri pòt pou antreprenè ti biznis minoritè yo, ki otreman, pa janm ta gen yon chans jwenn kontra likratif. Malerezman, anpil nan kontraktyèl minoritè sa yo te manke resous pou konplete pwojè gwo echèl, e yo te gen difikilte pou kowòdone sèvis nan yon etablisman gwosè sa a. Te gen yon bezwen ijan pou fòmasyon anplwaye yo, pou akomode nouvo rezidan k ap vini yo, men, malerezman, pa t gen tan pou manyen kesyon fòmasyon an. Moun aje yo te oblije kite lopital la imedyatman. Transfè nan mezon retrèt yo pa t byen planifye; manm pèsonèl la pa t konnen anpil nan politik ak pwosedi yo, epi yo pa t konnen kijan pou yo te fonksyone osen yon ekip. Se te yon kochma lojistik.

Konpayi Indianapolis la te chita twò lwen pou l te jere efikasman yon pakèt pwoblèm ki te leve. Kèk ane apre, mezon retrèt sa a te vin gen yon gwo ka abi rezidan, ak yon repitasyon swen medyòk; yo t ap fè fas a menm sitiyasyon mezon retrèt gouvènman an te genyen ki te chita nan rejyon sidès vil la. Oditè ki te fè pati Administrasyon Swen Alontèm distrik la te relve plis pase 100 pwen fèb nan etablisman an. Evalyatè federal yo te ajoute lòt pwen fèb sous lis la, e yo te menase pou yo te fenmen mezon retrèt lan si Distrik la pa t arive fè etablisman an konfòme l a egzijans yo disi 90 jou.

Manzè Veronica, nouvo direktè Biwo Espesyalize pou Swen Granmoun Aje, ki t ap suiv sityasyon an deprè, te mande yon reyinyon dijans pou eseye sove mezon retrèt la. Li menm ak moun konfyans nan ekip li an te travay di pou kreye yon plan pou elimine defisyans leta ak gouvènman federal la yo te rapòte, pou konsa etablisman an te kapab kontinye fonksyone.

"Rele Solanges," yon moun te di l.

Li te minui lè mwen te rive lakay mwen apre m t al pale nan yon konferans nan rejyon lwès la, epi mwen te jwenn nòt la sou zòrye m. Lè m te kontakte Manzè Veronica, direktè Biwo Espesyalize pou Swen Granmoun Aje, li pa t ko dòmi, li t ap tann apèl mwen ak enpasyans. "Yo di m se sèl ou menm ki kapab ede m," li te di.

Nou te pale pou apeprè inèdtan, epi mwen te koute enkyetid li te genyen. Mwen te dakò pou ede l.

Nan demen maten, nan zòn uitè yo, kou m rive nan travay la, resepsyonis la te remèt mwen yon nouvo mesaj direktè Biwo Espesyalize pou Granmoun Aje te kite pou mwen. "Li di pou rele l kou w rive," Madeleine te di.

"Mwen ka rankontre avèk ou apre travay," mwen te di Manzè Veronica lè li te eseye konvenk mwen pou m te kontre li tousuit. "M gen yon semèn antye m pa t nan travay. Fò m ratrape m."

Manzè Veronica te pèsistan. "Konbyen tan ou bezwen pou ratrape w?" li te mande m. Li te kontinye peze sou ijans reyinyon a.

Nou te fini pa dakò pou nou kontre nan mezon retrèt li an, a setè nan demen maten, pou dezèdtan. M pa t janm rankontre Manzè Veronica pèsonèlman avan jou sa. Men m te admire madanm sa a ki te pale byen anpil. Yon fwa, mwen t al nan yon evènman, e mwen te koute l ki t ap bay yon diskou pasyone, e li pa t janm gade nòt li yon sèl fwa. M te konn gade li tou nan televizyon, lè li t ap temwaye devan konsèy vil la. Li te toujou trè byen abiye, dabitid an wouj, e li te ka pale pou plizyè èdtan san li pa sispann klè e presi; te gen yon sèten bote ak fòs nan prezans li ki te enspire anpil respè. Se konsa, nan landmen, mwen te eksite pou m te fè konesans dam sa a, ki te enspire mwen tout estim sa a. M pa t ka kwè Manzè Veronica t ap mande konsèy sou etablisman li. M te trè fyè, e mwen te vle kreye yon bon enpresyon.

Mwen te resevwa yon kopi rapò defisyans yo. Mwen te travay nan domèn swen alontèm depi apeprè dizan deja, alòs mwen te kapab li e konprann rapò sa yo byen vit; mwen gade ki pwen fèb yo di etablisman an te genyen. M deside rete pi lontan ke m te planifye, pou m te asiste yon reyinyon a nevè. Manzè Veronica te rele administratè a, direktè swen enfimye an, tout manadjè yo, ak lòt direktè depatman an, pou yon reyinyon avèk mwen. Sal reyinyon an te plen ak moun ki te pè pou yo pa pèdi travay yo, e sa te klè yo te entimide pa prezans direktè Biwo Espesyalize pou Swen Granmoun Aje.

Se te yon opòtinite pou m te montre konesans ak ladrès mwen, men, sa ki te pi enpòtan, mwen te vle demontre yon dezi ede dam sa a, ki trè respekte nan kominote a, epi ede rezidan aje nan etablisman an. Mwen idantifye pwoblèm ki te make sou rapò an, epi mwen ofri fason pou redrese pwoblèm sa yo. Mwen ofri pou m retounen nan etablisman an nan yon lòt okazyon pou egzamine plan aksyon korektif yo, anvan administratè a voye yo bay ajans ki kontwole nivo swen sante yo.

A onzè, mwen te prese pou ale nan Washington Home, mezon retrèt kote m t ap travay la. Pandan m t ap sòti nan etablisman an, Manzè Veronica te suiv mwen.

"Mwen vle w isit la," li di.

M te sezi. "Ou vle m isit la? Kòm kisa?"

"Sa ou vle a," li reponn mwen avèk fèmte ak kalm.

Mwen reflechi sou sa pandan yon moman. "Travay anba administratè ou gen kounye an t ap anpeche m rezoud pwoblèm etablisman sa a," mwen di l ak min nan fwon mwen. "Fò m ta vini kòm yon administratè e…"

"M ap ba w pòs la!"

"Ki sa ou vle di, *w ap ban m pòs la?*" mwen mande.

"Se ou ki va administratè a," li te reponn.

M te sezi. M vin sonje jan m pa t alèz nan Washington Home. "Se pa yon konpayi prive ki responsab pòs administrasyon etablisman an?" mwen mande. Mwen te entrige pa desizyon direktè a pou li te chanje administratè an, anvan menm li te pale ak konpayi ki te responsab jesyon an.

Li di, "Pa enkyete w pou sa. Se mwen ki te ba yo kontra a. Mwen ka repran li."

Lè mwen te monte nan machin mwen, Manzè Veronica te kanpe sou galri mezon retrèt la toujou. Mwen kondui al nan travay ak eksitasyon. Yon gwo opòtinite konsa—yo te ofri m li sou plas. Yon milyon panse t ap travèse lespri m. Petèt mwen pa t ap oblije fè fas a Garrett ankò. Petèt mwen pa t ap oblije jwe wòl mwen kòm direktris swen enfimye nan yon anviwònman ostil e rasis. Petèt m te ka travay kòm administratris pou mwen pote vre chanjman ki t ap pèmèt amelyorasyon lavi dè santèn de rezidan aje ak fanmi yo.

Lè mwen te rive nan travay mwen, malgre m te deja anreta, m te chita nan machin nan ap tranble tèlman m te sou chòk. M te oblije kalme m pou lòt moun pa devine anyen poutèt konpòtman mwen. Men kisa yo ta kapab devine? Mwen te dekonsète, mwen te pè tou. M t ap pale ak tèt mwen byen fò "M pa yon administratris—sa pa fè pati fòmasyon mwen. Kijan mwen ta kapab dakò ale yon etablisman ki nan yon sitiyasyon frajil konsa, pou premye pòs mwen nan domèn lan?" Lè sa a, mwen tande vwa enteryè mwen: *Poukisa pou ou pa ta ka fè l la? Ou se yon zanj, yon zanj solèy. Bondye pran swen ou pandan tout ane sa yo. Kisa ki fè ou panse Li pral abandone w kounyea, lè ou bezwen l pi plis toujou?* Nan yon klen dèy, m soti nan eta panik mwen te ye a epi konfyans mwen tounen.

Asèlman kache ak atitid deplezan Garrett la te kontinye jouk yo te pran yon desizyon sou plent asèlman m te fè a. M te oblije kontinye kolabore avè l. Plis li t ap toumante mwen, plis m te vin gen kontwòl tèt mwen. Move plezantri li te fè te afekte lespri mwen, men m te kenbe kalm mwen ak diyite mwen an prezans li. M te refize kite l gen viktwa sou mwen, e mwen sètènman pa t pèmèt li afekte travay mwen.

Dominic, avoka nou an, te finalman enfòme nou de rezolisyon ka li t ap defann pou nou a—yon siksè total. Nou te satisfè ak rezolisyon an, donk Keith avè m te dakò ak kondisyon yo. Youn nan pi gwo kondisyon trè enpòtan komisyon konsèy direktè a te bay pou l siyen papye yo, sèke ankenn nan pati yo pa t dwe diskite detay ka a avèk lòt anplwaye. Yon lòt kondisyon, sèke nou te dwe kenbe konfidansyalite sou montan rèzolisyon an. Se te pi gwo kantite lajan Keith avè m te janm te gen nan men nou yon sèl kou. Keith avè m te itilize li sajman kòm yon peman davans sou premye kay nou.

M te atann mwen aske Garrett te rann lavi mwen pi mizerab nan travay la toujou, kòm li te non sèlman pèdi ka a, men li te jwenn reprimann nan men Konsèy Direktè a tou. Keith ak mwen te pale de nouvo opòtinite yo te ofri m kòm administratris, e m te deside aksepte òf la. Mwen te senpleman ap tann Manzè Veronica fè reyinyon ak konpayi jesyon an, e mete fen a kontra administratè ki t ap jere etablisman an nan moman an.

Apre kèk jou, yon reprezantan antrepriz la te pran avyon soti Indianapolis pou vini rankontre m. Li te fè entèvyou an nan yon restoran sou Wisconsin Avenue, tou pre biwo mwen, pou m te ka pwofite lè pòz midi a epi rete pridan. Li te eksplike m ki kalite kontra ki te siyen ant konpayi li an ak gouvènman an, ansanm ak filozofi konpayi an, objektif ak valè debaz yo. Nou te diskite pwoblèm regilasyon nan mezon retrèt la, epi ki talan ak estil jesyon m t ap itilize kòm administratris pou fè etablisman an konfòme l. Li te pataje enkyetid mwen yo: mwen pa t janm travay kòm administratris mezon retrèt, pa menm kòm yon asistan administratris.

Sepandan, toubònman, mwen te eksplike l m te deja ap jere yon mezon retrèt. Mwen pale l de lèt administratè yo te resevwa nan men fanmi rezidan yo, kote yo t ap fè lwanj pou konpetans jesyon mwen, ak jan mwen te transfòme woulman travay lannuit la yon fason ki te vin kreye yon pi bon anviwònman pou anplwaye yo, yon anviwònman kote rezidan yo te santi yo lakay yo. M raple li, depi yo te nonmen m mwen kòm direktè swen enfimye, se mwen k te jwe wòl administratris nan absans tout administratè yo. Lè sa a, mwen te di, trè dirèkteman, "Anfèt, mesye, mwen se yon administratris mezon retrèt ki gen lisans li, e ki pwouve mwen pare pou pozisyon sa a."

Li te ban m yon gwo souri e li te fè m yon siy ak tèt li. Apre sa, nou te diskite salè ak benefis, estrikti bonis konpayi an, ak sipèvizyon ak fòmasyon mwen t ap resevwa. Direktè Biwo Espesyalize pou Swen Granmoun Aje an te vle pou m kòmanse travay imedyatman, akòz bezwen ijan nan etablisman an. Mwen te ensiste pou m bay yon mwa preyavi, jan Washington Home te mande. Avèk yon lèt òf nan men mwen, mwen demisyone nan travay la, epi m bay Garrett yon mwa preyavi jan manyèl anplwaye etablisman an te egzije. Sepandan, Garrett te vle aksepte demisyon mwen imedyatman.

Lòt etablisman an te mete presyon pou m te komanse nouvo pòs la tousuit, donk lè Garrett di pou demisyon an te "fèt imedyatman," sa te sanse aranje m. M t ap ka kòmanse travay la kèk jou apre òf la, men sa pa t akseptab pou mwen. Mwen te poliman refize kite pòs la sibitman, kòmsi se revoke yo te revoke m. M pa t ap bay Garrett satisfaksyon tripotaj sa te ka pwovoke. M te ensiste pou m fè yon ti rete, m te di l m te bezwen ase tan di orevwa a anplwaye yo, fanmi rezidan yo, ak tout moun m te devlope bon relasyon avèk yo pandan 10 dènye ane yo. Sa k te pi enpòtan, sèke m te bezwen tan pou prepare rezidan yo a depa mwen.

Rezidan yo te vin preske tounen fanmi mwen. Yo te konble vid fanmi m an Ayiti ak New York te kite. Mwen pa t ap pèmèt Garrett pouse m soti anvan mwen te byen enfòme tout moun de demisyon mwen, jan mwen menm m te vle fè l la. Apre m te rele mari m, ki te dakò pou m te rete fèm, mwen te mache tankou yon sèjan lame nan biwo pèsonèl la, epi mwen te eksplike pozisyon m. Direktè pèsonèl la te ede m transmèt volonte m pou m fè yon konpwomi avèk Garrett: mwen t ap travay yon semèn konplè anvan m kite etablisman an. M te pale klè: si l ta refize demann mwen an, m ta p konsidere l tankou yon reprezay, e mwen te dispoze pote enkyetid mwen bay Konsèy Administrasyon an. Garrett te konnen jan m te detèmine, alòs li kite m fikse pwòp dat depa mwen.

Nan demen maten, mwen te anonse nouvèl la pandan reyinyon direktè depatman yo: mwen t ap kite etablisman an. Etandone animozite administratè a te montre anvè mwen depi li te kòmanse pòs li, se pa t yon sipriz pou kolèg mwen yo ke m te finalman rive nan limit mwen. Apre sa, mwen enfòme anplwaye retrèt la, kòmanse pa anplwaye ki gen orè maten yo, rive sou sa ki te travay leswa yo. M retounen a minui pou rankontre ak anplwaye ki te gen woulman lannuit yo. Tout semèn nan, mwen te avize fanmi yo lè m kwaze yo nan alantou etablisman an. M fè tèt mwen yon devwa pou kite rezidan yo konnen separasyon an te afekte m. M pase tan tou ak kèk rezidan ki pa t ap fòseman sonje m, men ke mwen menm m tap sonje anpil. Finalman, mwen te pase tan ak rezidan ki t ap sonje m yo, men ki pa t ka eksprime tèt yo.

Travay nan yon mezon retrèt, nan nenpòt ki nivo, egzije yon pèsonalite espesyal. Sa mande anpil. An jeneral, anplwaye mezon retrèt gen konpasyon, konpreyansyon, ak anpil lanmou nan kè yo. Yo ka vinn trè atache a sèten rezidan, e yo ka viv dèy lanmò sèten rezidan avèk menm entansite yo viv dèy lanmò yon manb pwòp fanmi pa yo. Souvan, anplwaye mezon retrèt ale nan antèman rezidan lè yo trè atache ak yo.

Gen yon rezidan ki te trè pre kè m. Non li, se te madan Parnaby, e li te nan fen katreventèn li. Lè li te jèn, li te yon enfimyè lisansye, e pafwa ti granmoun nan te panse li te enfimyè jiskaprezan. M te batize li "Sipèvizèz," yon tit li te apresye lè ou wè l k ap mache kòtakòt ak enfimyè k ap distribye medikaman bay rezidan yo. Mwen te pase semèn nan ap pale, ri, epi kriye anpil. Separasyon te toujou yon emosyon difisil pou m te jere, e separasyon sa a te fè m anpil lapèn.

Nan dènye jou mwen kòm direktris swen enfimye, anplwaye mwen yo òganize yon fèt enkwayab nan kafeterya a pou selebre depa mwen. Kijan yo te rive planifye fèt sa vit konsa? M pa konnen. Mwen te senpleman kontan dèske mwen pa t pèmèt yon msye mechan anpeche nou viv moman sa a. An retwospektiv, se te yon batay ki te vo lapèn, pou mwen te ka byen fini eksperyans mwen lòtbò a. M te pase dizan memorab nan etablisman sila a. M pa t ka kite msye blan chaje ensekrite ak prejije sa a, vòlè bèl souvni mwen te genyen, pou mwen t ale san m pa di orevwa. M te fè foli pou manje anplwaye yo te kuit, epi pou plat Roy Rogers ak Almond Pizzeria te pare. Te gen bwason san alkòl, e te menm gen kado. M gen tout kado sa yo jiska prezan, e m sonje kimoun ki te ofri m yo. Se ak anpil fyète m montre moun vè diven mwen te resevwa, epi m di: "Sa yo, o! Wi, se youn nan enfimyè oksilyè yo, Madan McAlvin, ki te fè m kado yo." Ou byen m di: "Vaz sa a, se Madan Rio ki te ban mwen li. Li te yon enfimyè oksilyè. Nou te travay ansanb sa fè plizyè deseni."

Yon lafwa katolik solid t ap gide m nan mezon retrèt sa a, e tankou yon timoun ki t ap obeyi paran l, m te konfòme m. M te kwè nan Lespri ki te mache ansanm avè m nan, e ki t ap pote m sou zepòl li, tout pandan m t ap pase tribilasyon. M te antre nan mezon retrèt sa a ak entansyon pou m te travay la pou twa mwa sèlman, jiskaske pou m te kapab jwenn yon pòs nan depatman iwoloji yon lopital ki ofri swen avanse. Dizan apre, m te envesti tèt mwen nèt nan yon nouvo domèn. Keith te pran plezi pou l takinen m, pou l di m sèl lang mwen pale, se lang mezon retrèt. Sèl lekti m te fè, se liv ak magazin sou lwa, règleman, ak pwosedi pou mezon retrèt, ak nenpòt lòt sijè anrapò ak lavi nan mezon retrèt. M te vin egzanplè nan branch mwen, e m te renmen pran swen granmoun aje ki frajil. Sa te pasyon mwen. Se te lavi mwen. M te yon enfimyè, donk m te renmen ede tout moun, men ede granmoun aje te pote yon satisfaksyon san parèy pou mwen.

FÈ SA MACHE POU OU!

Règleman #16: Bliye laperèz ou epi goumen pou sa ki byen

Refleksyon: Anyen p ap kanpe m sou wout mwen

Pafwa lè y ap mache pou al nan dlo, ti tòti dlo lanmè yo gen pou yo travèse gwo twou pwofon nan sab, anvan pou yo rive nan dlo. Yo pa pran pòz sou wout ki mennen nan lanmè a: yo kontinye avanse epi yo travèse twou yo pou yo rive kote yo prale. E si yo tonbe sou do yo pandan yo nan wout, yo baskile tounen sou vant, pou yo kontinye mache. Yo pa kanpe pou yo siye sab sot sou kò yo. Yo twò okipe ap goumen pou rive nan dlo a pou yo ta konsantre sou sa.

Kontinye goumen pou atenn objektif ou, menm si fò ou travay di. W a gen tan rafrechi tèt ou lè ou rive nan destinasyon w.

- Idantifye moun nan lavi ou ki fè w santi ou entimide lè pou konfwonte yo ak yon pwoblèm. Mande tèt ou kisa ou reyèlman pè. Ki pi move bagay ki te ka rive si ou ta oze eksprime tèt ou? Jwenn yon glas e pratike eksprime lide ou devan glas la. Pale san krent. Di: "M santi…" tankou yon pwen depa, epi eksprime jan ou santi ou lè ou toupre moun sa yo, epi poukisa. Lè sa a, pwochenn fwa ou fasafas ak youn nan yo, gade yo nan je yo lè yo pale avèk ou. Si ou pa pare pou pale, kòmanse pa gade yo nan je. Sonje byen, li enpòtan pou jere emosyon ou, e sa gen landan pa kite moun sa yo wè ou pè yo.

- Jwenn yon kòz ki enpòtan pou ou epi envesti tèt ou. Pafwa yon angajman tan minimòm ka fè yon gwo diferans. Ki kòz ki enpòtan pou ou nan kominite w? Nan lemonn? Èske ou ka jwenn inèdtan oubyen dezèdtan pa mwa pou defann kòz sa a?

Règleman #17: Sovgade repitasyon ou

Refleksyon: M gen yon repitasyon pou m pwoteje

Gen tòti ki rele "akwochaj"; yo gen move repitasyon akòz yo gen gwo bèk epi move konpòtman. Men gwo sekrè tòti sa yo: yo vle rete poukont yo paske, an reyalite, yo timid. Nan dlo a, yo evite moun ak bèt, epi yo naje lwen si moun ak bèt vin pre yo. Men, lè yo kite dlo pou jwenn nich yo sou tè a, tòti sa yo vilnerab anpil. Si ou manyen youn ladan yo, l ap grense dan l epi l ap agripe w ak machwa l. Malgre tòti "akwochaj" la gen move repitasyon poutèt jan li mòde a, an reyalite li pa mòde fò. Men move repitasyon li fè moun pè, e sa konn sove lavi l. Majorite moun p ap ranse ak yon tòti "akwochaj" paske yo gen yon repitasyon trè fewòs. Ann kenbe sekrè sa a, pou nou pa jennen repitasyon li.

Reflechi sou jan ou vle lòt moun yo wè ou. Kijan konpòtman w an konfli avèk jan ou vle yo wè ou? Si w vle parèt konfyan, epi ou pa ka ret anplas osinon w ap manje zong ou, ou gen dwa pa rive pwojte imaj sa a bay lòt moun. Idantifye konpòtman ou genyen, ki pa koresponn a sa w vle moun panse de ou, epi konsantre efò ou sou kalite ou vle ki briye. Pa egzanp, si ou vle parèt konfyan, travay sou kenbe kò w dwat, epi pale klèman avèk fòs. Bagay sa yo pran tan, kidonk pran pasyans ak tèt ou.

- Ale nan yon salon bote oswa yon maniki pou pran swen tèt ou epi fè tèt ou plezi. Idantifye yon estilis ki pral ede w jwenn yon aparans k ap pèmèt ou pwojte imaj ou vle lòt moun wè. Si li lè pou w achte lòt rad, e ou pa gen mwayen pou fè gwo depans, ou kapab vizite magazen bon mache kote ou ka jwenn youn ou de atik ki elegan, ki fè w byen, epi ki fè lòt moun di o-la-la.

RÈG POU VIV BYEN

Nan pwochen chapit la, m ofisyèlman kòmanse yon wòl administratris nan yon mezon retrèt, e mwen te gen pou defi pou m te transfòme l an yon kote ki te ka fè m fyè. Se pa fyète m sèlman ki te an danje. Byenèt ak kontantman rezidan mwen yo te yon gwo enkyetid pou mwen. Gwo chanjman t ap fèt nan domèn mwen, e yo t ap revolisyone swen rezidan mwen yo t ap resevwa. M te nan tèt fil la, pou ankouraje chanjman sa yo. Lè m wè chanjman pozitif ki fèt nan premye mezon an, mwen vin anvizaje yon chemen karyè ki ta ban m plis otonomi, epi pèmèt mwen bati yon dinasti.

Règleman #18: Jwe wòl detektiv

Lè konpayi mwen an te pran kontwòl jesyon mezon retrèt Sant pou Moun Aje a, nou te rann nou kont move jesyon se te *modus operandi* kote sa yo, e pwoblèm yo te parèt akablan. Souvan li te difisil pou n te jwenn kòz pwoblèm yo. M te oblije tounen yon detektiv pou jwenn yon jan pou mete mezon retrèt yo annòd pou yo te ka fonksyonèl—e fò mwen te aji vit. Li enpòtan, kèlkeswa endistri w ap travay la, pou toujou kenbe je w klè epi enfòme m sou chanjman nan politik oswa operasyon yo. Pi bon toujou, fè chanjman kote ou kapab; ekri nouvo politik; jwenn pi bon fason pou fonksyone. Li esansyèl pou w rete vijilan. Lè nou pran kontwòl jesyon Mezon Retrèt Johnson, mari m Keith te pale ak toutmoun nan mezon retrèt la, non sèlman pou kreye bon relasyon, men tou pou idantifye pwoblèm pou n te ka rezoud yo pi fasilman (gade Chapit onz: "Kijan n te fè?"). Fè atansyon a sa k ap pase bò kote w. Nan konpayi mwen an, nou te gen yon plan datak pou pwoblèm nou te idantifye. Men etap nan plan an:

Evalye pwoblèm nan.

    3.   Ekri yon plan pou rezoud pwoblèm lan.

    4.   Aplike plan an.

    5.   Evalye rezilta yo, epi jwenn solisyon a nenpòt ki pwoblèm kontinyèl.

M te konstate devlopman yon estil jesyon serye te efikas lè n fè fas a pwoblèm ki enplike anplwaye (gade Chapit nèf: "Grenpe mòn yon dinasti"). Lè ou kenben fèm nan jan w ap administre, moun fè w konfyans e yo suiv egzanp ou (gade

Chapit dis: "Yon nouvo reyalite"). Li enpòtan tou pou anplwaye yo santi yo gen responsabilite, epi pou w enspire yo envesti tèt yo. Yon gwo pati wòl mwen osen konpayi an, se te idantifye pwen fèb anplwaye yo, fòme yo, epi ba yo responsablite nan travay la (gade Chapit nèf: "Grenpe mòn yon dinasti").

Pafwa w ap fè fas a pwoblèm ki pa t anonse, e ki mande pou w kole po kase (gade Chapit 13: "Tout kòmansman gen finisman"). Sa pou w fè lè sa? Transfòme tèt ou an detektiv. Evalye pwoblèm nan. Ekri yon plan...

CHAPIT NÈF

Grenpe Mòn Yon Dinasti

Lè yo te revoke administratè mezon retrèt Sant pou Moun Aje a, mwen te travay pou asire m li menm tou, yo te ba li yon semèn pou li di orevwa. Mwen te vle pou tranzisyon an te osi fasil ke posib. Mwen te pase semèn sa a nan biwo Manzè Veronica, ap gade tout dokiman yo te pote ban mwen osijè mezon retrèt la. Yon fwa mwen te ofisyèlman kòmanse pòs administratris la, mwen te pare pou atake pi gwo defi nan lavi pwofesyonèl mwen.

Nan lendi maten, se avèk fyète mwen kwoke lisans administratè mezon retrèt mwen an, ki te fèk ankadre, sou miray antre mezon retrèt Sant pou Moun Aje a. Se sèlman lè sa m te rele pi bon zanmi mwen Sarah, ki kounye a te direktè aktif nan mezon retrèt Washington nan, kote mwen te travay anvan an, pou pale li sou nouvo pòs mwen an.

Nan demen, li re-rele m pou l ban m istwa:

Nan reyinyon depatman direktè ak manadjè yo, lè pou l te pale, Sarah te di, "Mwen gen yon anons pou m fè." Li te pran yon poz pou l te jwenn atansyon tout moun. "Yè, yo nonmen Solanges Vivens kòm administratris nan mezon retrèt Sant pou Moun Aje a."

Sou chòk, msye ki te konn pèsekite m nan te di, "Administratris! Ou vle di *direktris* swen enfimye."

Mwen te kapab imajine souri Sarah. "O non! Li se *administratris* lòtbò a."

Garrett prèske endispoze.

Nou pete ri.

Moun ki ri an *dènye* a se li k *ap ri pi plis*, se sa yo di—Mwen pran anpil satisfaksyon lè m rakonte istwa sa a. Li toujou fè m ri pou m imajine figi plise Garrett anba sezisman lè li resevwa nouvèl la: m te abouti nan menm ran pwofesyonèl avè l.

Mwen te gen anpil chans sou latè. Papa m te gen rezon: te gen yon zetwal espesyal nan syèl la nwit anvan m te fèt la. M te toujou nan bon kote a, obonmoman, nan bra rekonfòtan zanj solèy la. Mwen te konnen zanj lan pa t ap kite m konfwonte defi ki t ap vini yo poukont mwen. Bondye sèl ki te konnen eprèv ki t ap atann mwen: m pa t gen okenn eksperyans kòm administratris mezon retrèt, epi tout moun t ap veye, soti sou Komite Direktè Swen Enfimye Alontèm nan Distrik Columbia, rive sou Biwo Rejyonal Evalyatè Federal Mezon Retrèt, syèj sosyal Sosyete Jesyon ki te anboche m nan, direktè Biwo Espesyalize pou Swen Granmoun Aje, pwogram medyatè a, AARP, ak biwo majistra a, san nou pa bliye *Washington Post*, ak bilten nouvèl maten ak aswè yo. M te anba mikwoskòp, e sa te koze anpil estrès.

M pa t entimide. M te devlope yon sistèm valè solid grasa paran m. M aprann defann tèt mwen paske m te leve avèk plizyè frè ak sè; m te devlope sofistikasyon tou, gras a enfliyans fanmi Silverman nan, ak marenn mwen Lucienne. Gras a travay mwen nan lopital Mount Sinai kòm enfimyè diplome, m te vin devlope pwòp estil jesyon pa mwen, epi m te vin gen konfyans nan tèt mwen pandan m t ap travay kòm enfimyè klinisyèn nan Sant Reyadaptasyon Burk Upstate New York. Fòmasyon m nan Inivèsite Georgetown te aprann mwen persistans nan metriz règ, epi eksperyans mwen kòm direktè mezon retrèt nan yon anviwònman ostil te ogmante konpetans mwen. M te konnen m te ka aplike tout kalite sa yo pou m fè etablisman sa a remonte lapant, menm lè obstak yo ta sanble enfranchisab.

Nan premye swa mwen t ap fè wonn nan etablisman a, yon enfimyè diplome akeyi m. Li te gade m nan je, li di, "Nou konnen ou gen klas. Men nou pa bezwen klas isi a. Nou bezwen lajan."

Ak tèt mwen byen dwat, mwen reponn, "M konprann. Men lajan an pral vini avèk klas. Fò ou kòmanse pa gen klas si ou vle lajan." Lè sa a, mwen te souri, e mwen te kontinye fè tou pou rankontre rezidan ak anplwaye yo.

M te pwomèt tèt mwen, m p ap kite moun panike m.

CHAPIT NÈF: GRENPE MÒN YON DINASTI

E m pa t kite sa rive vre. M te nan pòs administratè sa a depi katrevendis jou lè mwen resevwa yon apèl Manzè Paula, yon kolèg mwen ki te direktè yon lòt mezon retrèt.

Li t ap ri. "Yo fenk peye m."

"Pou kisa?" mwen mande l, entrige.

"M te parye sou you," li di. "M te di, evidaman, ou t ap rive sou katrevendis jou."

Aparaman, poutèt mank eksperyans mwen, anpil moun nan vil la te parye m pa t ap ret lontan nan pòs la. Gen kèk ki te parye sou trant jou, kèk sou swasant. Lòt moun, tankou Manzè Paula, ki te konn talan m onivo klinik e administratif, fòs karaktè mwen, ansanm avèk kapasite m kòm chèf, te kwè m t ap reyisi; yo te chwazi paryaj pi long lan: katrevendis jou.

M di, "Sa anpil moun pa reyalize, sèke m pa konn eple mo echèk la. Mo sa a pa fè pati vokabilè pwofesyonèl mwen."

M te santre sou sa pou m te fè, mwen te gen anbisyon ak detèminasyon. M te fonksyone pi byen nan sitiyasyon trè difisil, e sa te ede m vin yon bon enfimyè swen entansif. Depi premye jou an, m kite adrenalin estrès la estimile reyisit mwen. Apre sis mwa, msye ki te fè entèvyou avè m pou travay la sot Indianapolis pou felisite m sou jan etablisman an transfòme. Li banm de gwo kado: premye a, se te yon gwo ogmantasyson salè; dezyèm nan, se sijesyon pou m fòme pwòp konpayi pa m, pou m ta siyen kontra pou m jere etablisman an.

"Kontra nou an pral ekspire ane pwochèn," li te eksplike m, "e konpayi mwen an p ap fè òf fwa sa a. Nou twò lwen pou nou reyisi nan vil sa a."

Li te tèlman enpresyone pa pèfòmans mwen, li te ankouraje m fòme yon konpayi ki prezante yon òf sou kontra a. Li ofri gide m nan nouvo pwojè sa a.

The Senior Beacon, yon magazin repite pou sitwayen aje yo, pibliye yon atik ki retrase istwa etablisman an, ak tout pwogrè li fè anba direksyon mwen; li menm pibliye yon foto mwen. Medya yo anjeneral te rapòte oparavan echèk ak enpèfeksyon mezon retrèt yo, ki fè atik sa a te reprezante yon viktwa pou aksyonè konsène yo.

* * *

Se te yon gwo lit pou mete bagay yo annòd. Ekip medikal nou se te yon konsòsyòm konpoze de twa inivèsite. Doktè inivèsite sa yo—moun ki gen gwo ego—te pataje menm espas la; yo t ap goumen pou pouvwa antan yo t ap batay pou teritwa yo. Met sou li, twa enfimyè pratisyèn t ap goumen pou otonomi pou yo pratike san twòp sipèvizyon. Pou remete etablisman an sou pye, m tounen yon chasè rapid, m chèche e m fouye, mwen retire moun ki te pi fèb yo. Objektif mwen, se te idantifye move jesyon nan etablisman an epi elimine l, pandan mwen t ap asire m ke rezidan yo te resevwa bon swen.

M demonte konsòsyòm la, lè toutmoun te panse sa te enposib, poutèt pouvwa ak koneksyon politik inivèsite yo nan vil la. Ak done nan menm, mwen atikile kèk nan pwoblèm yo, e mwen kanpe kontra de inivèsite imedyatman; m renouvle kontra lòt la, epi ekip medikal inivèsite ki rete a vin responsab etablisman an annantye; m sèvi ak tout konesans mwen kòm enfimyè pou evalye depatman swen enfimye an, e m sèvi ak espètiz mwen kòm administratè swen enfimye pou devlope e aplike yon plan aksyon. Predesesè m nan pa t yon enfimyè; li pa t gen eksperyans mwen, kifè li te mal ekipe pou jere chanjman yo. Mwen menm, konpetans mwen te ede m byen dirije, e konesans klinik mwen te yon gwo avantaj.

Mezon retrèt lan te gen yon direktè swen enfimye, twa asistan direktè swen enfimye, nèf enfimyè otorize (yo chak te asiyen a youn nan nèf inite ki te genyen), ak twa enfimyè pratikan ki te gen lisans. M sonje pasaj yon liv ekonomi: "Plis pa vle di pi bon." M te panse, *Nou plen pwofesyonèl diplome e wo nivo ki youn sou lòt, e malgre sa etablisman an gen plis pase 100 pwen fèb.* Te gen twòp doktè ak enfimyè, e pa t gen ase kowòdinasyon antre yo. Souvan, enfimyè pratikan yo te anile preskripsyon doktè yo pou ekri preskripsyon pa yo. Sa te fèt tèlman souvan, inite enfimyè yo pa t ka jere chanjman yo, e souvan yo te administre move tretman; enfimyè otorize yo te tèlman konte sou enfimyè pratikan, enfimyè otorize yo pa t panse pou tèt yo ankò. Swa pa omisyon, swa pa komisyon, sitiyasyon sa a te kreye anpil pwen fèb. Se konsa, anplis demantèlman konsòsyòm nan, mwen ranvwaye toulètwa enfimyè pratikan yo, sa ki pèmèt etablisman an sere yon gwo kantite lajan. Apa pwoblèm jesyon ak swen yo, etablisman an te gen yon gwo defisi, preske de milyon dola, sa ki te rann ogmantasyon salè difisil.

Malgre responsabilite mwen kòm administratris te trè egzijan, m kontinye pibliye, epi mwen te pran senten angajman kòm konferansyè. Mwen menm te tounen yon edikatè nan swen enfimye, pou ede enfimyè yo vin yon pi wo nivo. M te kreye yon plan edikasyon, e m te mete l an pratik: chak mèkredi, mwen te rele enfimyè otorize yo, e fè yo vini nan yon saldeklas, kote mwen te anseye prensip lidèchip. Nan yon mezon retrèt, se *enfimyè* ki jwe wòl ki pi enpòtan, paske se enfimyè ki jere swen, se pa doktè. Mwen te anseye yo: Rezidan se nwayo an, e enfimyè otirize yo se premye kouch ki antoure nwayo sa a. Toutmoun dwe vin kote chèf enfimyè otorize nan inite an anvan yo gen aksè a rezidan yo.

Mwen te bay enfimyè sa yo anpil otorite, e avan lontan yo te montre lidèchip, epi yo te pran kontwòl inite enfimyè an. Nan sis mwa, chanjman nan etablisman an te evidan. Rezidan yo ak fanmi yo te kontan—e manm pèsonèl yo te kontan tou, sitou yo te resevwa yon ogmantasyon apre m te elimine pòs ki pa t nesesè yo. Nan yon anviwònman kote n ap bay swen avanse, filozofi mwen te toujou *si anplwaye yo kontan, pasyan yo kontan,* e lè pasyan yo kontan, yo geri pi vit. Anplis de sa, lè rezidan kontan sa vle di fanmi yo kontan, e si fanmi yo kontan, gen mwens pwosè ki fèt kont etablisman an. Anfendkont, aksyonè yo kontan. Viktwa a, se pou toutmoun.

Avèk mantalite sa a, mwen leve tout defi mwen te genyen, gwo kou piti, avèk anpil siksè. Globalman, pwoblèm m te rive elimine vit se: twòp anplwaye, move kowòdinasyon swen, moral anplwaye ki te ba, ak konfli entèpèsonèl. Sepandan, mwen te fè fas a yon pwoblèm pi difisil e sibjektif: etablisman an te gen de kan— kan blan yo ak kan nwa yo. Prensip *travay ekip* la se pa t yon bagay anplwaye yo te aplike: chak gwoup te rete apa, menm pandan pòz manje midi a. Te gen ostilite ak mank respè pami yo, epi yo t ap travay nan yon kilti tripotay. Pou eseye dekouraje tripotay, mwen fè pratik yon jesyon sikilè: chak fwa yon konfli te enplike plis pase yon sèl moun, mwen te reyini tout pati yo ansanm nan yon sèk pou diskite ouvètman sou kesyon an; li te ede nou kenbe tout istwa nou klè, epi elimine ka kominikasyon triyangilè kote youn ap lonje dwèt sou lòt.

Avan yon jesyon sikilè te vin tounen *modus operandi* ofisyèl nou, anplwaye etablisman an te eseye foure m nan tripotay.

Yon aprèmidi, yon menajè te antre nan biwo m, li mande pale avè m. Mwen ofri l yon chèz poliman, pare pou tande enkyetid li yo.

Sepandan, anplwaye an kòmanse di m, "Yon moun di m ou di…"

Mwen kanpe pawòl la rapid. "Sispann. Si ou la pou repete sa yon lòt anplwaye di w, m ap mande w kite biwo m, epi retounen kote m avèk kolèg ou a. M vle ou di m tout bagay devan l, pou sèten pa gen malantandi."

"M pa ka fè sa," li reponn.

"Nan ka sa a, machè, m pa ka ede w. M pa vle gen pwoblèm." M te konnen m t ap pale tankou yon demwazèl an detrès. Mwen mande l, "Eske ou vle antrave m?"

"Kijan? Se ou ki administratè a. Kijan m ta fè antrave w?"

Nan moman sa a, mwen esplike diferans ki genyen ant jesyon sikilè ak jesyon triyangilè, jiskaske anplwaye an konprann danje ki genyen nan repete sa lòt moun di. M te pataje rezilta eksperyans "jwèt telefòn" nan avèk li. Eksperyans sa a pwouve yon konvèsasyon ka chanje konplètman lè gen yon chèn repetisyon, sòti nan bouch moun ki bay mesaj la, rive nan zòrèy dènye moun ki fè pati chèn nan.

Anvan lontan, tripotay te vin diminye anpil nan etablisman a, e poutèt sa, te vin gen plis konfyans.

Anplwaye yo te vle wè kijan m tap abòde pwoblèm ras ak klas. Olye pou mwen konfwonte pwoblèm sa yo yon sèl kou, mwen fè tout bagay etap pa etap pou jwenn bon rezilta.

M kòmanse pa konsantre sou kòd abiman travay la. Yon dispozisyon nan kontra gouvènman an te bay manm pèsonèl yo yon alokasyon pou inifòm. Malgre sa, nan anpil ka, aparans yo te toujou nan move kondisyon. Yon fwa, yon anplwaye vini ak yon mayo Mickey Mouse olye pou l met inifòm li sou li, e li te panse sa te akseptab. Mwen mete men m sou zepòl anplwaye a, epi m pale avèk li nan zòrèy pou fè l remake li pa t an inifòm. "Fòk ou *clock out*, al lakay ou, met inifòm etablisman an sou ou, epi tounen nan travay la."

Lè yon anplwaye abiye kòmsadwa, mwen fè l gwo konpliman, m felisite l byen fò sou aparans pwofesyonèl li. M te tèlman fè sa souvan gen kèk anpwlaye ki te kòmanse abiye byen fre pou yo jwenn konpliman nan men m. Mwen menm òganize yon defile mòd pou anplwaye sa yo ki te gen rad pwofesyonèl sou yo, pou montre ki rad ki te akseptab pou moun met nan travay.

Yon jou, mwen konplimante Chikita, ki anvan te konn ede nan restorasyon epi ki kounye a te yon komi inite, e li pa t oblije met inifòm ankò. M te ka wè li te trè kontan ak pwomosyon li an: makiyaj li te san fot; li te mete yon tayè nwa ak reyi, yon chemiz blan enpekab, ak talon nwa.

Pandan li t ap pase bò kot yon gwoup anplwaye nan kafeterya a, mwen rele l. "Waw! Chikita, gade jan ou bèl! Ou dwe gen yon menaj nan edifis la."

Li te reponn byen fò, pou toutmoun tande, "Se pa sa ou te mande?"

Nan moman sa a, mwen te di tèt mwen, *"Wi!* Sa ap mache."

Abiye byen te vin alamòd nan etablisman an: tout moun te bèl. Menm moun ki te an inifòm te pran fyète nan mete kò yo byen fen. Pou ankouraje yo, mwen te bay yon pri chak mwa pou "Moun ki pi byen abiye" epi plak la t ap flote de yon inite a yon lòt. Dezi pou yo jwenn plak sa a te vin tèlman fò, inite yo te an konpetisyon pou genyen pri a. Mwen menm, m te toujou reyisi parèt pi jèn pase laj mwen. M tache cheve long mwen dèyè ak yon riban. M te gen diferan riban ki te mache ak "rad jodi a." Yon maten, mwen sezi reyalize tout dam nan ekip la, nan tout nivo etablisman an, te gen cheve yo tache dèyè ak yon riban. M te flate. Jès sa a te yon siy lanmou ak akseptans. Malgre m te difisil ak anplwaye m yo, yo te apresye lidèchip mwen, ak chanjman pozitif mwen t ap aplike.

Chak madi, mwen te dirije yon reyinyon ak tout direktè depatman yo, menm jan m te abitye fè l nan mezon retrèt Washington lan. Chak dezyèm mèkredi nan mwa a, m te kontre avèk direktè ak administratè yo, e chak twazyèm mèkredi, avèk anplwaye jeneral yo, sa ki te enkli direktè ak administratè yo. Bi reyinyon sa yo se te ofri yon pi bòn kowòdinasyon, epi diminye pwoblèm ras ak klas paske te gen divizyon baze sou kantite lajan yon anplwaye fè, avèk si li blan oswa si li nwa. M te rive mennen tout anplwaye yo sou menm teren. Nou t ap fè pwogrè, ti pa ti pa, pou bati yon ekip solid.

Mwen te pran tout ka demisyon trè seryezman tou, e m te detèmine pou m konnen vre rezon ki fè yon moun deside kite travay la. Nan ka yon depa volontè, yon enfimyè otorize eksplike m etablisman an pa t peye ase. Lè anplwaye yo te bezwen lajan anplis, yo te rete drive nan inite an, menm si woulman yo te fini, pou yo te peye yo lè siplemantè. Avèk konesans sa a, mwen imedyatman kreye yon nouvo politik: sipèvizè imedya anplwaye yo te gen pou yo apwouve tout lè siplemantè alavans; sa pa t dwe fè dènye minit, sòfsi yon kolèg te rele pou di li malad e li p ap vini. Kou m te mande pou anplwaye avèk sipèvizè yo siyen yon fòm pou lè siplemantè, depans siplemantè sa yo te vin diminye anpil. Avan m te entegre ekip la, lè siplemantè te depase montan nou te mete sou bidjè a. Mwen ogmante alokasyon pou jere etablisman an, olye pou m kite anplwaye yo jere pewòl la.

Nan yon lòt entèvyou nan ka yon depa volontè, yon terapet te aprann mwen ke anplwaye te souvan prepare alavans kesyon yo poze m nan reyinyon jeneral mansyèl yo, paske yo te vle verifye si m te gen yon entelijans pratik oubyen teyorik.

"E sa ou konkli?" mwen mande.

Li reponn ke yo pa t arive konprann mwen, paske m te sanble gen repons pou tout bagay. M ba l kle a: mwen kreye yon rezo ki gen ladann tout anplwaye entèn, kèlkeswa nivo yo, epitou kolèg ekstèn ki te ka konseye m e (endirèkteman) vin patisipe aktivman nan kwasans pèsonèl mwen.

Poutèt m te yon konseye pou anpil nan manb pèsonèl yo, chak mo mwen te di te gen anpil pwa. Rive yon epòk, anpil moun t ap prale, e nou te toujou fè yon fèt orevwa. Yon lè, nan youn nan fèt sa yo, m te pran mikwo an pou m fè plezantri. "Apati kounye a, p ap gen fèt orevwa ankò; n ap sèlman fete nouvo anplwaye yo." Se te yon blag, men anplwaye yo te pran m oserye.

Yon ti tan apre sa, Msye Peterson, ki te travay nan Pwovizyon Santral, te vin demisyone. Yon anplwaye te vin kote m pou di, "M vin mande pèmisyon pou n fè yon fèt paske Msye Peterson prale."

M di, "Tann mwen… Depi kilè nou bezwen pèmisyon?"

"Men ou te di pa gen fèt ankò," anplwaye a reponn.

Natirèlman, nou fè fèt orevwa pou Msye Peterson, men sa te fè m plezi pou m wè anplwaye yo te bay sa mwen te di yo anpil enpòtans. M reyalize lè sa m te monte yon ekip solid, epi tout moun te respekte m. M vin fè atansyon a sa m di.

Se te mwa novanm, e ekip nou an t ap planifye yon dine Aksyondegras pou rezidan yo. Nan youn nan reyinyon jeneral estaf la, m te anonse kafeteria anplwaye yo t ap fenmen jou sa a, pou toutmoun te manje ansanm, tankou yon fanmi nan sal polivalant la.

Yon msye te rele byen fò nan dèyè sal la, "Èske ou vle di fò nou manje avèk yo? Nou pa janm manje ak rezidan yo anvan."

Se konsa, m reyalize, se pa de kan sèlman k te genyen. Te gen twa.

M kenbe tèt mwen dwat, m reponn, "Apati jodi a, pa p gen *yo* ak *nou*; ap gen *nou* sèlman."

Avan m te rive nan mezon retrèt la, anplwaye yo pa t janm manje ak rezidan yo. An reyalite, anvan ane 80 yo, nan pifò mezon retrèt Ozetazini, yo te trete rezidan tankou pasyan, separe de anplwaye yo, ak chwa limite. M te enterese chanje modèl sa a, nan domèn swen alontèm, selon yon filozofi peyi Lasyèd ke yo rele "Nòmalizasyon." Dapre modèl "Nòmalizasyon" an, yo ta dwe trete rezidan yo kòm moun, e anplwaye yo ta dwe ankouraje rezidan yo vin pi endepandan. M te vle pou sa vin nòmal pou nou manje ansanm—pa sèlman jou fèt, men pandan tout ane a. Etazini t ap fini pa adopte filozofi sa a pou l "chanje kilti" li: "Nòmalizasyon" vin revolisyone swen rezidansyèl alontèm e filozofi an vin ankouraje chanjman radikal nan jan yo pran swen rezidan; moun nan endistri an vin chanje konpòtman pou rezidan yo ka jwenn lajwa, epi sa te enfliyanse endistri sante alontèm yon fason radikal. Se te prèske menm bagay ke si ou te pran yon moun yo te trete tankou yon echantiyon laboratwa, epi ou ba li yon ti diyite; diferans li te fè nan lavi yo te remakab.

Jou Aksyondegras la, benevòl yo te ede fanmi yo mennen tout rezidan nan sal polivalant la. Pandan toutmoun t ap manje ansanm, li te vin yon okazyon lajwa. Nou te sèvi chanpay Martinelli ki pa gen alkòl nan vè plastik sofistike. Sa te raple anplwaye ki "pa t bezwen klas" la li t ap travay nan yon mezon retrèt ki te gen elegans. Nan demen maten, yon rezidan nan depatman swen enfimye espesyalize a te refize kite kabann li. Lè yon enfimyè mande l poukisa, li te di, "Yè m t al nan yon fèt anba a, epi m te bwè twòp chanpay. Lestomak mwen lou, mwen pa ka leve maten an." Mwen te ri nan tèt mwen antan m ap panse a fo chanpay nou te bay la; malèz la te imajinè.

Se te yon jou Aksyondegras elegan e m estime se te yon gwo siksè. Byento, kamaradri te pran rasin e li te kòmanse fleri. Manje yon dine Aksyondegras "an fanmiy" te vin òdinè nan etablisman an. Si swen enfimye te priyorite nan mezon retrèt la, m te vle si e sèten ekip mwen an te met tèt ansanb pou kreye yon *fwaye* pou rezidan yo, e se te travay nou pou n rann mezon retrèt sa osibon ke posib.

Poutèt mwen pa t gen twòp eksperyans kòm administratè mezon retrèt, e yo t ap veye m deprè, m te pase pi fò tan m nan travay la. Yon resepsyonis te remake prezans mwen maten-midi-swa nan etablisman an, menm byen ta nan aswè, apre tout anplwaye woulman lajounen yo te deja ale.

"Ou pa gen kay?" li te mande m.

Mwen te santi mezon retrèt la te egzije anpil travay pou n te chanje sityasyon l te ye ladann nan. M te envesti sèz èdtan prèske chak jou, e m toujou fè yon jan pou m pase nan etablisman an nan dimanch, apre m t al lamès nan *Shrine of the Immaculate Conception*. Legliz la te toupre mezon retrèt la, donk sa te pèmèt mwen rankontre ak anplwaye ki te sèlman travay nan fen semèn yo.

Yon fwa pa mwa, apre m te fin dine avèk Keith ak Kevin, m te retounen nan etablisman an pou kontre anplwaye woulman lannuit yo. Reyinyon sa yo te enpòtan pou ede chanje sityasyon etablisman an: mwen aprann poukisa anplwaye yo pa t kontan. Te gen yon pwoblèm anrapò avèk orè fen semèn yo. An jeneral, si yon anplwaye te travay woulman lannuit la, li te gen fen semèn li lib, sa te enkli e samdi, e dimanch swa lib. Olye de sa, orè aktyèl la te pèmèt pou vandredi ak samdi swa te lib, men li te mande pou anplwaye retounen nan travay ledimanch—sa te yon gwo enkonvenyan pou yo. Anplwaye yo t ap plenyen depi plizyè ane, men pesòn pa t kalkile kijan pou yo defèt erè sa a nan orè an, jiskaske yo te gen atansyon m.

Mwen te pwomèt pou m travay pou amelyore lavi yo.

E se egzakteman sa mwen te fè.

M te travay avèk asistan enfimye woulman lannuit lan pou jwenn yon mwayen pou anplwaye sa yo te ka lib nan samdi ak nan dimanch swa. Anplwaye lannuit yo te vin tounen pi gwo fanatik mwen; yo ta fè nenpòt ki bagay pou mwen. Yo te fè yon fèt espesyal pou mwen yon swa, pou di mèsi. *Si anplwaye woulman lannuit yo kontan, rezidan yo kontan tou.*

Seksyon nòdwès nan vil la, kote mezon retrèt Sant pou Moun Aje an te chita, te yon zòn ak yon pakèt travayè seksyèl. Pafwa, pou m plezante, m te konn di m fè tout bagay nan pouvwa m pou chanje sityasyon etablisman an, "eksepte vann kò mwen nan lari." Se te verite: mwen te bay travay la tout nanm menm.

Efò mwen yo pa t anven. Dèzane apre mwen te vin administratris, Center for Medicare and Medicaid te klase mezon retrèt nou an kòm pi bon mezon retrèt nan Distrik Columbia.

* * *

Depi nan adolesans mwen, kòm yon travayè faktori, mwen te travay pou lòt moun e m te toujou bay tout mwen, keseswa kòm nounou, asistan retrèt, enfimyè otorize, direktris swen enfimye, oswa kòm administratris. Mwen te rete rete fidèl e devwe anvè moun ki te peye m yon salè, e malgre m te reve pou yon jou mwen ta gen pwòp mezon retrèt pa mwen, se te yon rèv ki te sanble flou anpil. Malgre sa, sa te rete yon objektif pou mwen, e Keith avè m nou te diskite anpil sou sa, sitou apre direktè konpayi jesyon an te pale de posibilite ki genyen. Ansanm, nou te mete sou pye yon estrateji pou kreye yon kòporasyon pou jere mezon retrèt la. Nou te panse li t ap pi bon pou n te met tèt ansanm ak yon konpayi ki deja etabli, olye pou nou te kòmanse yon nouvo konpayi ki pa t gen okenn antesedan; gouvènman an ta riske ezite pou bay yon nouvo kòporasyon yon kontra plizyè milyon dola.

Se konsa nou te kòmanse fè rechèch pou jwenn yon konpayi etabli. Premyèman, mwen te rankontre ak twa mesye—desandan afwo-ameriken, ak yon lòt desandan ameriken. Mesye sa yo te mèt yon konpayi jesyon sante, ki potko gen okenn mezon retrèt nan dosye yo. M te prezante yon pwopozisyon ki t ap fè m vin yon asosye nan konpayi yo a; annechanj, m t ap pote diplòm ak lisans mwen, esperyans mwen, ansanm ak yon kontra plizyè milyon dola bay konpayi yo a. Yo manke mete m deyò nan biwo yo a: dapre sa yo di, yo te travay di anpil pou kreye e kenbe biznis yo, e odas mwen te choke yo; kijan m te fè oze mande pou m t a asosye, avan mwen ta menm pwouve konpayi yo a sa mwen vo? Pwomès kontra m nan pa t ase. Yo ofri m opòtinite yon djòb, e yo mande m jwenn kontra a pou konpayi yo an. M te respekte e konprann pozisyon yo, men mwen te refize òf la, epi mwen te vire do m ale. M te pran yon desepsyon, men m pa t pèdi batay la. M te konsantre, m te pasyan, e m te detèmine pou travay pou tèt mwen. M pa t dispoze aksepte lòt kondisyon apa sa m te merite yo. M te konnen diplòm enfimyè ak administratè mwen yo te gen anpil valè, e yo pa t gen lòt moun nan vil la ki te gen toulède. Jwenn bon moun pou mwen te asosye a te esansyèl pou siksè pwojè a.

Si se pa t avè yo, avèk kiyès m t ap asosye menm? Sa te mande reflechi.

M te rele zanmi m Myrtle, ki te ansyen sipèvizè mwen nan lopital Mount Sinai nan New York. Semèn apre a, nou t al pran yon kafe ansanm pou diskite posibilite pou n mete tèt ansanm pou pwojè a. Myrtle byen akeyi lide a. Li di, "Li t ap bon e pou ou, e pou mwen," paske nou te gen yon bon relasyon travay depi anvan. Li te sèl pwopriyetè yon ajans ki te ofri swen sante alontèm adomisil, men, tankou gwoup anvan an, li pa t gen mezon retrèt nan dosye li. Apre rejè twa biznismann yo, antouzyasm Myrtle te kreye konfyans—engredyan ki pi enpòtan pou fòje yon bon alyans. Mwen te wè nou tankou yon ekip solid: toulède nou te enfimyè pwofesyonèl ki gen eksperyans jesyon epi, sa ki pi enpòtan toujou, nou te zanmi. Apre yon reyinyon enteresan e pwodiktif, nou te dakò trase yon pwòtokòl akò, pou nou fòme yon konpayi anba zèl ajans swen Myrtle la.

"Nou ka bezwen plis asosye," Myrtle te souliye. "Nou manke kèk nan kondisyon yo toujou."

* * *

Antanke chèf, mwen panse "aksè" se yon bagay enperatif pou moun nou sèvi yo. Eksepte lè yon ka te egzije konfidansyalite, mwen te pratike yon politik pòt louvri nan sant lan, kifè m te pare pou akeyi nenpòt anplwaye, manm fanmi, oswa rezidan nan biwo mwen an pou kominikasyon klè. Règleman sa a te bay manm fanmi ki pa t satisfè yo opòtinite pou yo eksprime fristrasyon yo bay administratè a, olye pou y al pale ak yon avoka, sa ki te fè gen mwens chans pou yo mennen nou lajistis. Anplwaye ki pa t kontan te kapab prezante doleyans yo antètatèt, sa ki te pèmèt yo defoule yo; yo pa t bezwen sendika.

Règleman pòt louvri mwen an te vin fè m jwenn yon asosye pou nouvo konpayi mwen an. Yon jou, Victor, pwopriyetè e direktè konpayi reyadaptasyon ki te ofri sèvis terapi nan mezon retrèt la, te pase nan biwo mwen pou fè yon ti pale.

Li mande m, "Kisa yon moun tankou w ap fè isit la?"

CHAPIT NÈF: GRENPE MÒN YON DINASTI

"Kisa sa vle di?" mwen te reponn, choke. Avan l te ka di yon lòt mo, mwen mande, "Kibò m te sipoze ye?"

Avèk tout bon entansyon l, li te di, "Solanges, yon pwofesyonèl tankou w, ak tout talan ak eksperyans sa a, pa t sipoze administratris yon etablisman." Li eksplike m te ka yon direktè rejyonal pou yon gwo chèn mezon retrèt. "Ou te ka sipevize plizyè etablisman, pou yon salè pi wo."

Mwen kontrekare l lè m di Victor m te egzakteman kote m te bezwen ye, dimwens nan moman sa a. Sepandan, m te gen objektif pou twa ak senk pwochen ane yo.

"Eksplike m, tanpri," li te di.

M te eksplike l ke disi twazan, mwen te planifye pou m gen pwòp konpayi jesyon pa m, epi pou mwen jere mezon retrèt toupatou Ozetazini. Nan senk ane, mwen tap planifye pou m ta gen pwòp mezon retrèt mwen.

Li te sezi. "E si mwen te di w mwen menm ak patnè mwen gen menm objektif sa yo?" Li te pran yon poz. "Sa sèlman, nou pa gen yon moun tankou w pou konplete dosye nou a e konkretize l."

Deklarasyon sa a chanje yon konvèsasyon aksidantèl, pou fè l tounen yon konvèsasyon serye, ki mande yon lòt nivo atansyon. M te fenmen pòt la pou bay Victor tout atansyon m.

"Mwen ta renmen pou w planifye yon reyinyon pou nou toulètwa pale," li te di. Victor te yon kiropratisyen, e asosye l, "Dòk," yon doktè jeryatrik. Ansanm, yo te pwopriyetè yon konpayi reyadaptasyon ki te bay sèvis nan Washington, D.C., e nan plizyè lòt eta. Dosye yo te gen tout sa Myrtle avè mwen te manke.

Mwen te dakò pou nou manje ansanm nan yon restoran italyen nan Bethesda, Maryland, sou yon sèl kondisyon: mwen te vle pou Myrtle ak Keith la tou. Nan reyinyon enfòmèl sa, nou toulèsenk pale de pakou pwofesyonèl nou, epi nou diskite de biznis mezon retrèt la. Mwen mete aksan sou posiblite pou yo te jwenn yon kontra plizyè milyon dola si yo ta asosye yo avèk Myrtle avè m. Nou tout te dakò pou pousuiv lide travay ansanm.

Sou wout pou nou tounen lakay, Keith avè m te pale de konpayi an, ki moun ki t ap nan komite egzekitif la, epi ki pousantaj aksyon pou yo ta genyen. Mari m di, "Mwen pa fin sèten mwen renmen nèg yo rele Dòk la. Mwen panse ou ta dwe ajoute Victor sèlman nan ekip la."

Men di, "Mwen panse nou bezwen l. M te gade kondisyon kontra a. Dòk pote anpil bagay pou nou."

Byen bonè nan demen maten, mwen te resevwa yon apèl nan men Victor. Dòk te mande pou n fè yon reyinyon tousuit, san Keith ni Myrtle. Swa sa a, nou te rankontre nan menm restoran an, nan Bethesda. Ajanda Dòk la te gen yon sèl atik ladan: li te pare pou fòme konpayi an; men sèlman, li pa t renmen Myrtle, e li te refize travay avèk li. Sa te previzib, mari m te prevni m pou m pa t fè Dòk konfyans. "M te panse m te pale klè: m ap monte pwòp konpayi m ak Myrtle. M p ap janm dakò pou l pa ladann."

Apre reyinyon an, mwen te rele Myrtle pou m te pataje sa ki te pase jou swa sa a.

Trè kalm, Myrtle te reponn, "Solanges, mwen pa pral kanpe nan wout ou. Sa a, se yon gwo opòtinite pou ou, e m panse ou ta dwe pran l. Pa enkyete w pou mwen. M deja gen biznis pa m. Kreye konpayi an avèk yo."

Avèk benediksyon Myrtle a, mwen mete m dakò avèk Victor ak Dòk paske yo te gen dwa sèl chans mwen pou m jwenn kontra a.

Kòm dabitid, Keith te gen rezon: Dòk te yon eleman difisil. Li te ensiste pou avoka pèsonèl li reprezante nou tout pou fòme sosyete a. Keith te opoze avèk fòs kont lide sa a, e li ensiste pou nou chak ta gen avoka pa nou. Apre plizyè echanj sou sa, mwen te genyen pati sa a nan deba a, men deba te fenk ap kòmanse. Pwochen etap la, se te yon seri reyinyon sou pousantaj chak asosye. Te gen diskisyon ant Dòk avèk mwen, ant de avoka yo, e, wi, Keith te nan mitan tout diskisyon yo, ak pwòp opinyon pa l. Atravè tout sa, Victor te toujou rete janti, ap eseye kenbe lapè.

Nan sa ki te sanse dènye nivo negosyasyon nou, m pa t sezi lè Keith te kanpe nan mitan yon diskisyon. San konsilte m, li te anonse li menm ak madanm li ta prale. Li eskize tèt li, konfyan m t ap suiv li. Mari m gade m, epi m leve.

Lè sa a, li te vire sou Dòk pou li te di, "Madanm mwen pa enterese pousuiv yon antrepriz biznis avèk ou ankò." Li pran manto mwen, li met men li sou tay mwen, epi li gide m pou m soti.

Keith te toujou poto mitan m. Mwen te bèl fanm karayib li, e li te bèl nonm karayib mwen. Se li ki te konn netwaye soulye m lè m te enfimyè, ede m ak rapò sou liv mwen, jwenn nouvo opòtinite travay pou mwen… Kounye a, li t ap defann mwen kont de "asosye" blan e de avoka blan ki, daprè li, pa t gen enterè m nan kè yo. Li te la pou pwoteje m, e li pa t ap otorize pèson derespekte madanm li, yon fanm nwa, e yon pwofesyonèl solid. Li te konnen sa madanm li t ap pote kòm atou, e li pa t ap kite pèson pran avantaj sou li.

Mwen te nan North Carolina, lakay zanmi m Gloria, pou yon vakans byen merite, lè liy fiks kay la te sonnen. Gloria remèt mwen telefòn nan. "Se pou ou, machè."

M te sipoze se te Keith ki t ap rele, men se te Dòk ki te sou liy la.

Sa te fè egzakteman yon mwa depi m te kite reyinyon a brip sou kou. M te sezi apèl la, men mwen imedyatman pran yon ton fòmèl. "Dòk, gad on sipriz! Kisa ki vo m apèl sa a?"

"Cheri…" li di.

Men li: mo Keith pa t ka tolere an. Li te panse lè Dòk t ap rele m "cheri" li te awogan, e li pa t apwopriye. Jan li te rele m pa t yon bagay mwen te bay enpòtans. Sa ki te pi enpòtan pou mwen an se te kreye konpayi jesyon mezon retrèt la.

Li te kontinye, "Vic avè m deside avoka w la ta dwe reprezante nou toulètwa."

M pa t ka kwè sa. Poukisa li te chanje lide? Mwen eksplike, an tout respè, ke m pa t ap lakay mwen avan dimanch swa, kidonk pi bonè nou te kapab rankontre se te semèn apre a, apre mwen pwograme yon reyinyon avèk avoka a. Lè Dòk di li dakò ak plan a, m rele Keith, ki te kontakte avoka a imedyatman pou repran negosyasyon yo kote nou te kanpe yo a. Nou pa t gen anpil tan, paske vil la te pre pou li te pibliye demann pwopozisyon li yo.

Nan pwochen reyinyon nou an, mwen te esplike ekip la kisa lalwa mande: nan ane 1980 yo, sou administrasyon Majistra Barry, nenpòt kilè yon founisè majorite te jwenn yon kontra nan men gouvènman an, yon pousantaj nan kontra sa a te sanse al jwenn yon konpayi minorite. Si konpayi majorite a te deja gen yon sètifikasyon minorite, li pa t gen obligasyon pou distribye anyen bay yon lòt konpayi minorite. Baze sou enfòmasyon sa yo, m te ensiste pou m te jwenn senkant-e-en pousan nan aksyon yo; lè n anrejistre konpayi an, se mwen kò m fanm nou t ap mete kòm pwopriyetè, konsa nou t ap sètifye nan Distrik Columbia kòm yon ti biznis minoritè. Dòk ak Vic te dakò avèk kondisyon yo.

Keith te yon nonm briyan, byen edike, ak yon metriz nan finans. Kòm kontab piblik sètifye, li te trè pwogresis nan jan li te panse; se yon nonm ki te wè lwen. Nou te suiv sijesyon li te fè pou nou adopte yon akwonim, pou nou te evite sèvi avèk ankenn non fanmi; li te vle non konpayi an te siviv fondatè li yo. VMT LTC te fòme an 1988. Nou te enkòpore kòm Ekip Jesyon Vital pou Swen Alontèm, e konpayi an te gen yon sèl bi: jwenn kontra nan men gouvènman an. Nou te louvri yon biwo sou ri M, nan seksyon nòdwès vil la; nou te anboche yon direktè egzekitif pou konpayi an, epi nou te jwenn nimewo idantifikasyon taks ak asirans nou te bezwen. M te gen wòl ofisye chèf egzekitif konpayi an, men m t ap kontinye travay kòm administratè nan mezon retrèt Sant pou Moun Aje a, jiskaske nou te kapab soumèt òf la. Nou espere jwenn kontra a.

Te gen anpil travay pou nou te akonpli, e anpil obstak sou wout nou. Premye sityasyon a, sèke Manzè Maudine, direktè biwo MBOC (Komite sou Opòtinite pou Biznis Minorite) te refize demann konpayi an te fè pou l jwenn sètifikasyon kòm biznis minoritè. Li te panse se pòz pwopriyetè mwen m t ap pran, pou benefisye yon konpayi moun blan. M te yon fanm nwa, e m pa t rich. Donk, kijan pou m ta fè yon asosye majoritè? Li inyore tout diplòm mwen ak tout eksperyans m te dekri sou aplikasyon an. Direktè an te vle kenbe entegrite pwogram nan, m te ka konprann sa; men, fwa sa a, li te twonpe li: se mwen ki te majoritè nan biznis la, toutbon vre. Yon lòt fwa ankò, Keith te entèvni; li te mande zanmi l Ron, yon CPA tou, pou li te ale nan yon reyinyon nan etablisman MBOC a avè m. Avèk èd Ron, konpayi an te jwenn sètifikasyon li te bezwen kòm yon biznis minoritè nan vil la. Mwen te pi pre atenn objektif twazan mwen an. VMT LTC te reponn apèl gouvènman an, e nou te soumèt yon òf pou jere etablisman an. Apre sa, nou te kòmanse tann.

Gouvènman an pa t gen ase anplwaye pou li te evalye òf kontra yo rapidman, donk te gen yon reta apre yon lòt. Antretan, konpayi jesyon aktyèl la te jwenn yon seri de ti kontra akoutèm ki te yon paj.

Pwofesyonèl nan endistri an te oujou ap poze m kesyon sou avni mwen nan mezon retrèt la.

"Mwen renmen pòs administratè mwen an," m te di. "Mwen planifye rete, kèlkeswa konpayi jesyon an chaj la, toutotan yo kenbe m nan wò l la."

Yon jou, nan fen yon rasanbleman mansyèl ke Asosyasyon Swen Sante Distrik Columbia (DCHCA) te òganize pou tout administratè mezon retrèt yo, youn nan kòlèg mwen yo te mande, "Solanges, pou kiyès ou t a vle travay?"

"Pou tèt mwen," m te reponn, e m te byen konnen, non sèlman m te fòme yon konpayi, m te fè yon òf sou pwojè a tou.

Repons sa a te reyèl pou mwen, men kolèg mwen an te ri paske li pa t ka imajine yon jou mwen te ka travay pou tèt pa m.

Mwen te sou anpil estrès, men m te kontinye jere etablisman an ak defisyans minim. Medya yo te ban n legen, epi, sa ki pi enpòtan, pa t gen okenn plent nan men rezidan yo, fanmi yo, oswa anplwaye yo. Sa te espesyalman enpòtan antan nou t ap tann pou yo ta akòde n kontra a. Ala de gwo defi pou yon nouvo administratè! M te toujou vize pèfeksyon, epi atenn li te patikilyèman difisil, sitou avèk enfrastrikti etablisman an. Mwen te travay avèk siksè nan yon etablisman gouvènman, kote tout bagay te mande apwobasyon, e nou t ap fonksyone anba plizyè je veyatif. Si yo ta akòde VMT kontra gouvènman an, sa t ap vle di nou t ap gen mwens restriksyon lè n ap eseye fè mezon retrèt la remonte pant lan—se t ap yon seriz sou gato a apre tout efò m te fè pou ranje sitiyasyon etablisman sa a. Mwen te fyè dèske m te amelyore mezon retrèt sa a, epi m te vle pwouve mwen te yon administratris konpetant ki t ap fè prèv li.

* * *

Anvan mwen te rive nan mezon retrèt la, Biwo Espesyalize pou Swen Granmoun Aje te anboche yon konpayi achitekti pou dirije yon gwo pwojè renovasyon edifis la, ki te gen plis pase yon santèn ane depi yo te bati l. Onon gouvènman an, Depatman Travo Piblik nan vil la te chwazi Ruffus, yon enjennyè, pou sipèvize renovasyon etablisman an. Anplis de tout pwoblèm konfòmite pou nou te deja ap veye vizavi egzijans leta yo, m t ap gen pou jere yon gwo pwojè renovasyon plizyè milyon dola.

"Si ou pa prepare, ou prepare pou echwe." Gras a Keith, sa te vin yon mantra pou mwen. A chak fwa nou te bo anvan m kite lakay la pou m al travay, li te di, "Pa bliye, si ou pa prepare, ou prepare pou echwe." Li te di fraz sa a pou motive m depi jou li te asele m pou m te pran diplòm metriz mwen an. Finalman, konsèy li yo te toujou bon.

Nan kad pwogram metriz la, Inivèsite Georgetown te mande etidyan yo konplete yon estaj nan yon sektè espesyalize jesyon swen sante. M te chwazi devlope konpetans nan konsepsyon ak dekorasyon lojman pou moun aje. Pandan manda mwen kòm direktè swen enfimye nan mezon retrèt Washington la, konsèy administrasyon an te planifye pou konstwi yon nouvo mezon retrèt sou yon espas vid yo te genyen sou menm teren an, e yo t ap demoli edifis nou an apre nouvo etablisman an te konstwi. Patisipasyon mwen nan pwojè sa a te katalis pou chwa estaj mwen an. Mwen te pase plizyè mwa nan konpayi achitekti Ouden and Knoop pou m te arive satisfè kondisyon an. M te kolabore anpil tou ak yon sikyat ekolojik, ke yo te anboche pou ede konsèy administrasyon an avèk kreyasyon nouvo edifis la. Entèraksyon mwen avèk pwofesyonèl distenge sa yo—ki te manm yon ekip ki te deja bati yon etablisman depi sou konsepsyon rive sou konstriksyon—te banm yon avantaj sou anpil lòt enfimyè nan vil la.

Lè m soumèt òf VMT an pou jesyon mezon retrèt la, mwen te byen dekri eksperyans mwen te genyen nan domèn konstriksyon, paske mwen te sèten pa t gen lòt moun nan D.C. ki te kalifye menm jan avèk mwen. Poutèt konesans ak eksperyans mwen, m te moun ki te pi kalifye pou dirije etablisman an epi jere pwojè renovasyon li, pou yon pi bèl avni.

FÈ SA MACHE POU OU!

Règleman #18: Jwe wòl detektiv

Refleksyon: Toujou vijilan

Lavi ti tòti lanmè yo difisil. Yo tou piti, dimansyon yon bouche proteyin, e yo gou nan bouch predatè ki grangou tankou raton, krab, ak zwazo. E lè yo rive nan lanmè a, chaje predatè ki ta renmen manje vyann fre. Kijan tòti lanmè fè siviv? Yo aprann kenbe je yo an mouvman pou yo kapab wè danje ki genyen, avan danje an vin jwenn yo, konsa yo kapab evite l. Rete vijilan.

- Eseye metòd mwen an pou konfronte pwoblèm pa ou:
1. Evalye yon pwoblèm w ap viv kounyea. A ki pwen li ka koze domaj? Èske li bezwen entèvansyon w, oswa li pral regle poukò li si ou ba li yon ti tan?
2. Ekri yon plan pou rezoud pwoblèm nan. Jwenn yon solisyon ki mache pou ou.
3. Aplike plan an.
4. Apre aplikasyon plan an, tann yon ti tan pou plan an kapab pote rezilta, epi apre sa re-evalye. Èske gen nenpòt ki lòt pwoblèm ki prezante? Retounen nan etap 1 epi repete l jouk pwoblèm lan rezoud.

- Pran abitid chèche solisyon pase pou w chèche pwoblèm. Pwoblèm prezante tèt yo tout tan, men se fason nou pran ka pwoblèm sa yo k ap fè yon diferans. Pwochen fwa ou tonbe sou yon pwoblèm nan travay osinon nan lekòl, mande tèt ou kijan ou te ka pi byen jere l. Si li pa antre nan konpetans ou (pa egzanp, yon pwoblèm sèvis alakliyantèl avèk yon founisè ou abitye kolabore avèk li), pote solisyon bay moun ki responsab pou jere pwoblèm nan. Rete saj, men ofri yon nouvo metòd pou evite repetisyon pwoblèm nan. Rete poli. Remèsye yo dèske yo te pran tan pou koute enkyetid ou, ak solisyon ou te ofri. Pandan w ap pratike pou jwenn solisyon, pwoblèm yo ap vin pi fasil pou jere, epi tou solisyon yo ap vin nan tèt ou pi rapid.

RÈG POU BYEN VIV

Lè nouvo konpayi mwen an te jwenn kontra a nan men gouvènman an, mwen te vin premye fanm nwa nan Washington, D.C. ki te posede yon biznis mezon retrèt ak sètifika minorite nan vil la. Pafwa m te santi tout je te sou mwen. Mwen te bati yon repitasyon nan endistri mwen an, ak aprann jere pwoblèm inatandi, tankou efò sendikal. Nou elaji konpayi nou ak yon lòt divizyon nan swen sante adomisil. Epi telefòn nan sonnen ak yon opòtinite pou elaji dosye nou pi plis. Natirèlman, mwen reponn apèl la.

Règleman #19: Jere sa ou pa ka kontwole | Prepare w pou sa ki rive sanzatann

Keith te toujou di, "Si ou pa prepare, ou pare pou w echwe" (Chapit 9: "Grenpe mòn yon dinasti"). Mo saj li yo te ede m evite yon pil pwoblèm pandan plizyè ane. Li enpòtan pou w endepandan otan ou kapab, men pafwa bagay yo rive malgre vijilans nou (Chapit 10: "Yon nouvo reyalite"). Ou ka fè plizyè bagay pou simonte moman difisil: Rete pozitif, planifye otanke posib, epi chèche yon rezilta pozitif. Si ou rive jwenn yon bagay pozitif pandan w ap travèse yon kalamite terib, li pral ba ou fòs pou w avanse.

Li enpòtan anpil pou konnen kilè pou chèche èd. Lavi Ana, yon zanmi m, te frape trajikman pa atak teworis 11 septanm. Li pa t ka kontwole ni prevwa anyen. Grenn konsolasyon ki genyen nan senten sikonstans, se konnen ou gen yon zanmi ki pral la pou ou (Chapit 12: "Lavi ak pèt"). Li nòmal pou mande èd lè sityasyon an tèlman grav pa gen anyen pou jere ankò. Ak eksperyans mwen genyen, m konnen li pi fasil an teyori ke nan pratik. Mwen te la lè Ana te bezwen m apre 11 septanm. M pa t ezite kanpe dèyè l pou kite l apiye sou mwen. Men, lè mari m te vin malad, mwen te aprann trè vit vale fyète mwen, epi m te kite moun konnen mwen bezwen yo (Chapit 13: "Chak kòmansman gen finisman"). Se lè sa a mwen te aprann mwen pa dwe janm santi m poukò m. Si m ta janm nan yon sityasyon dezespwa, ke mwen pa ka jere poukont mwen, mwen dwe mande èd. Mande pa dezonè. Mwen te aprann sèvi ak resous mwen genyen.

CHAPIT DIS

Yon Nouvo Reyalite

Apre plizye mwa sispens, Vital Management Team, Inc. te jwenn kontra nan men gouvènman an pou jere mezon retrèt lan. Difètke m te administratè menm etablisman konpayi m nan t ap jere an, mwen te vin yon travayè endepandan: premye moun nwa ki te posede yon biznis minorite sètifye nan domèn retrèt nan vil la.

Nan pwochen reyinyon Asosyasyon Swen Sante Distrik Columbia, se avèk kè kontan ak anpil fyète mwen te anonse gouvènman an te akòde konpayi mwen an kontra a. Li te pran yon bon minit anvan premye moun nan te pran ase kouraj pou felisite m; tout sal la te nan yon eta chòk. Yo pa t kapab kwè sa. Pa t gen moun ki te konnen mwen te fòme yon konpayi, soumèt yon òf, e jwenn kontra a nan men gouvènman an. Sekrè sa a te byen kenbe nan vil lan. Apre reyinyon an, m te apwoche kolèg ki t ap pede poze m keskyon prèske chak mwa sou lavni mwen nan etablisman an. "Eske w sonje ou te mande m pou kiyès m ta vle travay? M te reponn: pou tèt mwen. Kounye a, ou konnen m t ap di w laverite. M ap travay pou tèt mwen. Mwen se pwopriyetè ak CEO konpayi an, epi mwen kontinye travay nan etablisman an kòm administratè li." M te pale ak elokans, pandan m te plake yon souri nan figi m ki ta vle raple souri mari m.

Li te lè pou m montre jis kibò m te ka monte, apre tout kolèg mwen yo te desann osi ba. Lè yo te nonmen m administratè, asosyasyon sa a pa t byen aksepte m, sitou administratè blan yo—e te gen anpil. Mwen pa t sezi: youn nan administratè sa yo te bon zanmi ak nonm mwen te ranplase an, alòs arive mwen te deranje l anpil, menm jan ak lòt zanmi l ki te nan asosyasyon an. "Fòk nou kanpe direktè swen enfimye yo pou tout pa tounen administratè," li te di sou yon ton sakastik nan youn nan reyinyon yo. "Avan nou bat je nou, y ap pran tout pòs administratè vil la." Remak sa a, m te konnen se pou mwen li te fè l.

Men se te yon menas pou lòt direktè swen enfimye ki te gen menm anbisyon pou yo te administratè. Dapre règleman lisans Distrik lan, komite ki bay lisans la ta dwe gen ladan omwen yon administratè ki gen lisans li pou mezon retrèt. Si kòmantè sa a te reflete atitid administratè aktyèl yo, yo te ka refize bay direktè mezon retrèt yo lisans san rezon valab.

Plizyè ane apre, Garrett, ki te vin tounen administratè yon mezon retrèt nan Zil Vyèj yo, te de pasaj. Nan yon reyinyon DCHCA, li mansyone li te Etazini pou rekrite yon direktè swen enfimye. Yon manm konsèy la, ki te chita sou tab donè a, te rele byen fò, "Pouki ou pa pran Solanges?" Sa te sitou pou rabese m, malgre m te chèf egzekitif/pwopriyetè konpayi mwen, e administratris nan mezon Sant pou Moun Aje a. M senpleman tchuipe. Yo te mèt sakastik e anbarasan, yo pa t ap anpeche m amelyore etablisman an; tou dousman m t ap agrandi biznis mwen, epi anrichi tèt mwen onivo pwofesyonèl e finansye. M pa t okipe yo e m te refize kite yo vòlè lajwa mwen.

Poutèt mezon retrèt lan se te pwopriyete gouvènman an, kontra a te mande pou nou te fè yon pòtouvè chak ane—yon gwo zafè, e souvan majistra vil la te vini, ansanm ak twaka kabinè li a, manm konsèy la, ak manm kominote moun aje yo. Evènman sa a te toujou yon bèl fèt pou gouvènman an, yon bon anbyans pou aksyonè, rezidan, fanmi yo, ak anplwaye yo tou. Pandan youn nan aktivite fèt ak amizman pòtouvè yo, yon anplwaye te apwoche m tou dousman, e li te mande m vini nan resepsyon an imedyatman pou reponn yon apèl. M te refize abandone envite mwen yo, epi m te mande anplwaye an pran yon mesaj, oswa pou l mande youn nan direktè yo pou reponn apèl la nan plas mwen.

M te chita sou tab donè a lè anplwaye an te retounen ankò pou pale avè m nan zòrèy. "M dezole, madam; moun ki rele an se avèk ou sèlman li vle pale."

Victor, ki te asosye mwen, e youn nan manm konsèy la ki te pi atansyone, t ap suiv konvèsasyon m avèk anplwaye an, epi li te wè m te parèt kontrarye. Lè m kite pyès la brip sou kou, li suiv mwen nan antre an, kote resepsyonis la konfime, "M dezole, madam. Moun nan ensiste pou li pale avè w." Li konekte m sou yon telefòn nan koridò a. Victor, ki te santi te gen yon pwoblèm, te suiv mwen. Li te koute atantivman pandan mwen t ap pale ak moun ki te rele a.

"Mwen se administratris la," mwen te di, antan m t ap mete resèptè a nan zòrèy mwen. "Kouman mwen ka ede w?"

Vwa nan telefòn nan reponn, "Mwen se yon travayè sosyal nan lopital la, e mwen gen youn nan rezidan ou yo avèk mwen. Li di gen yon moun ki vyole l nan mezon retrèt la yèswa, yon nonm ki te mete yon vès blan laboratwa. Mwen te vle fè w konnen, paske, dapre pwotokòl lopital la, mwen dwe notifye lapolis imedyatman—ansanm avèk medyatè a, epitou Sèvis Pwoteksyon pou Granmoun."

Mwen te santi se kòmnsi yo te rale kè m sòti nan pwatrin mwen. Mwen imajine doulè pasyan an te viv, ak atwòsite sitiyasyon li. Mwen te enkyete m tou pou pwòp sitiyasyon pa m. Mwen te gen yon etablisman plen envite ak manm laprès. Pou lapolis ta envestige yon ka vyòl nan mitan tout sa? M te ka imajine degre pale anpil ak pwoblèm sa te ka mennen. "Eske ou ta ka di m non rezidan an?" mwen mande. "Anvan ou rele lapolis, tanpri pèmèt mwen gade dosye li pou wè kiyès ki te pran swen li yèswa."

"Non li se Madan Jambiyas."

"O, m konnen li," mwen di. "Li abite nan dezyèm etaj la. Eske m ka gen kèk minit pou mwen kouri nan inite a byen vit?" M tap sipliye li pou l ban m yon ti tan. "Tanpri, ban m yon nimewo telefòn pou jwenn ou. M ap rele w touswit."

Victor pran yon plim ak yon papye pou li ekri nimewo an pandan mwen t ap repete li byen fò. Lè m rakwoche telefòn nan, anvan m te ka di yon mo, Victor te di, "Bondye! Ou sanble yon moun ki fèk wè yon dyab."

"Sa pi mal, Victor," m reponn. M sipliye li pou li retounen nan fèt la, epi pou li pa di pesòn yon mo. Lè sa a, mwen te mande resepsyonis la kontakte direktè swen enfimye an, mande l vini nan nan dezyèm etaj la rapido-presto. M kouri anwo a, epi m priye Manman Mari pou l ede m travèse move rèv sa a. Direktè swen enfimye an avè m kouri nan inite kote Madan Jambiyas te rete. Nou te pran dosye an, epi nou te gade nòt enfimyè yo, ak lòd doktè an te pase.

"Li te gen yon lafyèv nuit avan an poutèt li te trè konstipe," mwen te remake.

Doktè an te bay lòd pou ede Madan Jambiyas alamen, pou l al alasèl, e se yon enfimye otorize gason ki te ede li.

"Sa eksplike akizasyon yo," direktè swen enfimye an te di. "Li pwobableman panse se vyole yo t ap vyole li."

Nou toude te soulaje pa rezilta yo. Direktè swen enfimye an te kouri rele travayè sosyal la nan lopital la, epi li te voye paj ki enpòtan nan dosye medikal Madam Jambiyas la pa faks. Lopital la ta pral konfime pita ke pa t gen okenn siy molestasyon. Nou te evite dezas la.

M tap tranble toujou lè m retounen nan fèt la. Pòsyon diskou nan pwogram nan te fini, men resepsyon an t ap kontinye ak anpil moun ki t ap manje, bwè, pataje lide, kòmante sou diskou yo te tande, epi sou pwogrè etablisman an te fè. Mwen te dekonsète akòz sa ki te fenk rive a. Yon fwa ankò, zanj gadyen mwen an te bò kote m, kifè mwen te evite yon dram. Avan l te kontakte lapolis, travayè sosyal lopital la pa t oblije pou kontakte m dirèkteman. Si li pa t fè m yon apèl, konsekans yo te ka katastwofik, espesyalman si laprès te pran van istwa a. Li ta ka vin yon fyasko total. Sitiyasyon an te ka pran pwopòsyon terib avan rezilta egzamen yo ta rive pou bay enfimye mwen an rezon, epi konsekans yo te ka detwi mezon retrèt la, detwi karyè enfimye ki te ede Madam Jambiyas la, e detwi karyè pa mwen tou, pesonèlman, antan ke reprezantan VMT.

Travayè sosyal la te rele m, paske mwen te gen yon repitasyon san tach nan kominote travay sosyal la. Se te rezilta relasyon m te konstui. Yon zouti jesyon puisan se devlopman rezo kontak, e m te gen chans rekonèt valè li byen bonè nan karyè mwen. Direktè sèvis sosyal nan etablisman nou an te patwone yon *lunch* chak ane, pou selebre Semèn Travay Sosyal. An jeneral, li te envite travayè sosyal ki soti nan divès mezon retrèt ak lopital. Mwen te toujou asiste evènman an, e souvan m te fè diskou. M te akeyi envite yo pèsonèlman nan mezon retrèt la. M te pale ak elokans sou yon sijè enteresan nan domèn la, epi mwen te amikal ak tout moun, menm si m pa t konnen non pèsòn. Sekrè rezotaj sèke, nan pataje sa ou konnen, ou miltipliye sa ou resevwa an retou: benediksyon. Se te yon vre benediksyon lefètke travayè sosyal la te rele m jou swa sa a; li te fè m koutwazi sa a paske li te konnen m.

Mwen te santi m pwoteje pa zanj gadyen mwen an epi, atravè lafwa mwen nan Bondye, mwen te rive siviv yon lòt difikilte.

Mezon retrèt lan te kòmanse ap pwogrese pou atenn potansyèl m te imajine pou li a. M te vin tounen yon ekspè nan kesyon evite katastwòf preske chak jou. Nan yon rechèch pou pèfeksyon, m t ap tann maksimòm nan men direktè ak administratè mwen yo, ki yo menm, annechanj, te etabli atant ki te trè wo pou anplwaye yo tou. Nan etablisman an, tout moun te envesti anpil lè travay. M te konnen anplwaye yo t ap fè tout posib yo pou yo atenn egzijans mwen yo. Presyon a te wo: konstriksyon an te kòmanse, e pou fè plas pou renovasyon yo, nou te fenmen plizyè inite swen enfimyè anmenm tan. Gen kèk rezidan ki te travèse nan lòt inite entèn, e gen lòt moun yo te transfere al nan lòt mezon retrèt. Yo te bati mi pou separe anplwaye yo, rezidan yo, ak vizitè yo de zòn konstriksyon yo. Lè yo te dekouvri amyant senten kote nan bilding lan, mwen te anboche travayè espesyalize nan domèn sanitasyon ak sèvis ijyèn, epi yo te mezire epi afiche nivo amyant nan bilding lan chak jou.

M te estime m tap jere sikonstans sa yo trè byen, avèk detèminasyon, prekosyon, epi anpil evalyasyon. Mwen konnen gen kèk anplwaye ki te fache, epi te gen lòt ki te parèt agase akòz deranjman kontinyèl konstriksyon an te pote. M te kontinye planifye reyinyon avèk anplwaye yo regilyèman, epi m te kenbe politik pòtouvè mwen an pou m te tande ak tout kè m plizyè plent anplwaye ak manm fanmi rezidan yo te genyen. Apa deranjman konstriksyon an te lakòz, pa t sanble gen okenn lòt gwo pwoblèm. Osinon se sa m te panse...jiskaske, yon jou, m te gen sipriz wè yon sendika ki ta p fè grèv sou twotwa mezon retrèt la; yo t ap chante, di anplwaye yo te vle sendikalize.

Mwen te travay nan yon anviwònman sendikalize anvan, nan lopital Mount Sinai, men se pa t nan yon nivo jesyon siperyè. Mwen te patisipe tou nan reyinyon sendikal lè m te asistan enfimyè anchèf, lè sendika a pa t dakò avèk mezi disiplinè mwen te pran kont yon asistan enfimyè. Kounye a, kòm CEO nan VMT, epi administratè nan mezon retrèt la, sendika a t ap vize m dirèkteman, e si m te fè yon sèl fo pa nan jan m t ap jere entèraksyon mwen avèk yo, sa te ka koute VMT trè chè. Ak yon lis bagay pou m regle ki pa janm fini, m te konnen aktivite sendikal sa yo te depase sa m te kapab jere poukò m. Li te vin enperatif pou mwen te jwenn asistans yon avoka espesyalize nan kòz travay, e komite nou an te dakò pou anboche Little & Mendelsohn, yon kabinè avoka ki te bat yon kanpay sendikal lè m te direktè swen enfimyè nan mezon retrèt Washington lan.

Nouvo òganizatè sendikal sa yo te lanse yon kanpay difamasyon kont mwen pèsonèlman. Pou plizyè mwa, pandan kabinè avoka a te nan negosyasyon legal, manm sendika yo te rasanble devan edifis la; yo te pote bannyè avèk pankat ki te gen foto m sou yo. Nan foto sa a, mwen te gen yon manto fouri sou mwen. Lòt foto an te montre Mèsedès mwen an, epi gason yo ak fi yo tap chante, di mwen te vòlè lajan anplwaye yo pou achte fouri chè ak gwo machin. Se pa t vre ditou. Mwen te travay di, e tout salè mwen te fèt onètman. Katrevendis pousan nan moun ki t ap manifeste yo pa t menm travay nan mezon retrèt la. An reyalite, pi fò nan anplwaye mwen yo te trè fache pou yo wè avèk ki taktik òganizatè sendikal yo t ap sèvi. Yo te vin nan biwo mwen an anfoul, pou yo fè ekskiz pou aksyon sendika a, epi yo te eksprime konstènasyon yo devan kèk nan anplwaye ki t al pwoteste yo. Yo te konnen moun ki t ap brandi pikè sendika yo t ap rele fo slogan. "Nou pa ta janm panse bagay sa yo sou ou," yo te di. "Nou konnen fyète w, kòm pitit Karayib la, pa t ap pèmèt ou vòlè lajan nan men nou."

Lè yo te konte bilten vòt sendika a, rezilta yo te montre anplwaye nou yo te vote *non* pou sendikalizasyon—yon gwo viktwa pou sosyete nou an ki te fèk fòme, malgre sa te koute nou plis pase karant mil dola. Yon lòt fwa ankò, avèk kè kontan, mwen te kanpe ak tèt mwen byen dwat: yo p at ka rive bat mwen. Kòm ofisye egzekitif an chèf, m te genyen premye viktwa mwen kont sendika a.

Distrik Columbia ak enspektè federal yo te enspekte mezon retrèt la, endepandan de vil la, e finalman enspektè Distrik lan ak enspektè federal yo te fè yon enskepsyon jwent. An jeneral, li pi difisil pou yon mezon retrèt pase yon enspeksyon jwent, paske enspektè federal yo rijid nan jan yo evalye e kritike pwosesis leta a nan aplikasyon règleman federal yo. Olye pou l te pase yon enspeksyon leta, etablisman nou an te sibi yon enspeksyon nan men vil la, paske yo pa t konsidere Distrik Columbia tankou yon eta. Gouvènman federal la peye pou enspeksyon plizyè milye mezon retrèt nan Etazini, Zile Vyèj, ak Pòtoriko, ki resevwa lajan nan men Medicare ak Medicaid. Esansyèlman, sondaj jwent ak sondaj endepandan se mwayen gouvènman federal la pran pou evalye sèvis leta bay onon yo.

Youn nan objektif ki pi enpòtan nan yon mezon retrèt se pase evalyasyon sa yo chak ane. Enspeksyon yo pote anpil estrès pou administratè mezon retrèt yo, paske si rezilta evalyasyon yo pa satisfezan, sa ka mennen konsekans tèt chaje, tankou penalite sivil, kote etablisman an oblije peye yon amann chak jou jiskaske li korije yon pwen fèb, epi jiskaske li vin konfòme l ak règleman federal ak/osinon règleman vil la. Yon enspeksyon gen dwa lakòz yon friz sou admisyon. Li gen dwa lakòz yo revoke yon direktè swen enfimye, arete yon administratè, bay kout lang nan laprès, epi met fen a kontra yon konpayi jesyon. Li gen dwa lakòz tou yo anboche yon jesyonè pou jere operasyon yon etablisman tanporèman, osinon, nan ka ki pi mal yo, yo konn fenmen yon mezon retrèt yon fason pèmanan. M te veye pou m te jere etablisman an byen, san dram.

VMT pase plis ke ventan ap jere etablisman sa a pou gouvènman an. Pandan peryòd sa a, mezon retrèt lan te pase plizyè douzèn enspeksyon. Objektif mwen se te pran yon etablisman ki te gen plis pase 100 pwen fèb, epi rive fè l pa gen okenn pwen fèb ditou. M te rive atenn objektif sa a nan plizyè okazyon, e gouvènman federal la te rekonèt mezon retrèt nou an tankou mezon retrèt ki te pi byen jere nan vil la. Pou selebre viktwa sa a, nou te peye pou yon gwo anons nan *Washington Post*, pou esprime gratitid nou anvè anplwaye nou yo, epi tou pou felisite yo pou tout efò ak travay yo te fè. Mwen dwe admèt mwen te benefisye rekonesans piblik la. Mwen te rive jere etablisman an avèk efikasite, sa ki te enspire konfyans anpil anplwaye ofisyèl nan gouvènman an ki te menm admèt pwòch yo nan etablisman nou an—yon bagay ki montre nou te bati yon repitasyon solid nan bay swen eksepsyonèl. Nan plizyè okazyon, majistra te fè reyinyon kabinè nan mezon retrèt la. Sityasyon finansyè etablisman an te chanje drastikman tou. Nou pa t ap jere yon defisi ankò; nou te kòmanse opere a pwofi.

M te antoure avèk rezidan, fanmi, ak anplwaye ki te kontan, epi kounye a mwen te pare—epi m te prese—pou m te jwenn plis rezilta toujou epi atenn objektif pèfeksyon m nan. M pa t janm satisfè; m pa t janm gen ase. M te kontinye kwè satisfaksyon mennen konplezans; satisfaksyon ka fè nou mete mwens efò, sa ki manifeste sou fòm blokaj, ki ka anpeche nou grandi e devlope tèt nou. Si ti gason m nan, Kevin, te pote yon kanè lekòl ak yon A, m te plenyen poutèt li pa t fè plis efò pou fè yon A+. M rete kwè tout pwojè ta sanse gen objektif siksè total. Konviksyon sa a te kle nan vwayaj mwen te fè, soti nan ranyon, rive nan richès.

Konpayi mwen an te erite yon dispit ki te egziste nan etablisman an depi anvan nou te vin anchaj. Se te yon diferans 4 milyon dola Medicaid t ap mande etablisman a ranbouse. Pozisyon konpayi jesyon ki te la anvan an, sèke Medicaid te derefize pou l te peye pou swen yo te bay benefisyè li yo. Konpayi an te deklare lajan sa a yo pa t peye an, se te youn nan rezon etablisman an t ap opere avèk yon defisit trè wo. M te dètèmine pou m te wè klè sou sityasyon sa a, kifè m te anboche yon konpayi CPA ekstèn, Walker and Company, pou fè yon kontwòl kontab sou dosye bòdwo ak lòt dokiman, epi prezante rezilta yo bay gouvènman an, epi bay konsèy direktè yo nan VMT. Rechèch la revele, an reyalite, Medicaid te fè neglijans lè pou l te ranbouse etablisman an. Se te yon sijè diskisyon depi lè Medicaid te jwe wòl ajans gouvènman an, rive jouk lè mezon retrèt la te vin tounen yon pwopriyete gouvènman an tou. Rezolisyon dezakò sa a te met fen a yon diskisyon trè long, e ankò yon fwa, VMT te ranpòte laviktwa. Se te yon gwo siksè pou etablisman an. Pwofi an te pou mezon retrèt la, li pa t pou konpayi ki t ap jere biznis la, kidonk lajan inatandi sa a te sèvi pou renovasyon edifis lan. Lajan sa a te ede nou ogmante salè anplwaye yo, e li te pèmèt etablisman an rete konpetitif nan rekritman kandida kalifye pou pòs ki te louvri yo.

Poutèt kalite siksè sa a, pou anviron ventan, gouvènman an te siyen kontra avèk VMT pou nou jere etablisman an, ankò e ankò. Lòt konpayi nan vil la t ap mande tèt yo kijan nou te fè toujou ap jwenn kontra sa a. Gouvènman an te fè konpayi an konfyans, paske nou te kontinye bay rezidan nou yo trè bon swen; nou te responsab onivo fiskal, e nou te gen anpil konesans sou kesyon regilasyon. Lè yon konpetitè te vle soumèt yon òf pou kontra, yo te rele m an premye, pou wè si VMT t ap soumèt yon òf sou menm kontra sa a, pou evite gaspiye lajan ak enèji yo. Pandan yon diskisyon sou zafè kontra, yon jesyonè mezon retrèt te komante, "Vil la ta fin egare, pou l ta retire kontra sa a nan men VMT." Menm yon konkiran te kapab apresye kalite travay konpayi m nan t ap fè—e gouvènman an te apresye li tou. VMT te jere etablisman an pou plizyè ane, sou administrasyon diferan majistra, sa ki te trè inabityèl. M te kontinye jesyon mezon retrèt la, e m tap sipèvize direktè egzkitif la nan biwo antrepriz VMT. Patnè mwen yo, se te sitou envestisè, ki te patisipe nan reyinyon konsèy la, epi ki te bay sipò moral, epi kapital entelektyèl tou, sitou pandan aktivite sendikal ki t ap fèt nan etablisman an. Yo te banm konsèy sou asirans finansye, ak pwoblèm legal. San entèferans, m te kapab devlope objektif konpayi an, mete yo an aplikasyon, jere, epi kontinye re-evalye jan biznis la te reponn a atant sevè mwen yo.

An 1990, yon regilasyon federal—Lwa Rekonsilyasyon Bidjè Omnibus—te egzije pou tout asistan enfimyè k ap te travay nan mezon retrèt Ozetazini te sètifye. Pou yon moun te ka vin yon asistan enfimyè sètifye, li te oblije ale nan yon lekòl leta ki lisansye, suiv yon kou preparatwa, epi pase yon egzamen leta pou jwenn sètifikasyon an. Lè mwen konsidere nouvo règleman sa a, ak konplikasyon li te kreye pou tout anplwaye nou yo ki te gen pòs asistan enfimyè nan mezon retrèt la, mwen deside elaji konpayi nou an. M pa t vle rate yon opòtinite, alòs m te imedyatman louvri yon lekòl pou antrene asistan enfimyè, e prepare yo pou egzamen lisans lan. M te premye moun nan vil la ki te kreye yon lekòl pou satisfè manda federal sa a. Yon fwa anplwaye mwen yo te resevwa fòmasyon ak sètifika yo, lekòl la te ouvri pòt li bay nenpòt aplikan ki te kalifye. Avan lontan, lekòl la te vin tounen yon sant edikasyon akredite, ki te ofri pwogram pou fòme enfimyè pratik, teknisyen famasi, terapet espesyalize nan masaj, ak asistan espesyalize nan swen adomisil—tout pwogram sa yo anplis pwogram asistan enfimyè a.

Poutèt m te toujou bay tèt mwen defi ak nouvo pwojè, m te ajoute yon nouvo divizyon nan konpayi an: VMT louvri yon ajans espesyalize nan swen adomisil. Medicare ak Medicaid te sètifye ajans sa a, epi li vin ofri sèvis sante adomisil bay plis pase twasan kliyan. Lè w reyisi, se yon chwa, e kle pou w reyisi se aprann viv andeyò zòn konfò w la. Lè gen bagay m pa konnen, m pa kite laperèz paralize m. M pa kite laperèz anpeche m eseye. M te toujou yon moun ki pran risk, e m pa janm pè pran risk sa yo. M te travay trè di, e m te toujou kenbe yon atitid pozitif. Pandan tout bagay te sanble ap mache byen pou mwen, malerezman asosye mwen yo pa t gen chans sa a. Dòk te pèdi lisans medikal li; li pa t ka pratike medsin ankò, e gouvènman federal la te fòse li fenmen biznis li (ki, erezman, pa t gen enpak sou repitasyon VMT paske li pa t janm pwofese medsin nan VMT); Vic li menm te vann konpayi reyadaptasyon li an bay yon lòt konpayi ki te ofri swen sante tankou VMT, e konpayi sa a te entèdi l kenbe aksyon nan yon biznis konpetitif. Keith avè m te achte aksyon de asosye yo, pou nou tounen sèl pwopriyetè VMT, ak de nouvo antrepriz nou yo: Sant Edikasyon VMT, ak Ajans Swen Adomisil VMT.

Yon fwa li te pran diplòm premye sik li nan Inivèsite Syracuse, pitit gason m nan te vin yon modèl pwofesyonèl nan vil New York. Apre yon tan, sepandan, li te retounen lakay li pou al nan Inivèsite George Washington pou fè metriz li nan jesyon biznis (MBA). Pandan etid siperyè li yo, li te travay nan VMT pou li te mete an pratik sa l t ap aprann lekòl. Li te fyè travay sou direksyon manman l: yon ti adolesan ayisyèn nayiv ki te pale franse, ki pa t konn anyen nan lang angle lè li te rantre Ozetazini, men ki te rive bati pwòp anpi li gras a detèminasyon ak anpil travay.

M te transfòme lavi m pou m tounen yon fòs enpòtan. Sòti nan sekretè, mwen te vin trezorye, vis-prezidan, epi prezidan Asosyasyon Swen Sante Distrik Columbia, menm asosyasyon sa a ki te oprimabò ezite akeyi m kòm nouvo administratris, menm jan ak lè m te pran pòs nan Sant pou Moun Aje an. M potko menm fin konstui edifis konpayi an, lè yon nouvo defi te prezante rapid.

Anvan yo te achte mezon retrèt Sant pou Moun Aje an, mezon retrèt VMT t ap jere an, gouvènman an te gen yon lòt mezon retrèt deja ki te vin fèmen, yon lopital jeneral, ak yon lopital sikyatrik. Lè yo te jwenn yon dyagnostik doub, yon malad mantal ki te gen andikap onivo devlopman, e ki pa t bezwen entèvansyon sikyatrik avanse nan lopital la ankò, gouvènman federal la te mande pou Majistra a transfere moun sa a nan yon anviwònman ki pi apwopriye, tankou yon mezon retrèt. Nan kadran Nòdwès vil la, te gen yon edifis yo rele Johnson. Biwo Lojman ak Devlopman Iben (Office of Housing and Urban Development, oswa HUD) te sezi edifis la, men li te rete vid pou apeprè twazan. Apre sa, HUD te fè vil la kado edifis la pou yo montre bòn volonte yo pou abrite moun ki gen maladi mantal kwonik, ki te soti nan lopital sikyatrik la. Kado sa a gouvènman federal la te bay te piti, men li te yon senbol enpòtan pou vil la, patikilyèman lè nou gade tout dezavantaj yon distrik genyen an konparezon ak yon eta. Se te yon gwo edifis ki te ka pran plis pase desankarant moun. M pa t abitye akeyi pasyan ki te transfere sot nan lopital sikyatrik la, epi pou m admèt moun nan kominote an ki gen maladi kwonik, onivo fizik e mantal. Tout pasyan sa yo te endijan, e yo te bezwen swen enstitisyonèl annijans. Yo te transfere anviwon senkant moun aje ak maladi kwonik, soti nan lopital sikyatrik la pou yo vini nan edifis sila a.

Ozetazini, kòd sekirite yo trè rijid pou mezon retrèt, plis pase nenpòt ki lòt etablisman espesyalize nan swen sante. Yo di mezon retrèt yo suiv règleman ki pi sevè pase règleman yo mete an plas pou izin nikleyè yo. Li te pran yon pakèt tan pou pare edifis la onivo kosmetik pou li te konfòme l a kèk, men pa tout, règleman federal ak règleman vil la, san konte fò li te reponn a tout egzijans Medicaid te fè onivo sètifikayon, paske Medicaid se te sèl sous peman pou pasyan ki te abite nouvo edifis la. Oprimabò gwo edifis sa a pa t fèt pou li te tounen yon mezon retrèt, e sa ki te poze senten defi san parèy. Anplis de sa, etablisman an te plen lòt pwoblem, kèk pi konplèks pase lòt. Majistra a te gen sajès pran yon konpayi jesyon pou opere edifis la, olye pou l te kite edifis la jere tèt li.

Chak konpayi k ap demare konfwonte anpil defi, e gen senten defi ki pi gwo pase lòt. Yo ka mezire nivo difikilte an selon nivo preparasyon yo te envesti nan pwojè an. Edifis HUD te fè kado an te vin yon ka tipik, kote mank preparasyon te lakòz echèk. Yo te dwe aplike yon plan byen devlope pou transfere kòmsadwa pakèt moun aje sa yo, ki te gen maladi kwonik, pou y al nan nouvo etablisman an. Akòz frajilite popilasyon an, li te ekstrèman enpòtan pou tranzisyon an te fèt san pwoblèm. Men depi nan kòmansman, mwen menm ak kòlèg mwen yo te vin reyalize gwo obstak anplwaye nouvèl ekip la te genyen devan yo. Yo t ap fè anpil efò pou fè fas a nouvo responsabilite yo, e yo te mande m plizyè fwa pou m te ede yo pare pou enspeksyon sevè vil la ak gouvènman federal la t ap vin fè. Yon fwa ankò, laprès te deja ap rapòte nouvèl negatif sou yon lòt mezon retrèt gouvènman an te posede, e ki te an fayit.

Jan mwen te fè l nan tan lontan pou lòt mezon retrèt ki te kontakte m pou m te ede yo, mwen te revize politik ak pwosedi yo; mwen te li tout rapò enspeksyon pase yo, epi mwen te mache toupatou nan edifis lan pou idantifye pwen fèb nan etablisman an pou m wè ki pwoblèm yo te ka korije anvan evalyasyon ofisyèl lan te fèt. Lè m fè evalyasyon etablisman an, m vin reyalize defi konpayi jesyon an t ap konfwonte. M te pataje pèspektiv mwen—men konpayi jesyon an te gen plis pwoblèm pase sa yo te ka jere. Anpil nan anplwaye yo te sispann vin travay; anpil nan founisè yo te derefize livre machandiz e bay sèvis, paske yo pa t peye yo; epi labank te refize pran chèk salè anplwaye yo, paske chèk sa yo te san pwovizyon. Sa k pi mal la, konpayi jesyon an te vin ekri yon lèt bay Majistra a, pou kanpe kontra yo ak gouvènman an, imedyatman. Yo te abandone etablisman an san yo pa t peye taks ak asirans anplwaye yo.

Sa te vin kreye yon gwo kriz pou vil la.

Yon jou solèy nan mitan ane 1990 yo, nan zòn dizè nan maten, m te resevwa yon apèl direktè depatman resous imèn vil la, ki mande m vin nan biwo li nan zòn dezè nan apremidi pou pale de jesyon mezon retrèt Johnson la. Nan moman sa a, VMT te deja ap jere mezon retrèt Sant pou Moun Aje an depi plizyè ane, onon gouvènman an. Sou direksyon mwen, etablisman sila a pa t enterese laprès ankò, e li t ap fonksyone trè byen onivo fiskal ak onivo jesyon.

"Msye Hawk," mwen di, "ou rele m a dizè. Kijan ou ta vle pou m gen tan nan biwo ou a dezè?"

"M pa konnen," li reponn. "Yo di m se ou menm sèl ki ka ede m ak kriz mezon retrèt nou an ap pase vizavi gouvènman an. M ap tann ou a dezè, oke?"

M pa t gen okenn chwa, donk mwen di, "Wi, msye," byenke m pa t menm fin konnen ki kote biwo l te ye.

Nan detwa zè, m te arive rasanble yon ekip solid. Li te gen ladann direktè egèzekitif VMT, ki te gen yon fòmasyon legal, ekspè kontab nou an, avoka konpayi an, epi byennantandi Keith ke m te renmen, ki te kwè nan mwen, e ki te kanpe dèyè m depi kòmansman konpayi an, e pandan tout tribilasyon nou te pase. Aprè Dòk ak Victor te kite VMT, mari m Keith te fèmen biznis pa li pou rantre nan antrepriz mwen an. Ansanm, nou tout te mache nan biwo Msye Hawk la. Li te sezi wè kantite-—ak kalib—moun mwen te rive rasanble nan ti tan sa a. Apre entwodiksyon yo, li te di ak yon souri byen laj, "Si yon moun nan vil sa a kapab rasanble kalite ekip pwofesyonèl sa a nan yon tan kout konsa, moun sa a sipoze travay pou biwo mwen."

Pou kòmanse, nou te fè ti konvèsasyon, e te menm gen kèk opòtinite pou ri, jiskaske Msye Hawk te sispann pale briskeman pou li gade m. Trè seryezman, li te mande, "Kijan fè m potko janm rankontre w?" Li pale dirèkteman avè m, "Ki kote ou te ye? M te panse m te konn toutmoun ki gen yon konpayi swen sante nan vil la."

M te souri menm jan ak mari mwen, epi m te reponn, "Mwen fè travay mwen, mesye. Mwen okipe afè pa m, e mwen rete nan plas mwen." Mari m ki te toujou wòl konseye mwen, ak wòl konsyans mwen tou, te aprann mwen pou m pa t mele nan politik vil la. Konsèy sa a te sèvi m byen, e li te ede m rete "youn nan moun ki pi pwòp ki genyen"—yon andòsman prezidan konsèy kontwòl la te ban mwen nan yon odyans.

Nou diskite pwoblèm mezon retrèt la t ap konfwonte, e Msye Hawk te pwomèt pou li bay VMT yon kontra pou li jere Johnson pou gouvènman an. Kontra sa a te ajoute yon dezyèm mezon retrèt nan dosye konpayi nou an. Sa te ijan pou nou ede yo. Se te mwa Novanm, nan semèn Aksyondegras, e Johnson potko janm peye anplwaye yo. Konpayi jesyon an te konplètman abandone mezon retrèt lan, e pou yon peryòd kout anvan nouvo konpayi an pran Johnson an men, legalman anplwaye yo te sou pewòl gouvènman an. Anplwaye yo te desi, e yo te fache; yo te anvayi biwo administratè vil la, ak biwo kontwolè/direktè finans la, pou mande pale ak majistra a, e pou egzije gouvènman an peye yo. Yon fwa ankò, medya yo te twò kontan kouvri pwotestasyon anplwaye yo, e nan laprès ekri, e sou difizyon nan radyo ak televizyon.

Pandan peryòd ajite sa a nan etablisman an, VMT te aktivman negosye avèk biwo kontra gouvènman an. VMT te fè demann ki te etranj, men ki te nesesè pou pran kontwòl etablisman an, e pou kòmanse yon pwosesis reyadaptasyon pou mete mezon retrèt la an konfòmite, epi pou rezoud plent lejitim anplwaye yo. Youn nan demann yo, sete pou yo otorize VMT voye bòdwo dirèkteman bay Medicaid, ak lòt moun ki te dwe lajan, epi pou tout lajan t al nan etablisman an dirèkteman, pou pèmèt nou jere kriz la avèk plis efikasite. Mwen te eksplike poukisa: akòz sa k t ap pase nan mezon retrèt la, etablisman an pa t kapab ret tann chèk nan men trezò piblik vil la; pou mezonte retrèt la sibziste, fò nou te peye tout moun rapid. Nan kontra a, VMT te mande gouvènman an tou pou li avanse nou ase lajan pou nou peye tout anplwaye, epi pou nou repran anplwaye ki te kite travay la poutèt yo te fristre. Nou te mande lajan tou pou peye kèk founisè, pou ankouraje yo retounen, oswa pou yo kontinye founi machandiz e bay sèvis.

Objektif la te senp: si anplwaye yo te konnen yo t ap peye yo davans, te gen plis chans pou yo dakò retounen nan travay la. Yo pa t gen lajan pou machin, yo pa t gen lajan pou inifòm, e, nen senten ka, yo pa t menm gen lajan pou manje. Peye anplwaye yo, se pa t sèlman pou fè yo tounen travay, se te yon prèv nou te gen bon entansyon, e sa t ap ankouraje anplwaye yo fè nouvo administrasyon nou an konfyans piske nou te vle priyorize byennèt yo. Gouvènman an te dakò pou bay VMT yon prè pou mezon retrèt la annatandan nou te kòmanse resevwa chèk Medicaid yo pou soutni etablisman an. Mezon retrèt Johnson lan t ap gen pou l remèt gouvènman an lajan sa a, lè nou rantre li.

Pandan negosyasyon sa yo, Komisyon Konsèy Kontwòl la te mande mwen parèt pou yon odyans sipèvizyon fiskal anvan yo te desène kontra a. Ekip mwen an te asiste odyans la, e m te temwaye devan Konsèy la—sou konpayi an, sou etap nou te pran pou transfòme premye mezon retrèt gouvènman an ki te gen plis pase 100 pwen fèb ak yon defisit pwòch de 2 milyon dola, pou fè l tounen yon etablisman pwofitab senketwal. Mwen pwomèt Komisyon Konsèy Kontwòl la, rezidan yo, fanmi yo, ak anplwaye nan etablisman an, nou t ap fè tout sa ki te posib pou amelyore kalite swen, epi pou retabli repitasyon medyòk etablisman an. Dapre kesyon yo t ap poze yo, m te ka wè manm konsèy yo te enterese pou klarifye si m te gen zanmi nan sèk enteryè gouvènman an. M te fè yo konnen okenn nan gwo jwè sou pouvwa yo pa t konnen m. Yo te satisfè dèske mwen te yon pratikan endepandan, ki te resevwa bon nòt nan men Biwo Espesyalize pou Swen Granmoun Aje an, poutèt mwen te byen jere lòt mezon retrèt gouvènman an. Finalman yo te bay VMT yon kontra ennan pou nou te jere operasyon detoulèjou nan Johnson, yon etablisman sa ki te nan latoumant.

Mwen te vin tounen sèl aksyonè konpayi mwen te fòme an, e konpayi sa a ta pral vin pi gwo toujou, pou l tounen yon anpi.

Yon lòt fwa ankò, tout je te fiske sou VMT—e donk, sou mwen. *Li te fè sa deja. Eske li ka refè sa ankò?* Se kesyon vil la t ap poze. Antanke administratris nan mezon retrèt Sant pou Moun Aje an, m te konnen lalwa te entèdi m pou m ta anmenm tan administratris Johnson. Malgre Keith te entelijan e te konn analize byen, li pa t yon administratè mezon retrèt, e donk li pa t kalifye nonplis pou jwe wòl administratè Johnson. Alòs, nou te kenbe administratè ki te la a deja, sitou akòz de lisans li. Nan ekip la, Keith te travay avè m pou sipèvize nouvo mezon retrèt la, e li te tounen je m ak zorèy mwen nan etablisman sa a, kote li te revize, obsève, kesyone, rankontre ak founisè, epi analize bezwen etablisman an.

Mwen te gen yon wòl administratè nan premye mezon retrèt la, epi m te pase nuit mwen nan nouvo etablisman an. Premye bagay m te vle fè nan Johnson, se rankontre ak direktè yo, apre sa ak administratè an, epi pou m te mande yon reyinyon jeneral anplwaye. Reyinyon yo te pèmèt nou ranmase enfòmasyon, men, pafwa, koute anplwaye pale de pwoblèm yo te akablan, e menm douloure. Genyen ladan yo ki pa t touche depi plis pase yon mwa; konpayi jesyon ki te la a anvan an pa t peye taks yo, epi asirans sante yo te anile. Yon anplwaye te kriye pandan yon reyinyon; li te deklare tansyon li te monte byen wo, men li pa t gen lajan pou achte medikaman. Anfèt, anplwaye sa a te vin mouri kèk mwa apre. Anplwaye yo te di m (e m te vin wè sa tou) etablisman an te anvayi ak rat. Mwen te aprann anplwaye yo te depoze yon plent nan tribinal kont gouvènman an. Pandan etablisman an te sou jesyon VMT, ka sa a te regle san n pa t bezwen al nan tribinal, epi anplwaye yo te jwenn yon restitisyon nan men gouvènman an.

Akòz de kriz la, gouvènman federal la te akselere etap pou demare nouvo etablisman an, ki vle di yo te fè yon premye ankèt, e yon dezyèm ankèt pou ajoute sou enspeksyon yo te konn fè nòmalman, chak ane. Nou te plen travay nan men nou, paske etablisman an te gen yon pakèt pwen fèb. E distrik gouvènman an, e gouvènman federal la te site pwen fèb sa yo. Yo te mande nou te jere defisi sa yo rapid, e sa te ajoute sou pwoblèm toulèjou yo; jesyon dezyèm mezon retrè sa a te mande anpil travay. VMT te drese yon plan—se pa t nou menm ki te mete mezon retrèt la nan bourbye sa a, men se te responsabilite nou pou n soti l ladan.

Administratè ideyal yon mezon retrèt bezwen yon bon baz klinik, yon eksperyans solid an jesyon, ak bon jan konprann langaj endistri an. Anplis de sa, fò li kapab analize tout sitiyasyon byen pou li jere pwoblèm klinik, epi, an jeneral, li dwe gen bon jan konesans sou zafè swen sante. Administratè yon mezon retrèt pa oblije yon enfimyè. Nenpòt moun ki gen yon diplòm nan domèn travay sosyal oswa nan domèn swen sante pi byen plase pase yon èstetisyen, yon sekretè, oswa menm yon ekspè nan finans, ki gen lisans pou administre yon mezon retrèt. Administratè mezon retrèt Johnson lan te gen lisans pou etablisman an, men fòmasyon li se te nan domèn finans, e sa se te yon gwo dezavantaj: li pa t yon enfimyè, e li pa t gen konesans klinik. Li te fenk gen lisans li e li pa t gen anpil eksperyans. Administratè sa a te gen pou jere pwoblèm tankou plizyè odit, lajan ki pa t ase, epitou yon enkapasite pou kontwole yon mank anplwaye nan mezon retrèt la. Li pa t konnen, paregzanp, konbyen anplwaye ki te sanse prezante nan travay la pou pran swen rezidan yo toulèjou—ni kiyès anplwaye sa yo te ye. Lè VMT te mande li, administratè sa pa t ka di nou ki kantite anplwaye ki te gen nan chak depatman mezon retrèt la; si ou te ba l yon non, li pa t menm ka verifye wòl anplwaye sa a. Lè m te pale ak administratè sa a, sa te vin klè: antrepriz la pa t jwenn soutyen onivo jesyon. Administratè an te fè tout sa li te kapab san li pa jwenn okenn èd nan men Direksyon an, kidonk li te pè pran desizyon, e menm siyen chèk pewòl. Li te pè lonbraj li. Mwen te senpatize avè l, e m te fè tèt mwen yon devwa pou m te travay avè l de pre, epi pou m te ankadre l.

Poutèt nou te reyisi jwenn yon avans lajan nan men Distrik lan, VMT te vin an mezi peye, epi repran, anpil nan anplwaye ki te kite mezon retrèt la. Te gen plizyè founisè Johnson te dwe lajan; nou te konvenk yo pou yo te tounen tou, e nou te ofri kado bay konpayi ki te chwazi rete olye pou yo te abandone etablisman an. Youn nan konpayi sa yo, se te Sant Famasetik Nasyonal ki te kontinye pote medikaman pou moun aje yo, malgre mezon retrèt la te dwe yo dè milye dola.

Mwen te demisyone, kite pòs administratris nan premye mezon retrèt nou an, e m te anboche yon administratè ki te gen lisans li pou ranplase m; konsa, m te ka sipèvize de administratè yo, e ofri yo ankadreman yo te bezwen. Mwen te pi lib pou soutni de etablisman yo.

Anplwaye nan sant mezon retrèt Sant pou Moun Aje an yo pa t vle m ale, men yo te konprann se te nan enterè toude etablisman yo pou m te demisyone. M te pwomèt yo pou m ba yo atansyon mwen, epi pou m kontinye devwe m a etablisman an. Anplwaye yo te fè bèl fèt pou di m orevwa. Majistra a, manm konsèy vil la, ak anpil lòt fonksyonè nan vil la, tankou paregzanp manm nan Biwo Espesyalize pou Moun Aje yo, te vini. Yo te onore m ak yon resitasyon powèm Maya Angelou, "Yon fanm fenomenal." Te gen pèfòmans anplwaye yo, epi, wi, anpil diskou ak kado nan men fanmi rezidan yo, anplwaye, e menm patisipan pwogram lajounen ke VMT te jere tou pou gouvènman an.

Mari m avèk mwen pa t janm pran okenn vakans. Nou te rete konsantre sou travay nou te gen nan men nou. M pa t gen tan lib pou tèt mwen, pou mari m, oswa pou pitit gason mwen. Ankò yon fwa, se preske kòmsi m tap viv nan de etablisman yo. Nou t ap sakrifye entimine nou, paske nou te plis kolèg pase mari ak madanm, e pitit gason nou an, yon jèn adilt ki t ap pwospere, te kapab jere lekòl, lwazi pèsonèl li, ak zanmi l, san li pa twò depann de paran li. Nou te detèmine epi nou te chwazi reyisi. Pa t gen sakrifis ki te twò gwo nan jefò nou t ap fè pou bati yon konpayi minoritè ki ta ka fè nou fyè, yon bèl egzanp byen klere nan Washington, D.C.

FÈ SA MACHE POU OU!

Règleman #19: Jere sa ou pa ka kontwole | Prepare w pou sa ki rive sanzatann

Refleksyon: Tout sou do m, men Manman m ap la pou ede m tou

Tòti yo ase endepandan. Yo pote kay yo sou do yo, epi yo rasanble sa yo bezwen nan anviwònman yo. Jiska dènyèman, syantis yo te kwè tòti te soud, epi yo pa t kapab kominike youn ak lòt poutèt yo pa gen kòd vokal. Men Richard Vogt, yon èpetològ, te dekouvri tòti rivyè jeyan nan Amerik Disik rele pitit yo pou fè yo soti nan kokiy yo lè yo rive bò dlo a; se konsa yo gide piti yo lè koloni an ap migre, e tòti yo pi an sekirite pase lè yo poukont yo. Dapre rechèch Vogt te fè, anvan yo soti nan kokiy yo, tibebe yo kòmanse kominike youn ak lòt depi andedan kokiy yo. Se yon bon leson: se vre nou tout kapab pote chaj trè lou sou do nou, men li itil pou w konnen yon moun ki ka ede w jwenn wout ou si w pa konn kote w prale.

Gade kontanbank ou. Èske ou gen ase lajan pou w jere nenpòt ki ijans ki ta vin genyen? Si ou pa t planifye pou sityasyon inatandi, li lè pou w louvri yon kontanbank pou tout ijans, epi pou w sere ase lajan ladan l pou soutni w pandan sis mwa, minimòm. Sere tout lajan ou kapab, menm si se sèlman kèk dola pa mwa. Epitou, kòmanse planifye retrèt ou tou. Mete yon ti lajan sou kote, piti pa piti, e pa manyen li.

Eseye vijilan ak sante w. Planifye yon konsiltasyon kay doktè chak ane, fè tès vajinal ak egzamen sen, epi planifye yon egzamen dantè. Gen moun ki rete tann jiskaske yo vin malad pou jere swen sante yo, men anfèt li enpòtan pou w idantifye pwoblèm sante ou byen bonè; sa ka ede w rete an sante pi lontan. Eseye kanpe maladi anvan menm yo vin kwonik. Epitou, ekri testaman w ak plan swen pou tèt ou, oka ou ta vin enkapab sanzatann. Idantifye yon moun ki ka ranplase ou si ou ta janm nan yon sityasyon kote ou pa ka pran desizyon medikal pou tèt ou. Pifò doktè jeneralis oswa travayè sosyal ka ede w jwen dokiman ou bezwen pou ekri yon testaman ak yon plan swen sante.

RÈG POU VIV BYEN!

Règleman #20: Jwenn mwayen pou mezire siksè

M sonje jan m te santi m kontan premye fwa m te achte yon Mèsedès pou tèt mwen. M te merite bèl machin sa a! M pa t nan zafè ti machin vèt sa a ankò. Alèkile, m tap kondui byen chèlbè (gad Chapit uit: "Ekspedisyon koupe-tèt la.") M te santi m menm jan ak lè m te siyen papye pou achte gwo kay fanmi nou an (gad Chapit douz: "Lavi ak pèt"). De okazyon sa yo te ede m mezire siksè mwen. Yo te montre m pwogrè mwen fè. Men w dwe konnen, senbòl estati ak atik liksye, menm lè yo bèl, pa sèl mezi siksè. Li enpòtan pou jwenn jan pou mezire siksè nan lavi pwofesyonèl ou tou.

M te gen kat objektif debaz nan tèt mwen lè konpayi m nan te pran kontwòl jesyon mezon retrèt Johnson la:

Kreye yon anviwònman ki te tankou yon fwaye, pou rezidan yo te ka alèz.

1. Amelyore moral anplwaye yo (gad Chapit 11: "Kijan n te fè?").
2. Rejwenn konfyans founisè ki te anile kontra ak mezon retrèt la.
3. Anbeli anviwònman an.

Yon fwa n te atenn kat objektif sa yo, nou te travay pou ranmase fon pou ekipman ak aktivite lwazi rezidan yo, pou n te amelyore kalite lavi yo. Okenn nan mezi sa yo pa t pou benefis pèsonèl mwen, malgre sa te pote lajwa nan kè m pou m te wè chanjman sa yo pran fòm. Si rezidan, anplwaye, kliyan, ak founisè yo kontan, se yon prèv siksè pou mezon retrèt la. Lajwa pwopaje tankou yon viris. Asire w ke w ap fè tout sa w kapab pou satisfè moun ou kwaze nan lavi pwofesyonèl ou—a chak nivo—paske se kle pou gen siksè.

CHAPIT ONZ

Kijan N Te Fè?

Anvan pou nou ta rezoud pwoblèm ki pi konplike yo, konpayi nou an te konnen premye sa nou te gen pou fè nan nouvo etablisman an: ede rezidan yo santi yo lakay yo Nou te bay estidyo bote an yon bèl kout penti, glas nèf, peny nèf, ak bwòs nèf. Estidyo sa a, se kote rezidan yo te fè tèt yo bèl e pran swen kò yo, fè ti jouda yo, epitou fè nouvo zanmi ki te fè yo sonje zanmitay yo te genyen andeyò mezon retrèt lan. Modènizasyon estidyo bote an se te yon bagay fasil nou te bare sou lis tout lòt bagay nou te gen pou n fè yo, men se te yon bagay trè enpòtan paske konfò moun aje yo nan etablisman an te yon priyorite.

Pwochen etap la te yon priyorite tou: li te trè enpòtan pou m te retounen jwenn konfyans moun ki te responsab sèvis sanitè yo. Konpayi an te abandone etablisman an poutèt yo pa t peye yo, e vil lan te chaje sourit, rat, rat dlo, ekirèy, elatriye, esa menm nan kay prive. Li te pi disifil pou yon granmoun aje regle pwoblèm rat sa a, sitou lè granmoun nan te abite poukont yo. Souvan te gen anpil rat nan mezon retrèt yo. Chak fwa nou te akeyi yon nouvo rezidan, te gen risk pou moun sa a vini ak ravèt, pinèz, pou, elatriye. Mezon retrèt Johnson nan te enfeste ak vèmin, e nou te vle rektifye pwoblèm sa a rapid. Kou kontraktè sèvis sanitè yo tounen, tout rat disparèt; nou te arive elimine sa sou lis pwoblèm nou te bezwen rezoud.

Yon lòt bagay ankò se te kenbe bilding nan pwòp. Nou te dekouvri etablisman an te gen sèlman twa machin pou sire atè a, e se machin sa yo ki pou te netwaye tout edifis lan. De nan machin yo te an pàn, e nou potko gen ase lajan pou nou te ranje yo, alòs se yon sèl machin ki t ap netwaye tout uit sal infimyè yo, ak tout lòt espas piblik yo. Sa pa t etone m atè an pa t pwòp! Nou te bay ranje de machin yo, epi nou te achte de lòt machin ankò. Atè an te klere. Nou te bay mi andedan yo yon bèl kouch penti, epi nou te lave tout kapèt. Edifis lan te vin bèl e santi bon.

Nou te rezoud pwoblèm sa yo paske yo te evidan, e nou te vle ranje aparans edifis lan. Kou nou te fin fè travay sa yo, nou te panche sou pwoblèm ki pi pwofon yo. Pwoblèm ki evidan yo fasil pou rezoud. Men pi gwo pwoblèm nan yon etablisman mande envestigasyon e, pou mete mezon retrèt lan sou pye yon fwa pou tout, nou te dwe rezoud pwoblèm sa yo kòmsadwa. Nou pa t nan zafè jesyon k ap bay rezilta fo mamit.

Mari m, se te nouvo prezidan VMT, e li te gen biwo l chita nan mezon retrèt Johnson nan. Se li ki te jwe wòl detektiv pou mwen. Li te fè monte-desann andedan edifis lan plizyè fwa pa jou; li te pale ak tout moun sou chimen li, pou l ranmase enfòmasyon. Li te poze founisè yo kesyon, li te fè zanmi ak fanmi yo, epi li te fè konvèsasyon ak tout kontraktyèl ki t ap travay nan edifis lan. Nan fen jounen an, li te ekri yon rapò pou n te gade ansanm, epi nou te chèche estrateji pandan nou t ap pran soupe. Gras a pwosedi sa a, avèk analiz nou yo te fè, nou te arive dekouvri pi gwo pwoblèm yo.

Selon sa VMT te konnen, konpanyi jesyon ki te la anvan an te depann de yon chèk gouvènmen an te bay chak mwa pou li te jere etablisman an; se sa kontra a te di. Sa nou pa t konnen depi anvan nou te rantre nan mezon retrèt lan, se detay sou pwosedi peman yo lè nouvo rezidan siyen kontra. Men kijan pwosedi a te ye anvan VMT te vin mèt keksyon an: Anplwaye yo te voye fakti bay moun ki te responsab peye pou swen yo te bay nan mezon retrèt lan. Sepandan, lè moun ki pou peye an te resevwa fakti an, se pa etablisman an li voye lajan an bay; li te voye lajan sa a remèt Depatman Trezò Distrik Columbia. Olye pou etablisman an te jwenn peman nan men moun ki t ap peye an, li te resevwa yon montan lajan espesifik nan men Depatman Trezò Distrik Columbia. Nan plizyè okazyon, chèk gouvènman an pa t vini a tan, sa ki te lakòz pewòl la an reta, e sa te fè anplwaye yo fache. E dapre sa VMT te konstate, non sèlman chèk gouvènman an te anreta chak mwa, kantite lajan sou kontra a pa t ase pou kouvri depans etablisman an te fè. Se rezon sa a ki fè bank yo pa t vle chanje chèk anplwaye yo paske pa t gen ase lajan sou kont lan. Se lè sa a je nou louvè. Kou nou fin idantifye pwoblèm nan, nou panche nou sou jwenn kijan nou ta pral fè rekipere lajan gouvènman an te dwe etablisman an. Mezon retrèt la te bezwen lajan sa a pou li te fonksyone kòmsadwa.

Dapre evalyasyon ak analiz Keith, konpayi jesyon ki te la anvan an—ak anplwaye l yo—te konnen kantite kòb gouvènman an te te bay etablisman an chak mwa pa t ase. Pèsòn pa t pran pwoblèm nan an men, e pèsòn pa t fè dilijans pou reklame lajan sa a. Konpanyi jesyon ki te la anvan an te kouri pran moso pa yo nan lajan an (e se te anpil lajan!), men yo pa t fè efò ni pou asire yo anplwaye yo te touche, ni pou mete etablisman an sou de pye militè l. Byennèt anplwaye ak rezidan yo pa t yon priyorite pou yo. Si lajan te yon gwo pwoblèm, VMT tap jwenn yon solisyon. Mezon Johnson sa a, se te pwopryete gouvènman an, menm jan ak mezon rètrèt Sant pou Moun Aje an, e se menm gouvènman sa a ki te peye tout lòt mezon retrèt yo. Epoutan etablisman an te gen pwoblèm pou jwenn ranbousmen nan men Medicaid, ki te premye sous peman pou rezidan pòv ki t ap pran swen nan men nou.

Lòt dekouvèt nou te fè te bokou pi chokan: etablisman an pa t sètifye pou Medicare. Ala traka, papa! Direktè Administrasyon Swen Alontèm lan, ki te kontwole kay retrèt sa a, te mande pou tout mezon retrèt Distrik lan te sètifye pou Mcdicare; poutan, lontan apre dat limit lan, yon etablisman ki pwòp etablisman gouvènman an te sèl grenn mezon ki pa t gen sètifikasyon apwopriye. VMT te imedyatman ranpli fòm aplikasyon an, ki te long anpil. Kèk mwa apre, nou te admèt rezidan ki te bezwen bon sèvis, e nou te kòmanse kolekte lajan Medicare pou konplete revni Medicaid lan.

Nan ane 1990 yo, mezon retrèt yo te ranbouse retroaktivman, dapre depans yo te fè. Plis yon etablisman te depanse, pi wo pousantaj ranbousman ane annapre an t ap ye. Poutèt nouvo mezon retrèt sa a pa t gen ase lajan pou jere biznis li, pousantaj ranbousman an pa t varye, sa ki te kreye yon sik visye ki pa t ka chanje toutotan yo pa t chanje fason yo voye bòdwo e fè peman yo.

Pandan premye reyinyon mwen ak anplwaye yo, m te pwomèt m t ap fè tout sa ki nan pouvwa m pou asire m bank yo pa janm refize chèk pewòl yo ankò. Pwomès se dèt, kifè premye priyorite mwen se te jwenn lajan imedyatman pou etablisman an. M te rasanble yon ekip pou revwa bòdwo tout rezidan nan etablisman an, e sa te gen ladan rezidan ki te resevwa swen depi anvan VMT te pran kontwòl etablisman an, men ki pa t resevwa bòdwo pou sèvis yo te resevwa. Nou te kòmanse revwa tout ansyen dosye yo, epi nou te voye bòdwo pou swen nou te founi—lajounen kou lannuit.

Menm jan VMT te reyisi rekipere kat milyon dola nan men Medicaid pou mezon retrèt Sant pou Moun Aje an, nou te vin rekipere rapidman yon gwo kantite lajan pou etablisman Johnson lan. Medicaid ak lòt peyè yo te debouse plizyè chèk pou sèvis Johnson te bay depi lontan; etablisman an pa t janm voye bòdwo pou yo te peye li. Lè nou te resi resevwa lajan sa a, sa te ede nou jwenn estabilite ekonomik. Nou te envesti plizyè milyon dola retroaktif nan edifis lan—lajan yo te dwe etablisman an depi dipdantan. Gras a chanjman nan fason mezon retrèt lan te fè bòdwo yo, epi yon ogmantasyon nan montan lajan nou te resevwa, pousantaj ranbousman gouvènman te bay etablisman an te kòmanse ogmante. Nou te ogmante salè anplwaye ki te la deja yo, epi nou te ofri yon pi bon salè pou nouvo bay aplikan yo, sa ki te pèmèt nou vin konpetitif pou nou anboche anplwaye ki te pi kalifye—moun ki te ka transfòme etablisman an. Nou te revoke tout anplwaye ki pa t ka pèfòme, epi nou te rekrite nouvo anplwaye, ki te resevwa yon bon salè.

Si anplwaye yo kontan, rezidan yo kontan tou. Nou te travay trè di pou remonte moral anplwaye yo. Frekans odit yo vin diminye toutbonvre, e lè sa a, menm envestigatè yo te kontan. Nou te resevwa lwanj nan men fanmi rezidan yo epi, evidaman, gouvènman an te satisfè ak VMT: nou te pwoteje yo kont vye bagay laprès te konn ap rapòte lè se ansyen konpayi jesyon an ki te la. VMT te jwenn trè bon nòt nan men tout moun, menm jan nou te resevwa rekonpans pou jesyon mezon retrèt Sant pou Moun Aje an.

Etablisman an te kontinye gen pwoblèm onivo estriktirèl, sa ki te mande gwo renovasyon, e gouvènman an pa t gen fon ki te disponib imedyatman—ni ki te ase—pou yon gwo pwojè renovasyon konsa. Majistra a, ki te konprann sitiyasyon an, te alwe fon pou ede etablisman an ak renovasyon li yo pandan ane fiskal ki t ap vin an. Malerezman, lè li te pèdi eleksyon yo an novanm, li te oblije abandone pòs li kòm majistra, e etablisman an te pèdi yon chanpyon ki t ap ede nou mete pwojè an sou pye byen vit. Renovasyon an te retade endefiniman. Ane annapre an, manm konsèy lan, Allen, ki te prezide komite sou sante an, te asire l lajan renovasyon an te garanti, men poutèt gouvènman an fè bidjè li depi alavans, byennavan ane fiskal la kòmanse, nou te oblije ret tann pou lajan an te vin disponib pou renovasyon edifis lan tekòmanse.

Mezon retrèt lan t ap pase mizè pou jwenn fon li te bezwen pou li te fonksyone chak jou. Fò m te idantifye yon jan pou m te jwenn "lajan pou lwazi" nan etablisman an, pou remonte moral anplwaye yo, epi pou amelyore lavi rezidan mezon retrèt Johnson nan. Rezidan yo te bezwen plis aktivite lwazi tou, plis pwòmnad nan kominote an. Pa t gen ase lajan pou aktivite lwazi. M te deside chèche fon prive, jan m te fè l pou mezon retrèt Sant pou Moun Aje an. Nou te etabli yon komite konsèy pou rezidan yo (kre yo te rele RCAB). Nan komite sa a, te genyen prezidan konsèy rezidan an, prezidan konsèy fanmi an, ak manm nan kominote an. Anplwaye depatman lwazi an te fè benevola osen RCAB, e m te fè pati konsèy RCA akòz de pòs mwen. Premye responsabilite RCAB se te ranmase fon pou amelyore kalite lavi rezidan yo. Ki vle di, manm konsèy yo te dwe pote fon pou rezidan yo te amize yo.

Lè w ap jere yon mezon retrèt, epi sèl sous lajan li se Medicaid, sa kapab yon resèt pou dezas. Si ou pa gen lajan sektè prive pou konpanse ensifizans Medicaid yo, epi ou pa gen lajan Medicare bay pou sèvis reyadaptasyon akoutèm, ki pou ede w konble mank finansye an, ou nan cho: yon etablisman konsa ofri rezidan yo yon kalite lavi minimal, e sa kapab mennen depresyon poutèt pa gen anpil rezidan k ap janm tounen lakay yo, oswa k ap janm sòti al nan kominote an. Pifò nan moun ki abite nan mezon retrèt la te sòti nan yon lopital sikyatrik kote yo te pase anpil, anpil tan (pafwa, plizyè ane), kifè yo pa t gen kay pou yo t abite, e pifò nan yo pa t gen fanmi pou akeyi yo nan kominote an.

Anplis de sa, etablisman sa a se te kote pifò, si se pa tout, popilasyon sanzabri yo te vin rete lè yo te bezwen swen alontèm, 24è sou 24. Retounen nan lari an pa t yon opsyon. Pou pifò nan rezidan yo, Johnson se te dènye kay kote yo t ap janm rete, e pou plizyè ladan yo, se te pi bon fwaye yo te janm genyen. Mwen te vle pou gason ak fanm nou t ap okipe yo viv yon vi konble pandan yo te nan mezon retrèt lan. Depi lè m te pase pòt mezon retrèt Washington nan, premye mezon retrèt kote m te travay, epi granmoun aje sou chèz woulan te akeyi m, m te toujou panse a manman m ak papa, ki t ap fin granmoun tou, epi mwen te deside trete rezidan yo tankou fanmi m. M te pwomèt tèt mwen pou amelyore kalite lavi yo tout jan mwen te kapab—yon responsablite mwen te pran oserye, kifè m te lapriyè Manman Mari pou l ede m. Pami evènman RCAB te òganize pou ranmase lajan, te gen yon gala, e nou te arive ranmase ase lajan pou nou te achte yon bis ki te ka transpòte chèz woulant rezidan yo. Nou te gen yon gwo seremoni inogirasyon lè yo te livre bis lan. Se te yon jou lajwa e li te make kòmansman anpil chanjman pou rezidan yo.

Anvan nou te achte bis lan, rezidan yo pa t kapab al fè anplèt nan kominote an, kidonk enplwaye yo te oblije mennen machann vin jwenn yo nan mezon retrèt la; yo te kreye yon sant komèsyal nan salamanje rezidan yo kote rezidan yo te kapab achte. Yon fwa yo te gen pwòp mwayen transpò pa yo, rezidan yo te kapab kite etablisman an—pwòmnad sa yo te tounen yon pwogram, kòmnsi yo ta prale nan yon kwazyè, sitou anpil nan rezidan yo pa t kite mezon an depi plizyè ane. Sa yo te pi pito, se te ale nan sant komèsyal, pou yo te ka al achte nan Walmart; genyen ki te sou ti mobilèt yo oswa sou chèz woulant mekanik, e anplwaye mezon an t ap ede yo. Pa t gen okenn dout: konpayi an te fè yon diferans nan lavi rezidan sa yo. Li te evidan nan bèl souri yo.

Pandan toude mezon retrèt yo t ap mache byen, epi yo te rekonèt antrepriz lan tankou youn nan 100 pi gwo anplwayè nan vil lan, lavi pèsonèl mwen te tètanba. Tout tan m t ap pase ak Keith, nou te sitou ap diskite epi enkyete nou de travay nou t ap fè ansanm. Piblikman m te jwe wòl yon fanm ki te reyisi trè byen, men anfèt siksè mwen te koute m anpil: li te lakòz anpil estrès. Mwen te yon PDG ki te responsab de mezon retrèt ak plis pase 500 rezidan; met sou li, m tap jere plizyè santèn kliyan yon ajans swen adomisil, ak yon lekòl swen enfimyè plen elèv. Kantite total pou tout se te anviwon 800 anplwaye. Chaj la te kòmanse twòp sou do m. M te kòmanse santi enpak estrès sa a.

M te pase jounen m avèk adrenalin nan venn mwen. Lè m te leve nan maten, m te santi l k ap simaye nan tout kò m, e m te santi m tankou m t ap kouri de yon obligasyon (oubyen reyinyon) a yon lòt tout jounen, san okenn tan pou m te repoze m avan m te monte kabann mwen. Aswè, lè tèt mwen te finalman manyen zòrye an, m te dòmi fon, jouk rive nan landemen maten, pou m te rekòmanse ankò, epi adrenalin lan t ap koule ankò pou stimile m pou jounen an.

Souvan m te enève sou mari m, men Keith pa t breng zeng. Li te rete kalm devan tout kriz kòlè mwen yo, e li te montre plis konpreyansyon pase sa m te atann. Li te kontinye poto mitan mwen, e li pa t janm riposte. Yon jou, lè li te panse m fin debòde nan jan m pale avèk li, li te kenbe m pa zepòl mwen, gade m nan je, epi li takinen m. "Ret tann, Solanges! Sa k pase? Ou fache, ou soti pou blese m adwat, agòch. Eske w vale yon...lam razwa?" Nou toude pete ri lè li di sa. Li anbrase m, li kenbe m sere sou kè l. Li bo mwen, epi li rasire m tout bagay t ap byen pase. M te kriye sou zepòl li e m te santi m miyò, menm si se te pou grenn moman sa

a. Li te gen yon jan espesyal pou li te kalme m, petèt se te akòz dizan diferans ki te genyen antre nou.

M te gen kochma, make pa epizòd kote m te trè cho, epi sibitman m te trè frèt. Yon vantilatè elektrik te chita sou yon chèz devan kabann mwen pou rafrechi m si m te gen yon boufe lè cho ki te pran m. Yon gwo lèn te sou kabann nan pou si m te vin frèt, e souvan m te voye l sou Keith pandan nuit lan. Li te fè m konnen yon jou se reziyen li te reziyen l ak sa paske li te renmen m, men li te kòmanse bouke ak konpòtman mànyak mwen an. Mwen te devlope yon ilsè nan lestomak ki teste pozitif pou bakteri pilori h., e m te oblije trete li avèk yon gwo dòz antibyotik. M t ap pede antre-soti kay doktè jeneralis mwen an. Li te fè tout sa li te kapab pou ede m. Finalman, yo te refere m bay yon doktè ki espesyalize nan obstetrik ak jinekoloji. Mwen te twò jenn pou m te nan menopòz. Èske se ta ka estrès nan travay lan ki t ap manifeste l atravè konpòtman dwòl mwen an? M t ap enkyete m.

Lè m t al kay jinekològ la, yon enfimyè ki gen lisans pratik te pase yon bon tan ap revize dosye sante mwen. Li te konnen m se yon pwofesyonèl swen sante ki byen edike, e li te konnen tou m te gen anpil responsabilite: mwen te twò envesti nan domèn medikal la pou m te montre m rasyonèl. Li te di, "M pral pran yon inisyativ, malgre sistèm swen an te ka entèdi sa. Sepandan, mwen fè ensten m konfyans, e m santi sijesyon sa a nan enterè w." Li te mete m chita, epi li te di mo ki t ap fini pa ede m avèk maladi mwen an. Li te di, "M pral refere w bay yon andokrinològ."

Anvan m te ba l chans pou l fin pale, lam razwa a te soti. "Yon andokrinològ! M p ap chèche ansent. Poukisa mwen ta bezwen yon andokrinològ?" Natirèlman, mwen te konnen mwen te irasyonèl. Se pa pwoblèm gwosès andokrinològ trete sèlman. Fonksyon prensipal yo se yo tcheke/kontwole dezekilib òmòn/anomali nan divès kondisyon tankou maladi tiwoyid oswa dyabèt.

Li te di, "Koute m, non." Li te met dwèt li sou bouch li. "Koute m byen." Li kontinye. "Mwen gen yon plan pou ou. Nou gen yon bon espesyalis mwen vle pou w wè. Mwen ta sanse refere w ba li, men men mwen kwè li ka ede w, Solanges. Tanpri ale wè l pi vit posib. Mwen pral refere w tou bay yon sikològ. M panse ou anba anpil estrès ak presyon nan travay ou. Li t ap nan avantaj ou pou ou ta gen yon moun pou pale andeyò espas travay ou."

Lè m te rive lakay epi m te pale mari m de rekòmandasyon enfimyè an, Keith te fache. "Si pawòl sa a ta janm pale... si moun ta vin konnen yon sikològ ap suiv ou, se t ap fen karyè ou. Eske ou reyalize konsekans pou biznis lan?" Li te pran referans lan nan men m epi li te chire l an ti moso. Nan tout ane nou te viv ansanm yo, m pa t janm wè Keith detèmine konsa. Se te zanj gadyen mwen, konseye mwen, epi, pafwa, menm konsyans mwen. "Ale wè andokrinològ la, epi de la etan na deside sa pou nou fè," li te di pou fini diskisyon sou sante mwen an, ki te yon gwo enkyetid pou li.

Mwen te montre lòt siy ak sentòm boulvèsan ki te endike nivo estrès mwen. Mwen te devlope sendwòm tinèl karpal nan ponyèt dwat mwen an, m te gen tachikardi ak atak transiskemik (TIAs), e m te vin ap pede al nan sal dijans. Tout enkyetid sante sa yo te fè m mache kay doktè toutan, sa ki vin agrave estrès mwen paske m te oblije travay ta pou ratrape tan m te manke nan etablisman yo. Mwen te devlope migrèn, e finalman yo te dyagnostike m ak fibromyalji.

Andokrinològ lan te yon doktè jwif ki te nan senkantenn li konsa, e sa te mete m alèz paske m te konnen plizyè doktè jwif, e m te gen anpil respè pou konpetans yo. Dtè. Cohen te mete ti chapo tradisyonèl li (yarmulke) ki te fè m sonje kèk nan kolèg mwen nan New York. Lè m te yon enfimyè nan lopital Mount Sinai, m te gen opòtinite pratike ak plizyè doktè jwif. Avèk dlo nan je, m te dekri sentòm mwen. Li te janti e li te rasire m, di m t ap fè mye yon fwa yo te dyagnostike pwoblèm nan epi devlope yon plan tretman pou mwen. Nou te pale nan biwo li pou yon bon bout tan, epi li te fè yon sonogram pèsonèlman pou mwen.

Lè m te retounen nan biwo li, Dr Cohen te di, "Mwen konnen ou sèlman nan fen trantèn ou, men, apre m fin egzamine ou, m panse ou fè menopòz—e ou trè avanse ladan." Lè m te kòmanse kriye, li te eksplike m kriye te yon sentòm sendwòm menopòz pou anpil fanm.

"Manman m te gen senkantan lè li te fè nevyèm pitit li. Kouman m ka ap fè menopòz mwen jèn konsa?" m te mande li, pandan m tap kriye toujou.

"M pral ba w medikaman ki pral diminye, oswa menm kanpe, sentòm ou yo."

Apre li te preskri m Premarin, sentòm mwen yo te gradyèlman disparèt. Yon fwa ankò, m te tounen vin moun mari m te tonbe damou pou li an, plizyè ane anvan. Konpòtman mànyak mwen yo te disparèt, lavi fanm marye mwen te estabilize.

Mwen te vin pi kontan nan lavi pèsonèl mwen, epi biznis lan te kontinye fleri. Mwen pran medikaman sa a pou plizyè deseni, jouk yon rechèch Inisyativ Sante Fanm (Women's Health Initiative) te devwale yon korelasyon ant Premarin ant kansè tete. San m pa t konsilte doktè m, m te kanpe itilizasyon medikaman an, e mwen te byen kontan okenn nan sentòm mwen yo pa t janm tounen. Kòm enfimyè, m pa rekòmande pou moun kanpe yon medikaman san otorizasyon doktè: Gen medikaman ki gen gwo efè segondè lè moun kanpe yo, e yo ka menm koze lanmò. Nan ka pa m nan, m te gen chans.

FÈ SA MACHE POU OU!

Règleman #20: Jwenn mwayen pou mezire siksè

Refleksyon: Fè tou mond lan epi retounen ankò

Ki moun ki reyèlman konnen kisa yon tòti ap panse? Yo fè sa yo fè pou rezon nou pa reyèlman konprann. Men, dwe gen kèk satisfaksyon nan rive sou tè an apre plizyè mwa nan lanmè, ak dè milye kilomèt vwayaj. Femèl tòti lanmè dwe gen yon gwo soulajman lè yo lage ze yo nan nich la epi yo kase tèt tounen al nan dlo an. Li difisil pou di sa ki fè yon tòti reyisi, men yo kontinye fè sa yo te fè depi dinozò yo te viv sou planèt la, kidonk sa mache pou yo. Si li mache, petèt li preferab pou nou pa poze kesyon sou sa.

- Mande tèt ou kisa siksè vle di pou ou—pa pou lòt moun. Jwenn sa ki pral satisfè definisyon ou gen pou siksè. Eske se yon gwo kay nan yon bèl katye oswa yon kondominyòm nan vil la? Èske se yon etid siperyè oswa aprann yon metye? Èske se montan lajan ki sou kontanbank ou oswa lajwa nan fanmi ou? Kèlkeswa repons lan, ekri li tanzantan; revwa li pou wè si w sou bon wout. Epi pa enkyete w, ou ka toujou redefini sa ki pi enpòtan pou ou.

- Fè yon lis objektif. Divize yo an objektif alontèm ak objektif akoutèm. Ki sa ou vle reyalize disi demen? lòt semèn? lòt mwa? lòt ane? Eske ou gen yon plan senkan? yon plan dizan? Kisa w ap tann? Kòmanse piti, men reve gwo rèv. Ekri plan ou, epi kontinye ap tcheke yo pandan w ap akonpli yo.

RÈG POU VIV BYEN

M te finalman reyalize ki pyèj siksè kapab tann. M te gen yon sipèb kay, souvan plen ak zanmi, yon maryaj ki te yon patenarya biznis epi ki te plen lajwa ak pwosperite, epi konpayi mwen an t ap mache osibyen m te swete l. Mwen t ap bay payèt nan òganizasyon pwofesyonèl, e m te fè bèl vwayaj ak mari m. Lè tout bagay te sanble pral trè byen, mond lan chavire tèt anba, epi youn nan pi bon zanmi m te konfwonte yon pèt m pa t ka imajine.

Règleman# 21: Pran pasyans epi rete senp

Sa mande pasyans pou konstwi yon anpi. Yo di vil Wòm pa t konstwi nan yon jou. Se menm bagay la pou yon karyè—oswa yon konpayi ki reyisi. Reyisit mande plizyè ane ap travay di, anpil planifikasyon, pasyans, ak imilite, anvan pou w wè rezilta yo. Li pafwa difisil pou w wè ki pwogrè w ap fè, lè w nan mitan yon zòn konstriksyon, men reyalize tout bagay se yon pwosesis—se kle pou akonpli objektif ou. Brik pa brik, w ap rive.

Tankou tòti, mwen deplase dousman, men mwen toujou rive kote m prale an. Pafwa, menm nan zafè pèsonèl ou, fò ou kite bagay yo rive poukont yo epi fò w gen konfyans tout bagay ap fèt nan avantaj ou. M te vle marye ak Keith, paske maryaj se yon prensip fondamantal nan lafwa mwen, epitou paske m te renmen Keith, men m pa t kapab ni montre m awogan ni ba l presyon (Gade Chapit sèt: "Klòch maryaj, kè sere"). Mwen te konnen se pa t fen relasyon an, malgre m pa t ko gen bag nan dwèt mwen. M te konnen lanmou m pou Keith te fò anpil, e li te bijou pi enpòtan m te genyen. Mwen te pasyan, mwen te akwoche m a li, epitou mwen te montre l m t ap yon bon madanm. E lè li te pare pou sa, li te mande m an maryaj. Sa te pran yon tan, men sa te rive lè m pa t atann. Marye avè li te rekonpans mwen te jwenn lè m te aprann pou m te pasyant, e sa te vo lapèn.

CHAPIT DOUZ:

Lavi Ak Pèt

Yon jou, sanzatann, m te di Keith ke m te gen yon kriz ventyèm ane maryaj ki te pran m. Malgre msye toujou konn tout bagay, li te sezi: pou yon fwa, li pa t konprann kisa madanm li t ap panse. Ak yon figi byen di e san ankenn ezitasyon, m te di, "M vle yon pi gwo kay."

"Kisa yon pi gwo kay gen pou l wè ak yon kriz ventyèm ane maryaj?" li te mande.

"M konnen ou alèz nan abitid ou: ou konfòtab kote w ye a, epi ou pa sou demenaje ditou. Alòs, mwen tou di w sa: swa w ban m yon pi gwo kay—swa ou ale."

San ankenn emosyon, li te reponn, "Al kibò?"

"M pa konnen." Mwen te wose zepòl mwen. "Kòm ou pa vle demenaje avè m, m ap oblije demenaje poukont mwen!"

"Kijan w fè konnen m pa vle demenaje?"

Nan moman sa, m te vole nan bra li, epi m te pran rèl, tank mwen te kontan. M te bo li nan tout figi l, nan tout kou l. "Kidonk, w ap vin avèm?" Mwen te kontan—m t ap souri, tankou yon timoun k ap achte fresko.

Lè sa a, Keith te di, "M ap demenaje, men m vle pou se nou toulède ki chwazi kay la."

Li te di m ki kote li tap dakò pou n demenaje, e ki kote li pa t ap janm vle pou n viv. Kòm Keith se pa t moun ki kondui, li te enpòtan pou l te jwenn tout fòm transpò piblik ki genyen. Yon fwa li te dakò demenaje pou l fè kè m kontan, li te ede m chwazi yon ajan imobilye, e li te esplike m kisa li dispoze fè, ak kisa li pa t ap dispoze fè.

Pandan m t ap chèche kay sa a, ke m te wè nan rèv mwen, m te kontakte Sheila, yon zanmi lontan. Se te yon moun m te admire anpil nan pwofesyon enfimyè an. Li te administratris depatman enfimyè nan lopital Inivèsite George Washington lè mwen menm m te direktè swen enfimyè.

Sheila te demisyone de pòs li nan lopital la, e li te tounen yon ajan imobilye lisansye pandan ane tranzisyon li yo. Menm lewikenn, li te pase plizyè èdtan ap chèche kay pou nou. A chak fwa Sheila te panse li jwenn yon kay Keith avè m gen dwa renmen, li te ankouraje m al vizite kay lan apre travay, e m te fè sa plizyè fwa. Pafwa, Keith te vin avè m, men li pa t janm satisfè. Li pase dizuit mwa ap ezite a chak fwa nou montre l yon kay—jiskaske se Keith li menm ki vin jwenn kay rèv nou an.

Kominote nou an te distribye yon jounal chak mwa, *Northwest Current*, ki gen ladan nouvèl katye an ak yon seksyon ki te plen anons. Youn nan anons jounal la te pibliye te konsène yon kay pou vann. Nan jounal la, kay la te sanble pafè. Aprè l te li deskripsyon kay la, Keith te rele m nan travay.

"M jwenn kay ou a," li te di. Li pa t di kay *nou*; li te di kay *ou* a paske, apretou, sèl rezon ki fè li te menm anvizaje kite kote n te ye a, se paske se sa mwen te vle. Fè m plezi te toujou yon priyorite pou li.

"Ou jwenn li?"

"Wi. Tanpri rele Sheila pou wè si n te ka vizite kay la apre travay."

Anvan menm m te gen tan fè nimewo Sheila, resepsyonis la remèt mwen yon mesaj: Sheila te mande pou m rele tousuit-tousuit. Sheila te panse li te finalman jwenn kay rèv nou an. E li te jwenn li vre! Li menm ak Keith te mete je yo sou menm kay la, sa k te sou kouvèti jounal la. Nou toulètwa te rankontre nan adrès lan, epi nou te gen Kevin, pitit gason nou an, avèk nou.

Lè nou te mache antre nan kay lan, se tout sa nou te swete; lapriyè monte, lagras desann. Se te yon kay ideyal, ki te menm gen yon ti apatman anba li, sa ki t ap pèmèt Kevin vin pi endepandan. M pa bezwen di nou jan Kevin te eksite. "Achte l jodi a menm. Demen, m gen tan enstale m."

Depi lè Kevin te retounen lakay la, apre etid premye sik li nan Inivèsite Syracuse, nan pati nò New York, li te vle endepandan. Depi kèk tan li t ap pale de yon apatman sou Georgia Avenue, men nou te refize kategorikman pou li te kite kay lan. Nan vil lan, yo pa t bay lavi yon jèn gason nwa ankenn valè: lapolis te kanpe e arete jèn gason nwa pou nenpòt ki ti ofans minè, e pafwa san jèn gason sa yo pa t fè anyen ditou. Detektiv an sivil te kesyone Kevin yon fwa, senpleman poutè li te chita nan machin li, nan yon ale ki dèyè lakay la, ap tann pou yon zanmi rive. Yon lòt fwa, nan Popeye's Louisiana Chicken, lapolis te asele Kevin ak twa zanmi l poutèt yo te "sanble" yon gwoup jèn gason nwa ki te fenk vòlè yon bank. Keith ak mwen tap viv nan yon pè konstan pou lavi sèl pitit nou an. A chak fwa Kevin te soti ak zanmi, Keith te tann li rantre anvan l resi al dòmi, kèlkeswa lè an.

Vil lan te plen dilè dwòg tou, epi se kote yo te touye leplis moun Ozetazini. Yo te menm bay Distrik Columbia tinon "Kapital sansinay." Jèn atlèt tankou Len Bias t ap mouri ovèdoz dwòg ilegal. Chak jou, paran menm jan avèk nou t ap pataje doulè manman ak papa nan televizyon ki fèk antere pitit gason oswa pitit fi yo— adolesan ak jèn adilt ki pèdi lavi yo, ki mouri asasine, nan sikonstans ki pa t fè sans, akòz britalite lapolis, oswa ovèdoz. Nou pa t dakò pou Kevin viv poukont li nan vil la ditou. Nou pa t nan bagay sa a menm. Nou te pwomèt li nou t ap chèche yon nouvo kay ki te gen yon apatman anba li, pou l ka endepandan, men nou te vle pou l rete pwòch nou.

Kay la te gen sis etaj, ak plizyè eskalye. Li te bèl, e li te gen yon pisin. Malgre nou pa t mande pou mezon rèv nou an gen pisin, nou te mete n dakò pou achte kay lan. Pi gwo rezon an, sèke li t ap fè kè Kevin kontan, e pitit gason nou t ap rete toupre nou.

Nou te dakò peye tout kòb yo te mande pou kay lan, paske li te vo lapèn pou n bay Kevin kè kontan, epi pou li rete yon kote an sekirite. Nou siyen papye kay la nan dènye semèn desann, epi kou nou ba l kle, Kevin kòmanse bwote afè l lòtbò a. Li pase twa mwa ap viv poukò l nan kay lan. Nan katye pezib sa a, vwazen yo te enkyè poutèt yo vin wè jèn gason ak jèn fi nwa k ap antre-soti nan kay lan. Nou te premye fanmi nwa nan seksyon sa a nan Forest Hills, e depi nan kòmansman yo te montre yo sispèk nou. Lè vwazen yo te pote plent, mwen te rann yo vizit apre travay pou m te rasire yo pitit mwen an te poukont li pwovizwaman; mwen te esplike yo mari m ak mwen te gen pou demenaje vin jwenn Kevin dèke renovasyon nan kay prensipal la te fini. Vrèman vre, twa mwa apre, nou te fèmen kay kote n te rete an, epi nou te vin jwenn Kevin nan kay rèv nou an.

Poutèt Kevin, yo te gen tan bay kay la non "kay banbòch." Yon dimanch maten, byen bonè, yon moun te sonnen pòt la. Yon vwazen kanpe sou pewon an, epi l mande pou n etenn mizik la.

"Ki mizik?" m te mande, dòmi nan je m. "Nou p ap jwe ankenn mizik non!"

Vwazen an te trè fache. Li rele byen fò. "Ki mizik? Sa ou t ap jwe yèswa a! Se sèl nou menm ki jwe kalite mizik fò sa a nan katye a! M pa t arive dòmi ditou yèswa poutèt nou eseye pete zòrèy mwen."

Li te pran m yon bon minit pou m reyalize de kisa li t ap pale. Nuit anvan an, Kevin te fè yon fèt bò pisin nan, epi l te jwe mizik estil GOGO. Li te mete opalè anlè yon ti mòn la, sou zèb lan, anwo pisin nan.

"Mwen regrèt sa, m ap veye pou l bese mizik la pwochen fwa a," m te di anvan m fenmen pòt la. M te mande tèt mwen si vwazen yo pa t renmen fèt ditou—osinon si se fèt pa nou yo yo pa t renmen.

Keith avè m te renmen sa tou, pou zanmi ak fanmi vin nan gwo bèl kay nou an. Pandan lete, nou te konn òganize babekyou, fèt anivèsè, oswa fèt 31 desanm pou selebre nouvo ane an. Yon fwa nou te òganize yon fèt bò pisin nan pou anplwaye yo. Nou te pran tout pretèks pou n òganize fèt. Nou te toujou envite vwazen yo, men yo pa t janm vini, epi yo te toujou ap chèche rezon pou pote plent. Toudenkou, nouvo fanmi mwa sa a te vin deranje lavi prive yo, ak trankilite katye an. Yon fen semèn 4 Jiyè, Keith avè m te vwayaje Kanada nou n al asiste yon festival djaz ak zanmi nou Carl ak Sheila. Lè nou te retounen Ozetazini, nou pran yon taksi pou al lakay la. Anvan menm nou rive devan pòt la, twa vwazen pwoche nou. Youn nan yo plenyen dèske Kevin te fè yon fèt 4 Jiyè kote swadizan tout moun te sou. Yon lòt vwazen te di, "Yon tifi vin vomi sou gazon m nan." Li te parèt trè fache poutèt sa.

Se Kevin yo te plis pa renmen, men yo te gen move atitid anvè Keith avè m tou. Yon vwazen te antre nan lakou nou vin pote plent poutèt yon limyè nou te genyen dèyè kay la, epi li mande n pou n chanje kote limyè an bay. Li menm pote anpoul ban nou, paske li panse anpoul sa yo t ap diminye ekla limyè an. Li te dekrete limyè an anpeche madanm li dòmi. M te jantiman pote yon nechèl ba li. Li te monte nechèl lan, li te chanje direksyon limyè an, epi li te chanje anpoul la. M te remèsye l. Bon, ni gwosè ak kalite anpoul la, ni direksyon limyè an pa t fè okenn diferans pou mwen depi an te klere sifizaman pou pisin nan pa t prezante danje. Pandan li t ap desann nechèl la, vwazen an te di ak awogans, "M pa konnen si w reyalize nan ki katye ou rete." Mwen te montre l kòmkwa m sezi, m ouvri je m, epi m koute li ak atansyon. Li tonbe divage e radote, ap pale jan Forest Hills se yon bon katye. "Kay blan nan kwen an, se la Dwight Eisenhower te rete."

Anvan li te nonmen non lòt moun selèb, m te koupe l lapawòl. "Ou konnen, yon jou va rive kote yon moun tankou w va di yon nouvo vwazen: 'Ou wè kay brik wouj sa a sou ti mòn nan? Se Archer yo ki te rete la." Epi san yon lòt mo, mwen akonpanye l rive bò pòtay la, epi m fèmen baryè a dèyè l. Men m te konnen bagay sa a pa t ko fini. Fanmi mouche kontinye pote plent: yo ekri nou lèt pou mande nou pou pa fè fèt ta; pou egzije nou tout fèt fini dis i dizè diswa lasemènn, e nan zòn minui lewikenn—malgre se sa nou te fè deja, paske nou te okouran règleman ki genyen konsènan bwi sou kaye a. Si nou pa t suiv règleman sa yo, lòt vwazen ta avèti n, yo ta rele lapolis. Nou pa t menm denye reponn lèt la, epi nou te kontinye fè fèt. Vwazen sa yo pa t janm rele lapolis; finalman, moun sa yo te pran retrèt yo, epi yo te demenaje al nan zòn nò New York. Rès vwazen yo te vin aksepte fanmi nou, lè yo realize nou te la pou n rete, epi asèlman an te sispann.

Yo te kontan lè Kevin te vin sispann zafè fèt sa a. Li te vin tounen yon mannken pwofesyonèl, e li te demenaje nan vil New York pou kòmanse karyè li kòm mannken. Keith te grandi nan Karayib lan, donk li pa t janm renmen lide pou pitit gason l te fè mannken; li pa t janm sispann eseye konvenk Kevin pou l ta pouswiv etid nan domèn terapi fizik pito. Li te espere zafè mannken sa a, se te yon senp faz—yon enterè ki t ap disparèt; li panse se vanite ki te monte nan tèt Kevin, poutèt tout moun t ap di l li bèl ti gason, li sanble yon mannken. Mari m te diskite sijè sa ak pitit gason nou an maten-midi-swa, malgre li pa t vrèman asele li. Finalman, li te rive konvenk Kevin pou l te retounen lakay li apre kèk ane New York, pou li pouswiv yon metriz.

Yon swa, m rive lakay la apre travay, epi m jwenn Keith kite yon mesaj pou mwen. Li mande m pou m pran detwa jou lib, epi m wè l kite yon bwochi vwayaj pou Lonn ak Pari sou biwo mwen an. Mwen li bwochi an omwen de fwa, pou m eseye konprann rezon ki fè Keith te vle mennen m an vwayaj. Se te premye fwa li te pran yon inisyativ konsa. Nou te vwayaje ansanm deja, men se mwen ki te sijere tout vwayaj sa yo. Pandan m t ap tann Keith rantre, m vin sonje yon tan, byen bonè nan relasyon nou an, lè nou te fèk kòmanse renmen. Pou selebre fèt Keith, m te envite yon trè bon zanmi l ak madanm li nan restoran. M te mande sèvè an pote yon gato, epi chante "Bòn fèt" pou li. M te jennen lè Keith te di ak yon ti ton sakastik, "Ou twonpe w, machè. Jodi a pa fèt mwen." Poutèt m pa t fin konprann angle twò byen, epi poutèt Keith te gen aksan britanik, m te panse fèt li te 20 out. Se te 28.

Keith se te yon moun trè prive, alòs li pa t alèz lè moun te pote l twòp atansyon. Li te fè m pwomèt m pa t ap janm anbarase li konsa ankò, e malgre m te konnen bon dat fèt li kounye a, m te kenbe pwomès mwen. M pa janm fè fèt pou li, keseswa nan restoran, keseswa lakay la. Li menm, li te òganize fèt sipriz pou mwen an plizyè okazyon, e youn ladan yo se te gwo zafè, kote tout moun te mete teni gala plen elegans pou vin lakay la. Keith te ranje l pou zanmi m yo, Sarah ak Irma, te mennen m al fè anplèt nan yon sant komèsyal ki te plis pase inèdtan distans de kay la. Li te mande m nan maten an pou m te prepare kèk bouche pou yon reyinyon travay li te sipoze gen nan kay la pandan mwen t al fè anplèt, epi, kòm bon madanm, m te mete bouche sa yo nan yon bèl plat nan frijidè an.

Zanmi m yo te vin chèche m jou sa. Nou te fè anplèt pou plis pase senk èdtan. Sou wout tounen, lè nou te a yon mil de lakay mwen, Irma—ki t ap kondui machin Sarah—te sibitman kanpe nan yon estasyon gaz pou l te fè yon apèl. (Epòk sa a, se pa tout moun ki te gen telefòn selilè.) Mwen te kòmanse diskite avè l, di l jan nou tout te fatige anpil epi n te prese pou rive lakay nou apre yon jounen byen long.

"Poukisa ou kanpe la a?" Mwen te fache. "Nou prèske rive lakay mwen."

"Fò m rele Michael," li te di. Michael, se te mari l. "M vle fè l konnen nou toupre, pou l ka pare pou l vin chèche m. Mwen fatige, e mwen pa vle rete ap tann li lakay ou." Lè sa a, li vole soti nan machin nan, li ale tou dwat nan kabin telefòn lan.

Sarah te rete an silans, e m te deside suiv egzanp li malgre m te enève toujou.

Lè nou te rive nan kay la, m te rale kle m, epi toude suiv men. Pandan m ap ouvri pòt la, tout limyè limen epi plizyè vwa te rele ansanb. "Bòn fèt!" Mwen pa t ka kwè Keith te fè tout sa pou mwen. Tout mèb salon ak salamanje yo te deplase, epi, nan mitan brouhaha sa a, m te remake bouche m te prepare nan maten yo, chita sou tab pou envite nou yo. Rès manje an, se yon tretè ki te prepare li, epi Keith te anboche yon bamann. Fanm yo te gen bèl wòb long sou yo, epi mesye yo te an kostim. Lè m te finalman reprann tèt mwen apre chòk sa a, m te kouri nan chanm nan pou m al chanje m. Mwen retounen yon moman pita nan yon wòb sansasyonèl koulè ivwa, ak bretèl; payèt seken ak pyeri te kouvri wòb lan, epi do li te gen yon dekolte an fòm kè, ki plonje epi louvri. Bèl wòb long sa a t ap tann mwen nan chanm lan an: sa pa t etone m mari m te chwazi kisa l te vle pou m mete nan fèt lan. Mwen te souri poutèt jantiyès Keith. Mari Sarah ak Irma yo te pote rad long pou yo lakay mwen tou, e yo chanje vit tou.

Mwen repòte atansyon m sou bwochi vwayaj yo. Ala Keith te entelijan! Swasantsenkyèm anivèsè li t ap tonbe pandan nou an Ewòp. Li te konnen m te vle selebre okazyon an. Èske li te planifye vwayaj sa a pou anpeche m òganize yon fèt pou gwo okazyon sa a? Pou li te ka lwen zanmi l pou fèt li? Antouka… yon vwayaj an Ewòp! Se te yon bon fason pou selebre yon etap enpòtan. Vwayaj sa a se t ap pi bèl fason pou n selebre.

Nou te pran avyon al Manhattan, kote yon limouzin nwa te mennen nou sou yon kè pou nou te monte Queen Elizabeth (QE II) soti Cunard, youn nan bato kwazyè ki te pi liksye epòk sa a. Nou travèse Oseyan Atlantik an sis jou. Chak swa, nou te pran yon dine sofistike, epi nou te danse mizik yon djaz ki te sòti Antigwa tout nwit la. Nou te fè plezantri epi flète youn ak lòt tankou de jèn pijon nan lindemyèl. Nou te achte tout foto fotograf kwazyè an te pran pou nou.

Nan peyi Anglete, nou te vizite Owen—ak madanm li Helen—yon zanmi danfans Keith ki sòti Lababad. Pou selebre fèt Keith, yo te prepare manje peyi Lababad pou nou, tankou CouCou (farin mayi ak kalalou), pwason volan, ak gato nwa, e, wi, nou te chante "Bòn fèt." Keith pa t janm sispann souri. Li te selebre swasantsenkyèm anivèsè nesans li tankou maryaj nou: jan l te vle l la—an prive, pa ak yon gwo gwoup moun. Nou toude te kontan.

Keith te yon fanatik tenis, e yon jwè pasyone, kifè li te planifye pou n te pase yon jou nan Wimbledon. Nou te pran foto epi pale ak kèk jwè ak antrenè pwofesyonèl. Jou apre an, nou te monte nan yon kabin premyè klas nan tren Eurostar pou ale Pari, nan peyi Lafrans, kote nou te sipoze vizite kouzin mwen Josiane.

* * *

Nan kòmansman ane 2000, m te resevwa yon lèt yon madanm ki t ap viv Lafrans, ki te deklare li te jwenn mwen sou entènèt pandan li t ap envestige jeneyaloji fanmi l. Non li se te Josiane Vivens, e li panse nou te fanmi. Li te voye foto l nan lèt la, ansanm ak foto mari l Jacques. Lè m te gad foto an, li te klè pou mwen madanm lan te osi blan ke m te nwa, alòs m te yon jan sezi li te ka panse nou fanmi. Nan anvlòp la, li te ajoute ab jenealojik li te kreye dapre rechèch li te fè, e lèt li an te louvri pòt pou yon bèl avanti nan zafè fanmi ak lanmitye.

Ane yo te pase, Josiane avè m te kontinye kominike sou entènèt, nan telefòn epi pa korespondans; nou te echanje anpil foto, jiskake Josiane te vwayaje al Ozetazini pou fè konesans fanmi sa a li te fenk dekouvri an.

San Josiane pa t konn sa, m te kontakte plizyè manm fanmi an, e m te envite yo vin lakay nou nan Washington, D.C. pou yon fèt byenveni. Josiane ak mari l Jacques te rive ak kado pou tout moun yo te gen lentansyon rankontre. Kado m nan te yon boutèy diven franse ki te gen yon etikèt ak non Vivens lan, ki te soti nan yon kav diven Vivens nan Bordeaux, nan peyi Lafrans, e m te trouve enpòtans diven nan fanmi an se te yon detay enteresan Josiane te pataje. Dapre rechèch jeneyalojik li te fè, nou te desandan twa frè franse. Youn nan frè yo, yon enjennyè, te ale Ayiti pou konstwi wout ak pon epòk peyi an te pou Lafrans. An Ayiti, li te marye ak yon fanm nwa e yo te kreye fanmi kote m te fèt la. Josiane te yon desendan youn nan lòt frè yo, ki te rete Lafrans, e branch fanmi pa l la te rantre nan fè diven. Diven sa a te gen non nou jiskaprezan.

Lanmou ak bòn volonte te pataje ant tout moun ki te asiste fèt la. Keith avè m te kenbe kontak ak Josiane, epi pandan vwayaj transatlantik nou an nou te vizite bèl kay li menm ak mari l te genyen nan yon katye Pari. Nou te pase detwa jou avèk yo.

* * *

Mwen te trè aktif, onivo lokal kòm yon ofisye e manm Asosyasyon Swen Sante Distrik Columbia (DCHCA), epi onivo nasyonal kòm manm Asosyasyon Swen Sante Ozetazini (AHCA).

Depi kreyasyon li, 100% ofisye AHCA yo te blan, e yo te gen ase lajan pou vwayaje al nan reyinyon nan diferan eta. A chak fwa te gen eleksyon, fanm te enskri kandidati yo pou divès pòs, men mesye yo te toujou jwenn fason pou genyen tout eleksyon yo. Wout ki te mennen osomè lidèchip la te long epi fatigan: yon moun te gen pou l sèvi onivo leta, apre sa onivo rejyonal la, anvan li vin kalifye pou l kandida pou biwo nasyonal la. Pi bon zanmi mwen se te Ana, ki te yon administratè mezon retrèt tou, e trè souvan nou te vwayaje ansanm pou ale nan kongrè nasyonal la chak ane. Nou te toujou sezi pou n wè jan pa gen anpil fanm nan komite an. Pou ogmante enfliyans nou, nou te antre nan Kowalisyon Fanm nan Swen Alontèm (Coalition of Women in Long Term Care, COWL), yon ti gwoup osen yon asosyasyon nasyonal ki te gen pou misyon prepare fanm pou pòs lidèchip. Nou te vin aktif nan asosyasyon an, rive nan pòs konsèy la onivo egzekitif.

An Septanm, apre bèl vwayaj romantik Keith avè m te fè an Ewòp, m te vwayaje pou ale Memphis, Tennessee pou asiste yon konferans COWL. M te poukont mwen fwa sa a, paske Ana pa t ka vin avè m. Bonè yon maten, pandan m te nan chanm lotèl lan, ap prepare m pou youn nan sesyon konferans lan, yo te anonse yon nouvèl inatandi e trajik nan televizyon: yon avyon te frape youn nan gwo batiman World Trade Center nan New York City. M te rete fije, ap fikse ekran an; m te sou chòk. Yon moman apre, m te temwen yon lòt avyon ki frape dezyèm batiman an. Vwa prezantatè bilten nouvèl lan te chaje emosyon antan li t ap anonse yo te atake Etazini. M te rele Keith imedyatman, e li te mande m pran pwochen vòl pou m tounen lakay mwen.

Lè m te prezante m nan sal reyinyon an, toutmoun t ap diskite evènman lemonn tap vin konnen sou non 9-11. Kèk nan patisipan yo te kole devan televizyon an, pandan lòt moun te nan telefòn yo, ap rele fanmi yo lakay yo. Etandone sikonstans yo, konferans lan te anile. Priyorite manm yo te chanje; tout moun te vle jwenn fason pou rantre lakay yo san danje epi leplivit posib. Anvan lontan, yo te rapòte yon lòt avyon, sou wout li nan Kalifòni, te frape Pentagòn lan nan Washington, DC. Mwen te rele Keith ankò imedyatman. M t ap tranble kou fèy bwa: atak sa a te toupre lakay nou, e pandan setan m te lwen mari m, pitit gason m, ak de mezon retrèt m t ap dirije yo. Mwen te santi m koupab dèske m pa t la pou m te pran sitiyasyon an anmen, epi dèske m pa t ka fè anyen pou ede pèsòn.

CHAPIT DOUZ:: LAVI AK PÈT

Nan pwen sa a, tout avyon yo te bloke, e grenn jan pou m te rive lakay mwen se te lwe yon machin.

Se te kòmansman sa k t ap tounen yon trajedi terib ki te afekte nou pèsonèlman e pwofondeman. "Mwen gen move nouvèl, Solanges," Keith te di. "Mari Ana a, Ian, te nan avyon ki frape Pentagòn lan. Li te sou wout pou l al nan yon biwo li genyen Kalifòni. Li pa siviv enpak la."

Se te 11 Septanb. Anivèsè nesans Ana.

Lè m te rele pi bon zanmi m nan telefòn, li t ap kriye. "Ian ale. Mwen pèdi mari m!"

Se te yon pèt terib. Ian avè m, nou te si tèlman renmen youn lòt, li te konnrele m "dezyèm madanm" li. Li te konn di, "Apre Ana, sèl apèl m ap toujou reponn se apèl Solanges." Li te ijan pou m te rive lakay mwen pou m wè fanmi m, pi bon zanmi m, ak biznis mwen. Aprè li te ezite, yon kolèg nan reyinyon an, ki te rete nan Maryland, te dakò pou kondui tounen avè m, epi pou l te kontinye poukont li pou al lakay pa l. Sa te pran nou katòz èdtan; nou te kondui toutatou, dezèdtan alafwa. Lè mwen te rive D.C., Keith te soulaje. Mwen t al rann Ana vizit tousuit. Nou te rete toupre, nou te ka mache pou al kay youn lòt.

Keith avè m, nou toulède te la pou Ana. Nou t al rann li vizit chak jou, epi lakay li te toujou plen fanmi ak zanmi, moun ki te vle prezante kondoleyans yo, epi ede l tout jan yo te kapab. Men tout sa li te vle se te Ian, e pa t gen youn nan nou ki te kapab satisfè dezi sa. Keith avè m te chwazi yon jou anvan fineray la pou prepare yon manje Karayib pou tout envite Ana yo. Nou te met anpil manje sou tab salamanje li an, ase pou bay toutmoun ki te vin salye e prezante kondoleyans; yo tout manje.

Ana avè m nou te Katolik, epi nou toude te konn al nan legliz Blessed Sacrament. Mwen te vin manm legliz lan apre mwen te demenaje vin rete nan vil la, epi se nan legliz sa a pitit gason m nan te fè premye kominyon li. Mwen te souvan fè benevola chak semèn, ap prepare sandwich pou pòv yo nan kuizin legliz la. Epoutan, mwen pa t janm santi kongregasyon an te aksepte m. Yon dimanch maten, mwen te chita sou yon ban, ap tann pou mès la fèt. Anvan mwen te mete m ajenou pou mwen lapriyè, yon dam blanch, yon ti granmoun, te chita sou ban dirèkteman dèyè m nan; li te mete l ajenou pou l kole bouch sou zòrèy mwen. Li te chichote. "Èske w pa wè ou pa gen plas ou la a?"

Mwen te vire tèt mwen, mwen te gade li, epi mwen te fè yon soupi pou montre l m te tande kesyon li an. Mwen te mete m ajenou, mwen te lapriyè, epi m te soti legliz lan anvan menm lamès la te kòmanse. M pa t janm tounen nan Blessed Sacrament apre jou sa a—jiska antèman Ian. Se te yon onè pou m te li yon priyè annomaj a bon zanmi m nan. Nan moman sa a, malerezman, Pè Duffy, prèt anchaj la, pa t ko janm fè okenn efò pou dezagreje legliz la. Ana te fè m remake se trè souvan group minoritè ki pa t konn sa te vin legliz la; apre yon tan, moun sa yo te kite legliz la—e m panse se pou menm rezon ki te pouse m ale yo.

Mwen te soutni Ana, zanmi mwen, pandan tout peryòd dèy li—e nou te rete bon zanmi. Mwen te kapab imajine doulè li te resanti apre l te pèdi Ian: kijan mwen t ap janm ka siviv lanmò Keith?

FÈ SA MACHE POU OU!

Règleman #21: Pran pasyans epi rete senp

Refleksyon: Pafwa, se pa moun ki pi rapid la ki genyen. –Aesop

Kouzen tòti lanmè an, ki li menm viv sou tè, konn kisa yo rele pasyans ak imilite. Nan fab trè popilè Aesop lan, lapen an te kraponnen tòti an paske tòti an te avanse lantman e ak anpil difikilte. "Ou p ap janm rive ankenn kote, si w ap avanse dousman konsa," lapen an te di pou ri li.

"O, wi, m ap rive. M ap rive kote m bezwen ale, e mwen ka menm bat ou nan yon kous," tòti a te reponn.

Malgre lapen an te panse se te yon blag, li te aksepte defi an. Jou kous la rive, lapen an te rapid sou liy pou kòmanse kous lan, epi li te kouri fè mwatye wout la. Lè li te gade dèyè l, li te wè tòti an ki t ap deplase tou dousman epi san kanpe—men sitou dousman. Lè li wè jan li te lwen devan, lapen an te deside fè yon ti kabicha sou bò wout la. Men li te souzestime tòti an, e li te dòmi twò lontan. Lè lapen an te reveye, li te wè tòti an te prèske rive sou liy pou fini kous lan. Malgre lapen an te kouri trè rapid, li pa t ka ratrape tòti an ki te lan, men ki pa t janm kanpe, e ki te franchi liy pou fini kous la, viktorye.

- Jwenn yon bokal vid. Pandan ennan, chak jou ekri yon bagay pozitif ou te fè pou anrichi lavi ou, menm si li piti, epi lage li nan bokal lan. Nan fen ane an, gade tout sa ou te akonpli. Li anpil, sa ou panse? Pafwa, fò nou tann pou wè rezilta ti efò nou fè.

- Idantifye detwa bagay ki konn fè w pèdi pasyans, epi mande tèt ou poukisa yo ba ou pwoblèm. Poukisa ou enkyè konsa? Jwenn yon fason pou pratike pasyans lè ou konnen li poze yon defi. Gen moun ki enève nan anbouteyaj oswa lè yo kanpe nan liy magazen ki trè long. Si bagay sa yo nui w, pwochen fwa ou santi ou enpasyan pandan w ap tann pou ou avanse, respire pwofondeman epi gade moun ki nan alantou yo. Yo tout ap tann tou. Si ou nan liy, kòmanse yon konvèsasyon. L ap ede tan an pase pi vit. Si se yon moun k ap fè w pèdi pasyans, eseye gade bagay yo nan pèspektiv pa moun nan. Li posib se pa espre yo fè. Yo gen pwòp lapèn pa yo; petèt se konnen ou pa konn sa.

RÈG POU VIV BYEN

Chapit sa a te chapit ki te pi difisil nan liv la pou m te reviv. Fanmi mwen te soufri yon pèt terib ki te fòse nou tout mete travay nou sou kote pou nou te adapte nou. Konpayi mwen te an danje, repitasyon mwen te menase; tout sa m te travay di pou m te konstwi te sanble li ta pral kraze. Men, li te fè m reflechi sa k te enpòtan nan lavi, e malgre m te sanble m t ap pèdi batay la, m te kontinye goumen pou mwen te vire sitiyasyon an nan avantaj mwen.

Règ #22: Chwazi priyorite w

M te oblije aprann jere yon pakèt obligasyon pou m te vin yon antreprenè nan endistri mwen an. Pou m te briye nan domèn mwen, m te oblije ranpli plizyè wòl diferan: madanm, manman, prezidan, pwopriyetè, CEO, elatriye... E nan chak wòl, fò m te aprann chwazi priyorite m pami tout responsabilite mwen te genyen, pou m te ka jere travay la kòmsadwa. Si se t pa sa, travay lan t ap vin twòp pou mwen. Lè nou re-òganize mezon retrèt Johnson lan, nou te takle pwoblèm m panse ki te pi fasil pou n jere. Pwoblèm sa yo pa t sanble si tèlman enpòtan, men nou te konnen se yo ki t ap gen enpak ki pi imedya sou kalite lavi rezidan yo, e sou moral anplwaye ak founisè yo (gade Chapit 11: "Kijan n te fè?"). Lè ou konnen ki priyorite ou genyen, l ap pi fasil pou w pran bon desizyon lè w ap travèse yon kriz pandan w sou wout siksè. Gen de lè, pandan m t ap kontinye edikasyon m nan pousuit yon karyè, m te oblije sakrifye tan m ta vle pase avèk moun pwòch mwen, paske m te konnen yon edikasyon t ap mennen pi bon opòtinite epitou li t ap pèmèt fanmi m vin genyen yon pi bèl kalite lavi. Lè m te antre nan domèn mwen, karyè mwen te pasyone m, e mwen te remake gwo diferans m t ap fè yon nan lavi lòt moun, e nan domèn mwen tou. Men lè mari m te tonbe malad, m te konnen byennèt li ak konfò li te sanse priyorite mwen, e m te mete karyè m dekote pou yon tan (gade Chapit 13: "Tout kòmansman gen finisman").

CHAPIT TRÈZ

Tout Kòmansman Gen Finisman

Mwen te pale de bèl selebrasyon swasant-senkyèm anivèsè nesans Keith, lè nou te pran QE2 pou ale Ewòp, epi nou te pase tout nuit lan ap danse. Sa m pa t di, gen yon bagay dwòl ki t ap pase Keith, e ki t ap menase bonè maryaj nou. Pandan sis mwa, Keith te pede ap pèdi pwa. An desanm 2001, sa te vin enkyete nou anpil, e malgre tout vizit li te rann doktè jeneralis li nan Kaiser Permanente, li te kontinye megri. Depi m te konn Keith, li te an bòn sante; nonm lan te fè egzèsis regilyèman, epi li te menm konn ap jwe tenis andedan kay la pandan livè tèlman li te renmen tenis e tèlman li te vle kenbe tèt li anfòm. Pou dat Keith avè m te zanmi, te moun ki renmen, te mari ak madanm, se pwemye fwa li te malad, kidonk maladi sa a te boulvèse m. Pèson pa t ka konnen poukisa li t ap depafini: li te pèdi prèske senkant liv lè sa, e chak jou li t ap vin pi fèb. Nou te yon fanmi an kriz.

Semèn anvan Nwèl lan, mwen te finalman konvenk li pou l t al wè yon espesyalis, yon zanmi m ki te travay nan gastwo-anteroloji, pou kontwole se pa t kansè li te fè, paske doktè jeneralis li an pa t ka bay yon diagnostik, ale wè pou l t a devlope yon plan pou swen ak tretman. M te kontakte Dtè. Hall paske m te nan dezespwa, epitou paske m te renmen mari m, e m te gen konviksyon doktè sa a te kapab ede Keith. Li te difisil pou m te mande yon randevou, paske Dtè. Hall te fè m avans seksyèl plizyè fwa. Men m te konnen se te pi bon gastwo-anterolojis ki te disponib, e li te vo malèz la pou n te eseye jwenn yon solisyon a pwoblèm sante Keith. Pandan manda mwen kòm direktè swen enfimye nan mezon retrèt lan, lè Dtè. Hall te vizite pasyan li yo, li te toujou konn ap eseye manyen m. M pa t janm mansyone anyen bay Keith. Tankou anpil fanm nan sitiyasyon sa a, m pa t gen vwa. Kimoun ki t ap kwè m? Mwen sètènman pa ta pral pale sou sa nan mitan yon kriz sante grav. San ezitasyon, Dtè. Hall te aksepte ka a epi li te admèt mari m. Apre plizyè tès ak pwosedi, nou te elimine kansè—men nou pa t ko gen ankenn dyagnostik. Keith te kontinye pèdi pwa.

Yon fwa ankò, san m pa t tann apwobasyon mari m, m te pran bagay yo an men. M pa t ezite fòse bagay yo. Se te tou pa m pou m te pale pou li, pou m te tounen zanj gadyen li, epi, pou premye fwa, pou m te jwe wòl avoka l. M te kontakte klinik Mayo, e m te pare pou fè mari m pran avyon al nenpòt kibò pou li te jwenn yon diagnostik ak tretman. Finalman, yo te refere m bay yon espesyalis nan lopital Inivèsite Johns Hopkins. Nan telefòn nan, m te eksplike sentòm Keith yo epi m te sipliye doktè an, Dtè. Parker, pou l te egzamine li. Plis li te eseye pouse m ale (orè li pa t pèmèt li pran yon pasyan an plis), plis m te ensiste. "Ou pa konprann, doktè," m te di byen fèm. "Fò ou wè li jodi a. Nou bezwen èd ou." M te dezespere, ap kriye nan telefòn nan, men m te fè atansyon pou m pa t kite Keith tande enkyetid nan vwa mwen.

Doktè a te aksepte poutèt ensistans mwen an. "Eske demen t ap bon?»

"Li t ap bon," m te reponn ak rekonesans. "Akilè, doktè?"

Nan landemen, m te kondui mari m nan Baltimore, Maryland, ki te plis pase inèdtan de lakay nou, epi yo te admèt li imedyatman nan lopital la. Apre dis jou byen long, li pa t ko janm resevwa yon dyagnostik definitif, menm nan men Johns Hopkins. "Petèt ipè-vitaminoz," doktè an te di apre li te aprann Keith t ap pran divès sipleman; *petèt* li te gen twòp vitamin nan sistèm li. Nivo vitamin ak elektwolit nan kò l te vin nòmalize anvan menm li te egzeyate; yo te remèt li ban mwen, enfimyè li, pou m te ba l swen adomisil, avèk lanmou ak atansyon. Zanmi nou, Sheila, te kite mari l Carl nan Monreyal, Kanada, pou vin rete avèk nou, ak lentansyon pou kuit kèk bon manje Karayib pou angrese Keith. Sa te ede m anpil pou m te gen Sheila nan kay la ak Keith pandan m te nan travay; se te yon bon ankadreman pou nou toulède. Mari m te mèg toujou, men li te kòmanse parèt pi an sante apre li te suiv rejim twa-repa-pa-jou Sheila te bay lan. Li te vin repran anpil nan pwa li te pèdi an, e li te fè plan pou tounen travay, avèk lentansyon pou l te pran retrèt li nan mwadjen, jan l te planifye l lan.

Yon dimanch maten, premye semèn me 2002, Keith te leve ak yon tou sèk. Nan dejene, li te kòmante sa te domaj: apèn li te refè de yon maladi ki pa t idantifye, men l t ap touse. "Sa pral pase tou," m te rasire li, men m te enkyèt. Lè tous lan te anpire, Keith te refize tounen nan Kaiser. Li te fè kòlè; li te mande m mennen Kaiser ak tout John Hopkins lajistis poutèt yo pa t ka dyagnostike ni trete l. M te ka wè li te pè: pandan li menm li te malad, de zanmi l te mouri kansè, e Keith te pè pou tou pa l pa t dèyè. Malgre li te eseye pran kouraj pou mwen, m te konnen li pa t panse li t ap janm refè. M te fè atansyon pou m pa t montre l jan mwen te pè tou, sa ki pa t fasil. Mwen te pè anpil.

Tous lan te vin pi mal, e Keith t ap febli dejou-anjou; li te klè eta li pa t ap fè mye. Nan detwa jou, li te tèlman vin fèb, m te oblije ede l benyen ak abiye. Odebi, li te refize wè lòt doktè paske pèson pa t ka jwenn sa l te genyen, e tous lan te anpeche l manje ak bwè, men avèk repiyans li te vin dakò pou kite m rele doktè li nan John Hopkins.

"Anvan ou rele, pran yon kanè nòt ak yon plim," li te di nan yon vwa ki te vin fèb. Nonm lan te tèlman fèb li te ka apèn pale, epoutan li t ap mande m pran yon plim ak yon papye—jan li te fè l lè li t ap ban m enstriksyon sou jan pou m te eple non pitit gason nou an. "Mwen pa vle ou rele fanmi m, ni lòt moun. Mwen pa vle pèson wè m konsa. Sa mwen vle, se pou ou mennen Kaiser lajistis—paske yo pa t ka dyagnostike m ni trete m." Se te kòmsi li te vin aksepte li pa t ap siviv demon enkoni ki te anvayi kò l, men ki te epaye lespri l. Mantalman li te byen vif, menm jan ak anvan maladi an.

M t ap eseye kanpe fèm pou li, men m te santi m te toutan prèt pou m kriye. Li te toujou la pou mwen, e, menm nan pwen sa a ki te ba anpil nan lavi li, li t ap prepare m pou sa ki te gen pou vini; tou dousman, li t ap eseye ede m asepte li te gen dwa mouri.

"Keith, n ap pèdi tan. Tanpri, kite m rele doktè an." Anvan li te ka reponn, m te panche pou m te bo li, epi m te di, "Mwen renmen w. Fò m jwenn èd, paske mwen pa ka kontinye poukont mwen. Mwen pa ka kite w mouri, cheri. Si mwen pa jwenn èd, w ap mouri, isit lan, nan kay lan." Mwen te kouri monte eskalye an, al nan biwo m pou m te fè apèl lan; m pa t vle enève l ak evalyasyon mwen t ap bay doktè an. M t ap kriye pandan m t ap eseye pale, e doktè an repete plizyè fwa, "Respire pwofondeman, Madan Archer." Li t ap eseye kalme m pou l te ka konprann sa m t ap di l.

"Pa mennen li ba mwen," li te di. "Mwen twò lwen. E pa mete l nan machin ou," li te konseye. "Rele 911, epi fè anbilans mennen li lopital imedyatman."

M te ede Keith abiye l osi vit posib. Apre anbilansye yo te travèse l de kabann li al sou sivyè an, epi yo te mete l nan anbilans lan, yo te travay sou li pou plis pase yon demi èdtan. Mwen te chita ak Kevin nan machin li, pare pou suiv anbilansye yo lopital la, men anbilans lan te ret pake. M te frape pòt dèyè anbilans lan. "Poukisa sa pran tout tan sa a?" Anbilansye yo te esplike m fò yo te stabilize Keith anvan yo te ka deplase l. Kòm enfimyè, mwen te konprann sa yo te di an; yo te mande m pou m kalme m malgre kondisyon mari m te grav anpil. Li te pi malad pase sa m te panse.

Yo te admèt Keith imedyatman nan inite swen entansif lopital pi pre lakay nou an. Plizyè espesyalis diferan te egzamine li; yo te ba li tout tès san posib, e fè l fè plizyè MRI—m te pèdi kont. Men pa t ko janm gen yon dyagnostik. Kisa ki tap ronje mari adore m nan? Apre yon semèn nan lopital lan, tout tès te negatif. Sa te pètibe m e fristre m kòm moun k ap travay nan domèn medikal lan.

Apre li te reyini fanmi an, yon poumonològ te mande pèmisyon pou fè byopsi poumon Keith pandan l sou anestezi. Mari m te dakò. Lè sa a, li te twò fatige: sèl sa li te vle se te yon repons, yon tretman, epi li te espere li t ap jwenn gerizon. Nan denmen maten, yon anèstezis te eksplike n danje ki te genyen nan anestezi an, poutèt jan Keith te fèb, men nou tout te vle dyagnostike maladi mistè ki te pran posesyon kò l lan. Nou te deside pran risk pou n te konnen sa ki te fè l malad konsa.

Lè yo te mennen sivyè an vin pran l, Keith te bo Kevin avè m. "Mwen renmen nou toulède." Nan moman sa a, nou toulètwa te fè youn—Keith tou frèl nan kabann lan, avèk madanm li ak pitit gason li sou chak bò—nou te santi souf ak mouvman pwatrin youn lòt pandan nou t ap anbrase pou sa ki te ka sanble yon etènite pou asistan ki t ap tann pou mennen li nan sal operasyon an, men pou mwen se te fraksyon yon moman. Nan moman sa a, chak segond m te pase avèk Keith te sanble pase twò vit.

De mesye yo te kapab kache dlo nan je yo, men mwen menm m te enkonsolab. Mwen te mande Keith ban m pèmisyon pou rele fanmi l. "Non," li te di. "Yo te konnen m te fè mye, e se tout sa yo bezwen konnen." Yon fwa li te refè premye maladi an, li te rele de sè l yo, Marita nan Manitoba, Kanada, ke li pa t wè depi plizyè ane, ak Nola nan Lababad, pou li te fè yo konnen li pa t pi mal.

Nou te vizite Nola ane anvan an, lè n te vwayaje pou n al wè konstriksyon kay retrèt nou sou zile a. Keith avèk mwen te mache sou plaj la, nou t ap kenbe men, epi nou t ap pale sou lanmò. "Ou konnen," Keith te di, "lè nou fin vye granmoun toutbon vre, nou pa ta dwe mache sou plaj la. Olye de sa, fò n ta mache nan lanmè an, ap kenbe men tankou kounye a, epi apre sa fò n kontinye mache. San nou pa janm gade dèyè. Zafè pou m vin granmoun epi malad nan yon lopital, m pa ladan." Epòk sa a, m te san enkyetid, m te panse m t ap ak Keith jouk dènye jou mwen yo. Kounye a, mwen pa t si anyen, m te pè lide viv lavi m san li.

Lè yo te mennen Keith ale, Kevin avè m nou te kite chanm lan pou medite an silans nan chapèl lopital lan. M te priye Manman Mari, jiskaske nou te kite lopital la. Lakay la, nou te tann doktè an rele nou. Lè l te rele, doktè an te di nou pa tounen nan chanm Keith, paske yo te branche l sou yon respiratè e li te san konesans.

M pa t ka dòmi; m tap kriye; m t ap pataje lapèn mwen ak lòt moun nan telefòn. Kontrèrman a mari m ki te kenbe yon relasyon distan ak fanmi l, mwen te—e m kontinye—trè pwòch sè mwen yo ak frè mwen an, e menm ak nyès ak neve mwen yo tou, ansanb ak tout lòt fanmi mwen yo. M te bezwen rekonfò yo nan solitid mwen ak sityasyon ensèten sila a, si m te vle siviv peryòd terib sa a.

Lannwit rive, epi solèy leve, e je m te klè toujou. M te abiye, pare ap tann pou Kevin mennen m nan lopital lan. Li te entèdi m kondui; chak jou, li te mennen m lopital lan, li te pase ti tan ak papa l, epi li t ale nan biwo l. Pita nan apremidi, Kevin te tounen vin chèche m pou mennen m lakay. M te konnen lavi pwofesyonèl mwen te tèt anba—m te apèn ale nan biwo an pandan dènye sis mwa ki te pase yo. Pa gen anyen ki te enpòtan pou mwen tankou pran swen mari m pandan l te malad. M pa t ka panse a lòt bagay ke byennèt Keith. Menm si li pa t ka pale avèk nou, Kevin avè m te panse li te konnen nou te la avè li.

Sou katriyèm jou apre byopsi poumon an, telefòn nan kay la sonnen trè bonè nan maten. Se te Dtè Sharma, poumonològ li nan lopital la. "Solanges, ou konnen m se moun ki trè optimis, men…"

Anvan menm li te fin pale, mwen te kòmanse rele. "Non, non, non!"

Kevin te vole eskalye yo pou l te vin kanpe akote m. M te nan telefòn nan toujou, epi doktè an te kontinye, "Keith te pase yon nuit terib. Ou menm ak pitit gason ou ta dwe vini nan lopital lan leplivit posib. Nou te travay sou li tout lannuit lan, men kounye a mwen pesimis; m pa konnen si l ap refè."

Pandan Kevin t ap pare l, mwen te rele frè m Jean Claude, madanm li Mona, ki se yon enfimyè, epi m te mande yo pou vin jwenn nou nan lopital la. Kevin te kondui nou, epi, pou yon dènye fwa, tout fanmi nou te ansanm. Kou mwen te wè Keith, mwen te konnen nou te rive nan fen vwayaj nou an ansanm. Li te kouvri avèk ekipman medikal ak tib. Anplis respiratè a, li te gen yon bann entravenez ki t ap ba l remèd; lòt tib te la senpleman pou kenbe venn li louvri. Mwen remake de nouvo katetè li pa t genyen okou dènye vizit nou an. Li te yon nonm diy; mwen te konnen li pa ta vle pou nenpòt ki moun wè l nan kondisyon sa a, men mwen menm mwen pa t kapab kite l poukont li. Mwen te bezwen avèk li. Zanj gadyen mwen an te pare pou l kite tè sa a. "Poukisa, men poukisa?" mwen te kontinye mande l, men mwen pa t resevwa okenn repons.

Doktè an te di nou kè Keith te rete pandan lannuit lan an de fwa; ren li te kòmanse sispann travay, demèm ak lòt ògàn enpòtan li yo. Li te di si Keith te vivan toujou, se te gras a respiratè an.

Li te konseye nou kite l mouri natirèlman e avèk diyite, alòs m te rele Pè East, pou mande li pou l kouri vin administre mari m dènye sakreman—yon sakreman trè enpòtan pou katolik konsakre. Mwen katolik; mwen kwè nan Jezikri e mwen gen yon relasyon fidèl ak Manman Mari beni mwen an. Epòk sa a, mwen te manm nan ministè konferans legliz Nativite Pè East, e li te konnen m byen. Nan inèdtan konsa, li te rantre nan chanm lan ak yon kat lapriyè ki te gen desen kè sakre Jezi an sou li. Li te mete li akote tèt Keith antan li t ap priye pou li; li vide luil sou li, e li sanktifye li an preparasyon pou vwayaj li nan syèl lan san nou.

Frè m Jean Claude ak madanm li Mona lapriyè avèk prèt la, Kevin ak mwen, epi, apre Pè East ale, nou tout nou te pale ak Keith, kèk nan nou an silans, e lòt byen fò, ak dlo nan je. M pa t ka sispan kriye, men m te rasire l mwen t ap fini pa anfòm; m te konnen trè byen li t ap kontinye veye sou mwen, menm si nou t ap separe fizikman, jiskaske nou kontre ankò nan yon lòt vi. "Ou te pwomèt mwen nou t ap vyeyi ansanm. Ou sonje? Sa ki rive pwomès sa?" m te mande li, kòmsi li te ka tande m. "M konnen ou pa t vle pèson rann ou vizit lopital la, e an bon madanm, m te koute w jouk nan fen an." M te ri pandan m ap tranble lè m te di, "Men m pral ba ou pi bèl fèt orevwa ki egziste. Ou p ap ka anpeche m fè sa! M ka imajine yon ti souri sou figi w. Mwen renmen w, Keith."

M te travay nan domèn swen sante depi plizyè ane, ki fè souvan m te konseye fanmi sou ka lanmò. M te louvri premye ospis pou malad ki ospitalize nan vil lan. M te akeri yon konpreyansyon pwofesyonèl diferan nivo chagren ki genyen, e m te konnen kijan pou m te konfòte anplwaye ak fanmi pasyan yo lè yo te fè fas a gwo pèt. Malgre sa, m pa t pare pou moman sa a—pou se tou pa m pou m te an dèy. Pa gen anyen ki te ka rekonfòte m. Mari m te gen sèlman swasant-senk lane. Poukisa pou l te ale? M te nan fè nwa, m pa t konn kisa m t ap fè san Keith nan lavi m. M t ap pèdi pi gwo konseye mwen e chanpyon mwen. M te gade Kevin, e sou figi l m te ka li yon enkredilite total. "Pitit gason m, eske ou pare? Fò nou kite Papi ale. Nan moman sa a, se pi bon desizyon nou ka pran. Nou toulède konnen li te toujou di: li pa t janm vle pou se yon bann machin k ap kenbe li vivan."

Kevin soti nan chanm lan an silans, pou ale nan koridò lopital lan. Sa dwe te akablan pou li. Toude paran li te nan kriz, e li pa t gen okenn fason pou chanje sa. M te rele enfimyè an nan chanm lan, e, apre enfimyè an dekonekte respiratè an, Jean Claude, Mona, avèk m te rete avèk Keith jiskaske li te pran dènye souf natirèl li.

Mwen te kite frè m ak madanm li nan lopital lan, epi Jean Claude te ofri pou li te rele rès fanmi an pou anonse yo lanmò Keith. Kevin te an silans sou wout pou nou te tounen lakay nou.

Kay la te trankil tou, jouk rive nan apremidi a. Nou te apèn tounen lakay nou depi dezèdtan lè poumonològ lan te rele m. "Solanges, m ap prezante w kondoleyans mwen," li te di. "Mwen te eseye retounen nan inite an anvan ou t ale. Malerezman, mwen te rate w. Èske w ka pale?" Mwen te chita lè li te kontinye. "Jan ou konnen, depatman patoloji an te fè plizyè tès sou tisi poumon mari w e rezilta yo pa t klè. Nou te voye kèk nan echantiyon Keith yo nan klinik Mayo, ak lespwa pou yo te ka ede nou jwenn yon dyagnostik, ak yon tretman posib pou mari w. Nou fenk jwenn rezilta yo. Pa gen anyen nou te ka fè. Malerezman, li mouri yon maladi ra, ki pa t gen okenn etyoloji, e ki pa t gen tretman. Yo wè maladi sa a sitou lakay gason ki sòti nan Karayib, e nou pa gen okenn lide kisa ki ba li l. Li rele polimyositis. Li koze enflamasyon ak afeblisman tisi poumon yo; se sa ki te ba li tous sèk ak difikilte pou l respire. M reyèlman regrèt sa. M ap prezante ou kondoleyans mwen."

"Omwen, mwen konnen kisa ki pote l ale. Mèsi, doktè." Lè m te fenmen telefòn nan, m t ap panse a anpriz lanmò, epitou a dezyèm chans. Yon ti tan apre nou te achte nouvo kay nou an, m te tonbe sou yon atik nan *Washington Post,* sou yon fanmi ki te an dezakò avèk Kaiser Permanente sou tretman pou pitit fi yo, yon jèn ti fi, ki te viv D.C. twaka nan vi li. Tifi an te fè yon aksidan machin, pandan l te sou wout sot nan pansyon andeyò eta a. Li te siviv aksidan an, men li te oblije fè anpil terapi pou reyadaptasyon, sa ki te mennen gwo diskisyon sou zafè kouvèti asirans. M te sezi lè m reyalize ti jènfi sa a te abite nan kay nou te fenk achte an. Mwen te panse a konyensidans sa a ankò lè, kèk mwa apre, Kevin, tou, te nan yon aksidan machin grav. Apre li te frape yon ray pwoteksyon sou wout lan, Land Rover li an te chavire plizyè fwa. Machin nan te kraze nèt. Malgre sa, Kevin, ak twa zanmi li, te siviv aksidan sa a san yo pa t gen menm yon mak sou kò yo. Se kòmsi Manman Mari te retire jèn gason yo nan Land Rover an pandan li t ap chavire, epi li te remete yo ladann apre aksidan an te fini. Paske sa te dwòl anpil, se yon mirak sèl ki te sove ti mesye yo. Lè li te wè jan machin nan te kraze, menm chofè ki t ap remòke li an pa t ka kwè ti mesye yo te nan machin nan. "Sa pa fè sans! M pa ka kwè mesye sa yo te nan machin sa a m wè an!" li te di nou lè mari m avè m nou te rive sou sèn aksidan an.

Eske te gen yon prezans misterye ki te anvlope kay lan—yon fòs ki te pwoteje lavi jèn moun, men ki pa t vle sove Keith? Eske lanmò li te yon fòm dèt nou te peye poutèt lavi jèn moun sa yo te sove? Eske te gen yon relasyon kèlkonk antre lanmò li ak sivi viktim aksidan sa yo? Nan lapenn mwen, m te jwenn yon ti moman lapè: petèt mari mwen te fè sakrifis final—kote li mouri nan plas lòt moun. M te sonje Pè East te vin beni kay lan anvan nou te anmenaje ladan. Pè an te mache de pyès an pyès ak dlo beni e li te fè yon priyè pandan li t ap mache nan chak pyès. Eske lafwa te jwe yon wòl nan lanmò misterye Keith lan? Mwen t ap eseye fè tout lide sa yo fè sans nan tèt mwen, men sa pa t mache. Pa t gen okenn lojik pou eksplike *poukisa* sa te toumante m.

Finalman, mwen vin repran sans mwen. Mwen pa t kapab rete chita la, ap reve epi ap sonje lepase, oswa ap eseye fè bagay m pa t ka eksplike fè sans: mwen te gen yon fineray pou m planifye. Poutèt m te refize aksepte lareyalite pandan dènye mwa ki te pase yo, m pa t fè okenn aranjman pou antèman, malgre m te gen yon mari ki te malad anpil. Mwen te souvan rekòmande fanmi rezidan nou yo fè planifikasyon alavans, e poutan mwen pa t aplike konsèy sa a pou tèt mwen. Men, Keith te tèlman jèn—epi li te tèlman gen yon bon sante, ap danse tout lannuit lan sou yon bato kwazyè apèn kèk mwa anvan…epi kounye a, li te ale. Mari m te pwomèt mwen nou t ap granmoun ansanm. Kòm koup, nou te kwè nan pwomès nou te fè youn bay lòt yo—nou t ap toujou lwayal epi fidèl jouk lanmò separe nou. Mwen pa t janm imajine Keith mwen an ta pral mouri jèn konsa. Aranjman pou fineray, sa pa t fè pati plan nou, men se Bondye ki te deside ki jou Keith ta pral kite tè sa, e lanmou pa ka chanje desten.

Mwen te rele direktè sèvis sosyal youn nan mezon retrèt yo pou m mande l ede m. Nan landemen, salon finerè an te reklame kò Keith nan lopital lan. Pi bon zanmi m Ana te kouri vin kote m kou li te aprann lanmò Keith. Nou te chita youn akote lòt—nou vin reyalize nou toude te vèv, malgre nou te jèn, e nou te pèdi mari nou youn apre lòt. M te pase 55 anivèsè nesans mwen nan lopital lan, bò kabann mari m. Li te mouri kat jou apre fèt mwen—menm jan mari Ana te mouri jou fèt pa l, e li te antere Ian apèn kèk jou apre.

Ana te rete toupre mwen, menm jan mwen te fè pou li pandan peryòd dèy pa li an. Avèk èd li, ak èd fanmi mwen, mwen te kontakte fanmi Keith ak tout zanmi nou; anpil nan yo pa t menm konnen li te malad. Apèl sa yo te difisil pou fè, men mwen te fè yo kanmenm. Anpil nan yo te eksprime regrè yo paske yo pa t kapab vini nan antèman an; lè fanmi l te di yo pa gen mwayen pou peye avyon vin nan antèman an, mwen te pwomèt ede yo ak depans sa yo. Carl ak Sheila, zanmi pi pwòch Keith yo, te soti Kanada pou rive byen vit. Yo te ekri yon anons ki pou te parèt nan jounal; yo te chwazi priyè ak chante pou antèman an, ki moun ki t ap pote sekèy lan, epitou ki rad Keith ta pral mete dènye fwa nou t ap wè l. "Ki kravat li te pi renmen an?" Carl te mande.

"Li te renmen mete kostim ble maren li an, yon chemiz blan, ak yon kravat wouj." M te ri. "M ka menm wè l nan tèt mwen k ap sot travay kounye a, byen chèlbè, ak dan li deyò paske li kontan wè nou la." Te gen moman lajwa, lè m t ap sonje blag li te pi renmen yo—ak ti souri li an.

Tout zanmi Kevin yo te vini nan kay lan, jèn gason ak jèn fi ki te sonje "Tonton," non yo te konn ba li ak afeksyon. Li te sèvi de papa pou moun ki pa t gen yon papa nan vi yo, epi de tonton pou moun ki te gen yon bon relasyon avèk papa pa yo. Li te manke yo tout, paske li te pase tan ak anpil nan yo. Kevin te izole tèt li nan chanm li; tèt li nan pla men l, li tap fikse atè an. Menm mennaj li, ki te pase tan avè l nan kay la, pa t kapab kalme tristès li.

M te pwomèt pou m te bay Keith mwen an pi gwo fèt orevwa ke m te kapab—e m te fè l. Plis pase sètsan moun te vin nan fineray nonm janti e modès sila a. Anplis fanmi, zanmi pèsonèl, avèk patnè tenis li, mwen te konte plizyè ofisyèl nan gouvènman an, ak anpil anplwaye ak kòlèg—anpil nan patisipan yo te inatandi. Pou resepsyon an, lotèl Hilton te prepare yon dezyèm sal pou tout moun te kapab chita manje.

Pandan elòj finèb Carl t ap fè pou pi bon zanmi l, Keith, mwen te pwoche zòrèy Kevin epi m te chichote, "M ap monte apre Carl."

Li te chichote nan zòrèy mwen, "Tanpri, pa fè sa, Manmi. Ou konnen ou pa kapab. Tanpri, pa fè sa!" Men, osito Carl te kite lestrad la, mwen te monte, anvan Kevin te kapab lonje men li pou kanpe m. Tout moun nan legliz lan te sou chòk jan mwen te dirije m nan direksyon mikwofòn lan, paske yo pa t panse m tap gen fòs kouraj pou m pale.

M te pale de sa mari m te reprezante pou mwen, de tout sa li te fè, avè m e pou mwen. "Nonm sa a te ede m jwenn premye kanè chèk mwen labank, e se li ki te aprann mwen kijan pou m te ekri yon chèk. Li te lave inifòm enfimyè mwen, e li te sire soulye m. Se li ki te chwazi ki rad pou m mete pou n al nan fèt. Li te kuit manje pou mwen. Se te yon moun ki te gen gwo kè. Mwen te gen chans rankontre l, e pou m te viv avè l pou 30 ane."

Lè m te fini, m te vire do m bay kongregasyon an epi m te fè lotèl lan fas pou yon konvèsasyon piblik ak Bondye. "Bondye," m te di, "ou pran Keith nan men m paske ou bezwen l. Mwen sipliye ou: pa bliye m. Mwen toujou sou tè sa a. Sonje mwen, Seyè. Mwen bezwen ou avèk mwen. Mwen pa janm vle santi mwen poukont mwen poutèt Keith ale. Mwen konnen ou pral bò kote mwen." M te kòmanse kriye pandan kongregasyon an t ap kriye tou. Se avèk anpil emosyon m te pataje lide prive mwen sou mari m; men demann sa a mwen te fè bay Bondye byen fò, li te chire kè m pi plis toujou.

Lespri mari m te avèk Bondye. Mwen te ensinere kò l, e m te fè yo divize sann li yo an de bèl urn mozayik nwa e gri. Mwen te kenbe youn nan chanm mwen.

Mwen te pote lòt la Lababad, kote m te fè yon pi gwo fèt orevwa pou Keith toujou. Nou te antere urn nan akote manman l, kote tonbo fanmi li ye.

Lè li te yon tinedjè, ak yon jèn gason, Keith te tankou Magic Johnson nan peyi Lababad. Ekip baskètbòl li an—ki paraza te rele Lakers—te vwayaje nan diferan zile Karayib lan pou konpetisyon fewòs. Sou lidèchip li kòm kòmandan ekip lan, Lakers yo te pote anpil trofe lakay. Keith te yon jwè selèb, e manman li te fyè anpil; manman l te sere kopi tout jounal ki te pale de pitit gason li. Lè nou te rann fanmi li vizit, Kevin avè m te li tout atik yo te ekri sou li lè l te jèn. Pandan Keith te vivan toujou, yon jounal Lababad te pibliye yon atik sou li, e sou frè li Raoul. "Senkantan de sa," jounal lan te ekri, "frè Archer yo te make plis pase 100 pwen ansanm, nan yon sèl jwèt."

Kèk mwa apre lanmò mari m, m te tounen Lababad pou resevwa yon twofe postòm onon li. Mwen te fè antrevi nan televizyon sou lavi Keith t ap viv Etazini. Li te trè difisil pou m te pale sou li opase. M te toujou gen sansasyon Keith te prezan toujou. "M rekonesant dèske m te gen yon nonm ki te tèlman ekstraòdinè, konfyan, epi plen jenerozite nan lavi m," m te di.

Li kontinye manke m anpil. Ekri osijè li fè m tris, menm apre tout ane sa yo. Yo te ankouraje m tounen nan travay imedyatman apre lanmò li, men m pa t ka kite kabann mwen pou m te fè bagay byen senp, tankou prepare m pou jounen an. M te souvan chita nan pandri li, ap kriye, rad li sere nan men m, ap pran sant li. Pawòl mizik "How Do I Live?" ("Kijan m pral fè viv?") pa Leann Rimes—yon chante ki te lakòz m te manke toufe, lontan anvan maladi mari m ak lanmò l—te vin pran yon lòt sans. M te chante e m te kriye, pandan m tap chèche yon repons. Kijan m tap fè siviv san Keith mwen an? Ki kalite lavi m tap genyen san li?

M tap panse tou a kay retrèt nou an, ki te toujou an konstriksyon nan Lababad. Nou te planifye viv la ansanm. M pa t moun Lababad; m pa t vle pran retrèt mwen la poukont mwen. M te tèlman renmen Keith, e m te tèlman sonje l, m santi lavi m te fini; m te pare pou m mouri si sa t ap pèmèt pou nou te ansanm nan letènite. Mwen te nan fènwa. "O, Bondye. Kote solèy ki te chofe relasyon nou an pandan trant an?" Èske zanj solèy la t ap janm vin egeye ou mwen ankò? E Kevin? Kouman li t ap siviv lanmò papa l?

Dapre koutim Karayib lan, yon vèv sipoze abiye an nwa sèlman, pou omwen yon ane apre lanmò mari oswa madanm li—pou l pote dèy. Men m pa t ayisyèn sèlman; mwen te yon fanm ayisyano-amerikèn ki t ap viv aletranje depi plizyè ane. M te refize suiv tradisyon an, malgre manman m te konseye m respekte l. Paske mete nwa pa t youn nan doktrin relijye mwen yo, mwen pa t gen okenn obligasyon pou m te konfòme m. Koutim pa t soulaje doulè. Rad nwa ou pa, m t ap soufri. M te an kòlè poutèt gwo pèt sa a nan lavi m alòske m te gen apenn senkant-senk an. Poukisa Keith te oblije ale kite m poukò m? M te vle konnen. Pandan lontan apre lanmò li, m pa t ka pale de li san m pa t kriye. M te rayi livrezon lapòs chak jou an pase m te resevwa yon bann kat senpati; chak kat mwen te li te egize doulè nan kè m. Menm si yo te fè m trè mal pou m te li kat sa yo, e malgre sa ta ka parèt dwòl, m te kenbe yo pou plizyè ane. Yo te reprezante testaman yon vi ki pa t egziste ankò.

Li te difisil pou m kontwole emosyon m (ki te fin dechennen), pou m te fè fas a lareyalite, epi pou m te retounen travay. Finalman, mwen te santi mwen pare pou m konfronte mond lan—osinon se sa m te panse! Chak fwa yon zanmi ki te gen bòn entansyon te swete m kondoleyans alokazyon lanmò mari m, doulè an te reparèt tèt li, epi, ankò, dlo nan je m te koule sou figi m. M te prèske ap toufe lè pou m t ap rakonte dènye jou Keith te pase sou latè. Aktivite m te konn abitye fè chak jou—tankou leve nan maten, met rad mwen sou mwen, monte machin mwen, ale nan biwo—te prèske vin enposib. Poutèt Keith pa t kondui, m te abitye depoze li nan biwo antrepriz lan epi vin pran li nan fen jounen an. M te oblije raple tèt mwen pou m t ale direkteman nan mezon retrèt yo kounye a, epi pou m rantre lakay mwen dirèkteman, san m pa kanpe sou wout. Kondui machin mwen te vin entolerab. Nou te konn asiste anpil reyinyon ansanm; kounye a, mwen te oblije ale poukont mwen. Plis jou yo t ap pase, se plis mwen te santi absans li, e m te sonje l anpil. Tigason vennsetan mwen an te fè tout sa li kapab pou li te eseye konble vid lan, men, malgre jantiyès e atansyon li anvè mwen, li pa t ka ranplase Keith mwen an.

Mwen te rete lwen biznis lan pou apeprè sis mwa. Menm lè mwen ta nan biwo a, mwen te absant mantalman e emosyonèlman—m te konsantre sou maladi inatandi mari m, sou lanmò li, epi apre sa sou fineray li. Lè m te retounen, mwen te sezi aprann lekòl lan te grandi rapidman, soti 100 elèv an mwayèn, rive plizyè santèn elèv. Nan absans Keith avèk mwen, anplwaye yo te vle montre nou jan yo te ka jere biznis fanmi nou an byen. Yo te travay trè di pou pran lòt elèv pou agrandi lekòl lan, epi yo te lwe yon lòt espas, nan yon edifis ki pa t twò lwen bilding prensipal lekòl lan. Malerezman, nouvo edifis sa a te gen lwaye pi te pi cheran nan vil lan. Nou te ka peye lwaye espas sa a, men kwasans bripsoukou an te enkyetan, e nou te gen difikilte pou reponn a nouvèl egzijans ki te vin genyen poutèt lekòl lan te gen tout etidyan sa yo.

Apa Kevin avèk mwen, biwo antrepriz nou an te gen ladan l yon chèf ofisye finansye, yon direktè egzekitif, yon direktè maketing nou te fèk anboche, ak yon ti ponyen lòt anplwaye. Ekip sa a te responsab jesyon anplwaye nan lekòl la ak nan ajans swen adomisil lan. De divizyon sa yo te gen ladann plizyè santèn anplwaye. Kantite anplwaye lekòl lan te ase pou jere an mwayèn 100 elèv, men li te ensifizan pou plizyè santèn, e mankman sa a vin alabaz yon gwo pwoblèm.

Te vin gen gwo dezòd lekòl lan, e sa te ede m fè fas ak lanmò Keith. Mwen te vin tèlman okipe, ap eseye pote lòd nan konpayi an, mwen te sèlman santi absans Keith byenta nan aswè, lè m te rive lakay mwen tou bouke. Yon fwa m te monte kabann lan, mwen te kouvri tèt mwen epi m te kriye jouk mwen dòmi—sa te vin yon abitid chak swa. Pandan jounen an, m te travay plizyè èdtan, pou bay sipèvizyon sere, pa sèlman nan de mezon retrèt yo, men tou nan ajans swen adomisil lan, ak nan lekòl lan. Mari m, prezidan sosyete an, te sipèvize twa branch VMT yo, e vid li te kite lè li te mouri an te difisil pou konble, non sèlman nan vi pèsonèl mwen, men nan jesyon zafè biznis nou an tou.

Ak dilijans, m te reyalize anplwaye yo te tèlman konsantre sou pran elèv nan lekò lan, yo pa t suiv pwotokòl ki te an plas. Pa gen moun ki te kontwole zafè lekòl lan nan absans Keith, kidonk pwofesè yo pa t vini nan klas regilyèman. Pafwa, pa t gen ase pwofesè akonpaye elèv yo nan pratik klinik, epi tou elèv dezobeyisan yo te soumèt fo enfòmasyon. Lè m te enspekte lekòl lan, mwen te aprann elèv yo pa t monte dosye yo dapre règleman yo, epi anplwaye pa t egzamine dosye elèv yo te soumèt.

Avèk Keith ki pa t la ankò, Kevin, vis-prezidan an, te an chaj. Malerezman, li menm tou li te fè fas ak maladi papa l, epi kounye a lanmò li. Kòm yon nouvo lidè, li te sipoze aprann règleman biznis nou an sou direksyon papa l, men lanmò te vin frape. Menm jan ak lòt anplwaye yo, li te kontan wè kwasans lekòl lan, san l pa t reyalize danje ki te genyen nan yon ekspansyon twò rapid.

Lekòl la, ak elèv nou yo, te echwe lè pou yo te satisfè yon kritè reyisit Konsèy Enfimyè Distrik Columbia te devlope. An repons, komite an te pran sanksyon kont lekòl lan: yo te kanpe pwogram enfimyè pratik nou an.

Dezòd pwofesyonèl sa a te pote lapèn, menm jan ak lanmò Keith. Poutèt m te pran de mezon retrèt nan tètchaje, e m te transfòme yo an etablisman senk-etwal, nan vil sa a, non mwen te sinonim bòn kalite; m pa t vle pèdi repitasyon mwen. Mwen te fè anplwaye yo konprann sa byen.

Yon fwa Kevin avèk mwen te tounen nan biwo an aplentan, nou te travay 24 è sou 24, sèt jou pa semèn pou mete lòd nan dezòd. Sepandan, nou te reyalize gen anpil lòt bagay pou n te fè avan nou te ka rejwenn konfyans ak bon repitasyon sosyete an.

M te deside mennen Konsèy Enfimyè an lajistis. Yon gwo pousantaj nan lòt pwogram enfimyè pratik yo nan vil lan te opere andesou pousantaj reyisit obligatwa a; se poutèt sa pa t gen okenn lòt lekòl ki te kalifye e ki te gen yon pwogram enfimyè pratik ki te gen kapasite pou absòbe elèv nou yo. Malgre yo te kanpe admisyon pou pwogram enfimyè pratik nan Sant Edikasyon VMT, pwogram nan te kontinye pou tout elèv ki te enskri deja, pou jouk yo te diplome. Zanj solèy lan te kontinye klere e, yon fwa ankò, m te gen yon lòt chans sove yon enstitisyon ki te nan pwoblèm—eksepte fwa sa a se te pwòp enstitisyon pa mwen.

Pandan tout lavi mwen, mwen te refize aksepte ni asosye tèt mwen ak mo ECHÈK lan. Mwen pa t pèdi lekòl lan, sèlman youn nan pwogram li yo, men malgre sa, sitiyasyon an te inakseptab pou mwen. Mwen te deklare lagè kont Konsèy Enfimyè Distrik Columbia a—sitou prezidan an te yon konkiran, direktè lekòl syans enfimyè piblik Distrik Columbia. Lekòl sa a te gen yon pwogram enfimyè pratik tou, epi li tap opere selon yon apwobasyon kondisyonèl paske li pa t satisfè kritè Konsèy Enfimyè an.

Lè prezidan an pa t retire kò l lè Konsèy lan te pran desizyon fèmen pwogram VMT an, konfli enterè an te vin evidan. Met sou li, Konsèy lan pa t prezante rezon fèm pou esplike poukisa yo te kanpe pwogram nan, ni li pa t bay VMT ase tan pou lekòl la te konfòme l. Se te yon batay mwen te pare pou m mennen. M te ka admèt enkyetid Konsèy Enfimyè yo te valab. Si m te yon manm Konsèy la, m tap rekòmande sispansyon admisyon nouvo etidyan yo tou, jiskaske bagay yo rantre nan lòd, e jiskaske pousantaj reyisit lan ogmante. Sepandan, mwen pa t dakò avèk desizyon yo pou fèmen pwogram nan nèt ale, e mwen te detèmine pou mwen genyen batay sa a.

FÈ SA MACHE POU OU!

Règleman #22: Chwazi priyorite w

Refleksyon: Mwen, vant mwen, ak wout lan

Tòti pa gen plan ki trè konplike: Jwenn yon bagay pou yo manje, deplase ti pa ti pa nan direksyon yo prale an, pran yon ti repo, epi rekòmanse. Ajoute yon ti eksitasyon okazyonèl, tankou sezon kwazman, ponn ze, epi rekòmanse. Men si gen yon bagay yon tòti konnen, sèke pwòp byennèt li sipoze pi gwo priyorite li. Jwenn yon bagay pou manje, deplase ti pa ti pa nan direksyon li prale an, pran yon ti repo, epi rekòmanse.

- Anvan ou pran swen nenpòt ki lòt moun nan lavi ou, pa bliye pran ka pwòp bezwen ak pwòp byennèt pa ou. Ou pa ka okipe lòt moun si w pa pran swen tèt ou an premye. Jwenn yon bagay pou manje, deplase ti pa ti pa nan direksyon kote w prale an, pran yon ti repo, epi rekòmanse. Si ou pa ka aplike règleman sa yo kounye a, fè tèt ou tounen pi gwo priyorite w vit.

- Lè w ap planifye jounen w epi w ap ekri nan ajanda w, òganize tout aktivite w selon enpòtans yo. Konsa, ou ka okipe sa ki pi enpòtan yo an premye.

RÈG POU VIV BYEN

M te pase anpil tan an dèy apre lanmò mari m. Li te toujou manke m. Men m te konnen fò m te pouse pou pi devan. Zanmi mwen Ana avè m nou te veye youn sou lòt pandan peryòd sa a nan lavi nou, epi nou te jwenn jan pou mete yon ti lajwa nan lavi nou. M te gen gwo batay m t ap mennen nan lavi pwofesyonèl mwen, e m t ap bezwen èd pou genyen batay sa a. M te remake lè yon pwoblèm te parèt akablan, solisyon li te souvan prezante a lè. Lè yo prezante w yon moun, se gen dwa kòmansman yon lanmitye remakab ak bon moun pou ede w nan tribilasyon. Lè bagay yo parèt pi nwa, yon ti solèy ap fè yon gwo diferans.

Règleman 23: Toujou rekonèt opòtinite ki genyen

Pandan twaka nan karyè mwen, m te gen chans, e mwen te sezi opòtinite m te genyen. Pafwa opòtinite sa yo, se te paraksidan (Gade Chapit 14: "Lè lapli tonbe, li devide"). Men m te veye opòtinite tou, e m te pwofite opòtinite sa yo lè m te kapab. Konprann sa ki te disponib pou mwen te pèmèt mwen vin premye fanm afwo-ameriken ki posede yon biznis mezon retrèt minoritè e sètifye nan Washington, D.C.

Aprann ouvri je w ak zòrèy ou pou idantifye ki bezwen ou ka konble nan sektè w ap travay la. Opòtinite sa yo souvan pwofitab e yo pote satisfasyon pèsonèl tou. Lè m te reyalize nesesite ki genyen pou fòme asistan enfimyè, sa te ankouraje m louvri yon lekòl pou fòme asistan enfimyè ak objektif prepare yo pou reyisi egzamen sètifikasyon an (Gade Chapit 10,:"Yon nouvo reyalite"). Se te yon bèl opòtinite pou anpil jèn gason ak jènfi nan endistri an, epitou, poutèt li te pèmèt pòs vid yo ranpli, rezidan yo te jwenn pi bon swen.

CHAPIT KATÒZ

Lè Lapli Tonbe, Li Devide

Aprè lanmò toude mari nou, lyen ant Ana avè m te vin pi solid. Dèy te sele lanmitye nou. Relasyon nou youn ak lòt te ede nou anpil; lavi sosyal nou te pran anplè, sa ki te pèmèt nou pafwa bliye doulè n te resanti. Dousman, olon plizyè mwa, nou te arive geri ansanm. Lanmò te touche nou pèsonèlman, nou te reyalize pa gen garanti nan lavi, e nou te detèmine pou nou te apresye bon moman ki te rete. Yo te souvan envite Ana nan pi gwo evènman ki te genyen nan vil la. Mwen te akonpànye l nan pifò nan evènman sa yo, tankou "Fight Night After Party" ("yon sware batay") moun te plis konnen sou non "Knock Out Abuse" ("Kraze abi"), yon evènman yo te òganize chak ane pou elit Distrik Colombia. Nan lòt okazyon, nou te mete manto fouri sou nou pou al FedEx Fields Stadium, pou yon match foutbòl ameriken Redskins, ak yon gwoup zanmi ki te konn fè fèt kote yo te sèvi kavia ak chanpay, epitou kote yo te gen bamann ak yon boukan dife.

Pafwa Ana te òganize gwo evènman tou, pou manm egzekitif lopital li an, ak pou politisyen nan kominote an. Yon ane anviwon apre Keith te mouri, Ana te mande m ede li òganize yon resepsyon enpòtan. Menm si nou pa t travay pou menm òganizasyon, m te aksepte. Resepsyon an te fèt nan yon gwo lotèl nan seksyon Nòdwès vil lan. Sal lan te klere ak gwo chandelye; te gen lajwa ak konvèsasyon, epi yon mizik djaz kontanporen t ap jwe pa anba. Te gen tab ak chèz pou moun chita, men te gen bèl tab sofistike san chèz pou moun ki te vle ret kanpe. Nan sant sal lan te gen yon tab oval trè laj ak yon varyete ti bouche, ak gwo bouke flè lili tig, òkide, ak pivwàn. Te gen de ba chaje ak bweson, youn nan nò, youn osid sal la. Mesye yo te an kostim ak kravat, epi medam yo te gen sipèb rad sofistike sou yo. Fèt la te gen bèl anbyans.

De lwen, mwen remake silwèt yon nonm ki te fè m sonje Keith. Li te abiye menm jan ak defen mari m—pantalon kaki, chemiz blan, yon vès ble-maren, ak yon kravat wouj ki te sanble sa Keith te pi renmen an. Lè m te voye je m gade, mwen te wè nonm nan mens e wo, e li te tèt koupe ak Keith. M reflechi yon moman: èske se te imajinasyon m—oswa èske se te dezi mwen ki te materyalize? Eske se te Keith? Natirèlman, se pa t ka li menm. "Ana," m te di, e ton vwa mwen te eksprime enterè, kiryozite, ak yon ti enkredilite. "Ki moun nèg sa a ye?"

"Li se konsèye jeneral nou an," li te di. "Dayè, li selibatè," li te ajoute ak yon souri. "Eske ou vle mwen mennen ou fè konesans li?"

"Mwen pral mache bò kote l," mwen te di, "apre sa ou mèt vini pou prezante nou."

"M ap fè sa ki pi bon toujou," Ana te di. "M pral voye sekretè mwen. Yo konn youn lòt byen."

Mwen te abiye ak yon rad nwa kout Garrett, yon jip Neiman Marcus, ak akseswa wouj, ak talon kikit wouj. Mwen te pran tan mwen, m te mache otou tab manje an, mwen te mete kèk bouche nan yon ti asyèt, epi m te pran yon ti gòje diven wouj. Mwen te apwoche kote msye sa a te kanpe an. Nan lè sa a, sekretè Ana a te vin jwenn msye, e sekretè an salye m lè mwen pwoche. Li te prezante m bay Clifford, konsèye jeneral lopital lan. Mwen te an admirasyon devan mesye an—anpil bagay lakay li te raple m Keith. Tankou defen mari m, li te wo, nwa, ak bèl gason.

Men li pa t Keith, e m te desi. A kisa m t ap atann mwen? Pou Keith te retounen? Wi. M te swete se te li. Lespri mwen t ap jwe avè m.

Apre prezantasyon nou nan resepsyon an, m te gen opòtinite kontre Clifford nan diferan okazyon. Nou te souvan kwaze youn lòt nan divès evènman oubyen youn lòt nan vil lan; yon fwa nou te nan menm dine asosyasyon lopital lan, epi, nan kèk okazyon, nou te asiste menm evènman politik yo. Nou toude te pwofesyonèl swen sante depi pase ventan, men nou pa t janm kwaze anvan. Kounye a, chak fwa nou te kontre, li te rekonèt mwen kòm "zanmi Ana a, pa vre?" Mwen te reponn wi, men m pa t janm ba li non mwen. Li pa t menm ak Keith—e m pa t ka padone l sa.

Youn nan rankont pi memorab nou yo te fèt pandan m tap tann dèyè yon machin pou m te antre nan garaj edifis biwo antrepriz mwen an. Nan papòt la yon vye BMW te chita, e chofè an te gen difikilte pou ouvri baryè an, sa ki te anpeche m antre nan bilding lan. Yo te chanje kòd daksè pou tout lokatè, e sanble chofè an te gen yon ansyen kòd, kidonk baryè an pa t vle ouvri. M ta pral an reta pou yon reyinyon, alòs mwen avanse machin mwen pi pre BMW an; m te gen lentansyon antre kòd pèsonèl mwen, bay machin devan m nan pase, epi tou antre nan garaj la dèyè li, tousa nan yon mouvman rapid. Lè m desann pou m pwoche machin nan, m te remake chofè an se te konsèy jeneral lopital Ana a, Clifford. San nou pa echanje yon mo, mwen prese antre kòd la. "Mèsi," li te di tou senpleman.

Pa t te gen tan pou konvèsasyon, paske mwen te deja aktive kòd la. Mwen kouri remonte machin mwen epi m al pake nan espas pakin pa m. Clifford te estasyone nan zòn pou vizitè yo. Mwen te pran asansè garaj lan pou monte nan biwo m. Pòt lan te louvri nan premye etaj lan—epi Clifford te antre. Kè m te bat pi vit. Poukisa mwen te tèlman eksite pou m wè li konsa? Li remèsye m pou pòt garaj lan m te ouvri pou li, epi li mande padon dèske li t ap eseye antre ak move kòd la. Lè asansè an kanpe nan dezyèm etaj lan, mwen lonje dwèt mwen sou pòt lan, "Se biwo mwen. Pase la avan ou ale, e m ap byen kontan ede w desann."

Mwen te nan biwo mwen lè sekretè an antre. "Gen yon mesye nan sal datant la k ap mande pou ou."

M te konnen kiyès. "Eske ou pare pou desann?" mwen te mande, lè mwen rive nan zòn resepsyon an.

"M te jis pase pou remèsye ou. Yo ban m nouvo kòd lan—ou pa oblije mennen mwen anba a." Li te bo m tankou Franse yo—yon ti bo sou chak jou. "Mèsi ankò pou jantiyès ou." Li te ale, e m te kouri tounen nan biwo mwen pou m rele Ana e rakonte l sa ki te fenk pase an.

Depi resepsyon lopital lan, lè Clifford avè m te rankontre pou premye fwa, Ana t ap ensiste pou mwen te rankontre avè li poukont mwen, pou nou te kapab aprann konn youn lòt. Li te konvenk si nou te gen yon chans pase tan ansanb nan yon anviwònman pi pèsonèl, pi prive, nou ta ka fanatik youn lòt. Ana te prese pou li te ranje afè an. Li te raple m mari m, ki te toujou ap ankouraje m pou m pa rate opòtinite li te wè pou mwen.

Ana pa t vle pou m rete poukont mwen; li te kouri prezante de zanmi li yo, youn bay lòt la, e kounye a li t ap reflechi pi bon fason pou li fè nou rankontre an prive. Eske te gen yon lespri diven ki tap travay pou konekte Clifford avè m? Ana te kwè se sa menm. Li te vle jwenn yon konpayon pou mwen, pou m te jwenn lajwa menm jan avèk li, ki te rankontre pwòp konpayon li, Rick. Li te vle m gen kè kontan; li te vle pou nou te yon gwoup kat yon fwa ankò, pou nou te pataje lavi nou ansanm, jan nou te konn fè li lè nou te marye. Li te tèlman vle Clifford avè m te ansanm, li te rive konvenk mwen Clifford t ap yon bon avoka pou ede m avèk pwoblèm lekòl lan te genyen ak Konsèy Enfimyè an.

Ana te panse li t ap yon bèl lide pou nou te fè yon fèt bò pisin lakay mwen an. "Sèlman si li ka vini," li te di. M te dakò pou òganize fèt bò pisin nan. M te kontan, kè m t ap bat fò, tankou yon tinedjè ki damou. M t ap souri, e m te menm ri tèt mwen. Lè sa a, m te vreman kwè—e menm santi—te gen yon lespri diven ki t ap aji. Pouki lòt rezon m te pede ap kontre mesye sa a konsa? Li te nan menm vil avè m depi plizyè ane, e nou te pwofesyonèl swen sante depi prèske menm kantite tan an. Toudenkou, nou te kwaze youn lòt toutan. "Poukisa?" mwen te kontinye mande tèt mwen. M te sonje lè m te mande Bondye byen fò, devan de santèn moun, alokazyon fineray mari m nan, pou l pa bliye m. M te mande l veye sou mwen. Eske Bondye te voye Clifford pou mwen?

Jou fèt bò pisin nan te rive, e lakay mwen te plen ak zanmi—kèk zanmi Ana, kèk zanmi pa m—epi yon opalè ki te kache pami fèybwa anlè pisin nan t ap jwe mizik pou danse. Odè apetisan manje Karayib te anvayi lè an, epi bamann nan te okipe ap sèvi bwason gazez ak koktèl. Je m te kale, m ap tann Clifford, malgre Ana te avèti m: "wi" pa t vle di Clifford t ap vini tout bon. Li te yon nonm okipe. Nou te deside fè fèt lan toutjan, nan lespwa li t ap vini, kòm se li ki te chwazi jou ki t ap bon pou li an.

M te nan pisin nan, yon bikini jòn e nwa ak boul sou mwen, lè li antre nan fèt la pa ti baryè sou kote an. M te remake li imedyatman, avèk yon chemiz gri ak ti flè plen koulè rantre nan yon pantalon bèj, ak sandal mawon senp nan pye li. Li te sanble trè rilaks an konparezon a lòt lè m te wè li anvan sa—toujou nan yon kostim. M te eksite dèske li te vini, kidonk m kouri seche kò m, m foure yon shòtdeben blan transparan sou mwen, epi m kouri al akeyi li.

Li pa t konnen okenn nan envite nou yo, e Ana te andedan kay la, kidonk li te parèt soulaje wè m. Li te bo m sou de bò. Pandan li t ap mande si Ana te la, manzè t ap soti anndan kay la pa pòt vitre an. Yo te fè yon bon tan ap pale, epi Carl, yon zanmi m ki viv Kanada, ki te depasaj ak madanm li Sheila, te ba li yon vè. M t al rejwenn lòt envite mwen yo nan pisin nan, pandan Ana te kontinye ap fè lakonvèsasyon avèk Clifford. Sepandan, anvan lontan, li te pwoche bò kote m, li te bese tou pre zòrèy mwen epi li te di: "Mwen panse mwen ta renmen antre nan pisin lan. Ki kote mwen ka chanje m?"

"M gen yon saldeben nan redchose an," m te di. "Pase pa pòt vitre an, epi desann eskalye yo. L ap sou men gòch ou."

"M gen yon chòtdeben nan machin nan. M ap tounen."

M pa t ka kwè sa ki t ap pase an. Non sèlman li te vini, li t ap antre nan pisin lan avè m. Kè m t ap bat pi vit, pandan m t ap tann li tounen. Rantre li te vle rantre nan dlo an vin jwenn mwen te montre li menm tou, li te vle konnen m. Pita nan fèt lan, nou te tèlman ap pale, nou pa t menm reyalize tout lòt moun yo te ale: se nou sèl ki te rete nan pisin chofant lan. Nou te pataje istwa pèsonèl, e m te rakonte l lanmò mari m—ak dezòd ki te rive nan lekòl lan, espesyalman aksyon Konsèy Enfimyè an. Li te inè nan maten lè Clifford avè m te soti nan pisisn lan. Lè nou te antre nan kay lan, nou te choke reyalize tout envite yo te gen tan ale. Pa gen moun ki te vin deyò a pou di orevwa, sou lòd Ana ak Sheila, ki non sèlman te fè tout moun soti nan pisin lan, men yo te tou netwaye kuizin nan tou apre fèt lan. Ana ak lòt envite yo t al lakay yo. Sheila ak Carl te anwò an, nan chanm envite an, yo t ap dòmi.

Anvan li ale, Clifford te bo mwen de bò jan li te pran abitid fè li an. Nan landemen swa, li te rele—epi li te kontinye rele chak swa, menm si li te ta. Nou te diskite pwoblèm lekòl la, e Clifford panse li te kapab ede m. Mwen menm tou, mwen te senten li te bon avoka pou jere Konsèy Enfimyè an, ak tout dram istwa sa a te pote. Clifford avè m te konplete fòmalite pou VMT te rekrite konpayi avoka li an. Kontra a te siyen, epi VMT te peye sèvis yo. Lè sa a, mwen te pran konsyans yon reyalite mwen pa t reflechi: pou premye fwa, fò m te defann konpayi an san Keith— mari mwen, patnè mwen, konseye mwen—pa t la pou li gide m nan pwosesis lan.

Kòm administratè yon mezon retrèt, se pa t premye fwa VMT te oblije prezante nan tribinal. Fanmi rezidan yo te konn mennen nou lajistis. Gen kèk nan akizasyon yo ki te valid—lòt menm, pa vreman. An jeneral, konpayi asirans mezon retrèt lan te rekrite avoka pou yo rezoud plent yo andeyò tribinal lan, nan pifò ka yo, pou yon kantite lajan minim nan lajan konpayi asirans lan te peye. Maksimòm nou te janm oblije peye, soti nan kès VMT yo, pou rezolisyon plent kont mezon retrèt yo, se te kouvèti asirans lan.

Sitiyasyon an pa t menm pou lekòl la. Pa t gen asirans ki t ap kouvri nou piske se nou ki te pran aksyon legal. Tout depans yo, se VMT ki pou te absòbe yo, e nou pa t konnen konbyen sa t ap koute nou, sa ki te twoublan. Sèl sa mwen te konnen se te salè avoka a, e li te wo anpil. Yon fwa ankò, m te nan yon sityasyon pou m te oswa goumen, oswa kite sa. M t ap eseye sove pwogram pratik asistan enfimyè an, ansanm avèk repitasyon m, sa ki te pi enpòtan toujou pou karyè mwen ak ògèy mwen. An menm tan, mwen t ap goumen ak yon kò lejislatif ki te ka deside sò pwogram nan: yo te ka deside fenmen lekòl lan pou vanje yo. M te pè genyen batay lan epi pèdi gè an. Yo toujou di pou w pa janm montre enmi w feblès ou. M fè tout sa m te kapab pou m pa t kite yo wè jan m te pè. M te mache ak tèt mwen byen dwat lè n te fè reyinyon negosyasyon, e, chak fwa m t ale nan reyinyon ouvè Konsèy Enfimyè an, mwen te fè yo wè m, e tande m, chak opòtinite m te jwenn.

Clifford te konvenk mwen m pa t gen lòt chwa: mwen te dwe eseye negosye dirèkteman ak Konsèy Enfimyè an. Si sa te echwe, li te di nou t ap mennen Konsèy Enfimyè an lajistis. Li te detèmine pou genyen ka sa a, epi li te di m gen anpil chans pou sa byen pase. Tankou yon tòti, mwen te soti tèt mwen yon fwa ankò lè Konsèy Enfimyè an te deside yo p ap negosye; mwen te mete gan bòks mwen, epi m te mennen yo lajistis pou m anpeche yo fenmen pwogram fòmasyon pratik asistan enfimyè mwen an. Pou defann ka sa a nan tribinal, nou te bezwen yon avoka ki fè litij, e sa se pa t espesyalite Clifford.

Clifford te mennen ban nou de avoka ki fè litij, ansanm ak plizyè asosye pou fè rechèch, e ekip sa a te rasanble tout sa yo te bezwen pou pwosè an. Sa te koute VMT anpil lajan. Poutèt nou te viv nan Distrik Columbia, nou pa t ka evite pou politik antre nan zafè sa a, e fò nou te pridan.

Medizan yo t ap rakonte pwogram lan t ap fenmen, men nou te gen moun ki te soutni nou: anpil elèv te ekri Konsèy Enfimyè an, pou mande pou yo pa fenmen pwogram pratik asistan enfimyè an, e Administrasyon Mezon Retrèt lan te ekri pou mande pou elèv lekòl nou an te jwenn diplòm pou yo te ka vin travay nan mezon retrèt yo. Pandan tan sa a, fakti avoka nou yo t ap monte, epi estrès t ap fatige tout moun nan biwo an. Nou te revoke tout ansyen anplwaye, ki pa t ka travay yo, epi nou te anboche lòt anplwaye ki te ka reponn a bezwen nou nan biwo an.

Sa k te konplike bagay yo, telefòn nan pa t janm sispann sonnen. Plizyè avoka t ap rele; yo te reprezante elèv lekòl nou yo, e yo te bezwen konn estati akademik elèv sa yo. Avan n te bat je nou, Konsèy Enfimyè Maryland te rantre nan koze an tou, paske anpil nan elèv ki te diplome VMT te pran egzamen lisans nasyonal yo nan Maryland, ki gen menm fwontyè ak Distrik Columbia. Kou yo te jwenn lisans yo, enfimyè sa yo te ka travay nan mezon retrèt Maryland yo tou.

Tout bagay sa yo te deja okipe tan m, evwala m te gen yon lòt kriz ki t ap tann mwen. Yon bon jou, sanzatann, Kevin te envite m al manje avè l. Lakay nou, depi yon manm fanmi an di, "Fò n al manje ansanm," se di li di li bezwen pale yon bagay enpòtan. Keith te aprann nou pou n te fè diskisyon difisil nan restoran. Sa te pèmèt ton konvèsasyon an rete kalm, e lè sa a emosyon pa t anpeche nou rezoud pwoblèm osinon fè fas a move nouvèl. M t ap mande tèt mwen si Kevin te enkyè sou jan estrès biznis nou an t ap aji sou sante ak byennèt mwen. Eske li te enkyè pou mwen? Eske li te pè pèdi manman l, tou? Eske li ta pral konseye m vann biznis lan? *Sa k fè l ap envite m nan restoran?* M te kòmanse ap panse tout sa k pa bon. Sa k te dwe ap pase la a?

Nan landemen swa, apre nou fin byen manje, li te kòmanse pale. "Si papi m te vivan, se avè l   m t ap fè konvèsasyon sa a," li te di.

Kisa tigason sa a t ap pito pale ak papa l lan? Pandan m te chita anfas li sou chèz restoran an, toudenkou mwen mande tèt mwen: kijan Kevin ye? Eske m te tèlman enkyete m de biznis lan, m pa t wè li t ap soufri? Tèt mwen t ap travay san rete, po men m te swe, kè m t ap bat fò. Lè sèvè an pote bagay pou n bwè, Kevin tou vire pawòl lan sou yon sijè (e mwen reyalize sa kounye a) ki gen lè te difisil pou l pale. Li te parèt twouble, e tout sa m te anvi fè se te travèse tab la pou m te anbrase l.

Li pran yon gòje nan bweson an. "Kristin ansent."

M pran yon gòje nan bweson pa m nan pou kalme m. Lè sa a, m gade li nan je epi mwen mande l, "Ki plan ou?"

Li te fè silans pou yon bon moman. "Ou konn sa yo di, Manmi. Lè yon moun mouri, yon lòt fèt."

"Wi, tigason, kontinye pale."

"M panse: si Papi pa t mouri, sa pa t ap janm rive. E si l te rive, m t ap konn sa pou m fè nan sitiyasyon sa a. Men m santi timoun nan tankou Papi, donk mwen vle kenbe l."

"Eske ou pral marye?" m te mande l.

"M sèlman gen 25 an," li te di. "Mwen fenk pèdi papa m, e m pral papa pou tèt pa m. M pa pare pou maryaj. Nou p ap premye koup ki fè timoun san nou pa marye."

M pran men li. "Kevin, pa enkyete w. Tout bagay ap byen pase. Bondye ak Papi avè nou."

Nou te rete an silans pou yon ti moman, pou nou te ka jwenn mo nou, sa ki pa t abityèl pou nou tou de. Nou kontinye manje, nou bwè lòt bweson, epi finalman mwen di, "Pitit mwen, timoun sa a ap seche dlo nan je w. L ap met lajwa nan kè w. M ap toujou la pou ou, e ou ka toujou konte sou mwen pou tout bagay. Papi te kite nou byen chita. Nou ka jere tout pwoblèm nou, paske lespri li ap toujou la pou gide nou nan tout bagay." Nan moman sa a, m te sèl moun ki t ap ankadre pitit mwen.

Nou kite restoran an pou nou pran wout lakay nou ak kabann nou, pou nou te tounen nan estrès travay lan nan landemen.

Toumant nan biznis la te kontinye, e malgre se sitou yon relasyon pwofesyonèl solid mwen te genyen avèk Clifford, nou toude te konnen afeksyon t ap grandi antre nou. Sepandan, nou te pran prekosyon pou nou pa t pèmèt santiman pèsonèl nou yo entèfere ak ijans pwoblèm nou t ap jere yo—jiskaske, finalman, apre plizyè mwa negosyasyon, Clifford te rele yon apremidi pou di m nou te rive fè yon antant alamyab avèk Konsèy Enfimyè an. Pòt lekòl lan t ap rete ouvè!

Li envite m dine pou selebre gwo viktwa sa a. Biwo li te nan sant vil lan, epi estasyònman te toujou chè, kidonk m te pran inisyativ kondui. Sou wout restoran an, m t ap pase pran li nan Lexus koulè diven de plas mwen an, ak enteryè bèj ak bwa akajou taye. Mwen te rive ak tèt dekapotab mwen deja desann, paske se te yon bèl jou solèy. M te gen yon tayè de pyès sou mwen; li te ble tikwaz ak yon bèl bwòch an fòm tòti epengle sou li. Clifford te byen kanpe nan yon kostim Armani ble maren. Antan li t ap mache vini nan machin nan, mwen remake yon bwat kare Tiffany nan men li, epi lè m soti nan machin nan pou salye li, li bo m sou de bò epi li lonje bwat lan ban mwen.

"Sa a se pou ou, machè," li te di.

"Pou mwen?" M te sezi. "Mèsi."

Li te te ofri m pou l te kondui machin mwen paske li te konnen ki bò li t ap mennen m dine.

"Eske m ka louvri kado m nan kounye a?" mwen te mande, pandan m t ap chita sou chèz pasaje an.

"Non," li te di. "An nou tann nou rive nan restoran an."

Nou te dine nan Kinkaid epi nou te pataje yon boutèy diven wouj. Pou preske twa èdtan, nou te pale de ka a, epi de antant lan, paske m te manke dènye jou negosyasyon yo. Li te kontan antant lan te fèt nan avantaj lekòl lan, e mwen te remèsye li pandan m t ap louvri kado an. Se te yon pwa lou ki te fèt an kristal. Pyès oktagonal lan te gen non lekòl lan grave sou li, ak dat antant lan. Je m kite kristal lan pou fikse je pa li. "O, Bondye! Li tèlman bèl, epi ou vrèman janti pou ban m yon kado. Ou pa t oblije fè sa. M apresye jès lan."

Li te gade m nan je tou, e li te reponn, "M te vle nou sonje dat sa a."

Nou te manje desè, epi sou wout pou n al depoze li, li te sijere pou nou te pase nan Memoryal Dezyèm Gè Mondyal lan paske mwen te mansyone m pa t ko vizite li. Li te kenbe men m pandan nou t ap mache otou pisin ak fontèn yo, epi, ankò yon fwa, nou te pale san rete—eksepte, fwa sa a, konvèsasyon an te pi pèsonèl.

"Alòs, kisa ou fè nan tan lib ou?" li te mande.

Mwen te ri. "Kisa ki tan lib lan? Mwen travay, epi m al lakay mwen pou dòmi. M te konn soti anpil lè mari m te vivan, men, kounye a, pa otan. Mwen pa renmen ale nan evènman poukont mwen. Pou ane ki sot pase a, pitit gason m te vin eskòt mwen, e li plenyen chak fwa mwen mande l mete yon kostim."

"Sa pa deranje m mete yon kostim," li te di ak yon souri.

"Eske ou sèten ou gen tan pou w kapab yon eskòt?" m te mande. "Ou sanble trè okipe."

"M ap kreye tan an," li te di, an nonm galan. E lè sa a, m te konnen m t ap apresye yon relasyon pi entim ak Clifford. Li te janti, e li te trete m tankou yon dam. Li te pafè—menm jan ak Keith. Sware sa a te raple m premye soti m ak Keith nan Playboy Club lan.

Se tan sèlman k ap montre nou sa ki pral pase, m te panse.

Lè nou te fini tou an, nou te remake lapolis te kite yon kontravansyon sou machin nan. Nuit nou te tèlman enteresan, ni li ni mwen nou pa t reyalize nou te estasyone ilegalman nan yon espas pou andikape. Clifford te regrèt erè sa a, e li te ofri peye pou kontravansyon an. Nou te pase nan biwo l pou li te repran machin li, epi li te bo mwen pou li di m orevwa. Fwa sa a, sepandan, te diferan. Anplis de bo li te toujou ban mwen sou chak bò figi m, li te banm yon twazyèm: li te kenbe m sere, epi li te bo m sou bouch.

Mwen te kondui pou al lakay mwen sou yon nwaj, m te senten ankò yon fwa mwen te gen yon zanj gadyen reyèlman vre—menm zanj sa a ki t ap suiv mwen depi m te fèt. Menm nan sitiyasyon ki te pi difisil yo, mwen te fini pa ranpòte laviktwa.

Apre m te genyen kont Konsèy Enfimyè an, lekòl lan te rekanpe sou de pye militè li, kòmsi anyen pa t janm rive. Mwen te vin tounen gen bon repitasyon nan vil lan, epi m te vin renmen ak avoka mwen an. Epictetus te di, "Se pa sa ki rive ou ki enpòtan, men se jan ou reyaji devan li ki enpòtan." M te toujou fè tout sa m kapab pou mwen jere evènman negatif ak yon atitid gayan; m te konnen nan lavi, menm jan ak nan peyi Ayiti, gen mòn, men gen vale tou. M te gen anpil opòtinite pou m te medite sou pwovèb Karayib ki di, "Dèyè mòn gen anpil mòn." M pa t ka kite wotè mòn nan fè m pè, paske, souvan, se pa wotè an pou w pè, se teren glise ki gen danje ladan.

Mwen te konnen trè byen Konsèy Enfimyè an te gen pouvwa pou l te fèmen lekòl mwen an; malgre sa, m te deside grenpe mòn sa a, e mwen te rive anwo mòn lan sennesòf. Nan vil lan, de lòt pwogram asistan enfimyè pratik, ki te fenmen pandan menm peryòd tan ak VMT, pa t janm rive sou lòt bò mòn nan. Pou laperèz ak mank konfyans pa kanpe w nan wout, sa mande kouraj ak detèminasyon.

Poutèt pwoblèm lekòl lan te pran anpil nan tan ak enèji mwen, m pa t ka konsantre m byen sou yon lòt pwoblèm ki te vin genyen nan mezon retrèt Sant pou Moun Aje an. Direktè depatman enjeniri etablisman an, yon nonm blan, wo, e dominan, ki te rele Ron, t ap jere yon ekip anplwaye, e 90 pousan ladan yo te afro-ameriken. M te konnen te gen yon dezakò ant direktè an ak sibòdone l yo, men, dapre sa m te konnen, direktè Resous Imèn nan t ap jere pwoblèm nan, e li te di tout bagay sou kontwòl. Nan kèk okazyon, Resous Imèn te mande m asiste reyinyon ant Ron ak ekip li an.

Dapre anplwaye yo, Ron te egzije pou yo te fè sèten travay ki te depase nivo salè yo tap touche an, e tach sa yo pa t matche ak deskripsyon travay Depatman Travay te ekri nan kontra jesyon VMT an. Pou pran ka sitiyasyon an, Resous Imèn te evalye epi ajiste tit ak deskripsyon tout pòs yo, epi tout anplwaye te siyen nouvo dokiman sa yo. M te panse yo te rezoud pwoblèm nan yon jan ki te satisfè toutmoun. An reyalite, Ron te inyore nouvo deskripsyon pòs yo, epi li te kontinye asiyen travay ki pa t akseptab. Fwa sa a, sa direksyon an pa t konnen, sèke anplwaye yo te depoze yon plent pou diskriminasyon nan travay. Sanzatann, nan pake lapòs delivre chak jou, nou te resevwa yon lèt ki te soti nan Depatman Travay, ki t ap esplike ki plent anplwaye yo te pote. Lèt lan te bay dat Depatman Travay te gen lentansyon vini nan etablisman an pou mennen yon ankèt.

Vizit yon ajans gouvènman pa janm yon bon bagay. Lè envestigatè an te rive, li te mennen yon ankèt apwofondi, dirèk epi ekitab; li te gade ansyen ak nouvo deskripsyon pòs yo. Li te kontre anplwaye depatman enjeniri an, administratè etablisman an, direktè resous imèn nan, epi finalman, li te fè yon dènye reyinyon avèk Direktè resous imèn nan avè m. Li te di nou t ap resevwa yon rapò sou rezilta yo, ansanm ak rekòmandasyon li. Men Depatman Travay pa t voye pase apeprè dezan san l pa t di nou anyen—jiskaske, yon jou, yon lòt lèt te rive.

Nou te aprann yon nouvo envestigasyon t ap oblije fèt, paske premye envestigatè an te pran retrèt li san li pa t fenmen dosye an. Dezyèm ankètè an te brital: li pa t sèlman envestige pwoblèm anplwaye yo te rapòte sèlman, li te tou pwofite al nan lòt depatman; anplis de responsabilite anplwaye yo te genyen nan travay la, li te egzamine lòt bagay. Pandan dènye reyinyon an, li menm tou, li te pwomèt yon rapò. Pandan tout tan sa a, etablisman an te reyisi opere nan yon nivo kalite sèvis trè wo; Sant pou Medicare ak Medicaid te ba nou nòt kat ou byen senk-etwal. Gen de lè, enspeksyon nou yo pa t revele okenn defo. Lajan pa t manke, anplwaye yo te jwenn ogmantasyon salè, epi pafwa, nou te bay bonis. Sa te kreye kalite anviwònman swen mwen t ap chèche an, kote anplwaye ak rezidan yo te kontan.

An general, lavi an te bèl. Mwen te finalman gen lapè nan lavi pwofesyonèl mwen e nan lavi pèsonèl mwen. M te vin pi sosyal pase anvan, kòm kounye a m te gen avoka m nan pou akonpanye m. Avè li, m t al nan plizyè sware gala. M te resevwa envitasyon pa mwen, Clifford te resevwa envitasyon pa li, epi nou t ale ansanm nan diferan gala nan vil lan, tankou: lopital Providence, lopital Sibley, Hope Connection, Leadership of Greater Washington, Choral Art Society, ak Kennedy Center—pou mwen site kèk ladan yo. Foto nou te parèt nan magazin *Life* epi sou sit entenèt plizyè anbasad. Nou pa t "nenpot ki moun" e yo te vin konnen nou nan vil lan.

M te sipoze ale nan yon lòt evènman ankò lè yon gwo tanpèt nèj te antere vil lan. Ni otobis yo, ni tren yo te oblije fenmen. M te okipe ap ede direksyon an jwenn anplwaye pou kouvri de mezon retrèt yo, lè m te resevwa yon apèl Kevin mwen t ap tann depi lontan. "Kristin pral akouche," li te di. Bebe Keith te fèt pandan m t ap chache wout pou m fè pou m abouti nan Washington Hospital Center, lè tout wout te bloke ak nèj. Lè mwen te finalman rive nan lopital lan, m te jwenn Kevin nan yon gwo sal akouchman li te rezève pou Kristin, manman li, ak Kevin te ka ansanb pandan li tan li t ap pase lopital lan.

Bebe Keith te pi bèl timoun m te janm wè. M te adore li. Sa fè lontan m t ap tann nesans premye pitit pitit mwen, e poutan m te rate moman enpòtan sa a, akòz yon tanpèt nèj. Malgre lajwa mwen te santi nan nanm mwen, e vrèman vre m te kontan anpil, m pa t ka fin kontan nèt: m te santi m tris, e menm koupab, pou mwen konnen Keith—omonim ti bebe an—pa t ap janm fè eksperyans pou l granpè. *Eske li t ap kontan?* m t ap mande tèt mwen. O, Seyè! A ki pwen sa te kriyèl? *Poukisa pou moun mouri?* Nan pwen sa a nan lavi m, m te vin aksepte, malgre m pa t renmen admèt sa, m pa t janm ka viv yon lajwa total—pou pa ta gen *yon bagay* pou gate li. C'est la vie! (Se lavi).

Pandan m t ap tann nesans pitit pitit mwen an, m te renove apatman anba lakay mwen an pou akeyi tibebe an ak manman li, Kristin. Nou te prepare yon chanm, yon konbinezon salamanje/salon, yon kuizin, yon sal pou lave/seche rad—yo t ap byen konfòtab. Men sa pa t mache pou Kevin ak Kristin. Yo te souvan nan diskisyon. Kristin te vle demenaje pou kite lakay mwen pou li t al nan espas pa li avèk Kevin ak tibebe an, epi diskisyon yo te fè anpil bwi. Okenn nan yo pa t sanble yo te gen kè kontan. Pitit gason m nan pa t janm wè paran li ki t ap goumen, donk sityasyon sa a te dwòl pou li.

Kevin te vin sou mwen yon jou, pou l di m li t ap planifye demenaje al nan yon apatman avèk Kristin ak tibebe an.

M te di, "Non. Ou p ap demenaje al nan ankenn apatman. Si w ap demenaje, chèche yon kay." M te ba li lajan pou achte yon kay epi mwen te di li, "Al chèche yon kay. M pa vle ou abite nan yon apatman. W ap bezwen yon kay pou fanmi ou. M pa kwè yon apatman pral kanpe diskisyon yo."

Se konsa Kevin te ale ak Kristin e li te achte yon kay pou fanmi li. Yo te chwazi koulè yo ansanb, epi yo te plen li ak bèl mèb ak atik kay. M te swete yo t ap jwenn lajwa, men finalman yo pa t janm demenaje ansanb. Pitit gason mwen an te reyalize pa gen kay sou latè ki t ap kanpe diskisyon yo. Sa pa t ap janm mache pou yo, e Kevin te konnen li t ap pi bon pou Kristin avè l te separe e pou chak moun te fè chemen pa yo.

Kristin te retounen lakay manman li; Kevin te demenaje nan nouvo kay la poukont li, epi yo te pataje gad tibebe an. Antre yo de, yo te pran swen tibebe an. Kevin te viv poukont li epi, lè se te tou pa li pou l pran Bebe Keith, li te pran swen ti bebe an poukont li. Anplis de travay li nan konpayi nou an, Kevin te vin tounen yon paran selibatè, li t ap leve yon tibebe poukont li. Li te difisil pou m te gade Kevin fè fas ak estrès siplemantè pou li leve pitit gason li poukont li, men li te yon papa estraòdinè. Pitit pitit mwen se yon timoun ki te kontan, ki te gen anpil lanmou nan lavi li, epi ki te trè byen ajiste.

FÈ SA MACHE POU OU!

Règleman #23: Toujou rekonèt opòtinite ki genyen

Refleksyon: Tout se ensten

Li enteresan pou moun obsève ti tòti ki fenk soti nan ze yo. Apèn ze yo kale, gen yon fòs biolojik tòti yo pa ka reziste, ki fè yo rantre nan lanmè an. Yo pa kanpe sou wout pou mande kote pou yo fè. Yo pa gen tan pou antrene. Kou yo soti nan nich yo, yo antre nan mond lan osivit ti najwa yo kapab pote yo. Yo suiv ensten yo. Suiv ensten pa ou. L ap mennen w kote pou w ale. Pafwa, nou koute sèvo nou pito, e li fè nou rate opòtinite. Ki dènye fwa ou te suiv sa trip ou t ap di w fè? Kijan sa te mache pou ou?

- Aprann kijan pou ou kreye yon rezo sosyal. Si ou pa konprann jan pou ou sosyalize, pa bay tèt ou estrès. Sa pral vin pi fasil pou ou. Aprann aksepte malèz ou. Soti al rankontre moun nan domèn ou pou ou ka pataje lide w. Antre nan yon òganizasyon pwofesyonèl osinon pase tan ak yon rezo ansyen elèv. Chèche moun ki gen menm enterè avè w. Si ou pa nan yon pozisyon kote ou ka rankontre moun ki nan zòn ou, jwenn yo sou entènèt. Gen yon mond antye k ap tann ou. Annavan!

- Pou jwenn opòtinite, sa sèlman mande pou w ouvri je w ak zòrèy ou, epi pou w chèche ki bezwen ke ou kapab konble. Antrene tèt ou pou fè atansyon sou jan bagay yo sipoze mache ideyalman. Lè ou wè yon sektè ki bezwen amelyorasyon, mande tèt ou, eske se yon opòtinite pou ta envesti enèji ou ladan? Ki benefis sa ta pote pou ou?

RÈG POU LAVI

Nan moman sa a nan lavi mwen, mwen te rive osi lwen m te ka rive nan domèn mwen. Mwen te kandida pou eleksyon kòm ofisye nan yon òganizasyon pwofesyonèl ki te domine pa gason blan, e, m te jwenn gwo ankourajman pou kandidati mwen. Men, mwen te fè fas tou ak kèk atak brital lèd, kote òganizatè sendikal te fè kanpay difamasyon pesonèl kont mwen. E nan mitan tout bagay sa yo, yon apèl te vini ak yon opòtinite m pa t ka manke.

Règleman #24: Panse pou kounye a oubyen reyisi alontèm

Li fasil pou ou kole nan pwoblèm tanporè epi pafwa pou bliye reyisit ou alontèm. Devan sityasyon difisil w ap viv chak jou, ou ka anvi pran wout ki pi fasil la pou ou bay vag. Te gen plizyè douzèn fwa lè pwoblèm mwen yo te sanble enfranchisab, kit se te yon bagay ki te senp, tankou jwenn lisans chofè mwen (Gade Chapit 6: "Dous-anmè") kit se te yon bagay ki pi difisil tankou aprann pale angle kouraman. Plis mwen tap vin granmoun, plis defi ak pwoblèm mwen yo te gwo, e lè mwen te reflechi sou yo pi resaman, kontretan inisyal mwen yo te sanble mwen grav an konparezon a genyen yon kanpay sendikal ki t ap sal repitasyon mwen (Chapit 10), konfwonte maladi mari m bripsoukou (Chapit 13: "Tout kòmansman gen finisman"), epi fè fas a posibilite lekòl asistan enfimyè mwen an te gen dwa vin fenmen. Tan ba nou yon lòt pèspektiv, e si nou pa toujou ka wè lwen lè nou jèn, nou vin gen pi bon konprann lè nou gen matirite. Pa bliye gen konfyans nan oryantasyon ou, epi pa bliye objektif alontèm ou lè w ap fè fas ak kriz tanporè.

CHAPIT KENZ

Rale Kò W Sot Sou Wout Mwen

Travay lan te kontinye yon defi. Pwojè renovasyon an te kòmanse nan mezon retrèt Johnson nan, e sa te mande m travay men nan lamen avèk konpayi konstriksyon gouvènman an te rekrite an. Edifis lan, ki te loje plis pase 200 moun aje ak jèn moun, pa t kreye pou li te yon mezon retrèt; se pou sa fò nou te renove li pou satisfè règleman ak estanda mezon retrèt yo. Mwen te vin yon pyèv, chak bra mwen t ap jere yon pati VMT. Met sou li, m te deside kandida nan Asosyasyon Swen Sante Etazini an, òganizasyon ki te reprezante tout mezon retrèt nan Etazini, Zile Vyèj, ak Pòtoriko.

Premye fwa m te asiste konvansyon asosyasyon an, li te fini ak yon gala, e mwen te enpresyone pa gwosè evènmann sa a. Sou sèn nan, kote ofisye yo te chwazi yo te sipoze chita, estrad lan te kouvri ak twal len blan, e yon nap nwa te kouvri tab prensipal lan; yo te dekore tab sa a ak bèl pòslèn, epi yon sipèb bouke woz, òkide, ak flè raje. Anplis vè chanpay, diven, ak dlo, te gen plizyè lòt estil vè e mwen pa t konnen kijan pou m sèvi avèk yo.

Nan kòmansman evènman an, jis anvan envokasyon an, ofisye eli yo te mete yo an liy; yo te prezante yo bay tout moun lan, epi yo te mete yo chita. Yon vwa ki te rezonen nan tout sal lan te rele non chak ofisye, epi yo te bay tit ofisyèl li. Sa te frape m: chak fwa yo te site yon non, se te toujou yon nonm blan ki te monte estrad lan, ak yon bèl dam blonn ki te swa madanm li oswa menaj li. Mesye yo te gen kostim nwa, e medam yo te mete rad ekstravagan koutirye selèb te fè, ak bijou dyaman. Chak ane, se te menm bagay la. M te pwomèt tèt mwen, yon jou, mwen t ap youn nan moun ki t ap grenpe mach eskalye sa yo—yon ti ayisyèn nwa, nan bra mari m, ki wo, nwa, e bèl. M te konnen sa te pral yon batay difisil, men mwen te pare pou m te relve defi an.

Eleksyon mwen an tap istorik, men mwen te bezwen ase vòt nan tout eta yo pou mwen ta genyen nasyonalman. Jou eleksyon an t ap pwoche, mwen pa t ko gen okenn advèsè; chans mwen te sanble bon. Sepandan, nan konvansyon an, yo te nomen yon kandida pou li te kòmanse yon kanpay opozisyon kont mwen. Se te yon dènye efò pou kenbe sitiyasyon inakseptab lan jan li te ye an.

Mwen te premye kandida nwa ki te gen odas bay klib gason blan sa yo defi. Anpil fanm blanch anvan mwen te eseye, men yo pa t reyisi rive nan nivo prezidan an. Gen moun ki te detèmine pou bloke wout mwen, men mesye nan rejyon mwen an te deside goumen nan kan mwen. Chèf egzekitif eta Awayi an te vin chichote nan zòrèy mwen, "Pa enkyete w, Solanges. Nou pral vote pou ou." Tennessee, Texas, ak plizyè lòt te fè menm bagay tou. Kowalisyon Fanm nan Swen Alontèm, kote m te yon manm konsèy, te travay di osen kanpay eleksyon mwen an. Yon delege ki te soti nan eta New York te ofri pou li te nan pyès lan pou li te temwen kontaj bilten vòt yo. Toudenkou, eleksyon an te vin eksitan anpil. David, direktè egzekitif Asosyasyon Swen Sante pou Distrik Columbia te kouri nan Staples, kote li te enprime panflè VOTE POU SOLANGES, e li te distribye yo nan tout sal la. Se te yon konvansyon mwen p ap janm bliye.

Jou eleksyon an, nan 65 èm konvansyon Asosyasyon Swen Sante Etazini, mwen te bat opozan mwen an pa 300 vòt pou mwen te vin premye fanm afro-ameriken, e premye desandan Karayib, ki genyen eleksyon pou pòs vis prezidan asosyasyon nasyonal sa a. Nan moman sa a, Asosyasyon Swen Sante Etazini te reprezante anviwon 17.000 mezon retrèt. Nan gala a, mwen te prete sèman ak lòt ofisye eli yo, e mwen te reklame plas mwen nan tèt tab pla. Viktwa sa a te rive apre lanmò Keith, e Kevin, pitit gason mwen, te fyèman eskòte mwen. Mwen te aprann li fòs ki te gen nan travay di, konsantrasyon, pèsistans, e, plis pase tout bagay, odas pou li kwè nan tèt li. Malerezman, plis pase 10 ane pita, pa t gen okenn lòt afro-ameriken ki te rive nan menm nivo avè m nan asosyasyon nasyonal sila a.

M te deja okipe ap reyalize bagay pozitif, e, mwen pa t sispann gen chans. M te lakay mwen yon swa lapli epi telefòn mwen te sonnen. Ana te ayewopò, li t ap tann yon avyon. "Solanges," li te di, "mwen fenk fini yon apèl konferans ak propriyetè lopital mwen t ap travay pou li an. Yo te ofri m pou yo vann mwen 2 pousan aksyon lopital lan pou yon milyon dola."

Anvan Ana te ka pwononse yon lòt mo, mwen te rele, "Kisa? O, Bondye, Ana! Sa se yon gwo nouvèl! Eske w ap achte aksyon yo?"

"Bon, se pou sa m ap rele ou," li te di. "Nan tout moun mwen konnen yo, se avè w sèl mwen te vle diskite sou òf sa a."

"Ana, se yon gwo bagay, wi. Mwen flate."

"Koute non," Ana reponn. "M pa ka rasanble yon milyon dola poukont mwen. Eske ou kapab rasanble yon demi milyon? M t ap achte yon pousan, epi ou menm ou t ap achte yon pousan."

Si m te di mwen pa t sou chòk, m t ap bay manti "Machè—," m te kòmanse. Men apre sa, gen yon detay m vin sonje. "Yo pa fenk anonse yo an fayit?" M te konnen tout pwoblèm lopital lan te genyen. Non sèlman Ana te pale avè m, bilten nouvèl lannuit lan, ak *Washington Post*, te founi enfòmasyon tou. Eske m te dispoze pran yon risk konsa pou yon opòtinite, ki te ka pa janm prezante li ankò, pou mwen ta youn nan pwopriyetè yon lopital? Ou byen eske m t ap kite laperèz paralize m? Apèl inatandi sila a pa t yon ti apèl an jwèt!

"M konnen, Solanges! M konnen! Yo bezwen lajan an pou retire lopital lan nan sitiyasyon fayit lan. Se yon risk mwen dispoze pran. Lè yo restabilize finans yo, l ap pi fasil e pi likratif pou vann lopital lan."

M te konnen laperèz se enmi reyisit alontèm. M te konnen yon tòti pa t ka monte yon poto poukont li, epi Ana avè m nou te toujou la youn pou lòt. Nou toulède se te desandan Karayib—li se yon fanm blanch ki soti Venezuela, epi mwen se yon fanm nwa ki soti Ayiti. Lavi nou te paralèl: nou toude te imigre Etazini pou amelyore lavi nou. Nou toude te enfimyè ki te diplome nan Inivèsite Georgetown. Nou toude te direktè enfimyè nan Distrik Columbia pandan menm epòk, nou toude te gen yon lisans administratè pou mezon retrèt, e nou te jere mezon retrèt nan menm vil lan. Nou toude te trè aktif nan diferan konsèy ak asosyasyon, non sèlman nan vil lan men nasyonalman tou. Nou toude te gen yon pitit gason, e nou toude te vèv nan yon delè uit mwa youn de lòt lan. Apre lanmò mari nou, nou chak te kontre yon patnè (e apre anviwon dizan nan relasyon nou, nou t ap vin poukont nou ankò, nan yon delè ki pa t depase de mwa youn de lòt). Kòm katolik ki te gen gwo lafwa nan Jezikri, nou te kwè te gen yon koneksyon espirityèl nan lavi nou ki te mete nou ansanm. Ana avè m te osi pwòch ke de sè, e mwen te fè li konfyans.

San ezitasyon, m te reponn, "Ana, si w ap fè li, m ap fè l. M ap travay sou jwenn pòsyon demi-milyon pa m nan, men m ap bezwen tan."

"Pa gen anpil tan," Ana te di. "Fò ou ta jwenn kòb lan kounye a. Kounye a, Solanges!" li te ajoute ak anfaz ak presyon. "Men koute m, fò ou konprann ke se yon gwo risk: lopital la kapab pa rive soti nan fayit lan. Pa gen garanti w ap rejwenn envestisman an. Ou ka pèdi yon pati—e menm tout sa ou envesti an."

"O, Bondye! Ana, m pa konn sa pou m di ou." M te poukont mwen nan kay lan. M te kòmanse ap mache monte-desann nan kay lan anba eksitasyon. M pa t ka kwè sa li te rele pou li te di m nan.

Ton Ana te fèm. "Mwen vle konnen. Eske ou vle fè li?"

"M ap fè li," m te di. "Mèsi dèske ou panse a mwen. Banm al eseye gade kote m ta ka jwenn lajan an."

"Fò mwen monte avyon an. An nou pale lè m rive lakay mwen," Ana te di.

"Trè byen! Fè yon bon vwyaj."

Dezoryante, m te rele de moun pi enpòtan ki te vivan yo: Kevin ak Clifford. De mesye yo te konseye m rasanble lajan an jan mwen te kapab pou m te fè afè sa a. E yon fwa mwen te fè li, m te yon aksyonè. Yo te nonmen mwen prezidan, e Ana vis-prezidan konsèy egzekitif direktè lopital lan. Nou chak te resevwa yon alokasyon jenere pou konsèy egzekitif lan e, apre dezan, nou te double envestiman nou lè nou te ankese aksyon nou nan lopital lan. An definitiv, afè sa a pa t vire si mal ke sa.

Tout bagay t ap pase trè byen, e m t ap viv yon trè bèl moman nan lavi pèsonèl mwen, menm jan sa te toujou rive m, te gen defi ki te menase lajwa mwen. Ankèt Depatman Travay te inisye plizyè ane anvan sa, ki te panche sou diskriminasyon nan travay la, te finalman abouti a yon desizyon: Depatman Travay lan te pran pou anplwaye yo, e li te egzije pou VMT peye plizyè milyon dola domaj ak enterè. Yon fwa ankò, m te nan yon sitiyasyon mwen pa t ka jere poukont mwen. M te sou chòk lè m te eseye konprann kijan yo te arive a desizyon sila a. Yo te konseye VMT pou li te travay avèk Depatman Federal lan ak Depatman Travay Distrik lan pou jwenn yon solisyon. Nou te bezwen avoka espesyalize ak yon konpreyansyon sou konfli travay pou ede nou jere kriz konplike sa a. Nan moman sa a, Clifford te deja konseye legal ofisyèl VMT, ak patnè kabinè avoka l yo, e yo te rekòmande Dan pou reprezante VMT kòm konseye legal nan ka sa a. Bondye te ba mwen yon nouvo zanj gadyen, e tankou Keith, Clifford te sou kote m nan tout eprèv mwen yo, e li te banm anpil sipò.

Se te yon lòt peryòd trè nwa nan istwa VMT an. Mwen te renmen travay ak moun aje yo. Mwen te renmen travay ansanm ak anplwaye yo. Mwen te fyè anseye elèv yo. Sepandan, mwen te pwofondeman rayi moman nan biznis lan kote mwen te santi m vilnerab devan sitiyasyon mwen pa t ka kontwòle ditou, e ki pa t fè pati domèn ekspètiz mwen.

Depi nan konmansman karyè mwen, nan epòk mwen te asistan enfimyè nan pepinyè lopital Misericordia, m te fè tout sa m te kapab pou respekte lwa, règleman ak pwosedi ki te gen rapò ak pratik swen enfimyè. Sitiyasyon sa a, se te yon gwo souflèt, yon epe Damoklès, yon danje pou repitasyon mwen—yon repitasyon m te travay di anpil pou m te akeri. Pwosedi legal yo te trennen pou plis pase ennan. Evantyèlman, VMT te regle sa ak Depatman Travay la gras a Komisyon Dapèl pou Kontra. Nou te peye senten anplwaye yon bon kantite lajan, epi nou te peye frè litij la. Men fyète mwen te blese. Mwen te rayi pèdi menm ti batay piti yo.

Pandan m t ap jere sitiyasyon sa a ak Depatman Travay lan, yon sendika te eseye sendikalize ajans swen adomisil nou an, men yo te echwe. Ankò yon fwa, mwen t ap viv yon sitiyasyon kote moun deyò t ap eseye anvayi konpayi mwen an, e sa te koute konpayi an. Kèk fwa, plizyè bis chaje manifestan sendikal ki pa t anplwaye nou, te debake devan biwo nou sou Connecticut Avenue; yo t ap fè manifestasyon ak mayo sendika a sou yo, ap rele eslogan byen fò pou deranje jounen travay nou. Group sa a pa t reyisi sendikalize ajans swen adomisil nou an, men se te yon distraksyon ak yon gaspiyaj lajan VMT te ka mete nan lòt bagay. Nou te aprann sa te koute anpil lajan pou VMT opoze li a youn nan sendika ki pi puisan Ozetazini. Pi bon konsèy mwen te resevwa, nan men avoka espesyalize nan dwa travay lan, se te pou mwen pa t janm pèmèt aktivite sendikal yo vin touche m pèsonèl, pou mwen ta konsidere eksperyans sa a tankou youn nan reyalite lavi pwopriyetè yon konpayi.

Menm si fyète mwen te blese, e enpilsyon mwen t ap pouse m reponn atak sa yo, m te rive evite manifestasyon sa yo afekte m pèsonèlman. M te konnen pou mwen te reyisi, m pa t ka kite laperèz paralize m. Mwen te vin konprann advèsite te souvan ofri opòtinite kache. Men lè m te panse m te fini ak tantativ sendika a t ap fè pou antre nan biznis mwen an, yon lòt gwoup manifestan te parèt sou papòt mezon retrèt Sant pou Moun Aje an.

Gouvènman an te deside lwe de mezon retrèt ki te anba jesyon VMT yo. Nouvo majistra ki te fèk eli an te deside gouvènman an pa ta dwe ofri abitan vil lan swen sante. An jeneral, sendika pwofite feblès onivo jesyon, epi pran kòm pretèks yo pa trete anplwaye yo byen, pou li enfiltre yon biznis. Sendika sa a te estime anplwaye nou yo te bezwen yon sendika pou pwoteje enterè yo pandan peryòd tranzisyon sa a. Lè m te yon anplwaye, m pa t janm pèsonèlman fè pati sendika a. Men, m te gen eksperyans nan yon anviwònman ki te sendike lè m te asistan enfimyè anchèf nan lopital Mount Sinai. Nan pòs sa a, m te byen fòme sou bon jan pou m te travay nan yon anvivònman ki sendike. Konesans sa a te kle pou mwen te reyisi fè fas ak tantativ pou sendikalize konpayi mwen an. Konesans sila yo te enpòtan pou mwen, paske òganizatè sendika sa yo te kapab brital nan taktik yo.

Kou yo te mete mezon retrèt Sant pou Moun Aje an sou mache an pou yo lwe li, sendika a te kòmanse fè kanpay. Donk non sèlman VMT te vin ap jere yon mezon retrèt ki te gen yon kontra lokaysyon ki t ap fini, te gen lokatè potansyèl ki t ap vin envestige li, epi fò nou te konfwonte yon mouvman sendikal anmenm tan tou.

M te kontakte Littler and Mendelson, kabinè avoka ki te ede m kòmsadwa ak pwoblèm sendika yo lè mwen te kòmanse karyè mwen nan Distrik Columbia kòm direktè swen enfimye. Kè m te kase lè m te tande ansyen avoka m nan, ki te ekselan, te mouri. Mwen byen vit aprann, sepandan, konpayi an annantye te ekselan. M te gen yon nouvo sovè pou ede m. Tom pa t two gwo, li pa t chòv, ni li pa t agresif tankou premye avoka Mendelson mwen an, men li te pafè pou travay lan. Li te wo ak yon tèt plen cheve. Li te pale dousman, kalkile byen, li te pwofesyonèl, men sitou, Tom te efikas; VMT pa t janm siyen yon kontra sendika pou etablisman sa a. Nou te evite yon lòt kriz.

Yon dirijan pa ta janm sipoze satisfè, men li ta dwe eseye wè pi lwen, donk m te kontinye travay sou objektif mwen. Rèv final mwen kòm pwofesyonèl swen alontèm pa t sèlman pou jere mezon retrèt sou kontra, men pou yon jou mwen ta pwopriyetè yon etablisman pou moun aje, pou m te jere san ankenn restriksyon kontra. Se te yon desepsyon lè VMT pa t reyisi jwenn kontra-lwaye alontèm nan. Sa vle di nou te oblije kite etablisman an, e nou te pèdi yon kontra jesyon nou te kenbe pou plis pase ventan.

Klima politik lan pa t nan avantaj konpayi an pou plizyè rezon: VMT te nan tribinal pou yon konfli salaryal ak gouvènman an, e se yo tou ki te founi nou kontra jesyon an. Aktivite sendikal yo pa t nan avantaj nou, paske sendika ak politisyen yo pataje espas komen e yo bezwen youn lòt pou yo fonksyone. Pou anpire sitiyasyon an, yon ansyen anplwaye VMT, ke mwen te fòme nan zafè biznis mezon retrèt lan, t ap travay pou yon konkiran, e li te sèvi ak konesans entèn li pou li te fè yon òf kont VMT. Se poutèt sa, nou pa t sezi lè VMT pa t jwenn kontra-lwaye an. Nou te kite mezon retrèt lan nan yon pi bon kondisyon pase lè nou te fenk jwenn kontra jesyon an. Dènye enspeksyon an pa t revele okenn defisyans. Men pèt sila a te fè VMT mal e li te fè m mal pèsonèlman.

Yon fwa yo te deside òf lokasyon an pou mezon retrèt Sant pou Moun Aje an, se te tou pa mezon retrèt Johnson nan. Ala yon peryòd te douloure! Pou yon fwa, fò m te admèt li, mwen te pè pou m pa t pèdi tout fwi travay mwen. De mezon retrèt yo te esansyèl pou biznis nou an. Lè sa a, lekòl lan pa t pwofitab ankò, paske li te redwi a sèlman de pwogram. Ajans swen adomisil lan te apèn rantab. Si nou ta pèdi mezon retrèt Johnson nan, nou te ka oblije fenmen VMT. M t ap pede raple tèt mwen nou te travèse sitiyasyon difisil deja, e m te toujou rive jere yo. Kòm dabitid, mwen te envoke sipò Manman Mari. Mwen te kwè lapriyè te gen plis pouvwa pase tout mal ki te antoure m. Se konsa, mwen te mete m ajenou, epi mwen te priye avèk anpil fòs.

Pou plis pase ventan, nou te siyen kontra ak gouvènman an, e m te pè pou gouvènman an pa t anile kontra VMT poutèt kapris yon majistra oswa presyon yon konkiran t ap bay manm konsèy vil lan. Menm si yon kontraktè te gen bon rezilta e tout afè li te an règ, li te ka pèdi yon kontra poutèt yon lòt konpayi ki te gen lyen politik sere te mande gouvènman an ba li kontra sa a. Nan yon odyans piblik, yon fwa mwen te tande yon prezidan konsèy divizyon sèvis sante rekòmande pou yo retire kontra nan men yon konpayi; kèk mwa apre, konpayi sa a te oblije fenmen. Pwopriyetè biznis nan vil la te petrifye: yo pa t vle pèdi konpayi yo. M te fè tout posib mwen pou m pa t mele nan politik. Keith te toujou konseye m kenbe tèt mwen ba. Priyorite mwen se te kalite swen nou te bay, kidonk m pa t atire atansyon medya yo, e m te jere pwoblèm sendika yo ak prekosyon.

VMT te prepare epi soumèt yon pwopozisyon pou lwe mezon retrèt Johnson lan—sèl etablisman ki te rete pou VMT te jere. Sendika a, ki te nève poutèt li pa t reyisi sendikalize mezon retrèt Sant pou Moun Aje an, te pwomèt detui nou a nenpòt ki pri. Menm jan li te fè nan mezon retrèt Sant pou Moun Aje an, sendika a t ap eseye enfiltre Johnson pandan nou menm nou t ap eseye jwenn kontra-lwaye alontèm nan. Nou te fè fas a yon dezas nan kad kontra-lwaye alontèm premye mezon retrèt lan, e nou te konnen VMT te sou yon pant glise ak kontra-lwayc sa a tou.

Fwa sa a, sendika a te visye. Yo te antre nan edifis lan pou yo eseye lanse kontra sendika a. Yo te atake m pèsonèlman ak yon pil istwa yo te envante sou mwen, epi yo te chavire politik konpayi an, estrikti salè ak benefis yo tèt anba. Nan de okazyon, sendika a te òganize yon rasanbleman devan lakay mwen byen bonè nan aswè, lè vwazen mwen t ap tounen lakay yo apre travay. Vwazen mwen yo te orifye devan anvayisman sa a, ak vyolasyon vi prive yo, e youn ladan yo te rele lapolis imedyatman.

Yon lòt fwa, mwen te oblije fè fas a plizyè otobis moun ki t ap manifeste nan inifòm sendika yo, men olye pou yo ta fè bri devan bilding VMT an, yo te fè manifestasyon yo devan lakay mwen. Premye fwa sa te rive, m te andedan kay lan ap pran yon masaj. M te ekskize m bay masez lan, e m te abiye m rapid pou al envestige ajitasyon ki te gen devan lakay mwen an. Lè m te rele avoka mwen, li te konseye m pa soti, rete lwen tout je, epi pa al pale ak manifestan yo. Mwen pa t rekonèt okenn nan moun ki t ap defile nan lari devan lakay mwen an, dapre sa mwen te ka wè nan fenèt salon an. Avoka mwen an te di m yo te gen dwa manifeste, depi yo pa t vin sou pwopriyete mwen an.

Mwen te fache anpil. E dwa mwen pou m te gen lapè ak trankilite? Tom te ensiste: pi bon jan pou mwen te aji, se te pou m te iyore moun ki t ap manifeste yo. Teyori an te pi fasil pase pratik lan. M te vle defann tèt mwen epi pwoteje konpayi mwen an. Lè m repanse a sa, poutan, se te pi bèl konsèy m te resevwa sou yon pwoblèm sendika. Yo t ap tann yon reyaksyon, nou pa t ba yo satisfaksyon sa a, e se konsa nou te bat yo. Silans lan te puisan.

Pitit gason mwen an ak gwo chyen li an te kanpe sou galri devan lakay mwen an pou yo te veye manifestan yo ki t ap rele byen fò nan mikwo yo pou di se lajan anplwaye yo m t ap vòlè ki te pèmèt mwen viv nan yon gwo kay yon milyon dola. M te anvi mande yo: Kibò yo te ye lè m pa t pale yon mo angle e m te oblije travay nan faktori? Kote yo te ye lè m te oblije travay kòm bòn? Kote yo te ye lè m te oblije travay lajounen, epi apre sa al lekòl lannuit pou mwen te pran diplòm mwen, pou m te ka gen yon salè onèt, pou mwen te ka jere depans mwen? Kibò yo te ye nan moman sa yo? Odas yo ak inyorans yo te enève m.

Si manifestasyon devan lakay mwen yo pa t ase, sendika a te kole yon foto m sou chak bò yon kamyon yo te parade nan vil lan. Yo te pran foto sa a nan yon magazin sosyete, e se te yon foto m nan yon fèt mwen t ale. M te abiye nan yon rad long koulè diven Valentino ki te desann sou zepòl, epi m te kenbe yon vè chanpay nan men mwen. Tit yo te mete an, "Fèt lan fini," te vle fè moun panse VMT te sou wout pou l pèdi kontra a. Sendika a te detèmine fè tout sa li te kapab pou asire konpayi mwen an pa t ap genyen kontra-lwaye pou mezon retrèt Johnson lan. Sou menm imaj lan, yon lòt pawòl yo te mete se te, "Konpayi sa a te detounen lajan kontribyab." Evidaman tout se te manti. Moun te kòmanse ap rele m pou mande m si mwen te kandida nan eleksyon politik, pase jan yo t ap atake m nan, se konsa yo te abitye trete politisyen nan batay kanpay elektoral.

Si te gen fòs negatif ki tap travay kont konpayi mwen an, te gen fòs pozitif menm jan an tou ki t ap travay pou ede VMT genyen batay lan nan tantativ pou nou te jwenn kontra lokasyon an. Anplis de sipò nou te jwenn nan lapriyè, ekip ki te travay nan Sant pou Moun Aje an te ofri nou bon kou sipò. M te travay trè pwòch ak ekip sa a lè gouvènman federal lan t ap menase fenmen premye mezon retrèt lan. Mwen te travay san souf, jouk yo te reyabilite etablisman an e yo te deside kite li louvri.

Mwen te ede Biwo Administrasyon Swen Alontèm, ki te sipèvize kay retrèt Johnson lan lè li te an danje pou fèmen. Atravè jefò mwen yo, etablisman sa a te vin ofri yon sèvis swen bon kalite.

Erezman, nou te gen sipò Biwo Kontra Distrik Columbia tou. Li te jere negosyasyon kontra-lwaye an. Yo te konnen karaktè mwen, devouman mwen nan domèn mwen, lanmou m pou moun aje yo, e sak te pi enpòtan yo te apresye sa mwen te fè pou Distrik Columbia. Ansanm, yo te deside bay VMT yon kontra-lwaye alontèm, pou ventan, pou mezon retrèt Johnson lan.

Mwen li LaBib, mwen te aprann nou ta dwe rejwi nan soufrans nou yo, paske nou konnen soufrans pwodui andirans, andirans pwodui karaktè, karaktè pwodui lespwa, epi lespwa p ap fè nou wont. Lespwa VMT nan tout tribilasyon sa yo, sèke nou pa tap wont. Mwen te gen konfyans lapriyè m t ap monte, gras la t ap desann, e nou pa t ap pèdi etablisman Johnson nan.

Dapre règ Distrik lan, nan ka kontra-lwaye alontèm pou trantan oswa pi plis, fò konsèy lan te evalye e bay apwobasyon li avan yo ta akòde li. Kontra-lwaye pou mezon retrèt Sant pou Moun Aje an te pou trantan. Yo te voye li bay konsèy lan, epi yo te siyen kontra a ak yon konpayi ki te gen gwo lyen politik ak plizyè manm konsèy lan. M te konprann depi nan kòmansman nou te nan yon pozisyon feblès nan negosyasyon yo paske nou pa t gen sipò konsèy lan. Pa t vreman gen anyen nou te ka fè pou anpeche sa.

M te gen lafwa nan Manman Mari e m te mete m ajenou pou priye pandan dènye batay pou kontra-lwaye mezon retrèt Johnson lan. Mwen konnen trè byen lè pwoblèm yo twò gwo pou jere poukont nou, nou dwe lapriyè pou entèsesyon. M te kòmanse yon nevèn, nèf jou lapriyè, e m te mande plizyè sen ede m nan tray mwen. M te priye Manman Mari demare tout ne ki te ka anpeche m jwenn kontra-lwaye an. Mwen te gen konfyans: lapriyè mwen t ap jwenn yon repons.

M te asiste plizyè reyinyon avèk anplwaye biwo kontra yo, e pandan negosyasyon yo, mwen te aprann yo te bay VMT kontra lwaye an, men pou sèlman ventan. M te konn kijan pou m defann tèt mwen: m te esplike yo sa te enjis; konpayi ki te siyen kontra jesyon ak lokasyon mezon retrèt Sant pou Moun Aje an te jwenn yon kontra trantan. Anplis de sa, kondisyon kontra-lwaye nou an te egzije pou se VMT ki peye pou antretyen oswa renovasyon mezon retrèt la. Mwen te goumen sou kesyon sa a tou: lòt konpayi an te resevwa 2 milyon dola pou renove etablisman mezon retrèt pa yo a, alòske VMT pa t jwenn yon santim pou repare etablisman li an. Lè ou te konpare de kontra yo, enjistis lan te klè. Malgre sa, lè ekip negosyasyon gouvènman an te di m, "Solanges, pran kontra a epi al fè wout ou," nou te fè sa yo te di nou an. Sa ekip nou an pa t konnen, sèke manm konsèy ki te pi puisan an te kont lide bay VMT kontra lwaye an. Li te vle li pou se te yon lòt zanmi li ki te siyen kontra a.

Ekip ki te gen responsabilite deside kontra-lwaye an te estime li t ap enjis pou retire kontra toude mezon retrèt yo nan men VMT apre plis pase ventan sèvis nou te bay gouvènman an, espesyalman lè yo reflechi nou te transfòme toude etablisman yo onivo kalite swen klinik e onivo finansye. Devan agresivite manm konsèy ki te gen zanmi li an konpetisyon ak VMT pou kontra-lwaye an, lòt manm konsèy yo te oblije lite pou yo te respekte lalwa e suiv règleman kontra yo, epi anfendkont siyen kontra-lwaye an avèk VMT li. Se jis apre nou te vin okouran machinasyon politik yo, men tou bagay te vin fè sans pou nou, lè nou te resi konprann sitiyasyon an.

Mwen te rekonesan difètke nou te genyen kontra-lwaye an pou ventan, men mwen te enève tou dèske yon ofisyèl gouvènman eli te ka visye e mechan konsa. Menm apre kontra an te finalize, manm konsèy lan te rele biwo kontra a, apre sa li te rele Biwo Espesyalize pou Swen Granmoun Aje pou mande yo retire kontra an nan men VMT. Malerezman pou li, nou te gen yon kontra solid, e pa t gen anyen li te ka fè pou chanje li.

Kanpay sendikal nan mezon retrèt Johnson lan te kontinye pandan tout bagay sa yo t ap pase. Jou eleksyon an, sèlman yon ti ponyen anplwaye te parèt pou vote, men kontaj la te vin an favè sendika a, paske rezilta yo te baze sou kantite anplwaye ki te ranpli bilten vòt, pa sou kantite total anplwaye ki te kalifye pou vote. Menm si sèlman yon tyè nan anplwaye yo te vote, depi majorite nan bilten vòt yo te an favè sendika a, yo te genyen eleksyon an. Sepandan, majorite anplwaye yo te pwomèt pou yo pa t rekonèt sendika. Yo te pwomèt pou yo pa t peye kotizasyon, epi yo pa t ale nan reyinyon sendika yo. Se te yon sitiyasyon difisil pou mwen kom dirijan.

An definitiv, sendikalize etablisman nou an te yon egzèsis initil. Yo pa t janm kolekte yon santim nan men anplwaye yo. Pou ane apre yo te sendikalize etablisman an, mwen kwè yo te dwe depanse dè santèn de milye de dola nan pwòp fon yo pou reprezante anplwaye VMT yo. Nan yon sans, li te nan avantaj yo pou VMT te parèt sou lis etablisman yo te reprezante. Sa te ede repitasyon yo osen kominote an, epi sa te pèmèt yo vante tèt yo; men alafen, m panse sa te tounen yon fado onivo finansye, paske reprezantasyon yo te vini san kotizasyon nan men anplwaye VMT yo.

Nan VMT, nou te fyè trete anplwaye nou yo byen. Mwen te travay san pran souf pou mwen te merite konfyans yo. Mwen te pran swen anplwaye mwen yo, epi yo te rekonèt sa. Pa egzanp, m te asire mwen mezon retrèt yo te gen yon kafeterya anplwaye ki louvri ase bonè pou dejene maten; konsa anplwaye lannwit te ka pran manje nan maten anvan yo te kondui pou tounen lakay yo, epi byen bonè nan maten anplwaye lajounen yo te ka gen yon bon manje anvan yo kòmanse travay. VMT te sibvansyone pri manje yo pou tout anplwaye yo, epi anplwaye kuizin nou yo te manje gratis. A chak fwa yon enspeksyon te fèt avèk siksè, e sa te rive souvan, nou te rekonpanse anplwaye nou yo finansyèman pou efò yo ak travay yo; met sou li, yo te resevwa yon bonis pou Nwèl. Sendika a pa t ka imite estil jesyon ak benefis anplwaye mwen yo te jwenn nan etablisman VMT yo. Anplwaye yo pa t ka konprann ki benefis ki te genyen nan sendikalizasyon paske yo te deja resevwa tout sa yon sendika te kapab negosye pou yo.

Pa t gen lajan renovasyon nan kontra-lwaye alontèm VMT an, kidonk konpayi an te sèvi ak lajan pa l pou bay mezon retrèt nou an plis klas. Nou te chanje non etablisman an, olye de mezon retrèt Johnson, nou te rebatize li Sant Swen Rezidansyèl San Parèy, e nou te ajoute yon pòt alantre edifis lan pou li te pi akeyan pase ansyen baryè an fè ki te gen devan an. Nou te jete ansyen tapi tache ki te nan antre an, e nou te ajoute bèl mab nan fwaye an. Avèk èd yon achitèk, nou te kreye yon biwo tou won pou ajan sekirite yo, e nou te ajoute yon resepsyonis pou akeyi vizitè yo; sa te bay mezon retrèt la aparans yon otèl senk etwal. Nou te reamenaje suit administratif yo tou, epi nou te refè vye batiman an.

Tout moun ki te antre nan edifis lan, soti depi ofisyèl nan gouvènman yo, manm konsèy, fanmi yo ak rezidan yo, tout te eksprime kè kontan devan chanjman nou te fè yo. Anplwaye yo te envite tokay nan lòt mezon retrèt yo vizite etablisman an. Pou sis ane konsekitif apre nou te fin siyen kontra-lwaye an, nou te resevwa yon nòt senketwal nan men Sant pou Medicare ak Medicaid, epi nou te sou lis pi bon mezon retrèt yo nan *US News and World Report*.

FÈ SA MACHE POU OU!

Règleman #24: Panse pou kounye a oubyen reyisi alontèm

Refleksyon: Pa pè anyen

Malgre gwosè yo, ti tòti lanmè yo pa pè anyen. Apèn yo soti nan kokiy yo, yo antre nan gwo lanmè san okenn dout ni ezitasyon. Yo pa gen okenn enkyetid sou jan yo pral defann tèt yo kont predatè yo pral rankontre; ni yo pa reflechi ki kote y ap jwenn manje. Yo fonse! Sa pa nan avantaj ou pou w kite enkyetid konsènan lavni ou akable w. Pafwa, fò ou suiv egzanp ti bebe tòti yo—naje ak tout fòs ou epi kite bagay yo regle poukont yo.

- Aprann pou w espontane. Otorize tèt ou pou soti nan woutin ou epi pou w fè yon bagay amizan. Tanzantan, bay tèt ou yon ti libète. Si fò w lave asyèt yo epi ou anvi al flannen, al flannen. Asyèt yo ap la toujou lè w tounen lakay ou, men w ap gen satisfaksyon flann nan, e kimoun ki konn sa ou pral wè? W ap santi w byen, e pafwa se sa ki pi enpòtan.

- Pwochenn fwa w ap fè fas a yon obstak ki sanble enfranchisab, mande tèt ou kisa k ap kenbe w. Eske gen bagay ou ta kapab elimine nan orè ou pou w gen plis tan pou reyalize objektif ou oswa metrize yon nouvo konpetans? Depoze telefòn nan, soti sou rezo sosyo, epi fonse!

RÈG POU VIV BYEN

Lè li te tan pou m pran retrèt mwen, tout bagay te akselere—se te tankou yon mirak e m te jwenn anpil satisfaksyon. M te dekouvri yon koneksyon ak yon fanm ki te viv an Frans gen plizyè santèn ane, epi m te ale nan yon pelerinaj ki fè m konprann pi byen fòs ki te gide chemen mwen tout ane sa yo. Epitou mwen te kòmanse pran tan pou m dekouvri mond lan. Mwen pa ko prèt pou m ralanti. M ap swete w bòn chans si w ap eseye suiv egzanp mwen kounye a!

Règleman #25: Jwenn tan pou w bay lavi w sans

Yon sèl bagay ki te kenbe m kalm, e ki te ban m kapasite pou m kontinye lè sikonstans yo te kont mwen, se koneksyon m ak yon bagay pi te depase lantandman m. Devosyon mwen pou Manman Mari te ede m travèse plizyè tribilasyon. Koneksyon m ak Bondye te banm yon bousòl moral pou gide desizyon m. Lè m te dekouvri koneksyon m ak Sent Solange nan granmoun mwen, sa te ede m konprann gen mirak konn fèt, bagay nou p ap janm malgre n ap fin granmoun (Gade Chapit 16: "Sa ki bon, Sa ki move, Sa ki lèd"). M te toujou santi yon koneksyon espirityèl ak yon *bagay* ki pi gwo e pi saj pase nou tout. Kit se pran tan pou remake mirak anlè tèt nou, tankou lakansyèl ki koube atravè syèl lan, kit se vwayaje nan peyi Lejip pou al wè piramid, eseye konekte tèt ou ak letenèl lan.

Lè ou kapab, fè yon bagay pou kite yon enèji pozitif nan mond lan. Envesti tèt ou nan yon kòz ki enpòtan pou ou. Konstwi yon lekòl pou timoun ki bezwen yon opòtinite pou aprann (Chapit 16). Kèlkeswa sa li ye, jwenn yon fason pou bay lavi ou yon sans, pou li ka yon kado rich e bèl, jan li te sipoze ye an lè ou te antre nan sipèb mond sa a. Nou tout bezwen dekouvri mèvèy misterye mirak lavi an, e jan nou gen anpil chans gen yon ti tan pou nou patisipe nan bote lavi an.

CHAPIT SÈZ

Sa Ki Bon, Sa Ki Move, Sa Ki Lèd

Aprè mari m te mouri, mwen te vwayaje lòt bò dlo ak zanmi. Yon vwayaj memorab m te fè se te an Afrik di Sid, kote m te vizite prizon Nelson Mandela nan Robben Island, apre m te ale nan kanton Soweto, ak Johannesburg. M te tounen al nan peyi nesans mwen Ayiti, nan yon pwovens yo rele Jacmel, kote mwen te bati yon lekòl pou timoun depi pre-jadendanfan jiska lekòl segondè, sitou peyizan, ki pa t kapab peye ekolaj lòt lekòl nan zòn nan. Mwen te fòme yon sosyete ki pa t gen bi fè lajan Ozetazini pou ede ak konstriksyon lekòl lan, epi pou sipòte kèk nan timoun yo yon fwa konstriksyon an te fini. Mwen menm te kontinye ale nan reyinyon pwofesyonèl nan tout Etazini, epi m te prezante nan biwo nasyonal Asosyasyon Swen Sante Etzanini (AHCA).

M te soti ak zanmi m Clifford pou twa zan, e nou te kenbe relasyon an platonik, jiskaske yon jou, li te envite m nan yon vwayaj envestisman nan Zile Vyèj kote nou pa t ka reziste tantasyon ak dezi nou. Nou te fè lanmou pasyoneman e nou te vin yon koup. Nou te vwayaje tout kote, lokalman e entènasyonalman. Mwen te viv lavi yon tinedjè ki te damou. Nou te vizite St Lucie avèk pitit gason m ak madanm li Felicia, kote m t al fè plonje soumaren ak *ziplining*. Nou te pase lavèy nouvèl ane an Kalifòni ki espesyalize nan diven. Clifford te pran yon chofè pou mennen nou nan plizyè distilri diven, kote nou te manje fwomaj ak fui, epi nou te goute diven pandan plizyè jou ansanm avèk somelye selèb. Nou te pase lavèy nouvèl ane an ap danse pandan tou nuit lan nan peyi tankou Chili, Ostrali, Doubay, ak Aboudabi. Avèk pitit gason m ak madanm li, nou te ale nan *Super Bowl* 50 epi nou t ap fete Kalifòni. Lavi an te bèl, epi m te sou yon nwaj tout tan.

***

Pifò nan fanmi mwen te kite Ayiti pou Etazini, e paske mwen trè alèz finansyèman, m te kontinye yon gwo sous sipò pou yo. Papa nou te mouri, e m te demenaje manman nou definitivman pou li te kapab avèk pitit li, e menm anviwon trant pitit pitit. Mwen te pran anpil fyète nan ofri manman m yon eksperyans lavi ki te trè diferan de lavi li te konnen lè li te timoun ak jèn manman Ayiti. M te achte yon bèl kay senk chanm bò yon lak nan yon kominote sekirize an Florid. M te asire m li te resevwa pi bon swen posib, jiskaske li kite tè an nan laj katrevendouz an.

Aprè lanmò li, m te renove lakay li an, e li te vin tounen yon kote mwen te ale pou kalme m lè m te bezwen chape estrès jesyon yon konpayi. M te yon granmoun nan fen swasantèn mwen, e pa t gen anpil ki te ralanti mwen, men li te bon pou m te gen yon kote kalm pou m te ka detann mwen pou m te anvizaje retrèt mwen, ki t ap pwoche.

Lè li te gen katran, Bebe Keith, pitit gason Kevin, te vin jwenn mwen e li te anonse, "Nana, mwen gen yon mennaj." Sa te pran m yon ti moman pou m te konprann sa li t ap di an. Yon mennaj? A katran?

M te mande li, "Kisa ou vle di, lè ou di ou gen yon mennaj?"

An reyalite, papa li, pitit gason mwen, te gen yon moun espesyal nan lavi li, e Bebe Keith te tonbe pou li tou.

Mwen pa t ko rankontre dam espesyal sa a, jiskaske Kevin te finalman mennen li nan yon evènman. Mwen t ap resevwa yon prim antreprenarya nan Enstiti Etid Karayib. Kevin te di m, "M ap mennen yon moun avè m."

Mwen te konnen depi lè sa a te gen yon bagay ki t ap pase. Menm lè li te yon tinedjè, li te raman mennen jènfi lakay mwen. Lè m te mande l poukisa, li te di, "Manmi, lè ou mennen yon fi lakay paran ou, li panse ou pral marye avè l. M pa vle mennen pèson anvan m pare."

Mwen pa t konnen pi fò nan mennaj Kevin yo, lè li te jèn ti gason, e menm lè li te yon tinedjè, apa de Kristin, manman Bebe Keith lan. Li pa t janm mennen fi nan kay la.

Felicia, dam ki te akonpaye li pou evènman an, te fini pa madanm li. Li pafè pou li. Li sanble m anpil. Tout moun takine Kevin e di l i marye ak manman l. Nou mete menm gwosè rad, soulye ak bag. Li renmen bijou, menm jan avè m. Li renmen abiye, menm jan avè m. Li adapte trè byen ak rès fanmi nou.

Lè m te gade Kevin ak Felicia, m pa t ka anpeche tèt mwen remake resanblans ki genyen ak jan Keith avè m te ansanb lè nou te jèn. Menm si Felicia te sanble m anpil, li te raple m Keith nan kèk bagay. Li te ankouraje Kevin fè anpil bagay li pa t ap fè si l te poukont li.

Pitit gason m nan trè kontan, e mwen trè kontan pou yo de a. Yo gen de tigason ansanb, Kingston ak Kevin Jr., men Felicia di tout moun li gen twa ti gason, paske lè li te rankontre Kevin, Bebe Keith te sèlman gen katran, epi yo te renmen youn lòt tankou manman ak pitit.

Sa ki pi enpòtan, pitit gason m Kevin trè kontan, e mwen kontan pou li. Li te grandi pou li vin yon nonm solid, menm jan ak papa l, e mwen fyè de sa.

Mwen te vin dezapwente epi fristre remake chanjman nan edikasyon pou swen enfimyè. Sèjousi, enfimyè fòme sou òdinatè, e nan anpil ka, yo oblije jwenn pwofesè pa yo, ak pwòp afilyasyon yo pou yo fè pratik klinik. Plizyè enfimyè ki te kòmanse travay nan etablisman nou an mal prepare pou ofri rezidan nou yo swen kalite. An repons, mwen te devlope pwòp estaj mwen pou ede nouvo diplome yo viv kèk eksperyans anvan mwen te fè yo konfyans pou yo te travay san sipèvizyon konstan. Malerezman, kou yo te pare pou jere yon inite retrèt, yo te souvan demisyone pou yo te pran yon pozisyon nan lopital ki pa t ap rekrite yo lè yo te fenk pran diplòm yo, lè yo pa t gen okenn eksperyans.

Prensip debaz nan atizay swen enfimyè se founi swen kalite pou moun ki malad. Metye enfimyè te vin popilè nan 21èm syèk lan pou salè yo abitye peye yon enfimyè—pa pou administrasyon bon jan swen, ni pou lanmou travay lan. M te vin gen enpresyon pa t gen lanmou nan pwofesyon an ankò. M te kòmanse eksprime enkyetid mwen sou nivo preparasyon nouvo "enfimyè elektwonik" sa yo, jan mwen te konn rele yo; yo pa t pare pou pratike metye enfimyè an tankou yon syans epi yon atizay. M te di kolèg mwen yo: "Anpil ladan yo frèt." Yo pa gen anpil konpasyon—e yo pa konprann jan pou yo trete yon malad ki sou kabann lopital—se de talan kritik yon òdinatè pa ka ofri."

Rapidite biznis lan te yon lòt fristrasyon, paske dosye medikal elektwonik yo te ranplase dosye pasyan yo ak tiwa pou mete dosye sa yo. Lè m te oblije mande yon anplwaye pi jèn ède m sèvi ak òdinatè an, m te eksprime fristrasyon mwen byen fò. Malgre sa, kòm yon moun ki pi aje, ki te aprann sèvi avèk òdinatè byen ta nan lavi li, m fè pwogrè e aprann baz yo pou m te siviv nan mond elektwonik sa a. Pitit gason mwen an te travay nan biznis manman l depi lekòl segondè, epi kounye a li te marye ak twa pitit gason pa li; li te sakrifye pasyon pèsonèl li pou li te vin chèf egzekitif biznis lan lè mwen t ap elwaye m de operasyon toulèjou twa divizyon VMT yo.

Pandan tout lavi m, m te benefisye de sa mwen viv tankou yon fòs selès ki tap gide wout mwen: se lagras ki te pouse Ambroise pote Lucienne sekou lè li te kole sou yon wout izole ak yon kawotchou plat. Se lagras ki te pèmèt mwen simonte tribilasyon pou m aprann lang angle an, pwoblèm imigrasyon, pwoblèm lekòl ak biznis mwen yo, e se lagras ki te ban m fòs pou elve pitit gason mwen, pou m te vin yon pwofesyonèl, e pou m te jere lanmò mari m. Lè m te lapriyè Manman Mari, li te tande mwen. Se lagras ki te fè yo te chwazi m kòm yon timoun espesyal nan trèz timoun Ambroise yo.

Men mwen ta pral dekouvri yon lòt revelasyon sinatirèl sou fanm ayisyèn sa a.

Depi m te timoun, m te gen yon istwa atrit rimatoyid ak fibromyalji; depi m te yon jèn adilt, sezon ivè yo nan rejyon nòdès lan te vin pi difisil pou m sipòte. Se te mwa mas, e akòz fredi an, m te deplase pou al nan kay Florid mwen an tankou lòt moun ki vwayaje ak sezon yo. Yon nuit ensomni te transfòme an gran maten ajite: m tap vire nan kabann mwen san rete. Chanm mwen an, se sou bò lak lan li ye nan kay la; je m travèse pòt vitre yo pou rive sou lak lan. Se te yon nuit ak syèl la klè. Lalin te kreye lonbraj epi pyebwa yo t ap reflete sou lak lan. Se te yon nuit etranj.

Sou yon enpilsyon mwen pa t konprann, mwen te pran telefòn selilè m nan pou m chèche "zanj solèy" sou Google, pou m gade si m te ka enspire pou tit yon liv mwen t ap ekri. M te konnen se te sans non "Solange" lan: *Sol* sòti nan *solèy*, epi *ange* se mo franse pou *zanj*. Plis mwen t ap li, plis m te entrige pa sa mwen t ap aprann. Mwen te dekouvri estati yon sent yo te dekapite, e sent sa a te rele "Sent Solange." Gade yon chòk! M pa t janm konnen mwen te gen non yon sent! M te kontinye li epi pandan mwen t ap fouye pi fon, mwen te dekouvri lavi mwen yon ti jan paralèl ak lavi sent sa a.

Mwen te sèten paran mwen pa t gen okenn lide te gen yon sent ki te rele Solange, e yo pa t konn yon kote an Frans ki te rele Bourges non plis. M te fè rès nuit lan ap fè rechèch sou telefòn selilè mwen pou aprann istwa li pi byen. Anvan m te bat je m, solèy lan te leve, epi m pa t ka kontinye rechèch mwen sou selilè an. M te prepare yon tas te, e m te chita devan laptòp mwen pou m te aprann tout sa mwen te apab sou sent sa a, ki te viv yon vi egzanplè.

Nan yon toubiyon rechèch, resanblans ki genyen ant lavi sent sa a ak lavi pa m te evidan, e yo tap ogmante nan je m. M te ka santi chè de poul ki t ap leve sou bra m. "Eske se tout bon?" m te ekslame. M pa t ka sispann li. Kiryozite t ap manje m; m te vle konn plis.

M te aprann se paran katolik devwe, pòv e ki pa t gen anpil edikasyon ki te leve Sent Solange, menm jan avè m. Yo te enkilke doktrin Bondye nan lavi li depi nesans li. Papa li te yon travayè tè e manman li yon koutiryè, menm jan ak paran pa m. A laj setan, sent sa a te bay Kris lavi li pou l te vin yon sèvitè Senyè an. A dizan, menm jan an tou, mwen te bay Kris lavi mwen lè m te fè premye kominyon m e m te angaje tèt mwen nan sèvis li.

Sent Solange te dedye lavi li pou ede moun malad, e yo di li fè plizyè gerizon mirak; m te vin yon enfimyè, e mwen te dedye lavi pwofesyonèl mwen pou pran swen moun malad, moun aje, ak andikape. Sent sa a te gade mouton e li te renmen pran swen yo. Lè mwen t ap grandi Ayiti, m te gen chyen, kabrit, pijon, ak kanna, e pita nan lavi m nan Etazini, m te toujou nan konpayi chen mwen an. M te kontinye li, m te aprann pasyon sent sa a se te travay latè; lanmò li te vini pandan li t ap okipe rekòlt nan yon savann. Li te travay latè pou sipòte fanmi li. Etranjman, mwen menm mwen pasyone sou lanati ak travay tè a. Lè m t ap grandi an Ayiti, mwen menm tou m te gen pwòp jaden mwen. Nan granmoun, mwen toujou renmen jadinaj; mari m te menm konn di: sèl rezon m te tann pou sezon ivè long nan te fini, se pou m te kapab ale deyò pou jwe nan pousyè tè a. Sou pwopriyete mwen an nan Florid, pastan mwen pito pou sezon ivè an se travay tè an, epi okipe jaden bannann, papay, diferan varyete sitwon, piman klòch, pwa ak lòt zèb awomatik.

Menm jan avè m, Sent Solange te fèt nan yon fanmi pòv, men devwe, e li te travay depi trè jèn pou ede nouri fanmi li. M te kòmanse sipòte fanmi m depi timoun. Chak fwa m te vizite marenn mwen, prezans mwen te ankouraje jenerozite li.

M te konnen vizit mwen t ap fini ak lajan oswa lòt kado ki t ap rann lavi tout fanmi m pi konfòtab. Yon fwa m te abite nan Etazini e m te kòmanse travay, m te voye lajan lakay, menm si chèk mwen te mèg antanke travayè faktori. Mwen achte kay nan yon kominote moun aje pou frè ak sè m ki pi gran, paske m te gen mwayen ekonomik pou ede yo, mwen te pi byen alèz ekonomikman pase rès fanmi m.

Nan moman sa a, m te kòmanse pè tout resanblans lavi m ak lavi Sent Solange. Chè de poul te anvayi m depi sou bra mwen rive sou dèyè kou mwen, e yon frison t ap desann nan do m. Pou yon moman, m te gen sansasyon m pa t poukont mwen nan kay lan. Yon bagay diven e estraòdinè t ap rive m, e m pa t ka eksplike kisa l te ye. Kimoun sent sa a te ye? Poukisa m tap dekouvri bagay sa yo kounye a? Poukisa lavi nou te sanble konsa? Kisa li te vle m aprann de istwa li? M te reflechi.

M t ap pase de yon sit entènèt a yon lòt, pou pran tou enfòmasyon m te kapab. M te grangou—pa pou manje, men pou plis konesans. M pa t imajine, pi bèl dekouvèt nan rechèch mwen an te sou wout.

Mwen sezi aprann te gen yon selebrasyon pou Sent Solange. Fèt la komemore anivèsè li kòm mati. Li te tounen yon mati lè li te gen sèzan. Yo rakonte Sent Solange te pi bèl fi nan vilaj li an. Yon jèn prens, ki te devlope yon fasinasyon pou bote ak lespri li, te mande l an maryaj. Lè li te fè li avans, Solange te refize, paske li te vle marye ak Kris lan pito, epi rezistans li te anraje prens lan.

Yon swa, pandan Solange te poukont li ap okipe mouton, prens lan te kidnape l pou li te fè l marye pa fòs. Li te trennen l soti nan patiraj lan, epi li pote l sou chwal li byen vit ale. Li te sezi wè jan Solange goumen, sibyenke pandan yo t ap travèse yon gwo larivyè, yo toude tonbe ladan li. Prens lan, yon kavalye ki gen eksperyans, te vin tèlman enève wè yon fi fè li tonbe sot sou chwal pou fè l tèt, li kouri dèyè Solange a pye. Li pouswiv jèn fi an ak nepe l, epi nan yon mouvman tranchaj rapid, li dekapite li. Yo di, pandan li t ap tonbe, tifi vyèj lan te kenbe tèt li nan men li, li te resite twa fwa non sakre Jezi, epi li mache prèske yon mil, pandan l ap pote tèt koupe li an sou tout wout lan, rive nan legliz Sen Martin, kote pita li te mouri e kote yo te antere li.

Lanmò Sent Solange te rive pandan 9èm syèk nan Bourges, an Frans. M te fèt an Ayiti onz syèk apre jou anivèsè lanmò li. Nouvo enfòmasyon sa a te estraòdinè. M te santi kòmsi lespri li te transfere nan kò mwen plizyè syèk pita.

M te nan yon eta dwòl, tankou yon trans. Mwen etenn e fenmen òdinatè an, pou m te ka kalme m. M te panse gen lè m t ap pèdi tèt mwen. Kowensidans yo te etranj. Mwen te kòmanse mande byen fò, "Eske fi sa a ta ka yon jan kèlkonk ap viv andedan mwen? Eske Bondye te konekte nou youn ak lòt? Eske lespri li te kapab toujou vivan epi pou li ta viv ankò andedan mwen apre tout tan sa a?" Panse sa yo t ap kouri nan tèt mwen pandan m t ap mache monte-desann nan kay la. Mwen te mache nan do lakay mwen an, epi m te gade lak la kòmsi m t ap atann lanati te gen yon repons a kesyon mwen yo.

M te tann mwen pa t sou chòk ankò anvan m te kontinye rechèch ki pa t sou entènèt. M te kontakte Josiane, kouzin mwen t al wè ak Keith lakay li an Frans. Li te enfòme m ke te gen yon ti bouk ki te pran non Sent lan, ki te gen pwòp chapèl pa li, ak pwòp legliz li tou. Li eksplike m yo te selebre fèt li chak ane, depi nan 9èm syèk jouk kounye a, nan dat lanmò li, anivèsè nesans mwen. Anplis de sa, Josiane te di gen yon gwo pwosesyon pou onore Sent Solange chak ane nan lendi pentkotist. Pwochen Selebrasyon nan onè li te pwograme pou mwa me, egzakteman de mwa apre dat dekouvèt mwen an.

Plis m t ap pale ak Josiane, plis m te konvenki fò m te vwayaje al Bourges, an Frans, kote Sent Solange te viv plizyè syèk de sa. Sent Solange te anvayi tout panse mwen. Mwen te konvenki Bondye t ap gide pa m. Fòs ki t ap pouse m kontinye rechèch mwen yo t ap ban m anvi aji kounye a. San ezitasyon, m te deside ale nan yon pelerinaj pou rapwoche m de sent sa a leplis m te kapab.

Paspò m nan men m, m te ale Bourges an Frans, e m t ale lamès nan chapèl Sent Solange la, epi m te vizite legliz yo te bay non li an. M te rete lakay kouzin mwen an pou de semèn, jouk lendi Pentekotal, lè mwen te pran plas mwen nan pwosesyon an pou rann li omaj. Vwayaj sa a te ajoute plis sans nan lavi mwen. Mwen vrèman kwè gen yon lyen ki ratache Sent Solange avèk mwen. Lè m te retounen Ozetazini, mwen te pwomèt pou m prezante sent sa a sou kontinan amerikèn an, pase pa gen anpil moun andeyò Frans natal li an ki konn istwa li. M te pibliye yon liv m te ekri, e m te bay l tit *Revelasyon: yon pelerinaj pou retrase pa Sen Solange*. M te fè anpil nan konesans mwen yo kado liv sa a. Montan don m te resevwa pou liv la, adisyone ak lajan pèsonèl mwen, te pèmèt yo repare chapèl Sent Solange lan. Mwen kontinye vizite vilaj, legliz, ak chapèl Sent Solange lè se fèt li, oswa pou pwosesyon pentkotis la.

M gen anpil kesyon e mwen siman p ap janm jwenn repons yo, men petèt m pa bezwen yo. Eske gen yon korelasyon mistè antre lavi mwen ak lavi sent ki te gen menm non avè m nan? Anpil moun te poze tèt yo kesyon lè yo te wè chans mwen. Mwen menm, ansanm ak plizyè lòt moun pwòch, te panse yon men diven t ap gide m nan lavi m. M p ap janm bliye lè zanmi m Estelle te mande, "Pa ki mirak ou te fini ak de bon nèg, lè anpil nan nou pa menm ka jwenn youn?" Nan trèz pitit Ambroise ak Francesca, yo te di se mwen ki te "chwazi." Eske Sent Solange te vre Zanj Gadyen ki te antre lavi mwen pandan m te nan matris manman m? Lafwa pote repons lè konesans reyèl pa fè sa. Mwen konnen sa mwen kwè...

* * *

Jou 70 èm anivèsè nesans mwen, m te mache sou tapi wouj lan pou antre andedan klib laprès nasyonal lan sou bra Clifford. M te mete yon rad long sware Escada ki te sere, koulè vèt emwòd; m te gen yon kolye lò ak pyeri, ak zanno lò ki te matche. Cheve mwen te koupe kout nan yon estil afro, e m t ap mache tankou yon rèn. Limyè chandelye anlè yo t ap klere sal lan, epi fenèt vitre yo te pèmèt moun wè bèl zetwal nan syèl Washington, D.C., ki te klere tankou bijou. Nan inifòm nwa e blan yo, sèvè t ap distribye plato bouche ak flit chanpay.

Tab yo te vlope nan twal fen blan ak emwòd, mitan tab lan te byen dekore ak bouke plant bwa ki pa t anpeche moun fè konvèsasyon, men bouke sa yo te plen gwo branch flè seriz ki te bay pyès lan yon lè entim e ki tap ankouraje envite mwen yo sosyalize nan ti gwoup. Mizik lan te amizan e ge, paske m te peye yon djaz klasik ane 70 yo ki te rele "The Right on Band" pou selebre etap enpòtan sa a. Li te difisil pou m te kwè ke m te gen 70 an. Kò mwen te san fot; po mwen te fèm; tete m te toujou plen, m te sanble e santi m tankou yon fanm senkantan. Avèk tèm nan fèt lan ki tap selebre "70 se tankou 50," lavi an te janti avè m. Menm si li te pafwa difisil, an jeneral li te bon.

Pandan Clifford ak mwen t ap pwoche bò tapi wouj la, paparazi te tonbe pran foto, se te flach-flach-flach avèk limyè kamera yo; san m pa t konn sa, pitit gason m nan te anboche plizyè fotograf. Mwen te santi atansyon prèske de san fanmi ak zanmi ki te prezan pou gwo okazyon sa a; tout t ap eseye atire atansyon mwen.

M te konble, rekonesan, kontan, epi m te gen lapè andedan m. M te fyè tout akonplisman mwen yo e selebrasyon sa a de lavi m, men pa yon fwa m te bliye wòl mari m, Keith, te jwe nan kwasans ak devlopman mwen kòm pwofesyonèl. Grenn regrè m sèke Keith pa t avè m pou jwi fwi tout travay nou te fè ansanb. M regrèt li pa t gen opòtinite wè m rive atenn tout potansyèl mwen. M te fè chak envite kado yon kopi liv mwen an, *Yon revelasyon,* sou Sent Solange, epi m te rakonte yo istwa dekouvèt mwen fè de sent sa, ak vwayaj mwen nan Bourges an Frans.

A 70 an, m te finalman atenn pwen satirasyon mwen ak biznis lan. Kevin ta pral gen 40 an, e li pa t enterese tounen sèl propriyetè VMT, kidonk nou te deside vann biznis lan. Menm jan m te toujou ye, mwen kontinye rete yon moun ki swa envesti tèt li nèt ou byen ki p ap envesti tèt li ditou.

M te atenn objektif mwen te genyen, kèlkeswa gwo difikilte ki te prezante, e kèlkeswa tan sa te pran pou m reyisi. Mwen te toujou yon moun desizif, e m te toujou pare pou m aji lè m te konnen li te tan pou yon chanjman. Yon fwa mwen te rive nan pwen final sa a, mwen te travay di pou m pran retrèt mwen. Mwen te di pitit mwen fò n te kite biznis swen sante an ansanm, e li te dakò avè m. M te konnen li te sakrifye pwòp chemen karyè pa li pou sipòte pasyon mwen. Apre lanmò papa l, Kevin te envesti tèt li nan konpayi an pou li te sipòte m. Li menm t ale lekòl dwa pou l te jwenn edikasyon l te bezwen pou tounen yon egzekitif devwe e efikas. Pandan kenz an, li te okipe tout aspè nan biznis la. Li te sèvi kòm tanpon mwen, e li te pwoteje m pafwa kont doulè ak estrès mantal yon biznis mande.

Pifò nan moman difisil yo, se te pandan reyinyon negosyasyon sendika yo, kote yo te fè anpil manti dezagreyab epi flagran. Malerezman, dapre avoka espesyalize nan lwa travay, Kevin pa t otorize pou li te reponn akizasyon yo. Jan yo di l lan, "silans se lò" oswa "yon nonm an silans se yon nonm ki saj." Kevin te souvan retounen nan biwo an apre reyinyon negosyasyon ak sendika a ak yon figi estrese e li te souvan parèt enève. Li pa t vle kite m asiste reyinyon sendika yo, menm lè m te ensiste. Li te konn gade m nan zye epi mande, "Poukisa? Poukisa ou ta vle met tèt ou nan pozisyon sa a?"

Rosalind, administratè mezon retrèt la, ki te patisipe nan reyinyon negosyasyon sendika yo tou, te dekouraje m pou mwen pa t patisipe, lè li di, "Mwen pa ta swete okenn nan pitit gason m yo ta janm chita nan yon reyinyon pou tande moun k ap pale de mwen jan yo pale de ou, Doktè V. Ou pa konprann: moun sa yo visye. Sa fè m mal pou Kevin. Y ap di nenpòt ki bagay lèd yo ka jwenn, senpleman pou yo blese li; yo sèvi avèk langaj ou pa bezwen tande." Malerezman, Kevin te oblije viv moman deplezan sa yo pou mwen. Yon sèl bagay ki te sèten, sèke nou t ap kite biznis lan ansanm, kou n te kapab jwenn yon achtè pou toulètwa divizyon nan konpayi an. Sa te pran dezan, soti lè nou te pran desizyon an, pou nou te rive akonpli li. M te konnen m te sèl propriyetè yon ti konpayi, men sa m pa t konnen, se te jan li te gen atrè komèsyal, e jan te gen founisè ki t ap enterese non sèlman pou yo te achte aksyon VMT yo, men tou nan yon pri pi depase sa nou te mande an.

M pa janm satisfè. Mwen santi m jèn toujou: 70 an se menm ak 50 an. Clifford avè m, nou chak nou te fè wout pa nou, paske nou pa t wè avni relasyon an menm jan. San lespri nou pa t rankontre, romans lan te fini. Li te kontinye youn nan avoka ki te bay VMT sipò legal jouk li te fenmen. M te demenaje kite gwo kay lan, pou ale viv nan yon kondominyòm liks nan Bethesda, Maryland. M renmen fè jaden nan kay Florid mwen an, pase bèl moman ak fanmi m, epi vwayaje toupatou nan mond lan.

Ti fi ayisyèn sa a soti lwen. Li te nan ranyon pou li vin rich. Lafwa mwen, ak relasyon mwen ak Bondye grandi. Mwen rete pwòch e m kontinye gen bon relasyon ak yon fanmi mwen, ki laj anpil; paran m te gen trèz pitit, kidonk m gen plis pase trant nyès ak neve, epi plis pase 20 pitit nyès ak neve. Mwen fyè dèske mwen te bay tout anplwaye mwen yo tout sa mwen te kapab ofri yo, e paske m te suiv vokasyon m pou mwen te pran swen moun malad e andikape. Mwen te pase de yon moun ki t ap travay trè di a yon moun ki pa t prèske travay, de CEO a yon moun ki t ap chèche plezi. Mwen rete endepandan, e m kontinye pran tout desizyon m yo.

M fyè dèske m pa t otorize pèson—ni anyen—gate lajwa m ak pasyon m pou lavi. Mwen vwayaje nan tout mond lan. M te fè yon tou prive an elikoptè pou al Nouvo Zeland, e m te ateri sou yon glasye. M te pran yon elikoptè Annend, epi m te ateri sou montay ki pi wo nan mond lan, Mon Everèst. M te pran yon lòt elikoptè nan Katmandou, o Nepal, kote m te monte sou do yon elefan, epi m te fè tou yon safari pou wè rinoseròs nan abita yo. Lajan se yon zouti ou ka itilize pou akonpli rèv ak dezi. Lajan pa kreye lajwa, men li ka ede w fè bagay ekstraòdinè. Lè lespri ou rich, se pi gwo akonplisman nan lavi an, e mwen ka di lespri mwen rich. Revelasyon Sent Solange lan ap toujou rete bijou nan kouwòn richès espirityèl mwen, epi mwen pral pote l avè m pou rès lavi mwen.

Men pi gwo fyète ak lajwa mwen, se pral toujou Kevin, poto mitan mwen, bijou mwen, ki grandi e ki e s'on trè bon moun—menm jan ak papa li, Keith, mari m ki te toujou renmen m. Tout sa mwen mande nou se pou nou toujou sonje mwen renmen nou.

FÈ SA MACHE POU OU

Règleman#25: Jwenn tan pou w bay lavi w sans

Refleksyon: Viv yon lavi ki long & plen ak avanti esplandid

Tòti yo senbolik anpil bagay nan diferan kilti atravè mond lan. Nan peyi Lès, kokiy wonn yo senbolize paradi nan syèl la, e fas entèn rektangilè ki pa anba li an reprezante latè; se konsa yo wè ansanb lan tankou yon fizyon paradi nan syèl lan ak latè—espirityèl lan ak tè an. Nan kilti Awayen an, tòti reprezante chans ak sajès e yo konsidere yo tankou reprezantasyon lespri gadyen pwotektè. Nan kilti endyen amerik yo, yo senbolize yon lavi long ak yon bon sante. Yo reprezante Manman Latè, epi kokiy di yo an reprezante triyonf yo devan advèsite. Toupatou nan mond lan, moun diferan orijin jwenn yon senbòl fòs nan yon bèt ki gen yon dire lavi long, e ki viv yon bann avanti ekstraòdinè. Viv lontan e kreye lajwa w kote w kapab tankou tòti.

- Suiv yon bagay ki pi wo pase tèt ou. Jwenn konsolasyon nan lanati, ale laplaj, oswa detann ou nan bwa. Kreye tan pou ou obsève zetwal yo nan yon nwit klè epi reflechi sou jan ou tou piti. Admire limyè yon lalin plen. Raple tèt ou detanzantan ke ou fè pati entegral de yon linivè misterye.

Bati yon pratik espirityèl pou ou menm, ke li ta ale lamès nan legliz oswa aprann yoga oswa teknik meditasyon. Jwenn yon jan pou fè lespri w pe sou yon baz regilye, konsa lè ou soti nan mond lan, w ap santi w santre ak lapè andedan w.

Te gen yon bèl rèn ki te rele Solanges e ki te rete nan yon chato sou yon ti mòn nan Washington, DC. Li te sòti Ayiti e te gen yon ti bagay espesyal nan li. Li te plen sansyalite, entelijans, estil ak gete... Li te toujou alamòd.

Li viv yon bèl vi poutèt li se yon moun fasil ak san dram. Rèn nan renmen fè blag anpil epi ou ka toutan tande ekla ri li yo avèk fanmi li ak zanmi li nan chato a. Li renmen timoun e l apresye tan li pase ak fanmi li, donk li toujou la nan tout evènman ak reyinyon fanmi, ap danse tout lannuit sou kadans bèl mizik.

Mizik jwe yon wòl enpòtan nan lavi li, e li renmen tout kalite mizik. Mizik anvayi chato a toutan, avèk atis ayisyen tankou Sweet Micky ak Fa Wauch, atis Great Gospel tankou Kirk Franklin, e an patikilye atis rege a, Sean Paul, ki akonpaye li lè l ap fè antrènman. Larèn Solanges kwè nan lasante ak nan espò, e li renmen bay pawòl sajès sou kijan pou yon moun viv tout sa lavi gen pou ofri.

Li se yon min konesans, poutèt li te travay di tout lavi li avèk serye, atansyon, ak anpil, anpil pasyans. Kòm li se yon fanm ki janti ak dou, li pase anpil tan ap okipe lòt moun. Lajès li pa gen parèy, sa ki fè ou souvan wè li ap fè kado tan li, lanmitye li ak menm manje li. Li janti anpil. Li gen anpil zanmi, e yo vin nan sware jwèt nan chato a, nan babekyou, nan bal, oswa yo senpleman vin pase tan epi tande l k ap li youn nan anpil pasaj plen gou nan woman li yo. Li nan tout sòs, sa ki fè zanmi li yo wè li pafwa nan konsè djaz k ap fèt deyò oubyen nan match foutbòl oubyen ap dine nan restoran li pi pito a, l'Océanaire.

Pandan tan lib li, l ap rilaks bò pisin ap ekri woman oubyen l ap vwayaje kèk kote egzotik nan lemond. Li kouvri ak benediksyon, e resevwa don anpil kapasite kreyatif. Se yon lonè pou zanmi ke li envite vin dine lakay li pou yo goute men li kòm kizinyè.

Li menm ak Bondye se bon zanmi nèt, e li priye li pou tout bagay. Lavi li pezib anpil. Bondye te fè li konnen, yon jou, li se yon sent ki gen sou li lespri yon lòt sent tan ansyen e li p ap janm sispann resevwa benediksyon annabondans. Larèn

Solanges an verite se yon gran benediksyon pou tout moun Bondye mete sou chimen li, e tout moun renmen li.

Se poko finisman an sa, paske chak jou se yon rekòmansman...

www.ingramcontent.com/pod-product-compliance
Lightning Source LLC
Chambersburg PA
CBHW070534010526
44118CB00012B/1131